국제환경법강의

西井 正弘 | 鶴田 順 공편

박덕영 | 이경재 | 김경우 공역

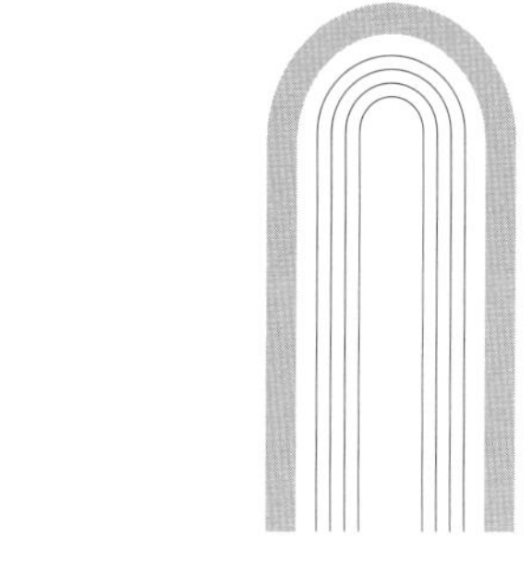

박영사

이 저서는 2016년 대한민국 교육부와 한국연구재단의 지원을 받아 수행된
연구입니다(NRF－2016S1A3A2925230).

『국제환경법강의』 한국어판 서문

『국제환경법강의』 일본어판 초판이 유신당고문사에서 2020년 4월에 출판된 후 1년, 다행스럽게도 많은 독자들이 좋아해 주셔서 2021년 2월에는 제2쇄가 출판되었습니다. 시기를 같이하여 한국어판으로 출간하고 싶다는 타진이 있어 매우 영광스럽게 생각합니다. 한국어판은 박덕영 교수(연세대 법학전문대학원)와 이경재 교수(충북대 법학전문대학원)가 번역에 수고해 주셨습니다. 박덕영 교수는 대한국제법학회 회장이라는 요직에 있음에도 불구하고 니시이 마사히로 · 우스키 토모히로(西井正弘 · 臼杵知史) 편(編) 『テキスト国際環境法』(유신당고문사, 2011년)의 한국어 번역(『환경문제와 국제법』, 2013년 6월)을 한국 세창출판사에서 출판해 주셨는데, 이번에 이 책을 번역해 주신 데 대해서도 진심으로 감사드립니다. 이 자리를 빌려, 매우 단기간에 번역을 완성해 주신 두 교수님께 사의를 표하고 싶습니다.

국제환경법은 20세기 후반에는 그 학문 영역이 탄생하여, 1972년에 스톡홀름에서 개최된 「유엔인간환경회의」(UNCHE)에서 1992년의 리우데자네이루의 「유엔환경개발회의」(UNCED)를 거쳐, 오늘날, 법학 영역의 학문 분야로서 그 존재는 확고해지고 있습니다. 고등교육에 있어서의 수업 과목으로서도 많은 선진국에서 「환경법」의 일부로서 혹은 「국제환경법」이라고 하는 독립된 과목으로서 많은 대학에서 강의나 연습(seminar)의 형태로 개설되고 있습니다.

본서는 「서문」에도 언급하였는데, 종래의 국제환경법 텍스트와는 크게 다른 방식을 시도하고 있습니다. 교과서로서 대학 등에서 채택해 주신 교원이 각자의 강의 계획에서 본서를 이용하기 쉽고, 수강생도 이해가 깊어질 수 있도록 매진하고 있습니다. 또한 국제환경법에 관심을 가진 독자에게도 길잡이가 되도록, 각 장의 끝에는 〈참고문헌〉을 코멘트를 붙여 소개하였고, 독자에게 [질문]을 던지면서도 [답]은 적혀 있지 않습니다. 새로운 환경문제나 변화가 격렬한 주제에 대해서는 [칼럼]에서 해설하고, [국제환경법 기본판례 · 사건]에서는 중요 환경 판례나 사건을 사실관계 · 판지 · 해설 · 참고문헌까지 간결하게 정리하고 있습니다.

본서의 집필자 중 한 명인 권남희 교수(간사이대학)로부터 들은 한국에서의 국제환경법 교육의 상황에 대해서는 일본의 그것과 많은 유사점과 약간의 차이점이 있다고 생각됩니다. 한국에서는 4년제 종합대학의 전 학과(12,595개) 가운데, 법학계열(595개 학과)이나 국제학계열(76개 학과) 등을 중심으로, 학부 수준에서 「국제환경법」이 환경법의 일부로 또는 독립 과목으로 개강되고 있는 점은 일본의 대학의 상황과 같다고 생각됩니다. 한국에서 로스쿨을 설치하고 있는 25개 대학에서는 모든 로스쿨은 아니겠지만 「국제환경법」이 선택과목으로 개강되어 있는 것 같습니다.

일본에서는 동일 대학에 있어 법학부와 법과대학원이 병존하고 있어, 사법시험의 수험자격은 법과대학원의 졸업자에 한정되어 있지는 않고, 예비시험에 합격한 사람에게도 사법시험의 수험자격이 주어지고 있습니다. 사법시험 논문식 시험에서 필수적으로 선택해야 하는 한 과목으로서 「환경법」이 도산법, 조세법, 경제법, 지적재산법, 노동법, 국제관계법[공법계], 국제관계법[사법계]과 같이 있습니다. 학생의 과목 선택과 사법시험과의 관계는 어느 나라에서도 어느 시대에도 공통의 특징이 있는 것 같습니다.

한국에서의 국제환경법 교육에 대한 인식에 대하여 잘못 알고 있는 점이 있다면 그것은 편자의 책임입니다. 정확한 정보와 문제점에 대해 한국의 국제환경법 연구자와 의견을 교환할 수 있기를 바랍니다.

국제환경법의 교과서로서 편자가 항상 의식해 온 것은 국제법과의 관계와 함께 환경문제가 지구 규모로 확대되어 심각해지는 스피드가 지극히 빠르다는 점입니다. 전자에 대해서는 국제법 영역의 일부로서 「국제환경법」을 위치지울 것인가 혹은 독자적인 「법 영역」으로서 존재하고 있는가 하는 논의가 있습니다. 기본협약으로서의 다자간 환경협정(Multilateral Environmental Agreements; MEAs)이 국가 간에 합의되고, 매년 각 조약의 당사국총회(COP)가 개최되며, 의정서나 부속서의 채택, 개정이 이루어지며, 일정한 의무를 앞당기는 「조정」이나 「비준수절차」(non-compliance procedure; NCP) 등 환경조약에 공통되는 특징도 존재하고 있습니다. 후자에 대해서는 지구환경문제의 출현과 전개는 매우 빠르고, 그 대처는 전통적인 국제법의 구조만으로는 불충분한 것도 적지 않습니다. 국가 간 협력을 추진하기 위해 소프트로(soft law)와 정책적 수단에 대한 배려도 중요합니다.

동아시아에 함께 위치한 일본과 한국이 공통적으로 안고 있는 환경문제도 적지 않다고 생각합니다. 본서의 한국어판이 국제환경법에 대한 이해를 넓히는 데 도움이 되고, 이 학문 분야의 발전에 기여하는 젊은 학생들에게 지적 자극이 되었으면 합니다. 본서의 일본어판은 제2판의 출판을 목표로 하여 이미 작업을 시작하였습니다. 우리는 본서가 지구 환경문제를 다루는 국제환경법의 가장 새로운 교과서인 것과 동시에, 그 기술(記述)의 정확성을 목표로 노력을 계속하고자 합니다.

이번에 출판된 한국어판이 많은 독자들에게 읽혀지기를 진심으로 바랍니다.

2021년 4월

편자 니시이 마사히로(교토대학) · 쯔루타 준(메이지학원대학)

서 문

환경문제는 신변에서 발생하는 문제에서부터 지구 규모의 문제까지 그 실태도 복잡하고 대책도 곤란한 경우가 많다. 충격적인 사건이 발생하여 사진과 영상으로 강렬한 인상을 주는 사례도 적지 않다. 학교교육에서도 「환경교육」은 초등·중등교육의 장에서도 행해지고 있으며, 일정한 「지식」과 「정보」를 가진 학생들도 많다. 이른바 자기주도 학습으로 스스로 이 분야에 몰두해온 사람들도 있다. 그중에는 인터넷 등에 의해 「검색」하면 간단하게 「답」을 찾을 수 있다고 생각하는 사람들도 있다. 다만 지구 규모의 환경문제에 대한 법적인 이해를 깊이 있게 하기 위해서는 체계적인 학습이 필요하다고 생각할 것이다.

1972년 스톡홀름 유엔인간환경회의로부터 반세기가 지난 현재, 「국제환경법」이라는 학문분야는 그 존재를 확실하게 해 두었다고 말할 수 있을 것이다. 이 분야의 연구서와 논문, 교과서도 다수 간행되어 있다. 우수한 저작물도 적지 않다. 「국제환경법」 과목은 대학원과 학부에 개설되어 있고, 학부 차원에서는 법학부 등 사회과학계열 학부와 국제관련학부·교양학부 등 학제적·문이과 융합형학부에서 개설되어 있다. 각 대학에서 학습목표와 이수방법을 제시하고 있으며, 연구계획서를 충실히 작성하여 개개의 수업내용을 명확히 하고자 노력하고 있다. 또 수업의 형태도 강의형식 외에 세미나와 능동적 학습(active learning)으로서 그룹 워크와 토론 등을 접목시키고 있다. 한편, 「국제환경법」의 수업은 「선택과목」으로 하거나 2학기제로 개설되는 경우가 많다. 「국제법(총론)」을 이수하지 않은 학생도 수강하는 경우가 있다. 그러므로 교수자들은 수업의 진행방식에 대해 고민해야 할 필요가 있을 것이다.

이 책 『국제환경법강의』는 문자 그대로 강의를 위한 교과서로서 편저자 중 한 명인 쯔루타 준(鶴田順)선생이 주도적인 역할을 하여 기획한 것이다. 유신당고문사(有信堂高文社)의 다카하시 아키요시(高橋明義) 사장님의 출간 허락에 깊이 감사드리는 바이다. 유신당에서는 2011년 미즈카미 치우키(水上千之)·니시이 마사

히로(西井正弘) · 우스키 토모히로(臼杵知史) 편(編) 『텍스트 국제환경법』을 많은 연구자들의 협력 하에 출간해 주었다. 쇄를 거듭할 때마다 판형을 유지하면서 내용을 충실하고자 노력하였지만, 특히 지구환경조약은 그 내용과 규제대상 등이 크게 변하였다. 그래서 지금까지 집필해 주신 분들(아오키 후시코[青木節子] · 고야노 마리[児矢野マリ] · 다카무라 유카리[高村ゆかり]) 외에 학계의 중심 · 중견 · 신진 연구자들에게도 집필을 부탁하여 새로운 이름으로 출간하게 되었다.

이 책은 『국제환경법』의 체계서를 목적으로 하는 것이 아니라 교과서로 사용하고 싶은 교수가 각자의 강의계획에 따라 이용하기 쉽도록 하거나 수강생들도 더욱 그 내용을 깊이 공부할 수 있도록 몇 가지 시도를 해 보았다. 우선 읽기 쉽게 하여 간략하게 각 장을 정리하는 데 신경을 써 각 장의 말미에 각 집필자가 독자들에게 추천하는 〈참고문헌〉을 코멘트를 붙여 소개하였으며, [질문]을 던지면서도 [답]을 주지는 않았다. 학생들로부터 「정답이 뭐지요?」라는 질문을 많이 받을 수 있겠지만, 국제환경법에서 간단하게 「정답」을 찾을 수 없다는 것을 배우는 것도 중요하다고 생각한다. 나아가 QR 코드를 이용하면 정보에 쉽게 접근할 수 있으리라 생각한다. 한편, 독자분들에게 양해를 구해야 할 점이 있다. 그것은 바로 용어의 문제인데, 예컨대, "Development"를 어떻게 번역할 것인가를 집필자들에게 맡겨두었다는 것이다. "Environment"(환경)와 밀접한 관계를 가진 용어를 「개발」로 할 것인지 아니면 「발전」이라고 할 것인지, 왜 그렇게 선택하였는지를 생각해 보기 바란다.

이 책은 제1부 「총론」에서 기본원칙과 절차적 의무, 이행확보, 환경조약의 국내적 이행 등을 다루었고, 제2부에서는 「각론 – 개별 환경문제에 대한 대응」을 다루었다. 「국제환경법」의 대상이 되는 환경문제의 모든 것을 다룰 수는 없었다. 새롭게 등장하는 환경문제와 격심한 변화가 있는 분야에 대하여는 [칼럼]으로 정리해 두었다. 강의를 시작하거나 발전을 위한 문제로써 이용할 수 있지 않을까 생각한다. [국제환경법 기본판례 · 사건]은 제3부에서 사실 · 판시 · 해설 · 참고문헌을 기재해 놓았는데, 이는 국제법(국제관습법 · 조약)이 한층 발전하는 데 큰 역할을 하였다는 점을 이해하는 데 도움이 될 것이다.

국제환경법의 역사는 길지는 않지만 그 발전은 현저하다. 그 대상이 되는 「(지구) 환경문제」는 복잡하고 그에 대한 법적 대응도 변화하고 있다. 이 책을 「국제환경법」의 전체 모습을 파악하는 데 교과서로서 많이 이용해 주신다면 더없는 기쁨으로 삼을 것이다. 이 책을 읽어주시는 독자들과 교과서로 채택해주신 선생님들께 적극적인 비판을 바라는 바이다. 집필자들 자신도 내용을 고쳐 쓰는 것은 물론, 한층 레벨 업하는 데 노력을 다할 것이다.

2020년 3월 편역자들을 대표하여

교토대학교 명예교수 니시이 마사히로(西井 正弘)

역자 서문

오늘날 환경에 관한 관심은 그 어느 때보다 더 고조되고 있다. 지속가능성에 대한 관심은 ESG 경영을 필두로 모든 분야에 침투하고 있다. 특히 환경과 관련된 화두는 더 이상 무대 뒤편에 남겨진 이야기가 아니라 점점 무대의 전면에 등장하고 있다. 오히려 무대의 주인공이 되어 버렸다고 하는 것이 더 정확할 것이다.

연세대학교 SSK 기후변화와 국제법연구센터는 일찍이 기후변화와 관련된 환경문제에 깊이 관심을 가져왔으며 『국제기후변화법제』, 『파리협정의 이해』, 『기후변화와 국제법』과 같은 저역서의 편찬을 통해 파리협정 이후의 기후변화 법제에 대한 연구를 계속하여 왔다. 본 연구센터는 이미 2013년 6월에 니시이 마사히로 · 우스키 토모히로(西井正弘 · 臼杵知史)가 엮은 『テキスト国際環境法』(2011년 출간)를 번역하여 『환경문제와 국제법』이라는 역서로 출판한 적이 있다. 이 당시에는 아직 파리협정이 체결되기 전이라 파리협정과 관련된 내용은 반영될 수 없었으며, 따라서 기후변화와 관련하여 파리협정을 반영하고 10년 가까운 시간 동안의 국제환경법의 변화를 살펴볼 수 있는 국제환경법 저서의 필요성을 절실히 느끼고 있었다. 이러한 상황에서 2011년에 출간된『テキスト国際環境法』의 개정판이라고도 할 수 있는『国際環境法講義』라는 저서가 쯔루타 준(鶴田順) 선생의 주도하에 2020년 4월에 발간된 것을 알게 되었다.

『国際環境法講義』는 이전의 『テキスト国際環境法』이라는 저서의 집필에 깊이 관여한 아오키 후시코(青木節子), 고야노 마리(児矢野マリ), 다카무라 유카리(高村ゆかり) 등 이외에도 많은 학자들이 참여하여 완성도를 높여주었다. 본서는 근 10년간의 국제환경법의 변화를 자세히 반영하였으며 국제환경법 수업의 강의를 위한 교과서라고 역할을 충분히 할 수 있도록 이전과는 다른 방식을 시도하고 있다. 각장의 마지막에는 참고문헌에 대한 코멘트를 두어 필요한 자료를 쉽게 파악하도록 하였고, [질문]을 준비하여 스스로 해답을 찾는 수고를 하도록 하였

다. 특히 새로운 환경관련 주요 주제에 대하여 [칼럼]을 두어 해설하였고, [국제환경법 기본판례 · 사건]에는 중요 환경 판례를 정리하여 국제환경법에 쉽게 접근하도록 하고 있다.

본 역서는 『国際環境法講義』라는 원서의 이름을 그대로 반영하여 『국제환경법강의』라고 정하였다. 본 역서는 제1부 총론, 제2부 각론으로 구성되어 있으며, 총론에서는 국제환경법의 형성과 전개, 지속가능한 발전 등 국제환경법의 주요 내용을 소개하고 있으며, 각론에서는 개별 환경문제에 대한 대응이라는 표제하에 기후변화, 오존층보호, 해양오염, 해양생물자원의 보존, 생물다양성 등 다양한 주제를 다루고 있다. 특히 총론과 각론 중간 중간에 나오는 [칼럼]은 더 많은 연구가 필요하거나 새롭게 떠오르고 있는 국제환경법의 분야를 소개하고 있으며, 총론과 각론 이후에는 [국제환경법 기본판례 · 사건]를 두고 해설하고 있는데, 본문에서 언급하고 있는 사건을 찾아서 학습할 수 있는 구성을 하고 있어 연구자들이나 학생들에게 많은 도움이 될 것으로 생각된다.

본 역서는 『법학, 경제학 그리고 자연과학에서 바라보는 환경문제』라는 책을 공동번역한 충북대학교 법학전문대학원의 이경재 교수님과 본 연구센터의 연구교수를 역임한 김경우 박사님이 공동 번역자로 참여해 주셨다. 또한 본서의 저자 중 한명이기도 한 간사이대학의 권남희 교수님이 본 역서의 교정작업에도 참여해 주셔서 깊은 감사의 뜻을 표한다. 본 역서의 출간에 도움을 준 연구보조원 학생들과 조교들에게도 고마움을 전한다. 마지막으로 본 역서의 출간을 위해 힘써주신 박영사의 안종만 회장님과 안상준 대표, 정성을 다해 교정하고 편집해 주신 장유나 과장님과 장규식 과장님 그리고 출판과정에서 애를 많이 써주신 관계자 모든 분께 감사를 드린다.

2021년 8월
역자를 대표하여
박덕영

차 례

제1부 총 론

제2부 각 론 - 개별 환경문제에 대한 대응

제3부 기본판례 · 사건

1부 총 론

제1장 국제환경법의 형성과 전개

니시이 마사히로(西井 正弘)

1. 서론

오늘날 「국제환경법」(International Environmental Law)이라고 불리는 국제법의 한 분야가 존재한다는 것은 널리 인정받고 있다. 이 책에서는 환경보호를 목적으로 하는 법규범 군[1]을 「국제환경법」을 구성하는 것으로 파악하고, 어떤 배경을 가지고 형성되었는가에 유념하면서 주요한 국제환경조약을 다루면서, 몇 가지 기본원칙을 개관하고, 국제환경법의 과제를 명확히 할 것이다.

국제환경법에서 다루는 「환경」이라는 용어의 통일적인 정의는 존재하지 않는다. 1972년 유엔인간환경회의(United Nations Conference on the Human Environment: UNCHE)의 「인간환경선언」(스톡홀름 선언)에서는, 인간환경이란 자연적 측면과 인공적 측면을 가지는 것으로 본다.[2] 1992년 유엔환경개발회의(United Nations Conference on Environment and Development: UNCED, 통칭 지구정상회의[Earth Summit])의 「환경과 개발에 관한 리우데자네이루 선언」(리우선언)에서는, 이 회의는 「지구적 규모의 환경 및 개발 시스템의 일체성」을 보호하는 국제적 합의를 목적으로(前文) 하고, 지구환경시스템(global environmental system)에서의 자연환경도 인간과의 관련성을 문제로 삼고 있다. 환경손해와 환경에 대한 악영향을 초래하는 것은 인간의 행위이며, 지진, 쓰나미, 화산의 분화 등에 의한 「자연재해」는 원칙적으로 포함하지 않는다.[3] 「환경」의 정의를 넓게 파악하는 1992년의 기후변화기본협약도

1) 국제환경법의 법규범은 국제법규범을 중심으로 하지만 국내법규범도 국제환경법의 「법형성」과 「이행」에 중요한 역할과 연관성을 가진다.

2) 인간환경선언의 전문(前文) 제1항, 원칙 2에서는 보호되어야 할 천연자원으로서 「공기, 물, 토양, 동식물 및 특히 자연 생태계의 대표적인 것을 포함」하고 있다.

3) 리우선언은 자국내의 자연재해나 기타 긴급사태가 타국의 환경에 유해한 효과를 내는 경우에 해당국가에 통보할 것을 요구하고 있다(원칙 18).

「기후변화의 부정적 효과」에 대하여 「기후변화」에 기인한 「물리적 환경 또는 생물상의 변화」뿐만 아니라, 「자연적 생태계 및 관리되는 생태계의 구성 · 회복력 또는 생산성, 사회경제체계의 운용 또는 인간의 건강과 복지」에 대하여 현저하게 해로운 효과를 야기하는 것이라고 정의하고(제1.1조), 「기후변화」는 「인간활동에 직접 또는 간접으로 기인하는 기후의 변화」이며, 관측된 기후의 「자연스러운 변화」에 대하여 추가적으로 발생하는 것으로 한다(제1.2조). 인간활동에 기인하는 「해로운 효과」의 영향을 받는 「물리적 환경 또는 생물상」 또는 「생태계」가 조약의 대상이 되는 것이다. 1985년 오존층 보호에 관한 비엔나 협약 제1조의 경우도 마찬가지이다.

다음 절에서는 국제환경법의 법영역이 어떻게 형성되어 왔는가를 검토하기로 한다.

2. 국제환경법의 형성

「환경」이라는 용어는 인간을 둘러싸고 있는 것이라는 의미가 있는데, 자연환경뿐만 아니라 「경관」과 「쾌적성」도 국제환경법의 적용대상이 될 수 있다.4)

우선 국제환경법이 어떻게 형성되어 왔는가를 개관하여 보자. 국제환경법의 발전과정을 시기적으로 구분하는 시도가 존재한다.5) 발전과정을 시기적으로 구분하는 것에는 의미가 있지만, 연구자에 따라 각 시기의 근거를 설정하는 방법과 관점에 따라 차이가 생긴다. 아래에서는 편의상 (1972년과 1992년의 유엔환경회의를 기준으로 하여) 세 가지 시기로 구분할 것인데, 다른 관점에서 구분하는 방법도 충분히 가능하다6)는 점을 언급해 두고자 한다.

(1) 1972년 스톡홀름 유엔인간환경회의 이전

20세기 초 농업에 유용한 조류의 보호에 관한 조약(1902년), 미국 · 영국 · 일

4) 松井芳郎, 『国際環境法の基本原則』(東信堂, 2010年), 6－8면.

5) 臼杵知史, 「序章 国際環境法の形成と発展」西井正弘 · 臼杵知史編, 『テキスト国際環境法』(有信堂高文社, 2011年) 1－15면, 松井芳郎, 前掲書, 注(4), 11－25면.

6) Philippe Sands and Jacqueline Peel, Principles of International Environmental Law, 3rd ed., 2012, p.22. 샌즈(Sands)는 (1) 19세기의 양자간 어업조약에서 1945년의 유엔창설까지, (2) 1972년의 스톡홀름회담까지, (3) 스톡홀름에서 1992년의 리우회담까지, (4) 리우회담 이후, 총 네 시기로 구분한다.

본·러시아 사이의 해달 및 물개류 보호 국제조약(1911년)을 비롯하여 상업적으로 가치 있는 생물종의 과잉포획방지를 위한 조약이 체결되었다. 최초의 국제포경협약은 1931년에 채택되었으며, 제2차 세계대전 이후 1946년 국제포경규제협약은 상업적 포경의 규제를 통하여 「고래의 적절한 보존을 꾀하여 포경산업의 질서 있는 발전을 가능하게 하는」 것을 목적으로 한 조약이었다. 이러한 조약들에서 공통적으로 볼 수 있는 사고방식은 생물종이나 생태계를 보호하려는 관점에서가 아니라, 인간에게 유용한 생물의 이용 이익을 최대화 하는 것을 목적으로 하는 것이었다. 오늘날 생물다양성협약(⇒제11장)에서도 그러한 사고방식은 「생물자원의 지속가능한 이용」(前文 제5항) 등에서 여전히 존재하는데, 20세기 전반에는 생물의 다양성 자체를 보존해야 한다는 사고방식이 희박했다.

국경을 접하는 인접국 간에 오염방지를 규정하는 최초의 조약으로서는 미국과 캐나다 간의 경계수역조약(1909년)이 있다. 또한 1930년대에 생긴 캐나다에서 미국 국경을 넘어오는 대기오염에 관해서는 *Trail Smelter* 사건 판결에서 상린관계의 법리를 적용하여 후에 스톡홀름선언 원칙 21과 리우선언 원칙 2에서 명문화 된 「영역관리책임」의 사고방식이 등장하였다.

제2차 세계대전 후 해양오염문제에 대하여 1950년대에 선박에서 기름이 유출되는 것을 규제하는 선박으로부터의 해양오염방지를 위한 협약(1954년)이 채택되었고, 유엔전문기관의 「정부간 해사자문기구」(IMCO)의 설립(1958년, 1982년에 「국제해사기구」로 개칭함)에 따라 공해상의 선박에 대한 선적국(기국)의 권한과 오염의 영향을 받은 연안국의 권한조정이 시도되었는데, 그 성과는 한정적이었다. 1958년 제1차 유엔해양법회의에서 채택된 공해협약에서는 해양오염방지규제의 작성(제24조)과 방사선물질에 의한 오염방지조치(제25조)를 체약국에 요구하였다. 1967년 리베리아 선적의 유조선, 토리 캐니언호(Torrey Canyon)가 영불해협의 공해상에서 좌초하여 기름유출사고가 발생해서 영국과 프랑스 양국이 큰 피해를 입었는데, 그 사건을 계기로 하여 「유류오염시 공해상 개입에 관한 협약」(공해조치협약)과 「유류오염 손해에 대한 민사책임에 관한 국제협약」(유류오염 민사협약)이 채택되었다(⇒제9장).

1960년대에 후일 국제환경법에 큰 영향을 미치게 된 계기는 선진국의 공해문제와 1962년에 출간된 레이첼 카슨(Rachel Carson)의 『침묵의 봄』(Silent Spring)

이었다. 구(旧)소련을 비롯한 사회주의 국가의 공해문제는 당시 감춰져 있었기에 주로 자본주의 선진국의 산업활동이 증대됨에 따라 발생한 공해의 심각성이 주목받았다. 한편, 개발도상국에서는 인구증가와 가뭄에 의한 피해 등 빈곤과 저개발이 초래한 폐해가 주된 관심사였다. 북유럽국가에서는 서유럽으로부터 들어오는 대기오염에 의해 산성비가 농작물과 어업에 악영향을 미치게 되었는데, 산성비처럼 오염원을 특정할 수 없거나 오염이 누적된 결과로 초래된 환경손해와 손해에 대해 피해국에게 그 인과관계의 입증을 요구하는 국제법의 전통적 사고방식으로는 충분히 대응할 수 없었다. 국제법은 사인행위에 의한 국가의 국제적인 책임에 대하여 과실책임주의를 채택하여 왔다. 국가는 사인의 가해행위를 사전에 「상당한 주의」(due diligence)를 가지고 방지할 의무를 지며 이 상당한 주의의무 위반이 국가기관의 과실을 의미하는 것이다. 그러나 앞서 언급한 *Trail Smelter* 사건 판결에서는 캐나다가 사기업의 매연발생에 수반하는 손해를 방지할 주의의무를 이행해왔는지 여부가 아니라, 위험이 예측된 기업활동에 영역을 사용하게 한 것, 또한 결과적으로 손해를 발생하게 한 것을 이유로서 캐나다에게 책임을 인정한 것이다.

나아가 1960년대에는 원자력의 이용과 우주활동에 수반하여 발생하는 위험을 「고도의 위험한 활동」(highly dangerous activity)으로 간주하였고, 피해자에게 가해국의 과실을 입증시키는 것은 어렵기 때문에 활동국에게 엄격책임을 부담하게 하는 조약이 채택되었다.

원자력손해에 대하여는 원자력시설과 원자력선박의 운영관리자에게 책임을 물을 수 있는 1960년 원자력분야의 제3자책임에 관한 파리협약(제3조)과 1962년 원자력선박운영관리자책임조약(제2조)이 맺어졌다. 우주활동에 관하여는 1967년 우주협약(제6조, 제7조)에서 우주활동이 국가기관·사인 어느 쪽에 의해 생긴 경우에도 국가는 국제책임을 부담하게 되며, 지상에 있는 타국·사인에게 준 손해에 대하여 배상책임을 진다고 되어 있다. 1972년 우주물체에 의하여 발생한 손해에 대한 국가책임에 관한 협약(제2조, 제4조)은 우주물체와 우주물체의 충돌에서 생긴 지상·비행 중인 항공기에 미친 손해에 대하여 무과실책임을 적용한다고 규정하였다. 다만 원자력을 이용하거나 우주활동에 대하여 군사적 목적으로 이를 이용하는 것은 조약 대상이 아니었다.

(2) 1972년 스톡홀름회의에서 1992년 리우유엔환경개발회의까지

스톡홀름회의(1972년 6월 5일~16일)는 유엔이 주최한 최초의 환경회의였는데, 1970년 모리스 스트롱(Maurice Strong)이 사무국장으로 취임하여 실질적인 준비기간은 짧았지만 「유일한 지구」(Only One Earth)라는 표어 아래 구(旧)소련권 국가를 제외하고 중국을 포함한 113개국이 참가하였다. 그러나 환경과 개발에 관한 선진국과 개발도상국의 대립은 국가주권을 둘러싸고 쉽게 해소되지 않았다.

스톡홀름회의는 법적 구속력을 갖지 않는 「인간환경선언」(스톡홀름선언)을 도출하였고, 「인간환경을 위한 행동계획」(Action Plan for the Human Environment)을 채택하였으며, 환경을 다루는 국가기관으로서 「유엔환경계획」(UNEP)을 창설하여 국제환경법을 형성하는 데 중요한 이념, 다루어야 할 과제와 조직을 이끌어 내는 역할을 하였다.

① **「인간환경선언」**(스톡홀름선언)　이 선언은 전술한 「영역관리책임」이라는 방식을 확대하고 자국 영역내 및 자국의 관리하에서의 활동이 타국 영역뿐만 아니라 공해를 포함한 국가관할권의 범위를 벗어난 구역환경에까지 손해를 초래하지 않도록 확보할 책임이 있다고 하였다(원칙 21). 또 전문 제6항에서는 역사의 전환점에 도달하였다고 하는 문언에서 시작하여 환경의 질 향상을 언급하고, 「현재 및 미래 세대를 위하여 인간환경을 보호하고 개선시키는 것」이 인류의 지상목표, 즉 평화 및 경제적 · 사회적 발전과 이들 목표 아래 추구되어야 할 목표가 되었다. 현재 국제환경법에서 기본원칙이라고 여겨지는 「세대간 형평」(⇒칼럼 ①)과 「지속가능한 개발」(⇒제2장)이라는 사고방식이 명문화 되었다.

② **「인간환경을 위한 행동계획」**　109개 항목으로 이루어진 행동계획은 1970년대에 채택된 환경조약에 관한 구체적인 권고를 포함하고 있다. 조약의 초안은 스톡홀름회의 이전부터 작업되어 왔는데, 차기 유네스코(UNESCO)총회에서 작성 · 채택될 것이 권고된 「세계유산협약」은 1972년에 채택되었다(행동계획권고 98 · 99). 또 1973년 워싱턴 외교회의에서 채택된 「멸종위기 동식물종의 국제거래에 관한 협약」(CITES)에 대하여도 채택이 촉구되었다.

③ **유엔환경계획**　유엔환경계획(UNEP)은 1972년 12월 유엔총회결의 2997 XXVII를 통해 나이로비에 설치된 관리이사회, 사무국과 환경기금 등으로 구성된

유엔총회의 보조기관이다. UNEP는 국제환경법의 형성과 관련해서는 「지역해 프로그램」(the Reginal Seas Programme)[7]으로서 1976년 「지중해오염방지를 위한 바르셀로나 협약」을 비롯하여 지역해 환경조약의 준비와 채택에 공헌하였다.

④ 국제환경법의 형성 1973년 제4차 중동전쟁으로 석유수출국기구(OPEC) 국가들이 「석유전략」을 발동하여 일어난 제1차 석유파동과 1979년 이란혁명에 의한 제2차 석유파동에 의해 에너지 위기가 각국의 경기침체와 국제거래의 악화를 초래하였다. 특히 개발도상국에서는 환금을 목적으로 한 1차상품 가격이 대폭 폭락하고, 농민과 노동자들이 생활고로부터 벗어나고자 도시로 유입하거나 선진국으로부터의 개발원조가 정체되는 등 개발도상국의 상황이 악화되어 차관에 한층 더 의존할 수밖에 없게 되었다. 한편, 환경조약의 채택이나 해양오염, 대기오염, 오존층 보호, 유해폐기물의 국경간 이동 등 특정분야의 조약채택 등의 성과는 있었지만, 미국을 비롯한 선진국에서 지구환경문제가 주요한 관심사가 되지 못하여 1980년대 말 「냉전의 종식」까지 지구환경문제가 선진국들의 주된 관심사가 되지 못하였다.

(a) 환경과 개발의 관계 스톡홀름회의 10주년이 되는 1982년 UNEP 관리이사회 특별회의가 개최되자 「나이로비선언」이 채택되어 장기적으로 환경을 전망하는 특별위원회의 설치를 유엔총회에 권고하는 결의가 채택되었다. 유엔총회결의에 의해 설치된 「환경과 개발에 관한 세계위원회」(브룬트란트위원회[Brundtland Committee])[8]의 보고서(Report of the World Commission on Environment and Development)가 1987년 유엔총회결의에서 채택되었다. 이 보고서는 유엔총회에서 2000년까지 「지속가능한 개발」을 달성하기 위한 장기전략을 제시하도록 요청받은 연구과제에 대한 회답이기도 하였다. 1980년대부터 환경과 개발의 관계에 대하여 논의되어 온 「지속가능한 개발」 개념[9]은 환경과 개발의 관계에서 그 중요성을 인정받았으며, 많

---

7) UNEP는 지역해(地域海)로서, 지중해, 아라비아만, 서중앙아프리카해역, 동아프리카해역, 동남태평양, 아덴만·홍해, 카리브해, 남태평양의 환경보전에 임하여, 조약과 국제문서의 채택에 공헌하고 있다.

8) World Commission on Environment and Development, Our Common Future, Oxford University Press, 1987. 번역본은 環境と発展に関する委員会, 『地域の未来を守るために』(福武書店, 1987年).

9) 「지속가능한 개발」이나「지속가능한 발전」이라는 표기는 development(개발·발전)의 파악방식(이해방식)의 문제이고, 본서에서는 집필자의 판단에 위임하고 있다. 「지속가능한 개발」개념의 성립에 대해서는, 西井正弘, 「『環境安全保護』に関する持続可能な開発」, 黒澤満編著, 『国際共生と広義の安全保障』(東信堂, 2017年), 152－157면.

은 유엔문서 등에서 용인되어 1992년 리우회의(지구정상회의)에서 기본개념으로 받아들여졌다.

(b) **유엔환경계획의 역할** 무스파타 톨바(Mustafa K. Tolba)가 사무국장에 취임한 후 UNEP 사무국은 1975년 오존층 보호에 관한 비엔나 협약과 1987년 오존층 파괴물질에 관한 몬트리올의정서(⇒제8장)의 초안과 1989년 유해폐기물의 국가 간 이동 및 그 처리의 통제에 관한 바젤협약(⇒제13장)의 초안에 중요한 역할을 하였다.

(3) 1992년 리우회의 이후

1992년에 리우데자네이루에서 개최된 「유엔환경개발회의」(UNCED)는 「지구정상회의」(Earth Summit)라고도 불리는데, 국제환경법의 발전에 획기적인 단면을 그었다. 1989년에 종식된 「냉전」과 냉전 후의 세계에서 「환경」과 「개발」을 어떻게 다루어야 할 것인가를 둘러싸고 선진국과 시장경제이행국(기후변화기본협약의 부속서 I에서 「시장경제로의 이행과정에 있는 국가」로서 旧사회주의국가) 그리고 개발도상국 사이에 부담해야 할 책임과 이익의 대립이 존재한다. 그러나 기후변화기본협약은 기후체계를 보호해야 하는 것이 「인간생활의 질적 향상」을 꾀하기 위한 것이며, 「인류의 현재 및 미래 세대」를 위한 것임을 명기하고 있는 것처럼(제3.1조), 총론으로서의 방향성은 일치한다고 말할 수 있다.

① **「환경개발선언」**(리우선언) 「환경개발선언」(리우선언)은 법적 구속력을 가지지 않는 소프트로(soft law)인데, 환경과 개발의 관계에 대하여 「지속가능한 개발」이라는 개념을 유엔의 공식문서에 명확하게 규정하여, 이 개념이 국제환경법의 기본개념으로서 널리 인정되게 되었다. 또한 이 선언은 거의 망라적으로 주요한 「원칙」을 제시하고 있다. 원칙 1은 지속가능한 개발의 중심에 「인간」을 두고 있다. 원칙 2에서는 자국의 자원을 개발하는 주권적 권리와 자국의 영역을 사용하게 할 때의 「영역관리책임」을 명기하였다. 원칙 4는 지속가능한 개발을 달성하기 위하여 환경보호를 개발의 불가분의 일부로 하였다. 원칙 5에서는 빈곤의 박멸이, 원칙 6에서는 개발도상국의 특별한 상황 및 수요에 대한 배려가, 원칙 7에서는 공동의 그러나 차등화된 책임이 규정되어 있다. 그 외에 시민참여(원칙 10)와, 국내환경법령의 제정(원칙 11), 배상책임 · 보상에 관한 국내법의 정비(원

칙 13) 등 국내적 조치에까지 미치고 있다. 환경과 무역(원칙 12), 유해물질의 이전방지(원칙 14), 소비자부담(원칙 16), 사전주의 접근법(원칙 15)의 채택 외에 국제환경법의 절차적 의무에 관한 환경영향평가(원칙 17), 긴급시의 통보·원조(원칙 18), 사전·통보협의(원칙 19)의 규정도 있다. 나아가 지속가능한 개발을 달성할 역할을 가진 자로서 여성(원칙 20), 청년(원칙 21), 토착민(원칙 22)을 들고 있다. 그 외에 억압을 받고 있는 국민의 보호(원칙 23), 무력분쟁시 환경보호(원칙 24) 등이 있고, 마지막 원칙 27은 리우선언에서 구현된 여러 원칙의 실시 및 지속가능한 개발분야에서 국제법의 발전에 협력할 것을 주장하고 있다.

② **「지속가능한 개발을 위한 행동계획」**(아젠다 21) 지구정상회의에서 채택된 「행동계획」은 「아젠다 21」이라고 불리는데, 총 40장으로 구성된 방대한 문서이지만, 특히 제39장은 「국제법적 장치 및 체제」라는 제목으로 국제환경법의 재검토·발전을 목표로 할 것(제39.2장), 무력분쟁시 환경보호에 관한 국제법의 대처(제39.6장), 이행메커니즘(제39.8장), 국제법의 입법과정에 개발도상국을 포함한 모든 국가가 참여할 것(제39.9장), 분쟁해결방법·체제의 확대(제39.10장) 등 이후 다루어져야할 내용들을 명확히 하였다.

③ **국제환경법의 전개** 아래에서 고찰하는 것처럼, 리우선언을 출발점으로 국제법의 기본원칙 검토와 조약으로의 대체, 지구환경조약의 채택과 진전을 모색하고 있다.

3. 국제환경법의 기본원칙

「국제환경법 원칙」의 존재 또는 그 적용가능성의 문제는 2005년 *Iron Rhine Railway* 사건 중재판단(⇒**기본판례·사건** ③)에서 언급되었다. 국제환경법에서 어떠한 기본원칙이 존재하는가에 대하여 견해가 일치되고 있지는 않지만, 예컨대 샌즈(Philippe Sands)는 ① 천연자원에 대한 주권적 권리 및 타국 영역·국제관할권외의 환경에 대한 손해를 생기게 한 책임, ② 방지원칙(principle of preventive action), ③ 협력(co-operation)의 원칙, ④ 지속가능한 개발의 원칙, ⑤ 사전주의 원칙(precautionary principle), ⑥ 오염자부담 원칙(polluter pays principle)과 ⑦ 공동의 그러나 차등화된 책임(common but differentiated responsibility)을 들고 있다.

이 장에서는 제1부에서 검토된 원칙 몇 가지만을 언급할 것이다.

(1) 지속가능한 개발

「지속가능한 개발」(sustainable development: SD)이 1992년 지구정상회의의 중심적인 주제가 되어 리우선언의 27개 원칙 중 절반 이상의 원칙(1, 4, 5, 7, 8, 9, 12, 20, 21, 22, 24, 27)에서 SD라는 표현이 사용되고 있다. 그 후 경제개발과 환경보호를 각국의 경제정책 속에서 양립시키는 키워드로서 「지속가능한 개발」이 일정한 역할을 담당해 왔다. 또 2015년의 「유엔 지속가능한 개발서미트」(United Nations Sustainable Development Summit: UNSDS)가 개발도상국의 개발에 중점을 두어 온 「밀레니엄 개발목표」(MDGs)를 포함한 「지속가능한 개발을 위한 2030년 아젠다」(2030 Agenda for Sustainable Development)를 채택한 것을 어떻게 평가할지가 국제환경법에서의 SD개념의 위치설정에서 중요하다(⇒제2장).

(2) 사전주의 접근법 · 사전주의 원칙

사전주의 접근법(precautionary approach)과 사전주의 원칙(precautionary principle)이라는 문구가 1980년대 이후 환경조약과 국제문서에 등장한다. 양자의 차이와 적용되는 경우의 조건을 명확히 하고, 국제환경법에서 그 개념들의 자리매김을 위해서는 개별조약의 분석과 국제환경법의 판례를 분석할 필요가 있다(⇒제3장).

(3) 세대간 형평 · 공동의 그러나 차등화된 책임

「세대간 형평」(inter-generational equity)이라는 개념(⇒칼럼 ①)은 국제문서와 환경조약에서 인정되고 있는 표현을 일컫는 말이다. 전자는 1972년 스톡홀름선언 전문 6항에 있는 「현재 및 미래 세대를 위한 인간환경을 보호하고 개선하는 것」은 인류의 지상목표(평화 및 경제적 · 사회적 개발이라는 확립된 기본적 목표)와 함께, 또 이들 목표와의 조화 속에서 추구되어야 할 목표라고 하는 표현이 있다. 그 후 미래세대의 필요와 현재세대 간의 필요를 손상시키지 않는다고 하는 「지속가능한 개발」 개념을 명확하게 한 브룬트란트위원회 보고서에서 「세대간 형평」이 명시되고 나아가 1992년의 리우선언의 원칙 3에서도 명기되었다. 동시에 현재 존재하는 선진국과 개발도상국 사이에서의 부의 불공평을 시정하기 위한 「세대간 형평」(inter-generational equity)도 주장되고 있다.

「공동의 그러나 차등화된 책임」(common but differentiated responsibility: CBDR) 원칙(⇒칼럼 ②)은 지구환경조약의 협상과정에서 오존층 파괴와 기후변화(지구온난화)의 책임은 오로지 선진국에 있다고 주장하는 개발도상국과, 지구환경문제와 그 악화에 대하여는 모든 국가가 책임을 분담해야 한다고 주장하는 선진국의 대립을 담은 표현으로서 등장해 온 것이다. 1992년 리우선언 제7조와 같은 해 기후변화기본협약 제3.1조에서 「공동의 그러나 차등화된 책임」이라고 하는 문언이 명기되었다.

이 두 용어는 모두 국제환경법의 기본적 개념이라고 할 수 있지만 법원칙이라고 말할 수 있는가에 대하여는 검토할 필요가 있다.

4. 국제환경법의 특징

국제환경법도 국제법의 한 영역이기 때문에 그 법적 성질은 기본적으로 같다고 생각된다. 조약은 국가 간에 체결되며 합의한 국가만을 구속한다(기본적인 경제통합을 목적으로 하는 기관, 예컨대 이전의 유럽공동체(EC), 현재의 유럽연합(EU)도 구성원으로 할 수 있는 조약도 있다). 또 국제관습법도 일관된 국가실행과 그것을 법적 의무로 하는 인식(법적 확신 *opinio juris*)의 존재에 의해 형성되었다고 한다(ICJ 규정 38조 (1)(b)). 국제환경법의 특징을 다루면서 그 전개를 언급하고자 한다.

(1) 환경조약과 국제관습법

① 환경조약의 특징 환경조약도 국제법의 조약과 동일한 구조이기 때문에 체약국(당사자)만을 구속하는 법규범이고, 조약의 비당사국을 구속하는 것은 아니다. 또 조약에서 탈퇴하면 규정에 따라 조약상의 의무를 면하게 된다.

많은 국가가 지구환경조약에 참가하는 것을 바랐기 때문에 환경조약에는 몇 가지 특징적인 면이 있다. 첫째, 조약의 기초와 그 이행감시에서 NGO를 비롯한 비국가주체가 중요한 역할을 하는 경우가 많다(국제인권조약 등 국제법의 다른 영역에서도 같은 경향을 볼 수 있으며, 환경조약이 처음은 아니다). 둘째, 과학적인 견해가 불충분하고 견해가 나누어지는 환경문제에 대하여 조약을 기초하는 방법으로서 우선 일반적 의무와 조약체제를 움직이는 조직을 규정하는 「기본협약」을 채택하고, 그 후 정기적으로 개최되는 당사국총회에서 「의정서」와 부속서를 신규로 개정하고 구체적인 의무를 명백히 해 나아가는 방식을 취하였다. 셋째, 환경조약에 참여할 것을 촉진시키기 위하여 체약국에 대한 재정·기술지원을 약속하고(positive incentive) 비체약국과의 무역금지 등 불이익(negative incentive)을 규정하는 조약도 있다. 넷째, 협약·의정서의 의무준수를 촉진하기 위하여 체약국에 의한 보고제도를 두고 전문가들로 구성된 보조기관에 의한 심사와 당사국총회에서의 검토 및 체약국의 의무불이행에 대한 「비준수절차」제도를 둔 경우도 있다. 다섯째, 조약의 내용을 변경하기 위한 절차로서 조약개정절차 외에 일정한 의무이행을 전제로 하는 「조정」이라는 방법을 사용하며, 일정기간 내에 이의가 없는 경우에는 새로운 의무를 모든 체약국이 져야 한다. 이러한 환경조약의 특징을 정리하면 그것은 「살아 있는 조약」 시스템이라고 말할 수 있다.

② 국제관습법의 형성

(a) **국제관습법** 국제관습법의 성립과 그 확인은 국제법에서도 분명한 것은 아니다. 국제환경법에서도 *Iron Rhine Railway* 사건(⇒**기본판례·사건** ③)에서 기술한 바와 같이, 「환경법분야에서 무엇이 규칙(rules)이나 원칙(principles)을 구성하는가 또는 무엇이 소프트로(soft law)인가, 어떤 환경조약 규칙 또는 원칙이 국제관습법의 발전에 공헌해 왔는가에 대하여는 상당한 논란이 있어」 특정한 규칙과 실행이 국제관습법이라고 인정하는 것은 용이하지 않다.

(b) **비구속적 문서의 역할** 국제법 일반에서 비구속적 문서가 가지는 의의는 점차 커지고 있는데, 국제환경법에서 국제조직과 정부간의 비구속적 문서·성명, 국제회의의 선언·문서(스톡홀름선언, 리우선언, 아젠다 21) 등도 국제관습법의 발전에 공헌하고 있다.

③ **국제환경법의 전개** 스톡홀름선언 원칙 21과 리우선언 원칙 2에서 기술하고 있는, 국가의 「천연자원에 대한 주권적 권리」와 「국경을 넘는 환경손해가 생기지 않게 할 책임」이 국제관습법으로서 오늘날 확립되어 있는지에 대하여 검토할 필요가 있다. 전자에 대하여는 1962년의 「천연자원에 대한 항구주권결의」(유엔총회결의 1803/XVII) 당시 국제관습법이라고 말하기 어려웠지만 적어도 오늘

날 그 관습법성은 인정되고 있는 듯하다. 후자의 「영역관리책임」은 판례 · 조약에 규정되었으며, 그 이외에도 양 선언에도 언급하고 있는 「원칙」이 이후 관습법과 조약상의 의무로서 인정될 수는 있지만 국가실행과 판례가 누적되는 것을 볼 필요가 있을 것이다.

(2) 절차적 의무

국제환경법에서 절차적 의무는 손해발생의 방지와 감축과는 직결되지 않지만 간접적으로 기여하는 조치를 실시할 의무라고 파악하고 있으므로(⇒제4장) 그 주요한 절차적 의무의 실태를 검증해 둘 필요가 있다.

① 사전통보 · 사전협의 의무 환경에 악영향을 생기게 할 우려가 있는 활동에 대하여는 그 원인국이 활동에 착수하기 전에 영향을 받을 우려가 있는 잠재적 피해국에게 사전통보를 할 의무와 활동실시 전에 관련국 사이에서 사전협의를 할 일반적 의무가 존재하는지를 명확하게 할 필요가 있다.

② 환경영향평가의 이행의무 국내법에서도 많은 사업실시를 앞두고 환경영향평가를 이행하는 것이 의무로 되어 있는데, 국제환경법에서도 「환경영향평가」(Environmental Impact Assessment: EIA)를 할 의무가 조약상 어디까지 강제하는가를 볼 필요가 있다.

③ 긴급사태의 통보의무 · 협력의무 환경손해가 발생하거나 절박한 위험이 생기는 경우, 원인국이 잠재적 피해국과 관련 국제기구조약에 대하여 신속하게 통보할 의무가 존재하는가 하는 문제이다. 1986년 체르노빌 원자력발전소에서 국경을 넘은 방사선피해를 초래하였던 원자력사고가 발생할 때 소련이 조기에 통보하지 않아 주변국가들에게 큰 피해를 생기게 하였는지, 통상의 지체가 국제법 위반인지 여부가 문제 되었다. 같은 해 9월 26일 국제원자력기구(IAEA)에서는 「원자력사고 조기통보에 관한 협약」이 작성되었고(1996년 10월 27일 효력발생), 또한 「원자력사고 또는 방사선비상사태시의 원조에 관한 조약」(1987년 2월 26일 효력발생)도 성립하였다. 후자는 원자력사고가 발생할 때 원조요청과 원조제공에 대한 권한과 절차를 규정해 두고 있다.

(3) 이행확보

다자간 조약의 규정을 체약국에게 어떻게 이행하게 하고, 또 조약의무 위반(breach)과 비준수(non-compliance)에 대하여 어떠한 대응을 취할 것인가에 대하여는 몇 가지 방법이 있다. 전통적인 국제법에서는 한 당사국에 의한 다자조약의 중대한 위반에 대하여는 조약법협약의 규정(제60.2조)에 의한 조약의 전부 또는 일부의 운용정지 또는 조약을 종료시킬 수 있다. 또 분쟁해결절차에 따라 협상에 의한 분쟁해결 또는 제3자의 알선과 중재를 요구하고, 조약에서 정해진 절차를 수락하는 경우에는 조정과 중재 또는 국제사법재판소의 이용이 가능하다. 최후의 분쟁해결절차는 지구환경조약에서도 규정하고 있는 경우가 많다. 지구환경조약에서는 국제법의 사후적 절차만으로는 환경을 보호한다는 목적에 충분히 응할 수 없다고 하여 몇 가지 절차를 발전시키고 있다.

① **국내조치의 보고제도** 환경조약의 이행은 각각의 체약국에 위임되어 있으므로 그 이행상황을 조약사무국에 정기적으로 보고하게 하여 보고서를 평가하고 조약목적의 달성상황을 파악할 필요가 있다. 이를 위하여 전문가로 구성된 보조기구를 두고 각국의 국내조치의 이행상황을 평가(assessment)하는 것과 더불어 조약 전체의 상황을 판단할 필요가 생긴다.

② **비준수절차** 환경조약의 위반에 대하여 사후적으로 규제를 요구하기보다는 사전에 조약위반의 발생을 방지하는 것이 조약목적의 달성에 도움이 된다는 생각에서 「예방조치」(preventive measure)를 취할 것을 요구하는 조약도 있다. 많은 조약(의정서)에 두고 있는 준수메커니즘은 체약국에 부과된 의무(보고의무, 분담금 지불의무, 규제대상물질의 감축의무 등)를 다하지 않는 경우 「위반」(breach)이 아니라, 의무의 「비준수」(non-compliance)로 취급하여, 이를 처리하는 조직으로서 「이행위원회」를 두고, 의정서 규정의 존중을 기초로 하여 사안의 우호적 해결을 확보하는 것(몬트리올의정서 비준수절차 제8항)으로 하고, 또 바젤협약의 의무의 이행·준수를 「촉진」「감시」하고, 「확보」할 임무(바젤협약 준수메커니즘)를 부여하여 메커니즘의 목적을 「조약상의 의무를 준수하기 위하여 체약국을 지원하는 것」으로 해 두고, 비준수국에 대한 제재(권리·특권의 박탈 등)라기보다도 준수를 권유하는 「원조」로 하거나 기껏해야 「경고의 발생」에 그쳐 「비대결적·촉진적 성격」

으로 하는 규정을 공통으로 하고 있다.10)

5. 맺음말

국제환경법이 다루는 대상은 <제2부 각론 – 개별 환경문제에 대한 대응>의 각장에서 고찰하는 바와 같이, 그 범위나 대처방식도 다양하고 또한 시간의 경과에 따라 변하고 있다. 이들 환경조약에서 인정되고 있는 공통성과 독자성을 발견함과 더불어 이것들을 초래하는 이유를 검토할 필요가 있을 것이다. 다만 1972년 스톡홀름선언 전문 제1항과 1992년 리우선언 원칙 1이 명시하는 바와 같이, 많은 환경조약은 「인간중심주의적」(anthropocentric) 목적을 형성해 왔던 것을 잊어서는 안 된다. 환경조약은 대부분 환경 자체보다는 「인간의 건강과 복지」 「생활의 질」을 지켜야할 보호법익으로 하고 있다. 생태계를 보호해야 하는 1992년 생물다양성협약은 생물의 생태계가 가지는 「내재적 가치」와 더불어 생태학으로부터 레크리에이션과 예술 등 다양한 가치를 들 수 있다(전문 제1항). 또 「진화」와 「생명보호의 기구유지」를 위해 중요하다고 기술하고 있으며(전문 제2항), 환경 그 자체가 가지는 「가치」에도 시선을 두고 있다. 이것들이 내일의 환경조약과 국제환경법의 발전방향을 시사하고 있는 것일지도 모른다.

참고문헌

1. 松井芳郎, 『国際環境法の基本原則』(東信堂, 2010年).

   국제환경법의 주요한 기본원칙을 국제법 체재 내에 위치시키는 것을 목적으로 심사숙고한 문헌이며 연구서로서 추천할 만한 책이다.

2. Philip Shabecoff, *A New Name for Peace: International Environmentalism, Sustainable Development, and Democracy*, University Press of New England, 1996, フィリップ・シャベコフ (しみずめぐみ・さいとうけいじ

10) 松井芳郎, 前掲書, 注(4), 320－321면. 東部議定書の尊守メカニズム(2005年)은 예외적으로 의정서에 기초한 온난화가스의 억제·감축의무에 대해 「절차 및 제도의 목적은, 의정서에 기초한 의무를 촉진하고, 조장하고, 이행(강제 enforce)하는 것」으로 강제적인 조치를 강하게 내세우고 있다.

訳), 『地球サミット物語』(JCA 出版, 2003年).

1992년의 리우 유엔환경개발회의(지구정상회의)와 그 이후까지를 대상으로, 환경운동, 동서관계·남북문제, 정치·경제와의 관계, NGO, 과학자, 국제연합 등 이해관계자의 움직임을 저널리스트의 눈으로 본 책이다.

3. 西井正弘編, 『地球環境条約−生成・展開と国内実施』(有斐閣, 2005年).

환경청의 담당관과 연구자가 공동으로 지구환경조약의 대부분에 대해 그 성립부터 내용, 이후 전개까지 고찰하고 일본에서의 이행도 언급한 선구적인 문헌이다.

4. Patricia Birnie, Alan Boyle et al., *International Law and the Environment*, 3rd ed., Oxford University Press, 2009, P・バーニー/ A ・ ボイル (池島大策・富岡仁・吉田脩訳), 『国際環境法』(慶應義塾大学出版会, 2007年).

원저는 1992년 초판이래, 그 광범위한 대상과 상세한 언급으로 교과서로서 각국에서 널리 사용되고 있다. 또한 번역서는 2002년의 2판을 번역한 것으로, 원저 3판 (2007년)에서 전체구성이 변경되었지만 지금도 충분히 읽을 가치가 있다.

Q. 물음

1. 국제환경법은 국제법의 한 영역인가? 차이점이 있다면 어떠한 특징이 있는가?

2. 국제환경에 대해서 조약과 국제관습법이 가지는 중요성은 어떻게 평가되어야 하는가?

제2장 지속가능한 발전

니시무라 토모아키(西村 智郎)

1. 「지속가능한 발전」이란 무엇인가?

「지속가능한 발전」 (sustainable development: SD)이란 국제환경법의 기본원칙 중 하나인데, 많은 다자간 환경협정과 국제기구결의에서 확인할 수 있는 기본이념이다. 제2차 세계대전 이후, 선진국의 고도성장과 함께 시작된 환경문제는 과도한 에너지 사용과 대량생산·대량소비에 대처해야 한다는 비판을 받아 환경보전과 경제성장의 균형을 어떻게 유지할 것인가가 논의되었고 그 속에서 양자를 조화시킬 필요성에서 탄생한 개념이다.

지속가능한 발전은 유엔이 설치한, 전(前) 노르웨이 수상 G. H. 브룬트란트를 위원장으로 하는 「환경과 발전에 관한 세계위원회」에 의해 1987년에 채택된 보고서 『우리 공동의 미래』(*Our Common Future*)[1]에서 주창되어 국제적인 관심을 모았다. 다만 「지속가능한 발전」이라는 용어는 위에서 언급한 위원회가 만든 것이 아니라 이 개념이 주장되기 전부터 환경과 발전을 양립시킬 필요성이 국제사회에서 인식되어 왔고 1972년에 개최된 유엔인간환경회의(스톡홀름회의)에서 발전과 환경의 조화와 이를 위한 합리적인 계획의 중요성을 강조한 인간환경선언(스톡홀름선언)[2]이 채택되었다. 그리고 이 회의를 기반으로 설립된 유엔환경계획(UNEP)도 ecodevelopment라는 개념을 주창하여 환경과 발전의 불가분성을 강조하였다. 또한 「지속가능한 발전」이라는 용어 자체는 환경 NGO인 유엔자연

1) Report of the World Commission on Environment and Development, “Our Common Future”, A/42/427, Annex, 4 August 1987. 일본어 번역서로는 環境と発展に関する委員会(大来佐武郎監修), 『地域の未来を守るために』 (福武書店, 1987年). 다만 본문의 일본어 번역은 이 책이 아니다.

2) Declaration of the United Nations Conference on the Human Environment, Stockholm, 16 June 1972, UN Doc, A/CONF48/14/Rev.1.

보호연합(IUCN)과 세계보전기금(WWF)이 유엔환경계획과 함께 작성한 1980년의 보고서 『세계보전전략』(*World Conservation Strategy*)[3]에서 이미 등장하였다. 이 보고서는 인류의 생존을 위하여 생물자원의 보전이 중요하다는 생각에서 지속가능한 발전을 중요시하였다. 원래 환경과 발전에 관한 세계위원회를 설치하였던 유엔총회는 위원회의 임무로서 「서기 2000년까지 지속가능한 발전을 달성하고, 이를 계속하기 위한 장기전략을 제시할」 것을 요청하고 있다.[4] 여기에서 알 수 있는 바와 같이, 「지속가능한 발전」은 이미 유엔에서 요청된 연구과제였다는 점에 유의할 필요가 있다.

이 보고서는 지속가능한 발전을 「장래 세대의 수요(needs)를 충족시킬 능력을 손상하지 않고 현재 세대의 수요(needs)를 충족시키는 것」[5]이라고 정의하였다. 이러한 정의는 이후 유엔의 많은 문서에서 확인되고 있으며, 국가, 시민, 연구자 등으로부터 널리 지지를 얻고 있다.

그 후 1992년 리우회의에서 「지속가능한 발전」은 기본이념으로 인지되었다. 이 회의에서 채택된 환경과 발전에 관한 리우선언[6]은 원칙 1에서 「인간은 지속가능한 발전에 대한 관심을 중심에 둘」 것을 확인하고, 「지속가능한 발전을 달성하기 위해 환경보호는 발전과정의 일부분을 구성한다(원칙 4)」는 전제에서 빈곤의 퇴치(원칙 5), 공동의 그러나 차등화된 책임(원칙 7), 생산소비양식의 개선(원칙 8), 과학적 이해의 개선(원칙 9), 환경과 무역의 관계(원칙 12), 기업의 이해관계인(stakeholder)의 역할(원칙 20, 21 및 22)이라고 하는 많은 과제에 지속가능한 발전 개념을 연관시키면서 사전주의 접근법(원칙 15), 오염자부담(원칙 16), 환경영향평가(원칙 17) 등 중요한 환경법원칙을 확인하였다. 이와 동시에 지속가능한 발전을 위한 행동지침으로서 「아젠다 21」이 채택된 것 외에 지속가능한 발전에 관련된 다양한 분야의 문제에 대처하는 기능위원회인 경제사회이사회 아래 지속가능한

---

3) International Union for Conservation of Nature and Natural Resources with the advice, cooperation and financial assistance of the United Nations Environment programme(UNEP) and the World Wildlife Fund (WWF), *World Conservation Strategy: Living Resource Conservation for Sustainable Development*, 1980.

4) Process of Preparation of the Environmental Perspective to the Year 2000 and Beyond, UN Doc A/RES/38/161, 19 December 1983.

5) *supra* note 1.

6) Rio Declaration on Environment and Development, Report on the United Nations Conference on Environment and Development, UN Doc. A/CONF.151/26 (Vol. I).

발전에 관한 위원회가 설치되었다.

그 결과, 1970년대의 이른바 스톡홀름회의 시대에 채택된 다자간 환경협정에는 명기되어 있지 않았던 「지속가능한 발전」 개념은 리우회의 이후 협정에서는 거의 공통으로 등장하게 되었다. 예컨대, 리우회의를 계기로 채택된 기후변화기본협약[7)]은 제3조에서 「체약국은 지속가능한 개발을 촉진할 권리 및 책무를 갖는다(제4항)」는 원칙을 규정하였다. 생물다양성협약[8)]은 그 전문(前文)에서 「현재 및 장래의 세대를 위한 생물다양성을 보전하면서 지속가능하도록 이용하는 것」을 결의하였다. 마찬가지로 사막화방지협약[9)]도 「사막화에 대처하는」 것을 지속가능한 개발을 위한 토지의 종합적인 개발의 일부를 구성하는 것을 행하는 것으로 정의하고(제1조 (b)), 조약의 목적을 사막화의 영향을 받는 지역에서 지속가능한 개발의 달성에 기여하는 것이라고 규정하였다(제2조 1항).

그 후 1997년 환경과 발전에 관한 유엔특별총회를 거쳐 2002년에 지속가능한 발전에 관한 세계서미트가 리우회의 10주년을 기념하여 개최되었다. 이 회의는 인류의 발상지인 아프리카대륙의 도시, 요하네스버그에서 개최되어 성과문서로서 지속가능한 발전에 관한 요하네스버그선언(요하네스버그 정치선언)과 이행계획을 채택하였다.[10)] 이 선언은 스톡홀름회의와 리우회의에서 합의된 사항을 확인하고 그 후의 성과에 기초하여 지속가능한 발전의 비전을 중시하고, 그것을 이행하는 세계를 실현하기 위한 지침으로서, 직면하는 과제와 이를 위한 약속, 다자주의의 확인과 이행에 대한 결의를 명기하였다. 이 선언은 스톡홀름선언과 리우선언처럼 당시 국제회의가 쌓아온 환경보호에 관한 국제법원칙의 확인과 법의 점진적 발전을 재촉하는 것이 아니라, 유엔회원국, 국제기구, 기업의 이해관계인(stakeholder)이 공유하는 지속가능한 발전의 중요성을 확인하고 그 실현을 향한 결의를 나타내는 정치적 문서의 색채가 강함에도 스톡홀름회의와 리우회의로부터 승계한 여러 과제를 해결하기 위하여 국제법과 다자주의에 기초하여 행동하는 것을 확인하고 있다.[11)]

---

7) 정식명칭은 기후변화에 관한 유엔기본협약이다.

8) 정식명칭은 생물다양성에 관한 협약이다.

9) 정식명칭은 심각한 가뭄 또는 사막화를 겪고 있는 아프리카지역 국가 등 일부 국가들의 사막화 방지를 위한 국제연합협약이다.

10) Report of the World Summit on Sustainable Development, Johannesburg, South Africa, 26 August · 4 September 2002, UN Doc. A/CONF.199/20.

그리고 2012년에는 리우데자네이루에서 다시 지속가능한 발전을 주제로 하는 유엔회의가 개최되었다. 리우+20이라고 부르는 지속가능한 발전에 관한 유엔회의에서는 그때까지 환경보호활동과 정책선언을 실천해 온 선진국을 대신하여 중국과 개최국인 브라질 등 신흥국이 적극적으로 회의를 주도해 나아가는 변화를 보였다. 이 회의의 성과문서인 『우리가 원하는 미래』(*Future We Want*)[12]에서는, 「리우회의 후 20년간의 지속가능한 발전의 실현이 불충분하였고, 그때까지의 성과와 남겨진 문제의 재평가와 새롭게 출현하고 있는 과제에 대한 대처」에 협조하고, UNEP 개혁 등 기존제도의 수정과 환경보호를 경제활동 속에 편입시키는 그린(green)경제를 공통된 대처방안으로서 인식할 것 등을 확인하였다.

2. 지속가능한 발전의 내용

이와 같이 지속가능한 발전이 국제사회에서 받아들여지게 된 배경에는 스톡홀름회의에서 드러난 선진국과 개발도상국의 환경보전에 대한 인식의 괴리와 1980년대 후반에 등장한 지구규모의 환경문제 등을 들 수 있다.

앞서 언급한 바와 같이, 『우리공동의 미래』에서 표명된 지속가능한 발전의 정의를 재인식하면 거기에는 두 가지 중요한 개념이 포함되어 있다는 것을 알 수 있다. 첫째는 「수요(needs)」의 개념이고, 특히 빈곤층에 대한 특별한 배려를 중시한다. 또 하나는 「환경능력의 한계」이다.[13] 한편, 국제법, 특히 환경협정 가운데 지속가능한 발전을 정의한 것은 거의 존재하지 않는다. 다만 국제재판 가운데에는 지속가능한 발전을 언급한 판례가 몇 개 보인다.

1997년에 슬로바키아(제소시에는 체코슬로바키아)와 헝가리 사이에서 다뉴브강 댐건설에 대하여 다툼이 있었던 *Gabcikovo-Nagymaros* 사건에서 국제사법재판소(ICJ)는 인류가 자연에 개입함으로써 현재와 미래세대의 인류에게 위험을 줄 수 있다는 인식, 1970년대부터 20년간 새로운 규범의 형성에 기초하여 「경제개발을 환경보호와 조화시킬 수요가 지속가능한 발전이라는 개념에 적절히 표명

11) UN Doc. A/CONF.199/20, para.10.

12) The Future We Want, Resolution adopted by the General Assembly on 27 July 2012, UN Doc. A/RES/66/288.

13) *supra* note 1.

되어 있다[14)]」고 언급하고 있다. 그 후 네덜란드와 벨기에 사이에서 다툼이 있던 *Iron Rhine Railway* 사건에서 중재재판소는 2002년의 판결에서 위 재판소의 판결을 인용하면서, 「환경법과 개발에 관한 법은 양자택일이 아니라 서로 보충하는 통합적인 개념으로서 존재하며, 그것은 발전이 환경에 있어서 중대한 손해를 야기한 경우, 해당손해를 방지하거나 적어도 완화할 의무가 존재하는 것을 요청하고 있다」[15)]는 것을 확인한 뒤, 「이 의무는 이제는 일반국제법의 한 원칙이 되었다」[16)]는 판단을 내렸다. 이러한 판례들로부터 알 수 있는 것은 분쟁당사국 사이에서 환경보호정책과 경제개발정책이 대립하는 경우, 지속가능한 발전이 양자를 조화시키기 위하여 기능을 한다는 것과, 환경보호와 경제발전은 결코 대립하는 정책이 되어서는 안 되고, 특히 경제발전이 환경손해를 야기해서는 안 된다고 하는 이념을 내포하고 있다고 볼 수 있다.[17)]

환경과 발전에 관한 세계위원회의 보고서인『우리공동의 미래』에는 이 위원회 하에 설치된 환경법 전문가에 의하여 채택된 환경보호와 지속가능한 발전에 관한 법원칙 제안[18)]이 덧붙여 있다. 이 제안에 의하면, 모든 인간은 건강과 복지를 위하여 충분한 환경을 향유할 권리를 가지는 것으로 되어 있고, 지속가능한 발전이 인권으로서의 환경권에도 영향을 준다는 것을 시사해 주고 있다. 또 세대간 형평, 자연생태계의 보전과 지속가능한 이용, 개발도상국에 대한 지원 등과 더불어 환경손해에 대한 무과실책임과 환경영향평가, 사전협의라고 하는 환경문제에 대처하는 절차, 환경문제에 관한 국가책임 등을 규정하고 있다.

그 후, 특히 리우회의 이후, 지속가능한 발전 개념이 국제환경법의 원칙으로 어떠한 의미를 가질 수 있는가에 대하여 국제기구와 연구자(학회)에 의해 깊이 논의되고 있다. 예컨대, 전술한 지속가능한 발전위원회가 1995년에 작성한 「지

14) Case concerning the Gabcikovo-Nagymaros Project, *ICJ Rep.*1997, para.140, p.78.

15) Award in the Arbitration regarding the Iron Rhine ("Ijzeren Rijn") Railway between the Kingdom of Belgium and the Kingdom of the Netherlands, 27 *Reports of International Arbitral Awards*, para.59. pp.66－67.

16) *Ibid.*

17) Cairo Robb, Marie－Claire Cordonier Segger and Caroline Jo, "Sustainable Development Challenges in International Dispute Settlement", Marie－Claire Cordonier Segger and Judge C.G. Weeramantry ed., *Sustainable Development Principles in the Decisions of International Courts and Tribunals*: 1992－2012, Routledge, 2017, pp.147－171.

18) WCED Experts Group on Environmental Law. Summary of Proposed Legal Principles for Environmental Protection and Sustainable Development, *Our Common Future*, pp.300－310.

속가능한 발전을 위한 국제법원칙」에 의하면, 상호관련과 통합, 환경과 발전, 국제협력, 참가, 의사결정 및 투명성, 그리고 분쟁회피 및 분쟁해결절차, 모니터링 및 준수의 다섯 가지 항목에서 전부 15개의 원칙 또는 개념을 확인하였다. 또 국제법협회(ILA)는 2002년에 지속가능한 발전에 관련된 국제법 원칙인 뉴델리선언을 채택하고, 이것을 요하네스버그회의에 제출하였다. 이 선언에서는 천연자원의 지속가능한 이용, 형평 및 빈곤퇴치, 공동의 그러나 차등화된 책임, 인간의 건강, 천연자원 및 생태계에 대한 사전주의 접근법, 굿 거버넌스, 나아가 통합 및 상호관련성이라는 7가지 원칙을 들고 있다.

두 개의 문서내용과 사정범위는 반드시 같지는 않지만, 지속가능한 발전이 사전주의 원칙과 공동의 그러나 차등화된 책임 등 리우회의 이후 다자간 환경협정 가운데 명기된 국제환경법의 기본원칙을 근거로서 기능하고 있는 것, 세대간 및 세대내의 형평을 강조하고 있는 것, 그리고 다양한 대상의 상호 관련성을 확인하고 이를 통합하려고 하는 인식을 공유하고 있는 것으로 확인할 수 있다.

리우회의 이후의 중요한 다자간 환경협정은 그 목적과 원칙 속에 지속가능한 발전 개념을 주된 개념으로 삽입하고 있는데, 이들 협정은 일부 예외를 제외하고 매우 짧은 기간에 다수의 체약국 수를 확보하고 이를 보편화하는 데 성공하였다.

또 이와 같은 리우회의를 비롯한 유엔의 움직임은 냉전구조 붕괴 후의 자유무역체제에도 중요한 변화를 초래하였다. 종래 환경보호를 목적으로 한 무역규제조치는 그것이 자의적이거나 부당한 차별수단 또는 위장된 제한이 될 가능성이 지적되어 국제무역에 관한 기본 틀을 정한 관세 및 무역에 관한 일반협정(GATT)에서도 일반적 예외조치(제20조)에 들어있지 않았다. 그렇지만 리우회의에서 무역정책과 환경정책이 상호 지원적이라는 것이 확인됨[19]에 따라 GATT를 승계하는 형태로 1994년에 채택된 세계무역기구(WTO)를 설치하기 위한 마라케시협정은 그 전문(前文)에 「환경을 보호하고 보존하며 이를 위한 수단의 강화를 모색하면서, 지속가능한 개발이라는 목적에 일치하는」이라는 문언을 새롭게 추가하였다. 이 효과는 WTO 분쟁해결절차에도 들어 있어 상소기구는 *US-Shrimp* 사건에서 GATT 시대의 선례인 *Tuna-Dolphin* 사건을 수정하고, 일반예외를 규율

19) Agenda 21 제2장 프로그램 B 무역과 환경의 상호지원.

하는 GATT 제20조도 환경의 보호 및 보전에 관한 국제사회가 현단계에서 가지고 있는 관심에 비추어 해석해야 한다고 판단하였다.[20]

게다가 일본의 국내법은 1993년에 시행된 환경기본법 속에 환경의 보전이 환경에 대한 미연방지와 더불어 「건전하고 풍부한 환경을 계속 유지하면서 환경에 대한 부담이 적은 건전한 경제발전을 꾀하면서 지속적으로 발전시킬 수 있는 사회가 구축된다는」 취지로 행해져야 한다(제4조)고 규정하고 있다.

3. 새로운 움직임과 지속가능한 개발/발전목표

지속가능한 발전은 그 형성과정에서도 명확한 것처럼, 경제발전과 환경보전의 조화를 목적으로 하는 개념으로서 탄생하였다. 그렇지만 냉전구조의 붕괴와 세계화의 진전에 수반하여 이 개념은 보다 포괄적인 개념으로 변용되고 있다. 요하네스버그 정치선언에 의하면, 지속가능한 발전은 환경과 발전이라는 두 항목의 대립을 조화시키는 개념에서 환경, 경제개발, 사회복지의 「세 개의 주축(pillars)」이라는 종합개념으로 재구성된 것을 확인할 수 있다. 리우회의 후 1993년에 세계인권회의가 채택되어 「비엔나선언 및 행동계획」에서는 「발전의 권리」가 현재 및 미래세대의 발전과 환경의 필요성에 공정하고 적합하도록 실현시켜야 한다(제11항)는 것을 명시하였고, 이에 입각하여 선주민이 경제적, 사회적 및 문화적 복지 및 지속적 발전의 성과를 향수할 수 있는 것을 재확인하고(제20항) 나아가 법적용 및 소추기관을 포함한 사법의 운영은 민주주의와 더불어 지속가능한 발전과정에서도 불가결하다고 단언하고 있다(제27항).[21]

이러한 현상은 환경문제는 물론, 인구증가에 수반되는 식량문제와 에너지문제, 빈곤퇴치 및 젠더와 난민을 포함하는 인권문제 등 해결해야 할 과제가 산적한 21세기에 유엔을 중심으로 하는 국제사회가 지속가능한 발전을 목적으로 하는 틀 속에서 "개발(development)"의 내용을 보다 구체적으로 재정의하였다고 이해할 수 있다.

---

20) United States－Import Prohibition of Certain Shrimp and Shrimp Products, Report of the Appellate Body (hereafter cited as US Shrimp Case I－AB), WT/DS58/AB/R, 12 October 1998, paras.129－130. 또한 WTO와 지속가능한 발전의 관계에 대해, 西村智郎, 「WTOと持続可能な発展」, 『名古屋大学法政論集』 245号 (2012年), 1－35면.

21) Vienna Declaration and Programme of Action.

이와 같이 지속가능한 발전은 환경보전과 경제발전의 조화개념에서 인권을 포함한 사회문제를 포괄하는 복합적인 규범으로 그 내용이 확장되고 있다. 이는 지속가능한 발전이 단순한 환경보전이라는 개념이 아니라 국제사회가 지향해야 할 도달목표로 승화되었다는 것을 나타내고 있다.

지속가능한 발전개념의 진전에 대하여 가장 큰 성과는 2015년 유엔총회에서 채택된 지속가능한 개발/발전목표(SDGs)이다. 리우+20의 성과문서인 『우리가 바라는 미래』는 국제사회의 다음 단계로서 보다 포괄적인 지속가능한 발전목표를 설정하기 위하여 정부간 협상을 개시하는 데 합의하고, 개방적인 작업반과 그 이후의 유엔총회에서의 검토를 거쳐 2015년에 『우리 세계의 전환』이라는 제목하에 총회결의 「지속가능한 발전을 위한 2030년 아젠다」[22]를 채택하고, 후술하는 17개의 목표와 169개의 세부목표로 구성된 「지속가능한 개발/발전목표(SDGs)」를 들고 있다.

SDGs는 유엔총회가 2000년에 채택한 유엔 밀레니엄선언[23]과 1990년대에 개최된 주요한 국제회의에서 채택된 목표를 통합하는 형태로 2015년까지의 목표로서 책정된 「밀레니엄개발/발전목표(MDGs)」를 잇는 것으로 정해졌다. MDGs의 목표는 아래의 8개로 구성되어 있다.

① 극도의 빈곤과 기아의 퇴치
② 보편적 초등교육의 달성
③ 젠더의 평등추진과 여성의 지위향상
④ 유아사망율의 감축
⑤ 임산부의 건강개선
⑥ HIV/에이즈, 말라리아 기타 질병의 만연방지
⑦ 환경의 지속가능성 확보
⑧ 발전을 위한 글로벌 파트너십의 추진

이 가운데 환경보전에 관한 ⑦의 세부목표는 다음의 네 가지이다.

7A 국가정책 및 계획 속으로 지속가능한 발전원칙을 통합하고 환경자원의

22) Transforming Our World: The 2030 Agenda for Sustainable Development, UN Doc. A/RES/70/1.

23) Resolution adopted by the General Assembly, UN Doc. A/RES/55/2.

상실을 전환할 것

7B 생물다양성이 사라지는 것을 줄이고, 줄어든 만큼 충분히 보전할 것 (2010년까지)

7C 안전한 음료수 및 기본적 위생에 지속적으로 접근할 수 없는 인구의 비율을 줄일 것(2015년까지)

7D 적어도 1억 명의 슬럼가 주민의 생활을 현저하게 개선시킬 것(2020년까지)

MDGs가 그 명칭대로 development에 중점을 둔 목표이고, 밀레니엄선언을 비롯한 기존의 유엔문서를 통합하여 작성된 것에 반해, SDGs는 2012년 리우+20으로부터 3년간의 검토와 시민들로부터 피드백을 거쳐 완성되었다고 하는 점에서 대조적인 평가가 존재한다.[24]

SDGs의 17개 목표는 다음과 같다.

목표 1 모든 장소·모든 형태의 빈곤퇴치

목표 2 기아의 종식, 식량안전보장 및 영양개선의 실현과 지속가능한 농업의 촉진

목표 3 모든 연령의 모든 사람들의 건전한 생활확보와 복지의 촉진

목표 4 모든 사람들에게 공정하고 질 높은 교육제공과 평생학습의 기회제공

목표 5 성평등의 달성과 모든 여성 및 여아의 권익신장

목표 6 모든 사람들의 물과 위생의 이용가능성과 지속가능한 관리의 확보

목표 7 모든 사람들이 적정한 가격에 신뢰할 수 있는 지속가능한 현대적 에너지에 접근할 수 있도록 확보함

목표 8 포용적이고 지속가능한 경제성장, 완전하고 생산적인 고용과 모두를 위한 양질의 일자리 증진

목표 9 강력한 인프라 구축, 지속가능한 산업화의 촉진 및 혁신의 도모

목표 10 국내 및 국가 간의 불평등 감소

목표 11 전체적으로 안전하고도 강력하게 지속가능한 도시 및 인간 거주의 실현

---

24) 蟹江憲史編著, 『持続可能な発展目標とは何か－2030年へ向けた変革のアジェンダ』(ミネルヴァ書房, 2017年). See also Pamela S Chasek, Lynn M. Wagner, Faye Leone, Ana－Maria Lebada and Nathalie Risse, "Getting to 2030: Negotiating the Post－2015 Sustainable Development Agenda", 25－1 *Review of European Community and International Environmental Law*, 2016, pp.5－14.

목표 12 지속가능한 생산소비형태의 확보

목표 13 기후변화 및 그 영향을 경감시키기 위한 긴급대응

목표 14 지속가능한 개발/발전을 위한 해양·해양자원의 보전과 지속가능한 형태로의 이용

목표 15 육지생태계의 보호, 회복, 지속가능한 이용의 촉진, 지속가능한 삼림의 경영, 사막화에 대한 대처 및 토지황폐화의 저지·회복 및 생물다양성의 손실 저지

목표 16 지속가능한 개발/발전을 위한 평화롭고 포괄적인 사회의 촉진, 모든 사람들이 사법에 접근할 수 있도록 이용 제공, 모든 수준에서 설명책임이 있는 효과적인 포용적 제도의 구축

목표 17 지속가능한 개발/발전을 위한 이행수단의 강화와 글로벌 파트너십의 활성화

SDGs를 채택한 유엔총회결의는 주요한 원칙을 제시한 문단 10에서 「새로운 아젠다는 국제법의 존중을 포함한 유엔헌장의 목적과 원칙에 의해 이끌어진다」고 하고, 구체적으로 「세계인권선언, 국제인권조약 등, 밀레니엄선언 및 2005년 서미트 성과문서」 외에 「발전 권리에 관한 선언」 등 그 합의에 언급된 것 외에도 신(新)아젠다를 이행하기 위하여 「(우리들은) 국제법에 대한 임무를 확인함과 더불어 새로운 발전목표는 국제법 하에서의 권리와 의무에 부합하는 형태로 이행하는」 것을 확인하고 있다.[25)]

따라서 SDGs 자체는 국제법상 법적 구속력이 없는 「소프트로」에 불과하지만, 그 내용은 환경보전뿐만 아니라 국제사회 전체에서 대처해야 할 보편적 과제를 극복하기 위하여 국제사회의 법규범의 틀에서 실현하는 것이 기대되고 있다. 이에 더하여 SDGs가 유엔 및 회원국뿐만 아니라 지자체, 기업, 시민단체라고 하는 비국가주체로부터도 높은 관심을 모으고 있다는 점에도 주목해야 할 것이다.

25) Transforming Our World, *supra* note 22. para.18.

참고문헌

1. 環境と発展に関する世界委員会(大来佐武郎監修), 『地球の未来を守るために』(福武書店, 1987年).

   지속가능한 개발개념을 내놓은 유엔보고서 Our Common Future의 일본어번역. 이 개념이 어떠한 사회배경을 근거로 주장되게 되었는지를 알 수 있다.

2. 淡路剛久他編, 『持続可能な発展(リーディング環境・第5巻)』(有斐閣, 2006年).

   지속가능한 개발개념에 관해 논문과 자료가 정선되어 있다. 연속 기획물인 4권도, 환경문제의 전체그림을 이해하기 위한 좋은 책이다.

3. Transforming our world: the 2030 Agenda for Sustainable Development, A/RES/70/1 (『持続可能な発展のための2030年アジェンダ』)

   SDGs를 채택한 유엔총회결의. 2015년부터 15년간 국제사회가 지속가능한 발전의 달성을 위한 17개의 목표(Goal)와 169의 세부목표(target)를 확인할 수 있다.

Q. 물음

1. 지속가능한 발전 개념이 명기되어 있는 많은 국가 간 환경협정을 찾아보고, 이 개념의 존재의미에 대해서 검토해 보자.

2. 지속가능한 발전 개념과 다른 원칙 (예컨대 공동의 그러나 차등화된 책임원칙과 사전주의 원칙)과의 관계에 대해서 생각해 보자.

3. SDGs의 내용을 이전의 MDGs와 비교해 보자. 그런 다음, SDGs가 국제환경보전에 기여한 영향을, 주체(누가 이행하는가)와 효력(국제조약과의 관계)이라는 관점에서 검토해 보자.

제3장 사전주의 원칙 · 사전주의 접근법

다카무라 유카리(高村 ゆかり)

1. 국제법에서의 사전주의 원칙과 그 전개

(1) 국제법에서의 사전주의 원칙

최근 인간생활의 규모가 확대되고 기술이 발전하고 혁신됨에 따라 우리들의 생명과 건강, 우리들을 둘러싸고 있는 환경에 대한 다양한 리스크(risk)가 생겨나고 있다. 이러한 위험은 환경이 많은 구성요소와 그것의 복잡한 상호작용에 의해 성립되고 있으므로, 물질과 인간행위가 환경에 초래할 것으로 예상되는 결과가 어느 정도의 개연성으로 발생하는지에 대해 현단계에서 충분한 확실성을 가지고 과학적으로 평가하는 것이 곤란한 경우가 있다. 국제적인 환경문제 해결의 법적 틀을 제공하는 국제환경법은 상정된 결과의 발생 개연성과 과학적 증거의 불확실성, 그리고 과학적 불확실성이 수반된 잠재적 「리스크(위험)」를 어떻게 다룰 것인가 하는 문제에 직면하고 있다.

이러한 과학적 불확실성에 직면하여 등장한 것이 사전주의 원칙/사전주의 접근법(precautionary principle/precautionary approach)이다. 1992년 브라질의 리우데자네이루에서 개최된 유엔환경개발회의(지구정상회의)에서 채택된 리우선언 15는 「심각하거나 회복 불가능한 손해의 우려가 있는 경우에는 과학적 확실성이 충분하지 않으므로 환경의 악화를 미연에 방지하기 위한 가성비가 좋은 조치를 연기할 이유가 없다」고 하였다. 사전주의 원칙을 정식화한 것은 문서에 따라 다양한데, ① 손해와 악영향의 우려가 있지만, ② 과학적 확실성이 충분하지 않은 경우라도, ③ 환경악화를 미연에 방지하는 조치를 취하는 것이 그 공통되는 요소이다. 즉, 과학적 불확실성을 수반하는 잠재적 리스크에 대하여 장래 그 리스크가 드러나 환경악화가 생기는 것을 방지하기 위하여 정책결정자(국제차원에서는 국가)가 취해야 할 행동을 나타내는 원칙이다.

국제법상 일반원칙으로서 사전주의 「원칙」이라고 부를 수 있을지, 단순한 「어프로치」에 그치는지는 국가 간 다툼이 있다. 「사전주의 원칙」을 사용하는 경우에는 잠재적 리스크에 대하여 환경악화를 미연에 방지할 강력한 사전주의 조치를 요구하는 틀을 상정하는 한편, 「사전주의 접근법」을 사용할 때에는 국가에 의해 넓은 재량을 주는 틀을 상정하는 경향이 있는데, 「원칙」이든지 「어프로치」이든지 간에 그 법적 효과는 반드시 엄밀하게 구분되어 오지는 않았다. 따라서 이 장에서는 용어색인을 제외하고 다른 언급이 없는 한, 선험적으로 사전주의 원칙과 사전주의 접근법을 구별하지 않고 「사전주의 원칙」이라는 용어를 사용한다.

(2) 사전주의 원칙의 등장과 국제적 전개

원래 사전주의 원칙은 규제권한을 가지는 행정기관은 위험의 가능성을 예측하고 가능한 한 그것을 방지하여 환경리스크를 최소화해야 한다고 하는 1970년대 서독의 "Vorsorgeprinzip"("사전준비" 또는 "예비조치"라는 의미이다 – 역자주)라는 사고방식에 기초한 것이라고 한다. 1980년대 서독정부는 여론의 지지를 바탕으로 산성비와 북해의 오염문제 등에 대처하는 정책을 정당화하기 위하여 이 원칙을 채택하였다.

국제사회에서도 환경문제의 심각화와 다양한 경험을 바탕으로 과학적으로 확실해지고 난 후에는 환경에 대한 위협에 효과적으로 대응하지 못할 수 있다는 인식이 높아졌다. 이에 문제해결을 위해 국가가 국제적 공동행동을 취할 때 과학적 불확실성이 수반되는 경우라도 사전주의 원칙을 적용하여 미연방지조치를 취하도록 합의하였다. 1982년 유엔총회에서 채택된 세계자연헌장이 국제차원에서 사전주의 원칙이 최초로 승인된 문서라고 한다. 1985년 오존층 보호협약은 그 조문에 사전주의 원칙을 언급하고 있지는 않았지만, 현실적인 손해에 대하여 확고한 증거가 제시되기 전에 미연방지조치의 필요성을 확인한 최초의 다자간 국제조약이라고 생각한다.

2. 실정법에서의 사전주의 원칙 규정

(1) 환경조약에서의 사전주의 원칙

사전주의 원칙은 1980년대 이후 채택된 많은 환경조약과 국제문서에 등장한다. 최근의 환경조약에서 사전주의 원칙이 현저하게 자주 언급되고 있는데, 오존층보호, 지구온난화에서부터 해양환경의 보호까지 다양한 조약에서 공통적으로 보여진다. 한편, 환경조약에 정식화하거나 실정법으로 규정되는 정도는 각양각색이다.

첫째, 사전주의 원칙의 적용으로 누가 무엇을 행하도록 요청 또는 허용되는가에 대한 원칙적용의 결과가 다르다. 북동대서양 해양환경보호를 위한 북동대서양보호위원회 협약(OSPAR 협약)처럼 개별 체약국에 대하여 사전주의 원칙에 기초한 미연방지조치를 취할 것을 의무화하는 조약이 있는가 하면, 잔류성 유기오염물질에 관한 스톡홀름협약처럼 조약기관에 대하여 사전주의 접근법에 기초하여 절차를 진행하고 결정할 것을 의무화하는 조약도 있다. 한편, 바이오 안전성에 대한 카르타헤나 의정서처럼, 체약국이 사전주의 조치에 기초한 조치를 취할 것을 의무화하지 않을 것을 허용하는 경우도 있다. 또 기후변화기본협약 제3조 3항처럼, 예견된 손해 또는 결과를 회피하는 데 취해야 할 조치의 비용대비 효과에 대하여 언급하는 것도 있다.

둘째, 사전주의 원칙의 적용조건을 정식화하는 데에도 차이가 있다. 특히 사전주의 원칙이 발동되기 위하여 필요한 ① 과학적으로 완전한 증거가 없는 것이 예견되는 손해 또는 결과의 정도, ② 예견가능성의 정도에 관한 것이다. ①의 예견된 손해의 정도에 관하여 기후변화기본협약 제3조 3항 등 사전주의 원칙을 규정한 많은 조약들은 「심각하거나 회복불가능한 손해의 우려가 있는 경우」를 사전주의 원칙의 적용조건으로 하고 있다. 그러나 OSPAR 협약 등 해양환경보호에 관한 몇 개의 조약은 인간의 건강에 대한 위험, 생물자원과 해양생태계에 대한 손해, 쾌적한 생활환경(amenity)의 손실, 해양 그 자체에 대한 정당한 사용을 간섭할 수 있다고 생각되는 합리적인 근거가 있는 경우에 사전주의 원칙에 기초하여 미연방지조치를 취한다고 규정하고, 「심각하거나 회복불가능한」 정도의 손해가 예견되는 것까지는 요구하고 있지 않다. ②의 예견가능성의 정도에 관하여는 일반적으로 손해의 「우려」의 존재를 요건으로 하는 것이 많은데, 일정한 「합리적 근거(이유)」의 존재를 요구하는 조약(OSPAR 협약, 런던협약 1966년 의정서 등)이 있다. 잔류성 유기오염물질에 관한 스톡홀름협약은 「지구 규모의 조치가 정당화될 수 있는 것처럼 중대한 인간의 건강 및/또는 환경에 대한 악영향」의 우려가 있다고 「위원회가 결정」하는 것을 원칙발동의 요건으로 하고 있다. 또한 과학적 불충분성으로 사전주의 원칙이 발동되는 경우에 대해, 특정하지 않은 조약(기후변화기본협약)과, 원인행위와 손해 또는 영향의 인과관계의 불확실성을 문제로 삼는 조약(국경을 넘는 수로와 국제 호수의 보호와 이용에 관한 협약, OSPAR 협약 등)이 많은데, 손해의 정도와 리스크의 수준(카르헤르나 의정서), 손해를 받을 우려가 있는 자원의 조건(유엔공해어업협정)의 불확실성을 문제로 삼는 조약도 있다.

(2) 재판소의 사전주의 원칙 원용 및 적용

90년대 후반 이후로 국제재판에서도 사전주의 원칙이 채택되어 그 해석과 적용을 두고 국가 간에 이를 다투는 사건이 증가하고 있다. 일반적으로 국제재판소로 가지고 가는 국가 간 분쟁의 수가 매우 한정되어 있는 가운데 환경에 관련된 분쟁의 거의 대부분에서 사전주의 원칙이 채택되고 있는 것은 주목해야 할 것이다. 더구나 보건·위생 분야에서도 사전주의 원칙이 채택되어 그 해석과 적용을 두고 국가 간에 다투어지는 사건이 있다. 세계무역기구(WTO)의 분쟁해결기구에서도 EU에 의한 성장촉진 목적으로 호르몬제를 사용한 소고기의 수입금지조치가 위생 및 식물위생 조치의 적용에 관한 협정(SPS협정)을 위반하였다는 이유로 미국과 캐나다가 제소한 *EC−Hormones* 사건 등에서 사전주의 원칙이 쟁점이 되었다.

3. 사전주의 원칙을 둘러싼 논점

(1) 사전주의 원칙은 국제관습법의 규칙인가

사전주의 원칙을 둘러싼 쟁점 중 하나는, 사전주의 원칙이 개별 조약을 떠나 일반적으로 국가를 구속하는 국제관습법의 규칙인 지위를 가지는가 하는 점이다. 문제영역마다 사전주의 원칙을 적용한 구체적인 조치가 개별 조약에서 규정되고, 사전주의 원칙에 기초한 국가의 행동규범이 영역마다 명확해지고 있다. 한편, 사전주의 원칙이 관습법의 규칙으로 인정된다면, 조약이 규율하지 않는 분야나 이들 조약에 참가하지 않은 비체약국과의 관계에서도 사전주의 원칙이 적용될 수 있다. 지금까지 국제재판에서 사전주의 원칙은 특정 조약에서의 규정이 아니라 국제관습법의 원칙으로서 원용되었다.

국가실행을 보면, 사전주의 원칙이 관습법의 성격을 가지는가에 대한 국가의 입장은 한 가지가 아니다. EU는 EU위원회의 사전주의 원칙에 관한 커뮤니케이션(2000년)에서 전술한 *EC−Hormones* 사건 등에서 WTO의 분쟁해결기구에서도 사전주의 원칙은 국제관습법의 규칙이라고 하는 견해를 표명해 왔다. 한편, 미국은 자국이 동의하는 조약의 규정을 떠나 사전주의 원칙을 국가 간 관계에 일반적으로 적용되는 법원칙이라고 인정하는 것에 반대하고 오히려 「원칙」이 아니라 「어프로치」라고 주장해 왔다. 국가실행을 보면, 잠재적 리스크에 대하여 보편적이고 자동적으로 사전주의 조치가 적용된다는 것이 국가 간 합의가 되었다고 보기 어렵다.

사전주의 원칙이 국제관습법이라는 지위를 가지는가에 대하여 학설의 입장도 나뉜다. 샌즈와 카메론(Sands & Cameron) 등은 그 내용의 이해가 반드시 모두 일치하지는 않고 애매한 점이 있어도, 사전주의 원칙은 인간환경선언 원칙 21에서 규정한 국경을 넘는 환경손해 방지의무에 따르는 것이고, 조약과 국가실행 등에 비추어 사전주의 원칙이 관습법상의 규칙이라고 하는 것은 이미 폭넓게 지지를 받고 있다고 한다(관습법설). 이에 대하여 사전주의 원칙을 일반적 목표와 정책으로 생각할 수는 있어도, 그 해석은 다양하고 그 적용의 효과는 지금까지 없었던 큰 영향이 있으므로 일반국제법의 원칙이라고 생각하는 데에는 신중을 기해야 한다는 견해도 강하다(소극설).

학설의 대립점 중 하나는 사전주의 원칙의 일반성과 다양성에 관한 평가이다. 이러한 사전주의 원칙의 특징은 사전주의 원칙을 비롯한 국제환경법의 「원칙」에 기대되는 기능과의 관계에서 불가피하게 수반되는 것이다. 사회, 경제라고 하는 많은 요인이 복잡하게 관련되고 또 과학적 불확실성을 수반하고 있어서 종종 문제의 해결에 대하여 국가 간에 신속한 합의 형식을 취하는 것이 어렵기 때문에 이러한 국제환경법의 「원칙」에는 첫째, 우선 일반적인 문언으로 「원칙」을 정식화하여 서서히 국가 간의 합의 수준을 끌어올리는 역할이 기대되는 것이다. 둘째, 과학적 불확실의 존재와 관련하여 해당 문제에 관한 과학적 견해와 사회, 경제, 기술 등의 상황이 시간과 더불어 변화하고, 합의된 「규칙」의 타당성이 변화할 가능성이 있기 때문에 「원칙」은 이러한 변화에 대응할 수 있는 일반성과 유연성을 필요로 하고, 동시에 이러한 변화 속에서도 국제사회의 행동의 대략적인 방향성을 제시하고 예견가능성을 높이는 역할이 기대되었다. 「원칙」이 등장해 온 이러한 요청에 비추어볼 때 원칙이 일반성과 유연성(그 반대는 애매함이 될 것이다)을 가지고 있기 때문에 그 요청에 부응하는 기능을 다할 수 있는 것이고 그 때문에 「원칙」으로서의 존재의의가 있다. 이렇게 보면 사전주의 원칙이 그 내용에 일정한 일반성과 유연성을 수반하는 것은 불가피하다고 할 것이다.

나아가 원칙 중에서도 특히 사전주의 원칙은 불확실성을 지니기 때문에 결정과 주장의 근거를 과학이 제공하기 어려운 상황에서 이를 대신하거나 또는 이에 근거하여 정책결정자의 결정과 주장의 정통성을 새롭게 제공하는 기능을 다하게 된다. 이 정통성은 일정한 과학적, 객관적 사실이 아니라 사회적으로 허용가능하다고 생각되는 리스크 수준을 결정하는 과정에서 제공되는 것이기 때문에 원칙의 발동조건과 귀결 등 그 기능의 발현은 문제가 되는 사실과 원칙적용의 국면에 따라 다르고, 그 발동조건과 적용의 귀결 등이 달라질 수밖에 없다.

그렇지만 이러한 규정방식이 다양하다고 해도 각각 정식의 핵심적인 개념이 서로 모순되고, 체계적으로 이해할 수 없는 정도의 터무니 없는 다양성은 아니다. 「충분한 과학적 근거가 없는 경우라도 불확실성을 수반할 리스크에 대하여 충분히 주의하여 대처」한다고 하는 사전주의 원칙을 구성하는 기본요소는 공통되는 것이고, 원래 다른 상황에 대하여 유연한 대응을 존재의의로 삼는 원칙이 일견 다의적이라는 것만을 이유로 사전주의 원칙의 관습성을 단정하는 것은 적절하지 않을 것이다.

현시점에서 사전주의 원칙의 관습성을 인정하지 않더라도 다양한 형식에 공통하는 사전주의 원칙의 핵심개념은 국제사회에서 행동원칙으로서 확실하게 침투되고 있다. 전술한 바와 같이, 많은 환경조약에 사전주의 원칙을 반영하는 규정이 들어와 있다. 또 국제법위원회(ILC)의 작업을 거쳐 2001년에 유엔총회에 제출된 「국제법에서 금지되고 있지 않은 행위로부터 생긴 손해를 발생시키는 결과에 관한 국제책임」에 관한 조문 초안의 주석은 사전주의 원칙이 관습법상의 원칙인가에 대하여 언급하지 않은 채, 리우선언 원칙 15에 의하면 사전주의 원칙은 「신중하게 행동할 일반적 규칙(a... general rule of conduct of prudent)」이라고 하고 있다.

국제재판에서도, 1999년의 *Southern Bluefin Tuna* 사건 잠정조치명령에서 호주와 뉴질랜드가 사전주의 원칙은 일반국제법 원칙이며 불확실성설에 기초한 의사결정 시 주의와 경계를 요한다고 주장한데 반해, 국제해양법재판소는 「체약국은 남방참다랑어 자원에 생긴 손해를 미연에 방지하기 위하여 실효적인 보전조치가 취해질 것을 확보하도록 신중하고 사려 깊게 행동해야(with prudence and caution)」하고, 분쟁당사국이 제시한 과학적 증거를 최종적으로 평가할 수 없다고 하면서 분쟁당사국의 권리보전과 남방참다랑어 자원이 더 악화되는 것을 방지할 조치를 취해야 한다고 하였다. 판단의 근거가 되는 사실에 과학적 불확실성이 존재하는 상황에서 유엔해양법협약을 해석할 때, 재판소가 어떻게 그런 잠정조치명령을 내릴 수 있는지 그 이유는 명확하지 않지만, 사전주의 원칙의 기본적인 사고방식을 반영하여 해석하였다고도 생각할 수 있을 것이다. 이러한 입장에 선다면, 사전주의 원칙은 잠재적 리스크에 대처할 때 기존의 국제법규칙의 해석과 적용에 지침을 제공하는 기능을 한다고 말할 수 있다. 그 후 *MOX Plant* 사건과 *Strait of Johor* 사건에서 국제해양법재판소는 사전주의 원칙을 제시하거나 원칙을 상세하게 판단하지 않았지만, 「신중하고 사려 깊게 해야 한다는 것」은 리스크에 관한 정보교환, 리스크의 평가, 그리고 리스크의 대처방법의 검토에 협력하는 것을 분쟁당사국에 요구하는 것으로 판단하고, 잠정조치의 근거 중 하나로 삼고 있다.

2011년 국제해양법재판소 해저분쟁재판부는 심해저에서 조사활동을 하는 개인 및 단체를 보증하는 국가의 책임 및 의무에 대하여, 기구가 채택한 규칙 하에서 기업의 심해저 활동을 보증하는 국가와 기구에 사전주의적 대처방법을 적용할 의무가 있다는 권고적 의견을 제시하였다. 그리고 한편으로 사전주의 접근법은 보증국가의 상당한 주의라는 일반적 의무의 불가결한 부분이 되었고, 기구의 규칙을 포함한 한층 많은 국제조약·국제문서 등에 편입된 사전주의 접근법은 국제관습법의 일부가 되어가고 있다고 하였다.

현시점에서 관습법상의 지위를 획득하였다고 보는 것이 어렵다고 할지라도 그 성립요건의 하나인 「국가의 일반적 관행」을 충족하는 방향으로 국가실행이 착실히 축적되고 있기에, 관습법상의 원칙으로 확립되어 가는 과정이라고 볼 수 있지 않을까 한다.

(2) 입증책임의 전환을 수반하는가

잠재적 리스크로부터 효과적으로 인간의 건강과 환경을 보호하는 관점에서는 입증책임의 전환이라는 법적 효과의 수반 여부가 사전주의 원칙의 적용을 둘러싼 최대쟁점 중 하나이다. 일반적으로는 권리관계의 발생·변경·소멸 등 법률효과를 주장하는 측이 그러한 요건충족의 증명의무를 진다. 전통적인 국제법에서는 다른 국가 또는 국가관할권을 초월하는 지역의 환경에 손해를 주지 않는 한, 어떤 국가의 영역 내 활동은 금지되어 있지 않으므로 해당 활동이 손해를 발생시키고 있다고 주장하는 측이 그 인과관계를 증명해야 한다. 따라서 사전주의 원칙의 적용에 따른 입증책임의 전환이라 함은 잠재적 리스크를 생기게 한 활동을 한 자에게 환경에 대한 손해나 악영향이 생기지 않았음을 입증할 의무를 지게 하는 것을 말한다. *Nuclear Test* 사건 재심사건과 *MOX Plant* 사건에서도 분쟁당사국 사이에 주장이 대립하였던 사항이다.

일반적으로 활동을 하는 자가 대체로 리스크에 관한 정보를 가지고 있고, 리스크에 관하여 적절한 판단을 해야 할 때 필요한 정보를 가장 쉽게 제시할 수 있는 입장에 있다. 한편, 입증책임을 전환하는 경우, 불확실성이 수반되는 경우에 리스크가 없다는 것을 증명하는 것은 쉽지 않다. 제로 리스크의 증명을 요구하는 것이 될 수도 있기 때문에, 사회적 이익을 낳는 활동조차도 제약을 받게 될 우려가 있다.

현시점에서는 사전주의 원칙의 규정이 자동적이고 전면적인 입증책임의 전환을 초래하는 지에 대하여 국제사회에서 합의된 것은 없다. 1995년 *Nuclear Test* 사건 재검토사건에서 뉴질랜드가, 2001년 Mox Plant 사건 잠정조치명령에서 아일랜드는 사전주의 원칙은 일반국제법상의 원칙임을 밝히고 환경에 악영향을 낳게 하는 활동을 한 국가가 그러한 악영향의 리스크가 발생되지 않았음을 증명할 책임이 있음을 사전주의 원칙을 원용하여 입증책임의 전환을 주장하였는데, 이들 사건에서 재판소는 이 같은 주장을 인정하지 않았다. 사전주의 원칙을 규정한 환경조약에도 입증책임의 전환을 규정한 명문의 규정은 보이지 않는데, 구체적인 사전주의 조치를 제도화하고 그에 따라 입증책임을 전환하는 방법을 취하는 조약이 있다. 해양투기에 관한 1972년 런던협약의 1996년 의정서처럼 환경영향이 없다고 인정되는 것을 미리 리스트화 해두고, 그 이외의 것을 해양투기하는 경우에는 악영향의 리스크가 없다는 것을 투기자가 증명하는 것을 요구하는 리버스 리스크(reverse risk) 방식은 조약에서 사실상 입증책임의 전환을 꾀한 것이라고 할 수 있다. 같은 접근방식은 OSPAR 협약과 발트해 해양환경보전협약(일명 헬싱키 협약)에서도 볼 수 있다.

(3) 사전주의 원칙과 국경을 넘는 환경손해 방지의무

국경을 넘는 환경손해 방지의무는 국경을 넘는다는 맥락에서 손해발생 전에 이를 사전에 방지해야 한다는 환경손해의 미연방지원칙(principle of prevention of environmental harm)을 적용한 것으로 현재에는 일반국제법상의 의무적 지위를 점하고 있다. 미연방지원칙과 사전주의 원칙이 혼동되는 경우도 있는데, 발생한 손해에 과학적 불확실성이 존재하지 않는 경우에는 미연방지원칙이 적용되는 반면, 사전주의 원칙은 발생이 예견된 손해에 대한 과학적 불확실성의 존재를 전제로 적용된다. 한편, 사전주의 원칙에 기초한 조치는 손해를 발생케 하는 잠재적 리스크에 대한 대처를 목적으로 하여 본질적으로 미연방지의 성격을 갖는다.

국경을 넘는 손해 방지의무의 체계화를 목적으로 한 ILC의 「국제법에서 금지되어 있지 않은 행위에서 생긴 손해를 발생시킨 결과에 관한 국제책임」에 관한 조약초안은 그 해석에서 사전주의 원칙을 언급하고 있다. 제3조의 주석은 국경을 넘는 손해 방지의무에서 원인국은 예견불가능한 결과의 리스크를 부담하지 않지만, 「손해방지 또는 손해리스크의 최소화를 위한 『모든 적절한 조치』를 취할 의무는 관련된 손해를 수반한다고 이미 적절히 평가된 활동에 한정되지 않는다. 해당 의무는 관련된 리스크를 수반하는 활동을 확인하기(identify) 위한 적절한 조치를 취할 것에도」 미치는 것이라고 하고 있다. 즉, 리스크 발생에 대한 과학적인 충분한 증거가 없는 활동에 대하여도 그 활동이 그러한 리스크를 수반하는지를 명확히 하기 위하여 적절한 조치를 취하는 것이 국경을 넘는 손해 방지

의무의 일부를 구성한다고 하고 있다. 나아가 주석은 국경을 넘는 손해 방지의무가 「특히 과학적 확실성이 없는 경우에도 심각하거나 회복 불가능한 손해를 회피하거나 방지하기 위하여 충분한 주의를 기울여 적절하다고 생각되는 조치를 취하는 것을 의미할 수 있다」고 하고, 이는 리우선언 원칙 15에 규정되어 있다고 하였다. 그리고 리우선언 원칙 15에 의하면, 사전주의 원칙은 「신중하게 행동할 일반적 규칙」이라고 하여 「국가는 과학적 견해의 진전에 뒤처지지 않고 지속적으로 미연방지의무를 재검토할 필요가 있다」는 것을 의미한다고 하였다.

조문초안에서 볼 수 있는 ILC의 입장은 사전주의 원칙에 기초하여 손해발생에 과학적 불확실성이 존재하는 일반적 경우에도 국경을 넘는 손해 방지의무가 적용될 수 있다고 이해하는 것이다. 사전주의 원칙의 관습법성을 논하는 것이 아니지만, 잠재적 리스크에 대한 대처라는 문맥에서 리우선언 원칙 15에서 나타나는 「사전주의」의 개념에 비추어볼 때 잠재적 리스크에 대한 대처도 포괄된 국경을 넘는 손해 방지의무에서 방지대상이 되는 손해의 수준을 『중대한(significant)』 손해라고 하는 데 대하여, 위의 주석에서는 충분한 과학적 불확실성이 없는 경우에 손해의 회피 또는 방지를 위한 조치를 취할 대상의 수준은 「심각하거나 회피불가능한(serious or irreversible)」 손해라고 하고 있는 점에서 유의할 필요가 있다. 「『중대한』(significant)은 『검출가능한』(detectable) 것을 넘는 수준인데, 『심각한』 또는 『상당한』(substantial) 수준일 필요는 없다」. 과학적 불확실성이 있는 경우에 손해방지조치를 취하는 것은 과학적 불확실성이 없는 경우에 방지가 요구되는 손해의 수준보다도 높은 수준의 손해가 예견되는 경우이다.

국경을 넘는 손해 방지의무를 이행할 때 활동하는 국가를 포함한 관련국은 협의를 하여 이익이 공평하게 균형을 이루도록 하여 해결을 추구할 의무를 진다(조문초안 제9조 1항, 2항). 이 이익의 균형에 있어서 고려되어야 할 요인에는 활동하는 국가 측의 활동의 중요성, 방지비용의 지불정도, 같은 활동에 적용되는 방지기준 등과 더불어 환경에 대한 손해리스크와 손해를 방지하고 리스크를 최소화하는 수단의 이용가능성도 포함하고 있다. 주석은 여기에서 고려되어야 할 요인인 환경에 대한 손해리스크에 잠재적인 리스크도 포함된다는 것을 시사하고 있다. 어떻게 여러 요인들을 고려할 것인가는 국가에 위임하고 있는데, 국가가 결정할 때 고려해야 할 리스크의 범위가 확대되어 이익형량에서 환경손해의 리스크에 무게를 두는 것이 가능하게 되었다.

2011년 국제해양법재판소 해저분쟁재판부에 의한 심해저에서 탐사활동을 하는 개인 및 단체를 보증하는 국가의 책임 및 의무에 관한 권고적 의견도, 사전주의 접근법은 보증하는 국가가 상당한 주의를 해야 하는 일반적 의무를 불가결한 부분으로 하고 있고, 상당한 주의의무와의 관계에서 과학적 증거는 불충분하지만 잠재적 리스크의 존재를 나타내는 이유가 있는 경우에도 상당한 주의의무가 적용되어 보증국이 이러한 잠재적 리스크를 무시하면 「상당한 주의」의무를 이행하지 않은 것으로 할 수 있다고 판단하였다.

조문초안에서는 활동의 허가는 환경영향평가를 포함하여 리스크평가에 기초한다는 것을 규정하고 있다(제7조). 전술한 바와 같이, 잠재적 리스크도 역시 국경을 넘는 손해 방지의무의 사정범위에 포함되는데, 환경영향평가를 포함한 리스크평가가 행해지기 시작하면서 잠재적 리스크의 존재와 형태가 명확하게 되었다. 그런 의미에서 환경영향평가를 포함한 리스크평가의 기능은 불확실성은 있지만 손해를 발생시킬 우려가 있는 활동을 「발견」하고, 국가가 관련된 리스크에 대하여 신중하고도 늘 주의를 기울여야 한다는 사전주의 원칙의 요청을 구체화한 것이고 할 수 있다. 그러한 관점에서 환경영향평가는 「환경손해의 미연방지원칙과 사전주의 원칙」을 연결하는 방법이라고 할 수 있다.

국경을 넘는 손해를 발생시키는 리스크가 불확실성을 수반하지 않는 경우에도 관련된 정보의 제공과 교환, 잠재적 피해국에 대한 통보와 미연방지를 위해 취해야 할 조치에 관한 협의를 하는 것이 손해를 발생시킬 우려가 있는 활동을 하는 국가에 요구되는데, 국경을 넘는 손해를 발생시키는 잠재적 리스크에 대하여 불확실성 때문에 환경영향평가를 포함하는 리스크의 평가, 정보교환, 이를 위한 협력이라고 하는 절차는 한층 중요하게 되었다. 이는 *MOX Plant* 사건에서 국제해양법재판소는 아일랜드가 청구한 잠정조치를 명할 것을 요구하는 상황의 긴급성을 인정하지는 않았지만, 이는 「아일랜드와 영국이 MOX 공장의 조업리스크 또는 영향에 관한 정보의 교환과 적당한 경우 이들의 정보를 취급하는 방법을 정하는 데 협력할 것에 신중하고도 주의할 것(prudence and caution)을 요청하였다」고 하는 것과도 부합한다. 이러한 절차적 의무는 잠재적 리스크를 발견하고 잠재적 피해국의 우려사항을 활동국이 인식하고 리스크가 현실로 나타나기

전에 쌍방 국가의 이익을 조정하고, 결과적으로 국가 간의 분쟁을 회피하는 데에도 도움이 될 것이다.

이상과 같이, 국경을 넘는 손해 방지라는 맥락에서 리우선언 원칙 15에 규정된「사전주의」개념에 비추어 잠재적 리스크에 대한 대처를 포함한 국경을 넘는 손해 방지의무의 체계화가 진행되고 있다. 잠재적 리스크에 대한 사전주의 조치를 취할지 여부에 활동국의 재량이 크지만, 한편으로는 과학적 견해의 진전에 비추어 국경을 넘는 손해의 리스크와 이를 생기게 할 우려가 있는 활동에 대하여 늘 주의를 기울이고, 국경을 넘는 손해를 생기게 하는 잠재적 리스크를「발견」하여 리스크에 대한 적절한「주의」를 항상 기울일 의무가 국경을 넘는 손해 방지의무의 일부를 구성하는 것이 승인되고 있다. 그러한 의미에서 국가에 요구되는 상당한 주의(due diligence) 의무의 수준은 종래보다도 엄격하다고 말할 수 있다. 또한 이러한 문맥에서 사전주의 원직의 관습법성이 논해지지는 않지만, 일반국제법상의 의무인 국경을 넘는 손해 방지의무에 대한 사전주의의「통합」에 의해 그 범위 안에서 사전주의 원칙은 일반적 효과를 가지게 되었다고 말할 수 있다.

(4) 사전주의 조치와 자유무역체제와의 긴장관계

사전주의 원칙이 국제법에 어떻게 국가의 행동을 규율하는가 하는 문제와 함께 국가가 사전주의 원칙에 기초하여 취한 조치가 무역을 제한하는 효과로 인해 WTO협정상 문제가 되는 경우를 상정할 수 있다. 국가가 환경보호라는 목적에서 기준과 일정한 절차를 정하는 경우, 이들 기준과 절차가 외국상품에 국내상품보다도 불리하게 대우하는 결과가 된다면 WTO협정과의 적합성이 문제가 된다.

과학적 불확실성을 수반할 리스크에 대하여 회원국이 사전주의 조치를 취할 수 있다는 것을 명확하게 규정한 SPS협정은 유해동식물, 질병, 질병을 매개로 하는 생물과 음식물·사료에 포함되어 있는 첨가물·오염물질·독소·질병을 초래하는 생물에 의해 생기는 위험으로부터 회원국의 영역 내에서 인간이나 동식물의 생명 또는 건강을 보호하는 데 관련된 모든 법령, 요건, 절차 등의 조치를 대상으로 한다(부속서 A 제1조).

협정은 위생식물검역조치를 원칙적으로 충분한 과학적 증거 없이 유지하지 않을 것을 확보해야 한다(제2조 2항)고 하고 있으며, 관련된 과학적 증거가 불충분한 경우에 위생식물검역조치를 취할 수 있는 조건을 규정하고 있다(제5조 7항). 우선 SPS협정 제5조 7항에 기초하여 다음 네 가지 요건을 모두 충족해야 한다. 즉, 조치는 ① 리스크를 객관적으로 평가할 때 「관련된 과학적 증거가 불충분한」 상황 하에서, ② 「이용가능한 적절한 정보」에 기초하여 잠정적으로 취할 수 있다. 그리고 조치를 취한 국가는 ③ 한층 객관적인 리스크 평가를 위하여 필요한 추가정보를 얻도록 노력하며, ④ 적당한 기간 안에 재검토한다. 이 네 가지 조건에 덧붙여 잠정조치는 SPS협정의 기타 요건에 적합한 것을 요구할 수 있다. 조치는 ⑤ 「적절한 보호수준을 달성하기 위하여 필요한 것 이상으로 무역제한적이지 않을 것을 확보」(제5조 6항)하고(균형성 원칙), ⑥ 인간, 동식물의 생명 또는 건강에 대한 리스크 평가에 근거해야 하고(제5조), 조치와 위험성의 평가 사이에는 객관적이거나 합리적인 관련이 있어야 한다. 또 ⑦ 같은 조건 하에 있는 회원국 사이에 자의적이거나 부당한 차별을 하지 않아야 한다(비차별원칙)(제2조 3항). ⑧ 부속서 B에 따라 자국의 조치를 변경할 때에는 이를 통보해야 하고 정보를 제공해야 한다(제7조).

회원국은 위의 조건을 충족시키면 자국 내의 인간, 동식물의 건강과 안전에 적절한, 국제표준보다도 높은 보호수준을 스스로 결정하고 조치를 취할 수 있다. 그러나 WTO 상소기구는, SPS협정 규정은 사전주의 원칙의 요청을 협정의 틀 속으로 가져와, 사전주의 원칙이 회원국의 WTO협정상의 의무를 면제하지 않고, SPS협정 제5조 1항, 2항의 규정보다 우월하지 않다고 하는 입장을 취한다. 이러한 조건들이 인간의 건강과 환경에 대한 잠재적 리스크에 대처할 수 있도록 하는 조치를 취한 국가에 대하여 너무 엄격한 것은 아닌가 하는 우려도 있다. 나아가 환경조약이 규정한 사전주의 조치가 비체약국들로부터 WTO 적합성이 다투어질 가능성이 있다. EU에 의한 GMO의 수입금지조치를 미국, 캐나다, 아르헨티나가 다툰 *EC-Biotech* 사건이 그 예이다.

WTO 협정은 그 전문(前文)에서 무역의 확대 등과 함께 「환경의 보전과 지속가능한 발전」이 WTO의 목적의 하나라고 하고 있으므로, 환경보호에 효과적인 조치를 취할 수 없는 것은 WTO 협정의 목적에도 합치하지 않는다. 확실한 과학적 증거를 기본적 전제로 삼고, 각국의 환경보호 조치의 철회를 강제하는 등 강력한 분쟁해결제도를 가지는 자유무역체제가 과학적 불확실성을 수반하는 리스크 대처로 간주되는 조치를 부당하게 저해하지는 않는지를 유의해야 한다.

4. 잠재적 리스크의 관리 - 사전주의 원칙의 제도화와 합의형성

사전주의 원칙은 많은 환경조약에 규정되어 실행되고 있긴 하지만, 조약 규정을 떠나 일반적으로 국가에 의무를 지우는 관습법의 원칙인 지위를 확립하였다고는 아직 말할 수 없다. 입증책임의 전환이라는 효과를 가진 것으로서 원칙이 승인되었다고 말할 수는 없는 것이다. 그러나 사전주의 원칙은 환경리스크가 불확실성을 수반하는 경우라도 손해방지의 관점에서 어떠한 행동을 취해야 하는지를 신중하게 검토할 것을 국가에 요청하고 있다. 국가가 취해야 할 행동은 일의적인 규제는 아니지만 적어도 이러한 환경리스크에 대하여 국가의 주의의무의 정도는 보다 높은 것이 요구되게 되었다고 할 수 있다. 이러한 불확실성을 수반하는 리스크에 대처하는 국제사회의 일반적 행동으로서 사전주의 원칙 내용의 명확화, 정밀화가 진행되고 있으며, 여러 국가들의 합의가 형성되도록 할 필요가 있다. 다른 한편으로 문제에 따라 리스크와 불확실성의 태양, 국제사회가 허용할 수 있는 리스크의 수준도 다르기 때문에 개별 문제마다 잠재적 리스크에 대처하는 구조, 국가의 행동규범을 구축하는 사전주의(원칙)의 「제도화」를 추진하는 것이 효과가 있을 것이다.

불확실성을 수반하는 리스크의 관리라고 하는 과제는 과학적 증거가 불충분하지만 손해를 생기게 할 우려가 있는 리스크에 대하여 우리 사회가 단기적·장기적으로 어느 정도 감수하고, 어떤 조치에 따라 대응하는가를 결정할 것이 요청된다. 따라서 리스크가 현실로 나타나 손해를 입을 우려가 있고, 한편으로 리스크 관리조치비용을 부담하는 시민이 그 리스크의 내용과 정도에 대하여 충분히 알 수 있게 하여 그들의 의견이 충분히 반영될 수 있는 의사결정의 확보를 위해 각국 그리고 국제적으로 규제와 제도가 구축되는 것이 한층 중요하게 되었다.

참고문헌

1. 堀口健夫, 「国際環境法における予防原則の起源—北海（北東大西洋）汚染の国際法規の検討」, 『国際関係論研究』 15号 (2000年), 29–58면.

2. 高村ゆかり, 「国際環境法における予防原則の動態と機能」, 『国際法外交雜誌』 104巻3号 (2005年), 1–28면.

3. 植田和弘 · 大塚直監修, 株式会社損害保険ジャパン · 損保ジャパン環境財団編, 『環境リスク管理と予防原則–法学的 · 経済学的検討』(有斐閣, 2010年).

4. P. Harremoes et al. (eds.), *The Precautionary Principle in the 20th Century: Late Lessons from Early Warnings, 2002.*

Q. 물음

1. 사전주의 원칙의 법적 지위(국제관습법성)에 대해 논하시오.

2. 국제환경법상의 국경을 넘는 환경손해 방지의무와 사전주의 원칙을 설명하고, 상호관계에 대해 논하시오.

칼럼 ① 세대간 형평

1. 세대간 형평 이론

국제환경법에서의 세대간 형평(inter-generational equity)의 이론이란 지구의 자연 및 문화적 자원을 각각의 세대가 물려받았을 때보다 나쁘지 않은 상태에서 차세대에 물려주고, 또한 그 자원과 그 은혜에 대한 형평한 접근을 차세대에 제공하는 의무를 진다는 것이다. 즉, 현재를 살고 있는 우리가 지구상의 자연 및 문화적인 자원을 미래세대를 위해서 보전한다는 것이 세대간 형평 이론의 핵심적 발상이다.

2. 배경

국제환경법 학설에서 세대간 형평의 이론이 본격적으로 논의되기 시작한 것은 1980년대에 들어서라고 할 수 있다. 그러한 배경에는 첫째, 국제사회에서 환경보호의 필요성에 대한 인식이 높아졌다는 점이 있다. 둘째, 지구상의 각종 자원이나 양질의 환경을 향유할 수 있는 사람들과 그렇지 않는 사람들이 있다는 문제의식이 있었던 점도 중요하다고 할 수 있다.

(1) 환경에 대한 의식의 고조 – 세대간 형평과 「지속가능한 발전」 개념과의 관계

환경이나 자원을 지금의 세대에서 미래세대로 「세대간에」(inter-generational) 물려받는다는 이념은 환경보호에 대한 의식의 고조와 함께 국제사회에 널리 침투하였다. 이 이념을 받아들인 조약으로서, 이른 시기의 것으로는, 1940년대 국제포경규제협약에서 '미래세대'를 위한 자원 포획량 규제가 있다. 또한 1972년에 스톡홀름에서 열린 유엔인간환경회의에서는 각국 정부에 대해 「현재 및 미래세대를 위해 환경을 지키고 개선할」 책무가 부여되었다. 더욱이 1987년 브룬트란트 보고서에서는 이른바 지속가능한 발전 개념과 세대간 형평이 명시적으로 관련지어졌다. 즉, 브룬트란트 보고서에서의 「지속가능한 발전」 개념의 정식화, 「미래세대의 요구를 충족하는 능력을 저해하지 않고 현재세대의 요구를 충족시킬 수 있는 발전」은 세대간 형평과 「세대내 형평(intra-generational equity: 현존하는 선진국과 개발도상국의 간의 부의 불균형을 시정한다는 의미에서의 형평)」을 대치시키면서 양자를 동시에 실현하는 것을 목표로 하는 것이었다. 이후 1992년에 채택된 환경과 개발에 관한 리우선언 원칙 3, 원칙 5에서 세대간·세대내 형평과 지속가능한 발전의 관련성이 기술되어 있다.

(2) 신국제경제질서·인류공동유산 – 개발도상국의 문제 제기

한편, 환경보호에 대한 의식 고조뿐만 아니라 신국제경제질서(이른바 NIEO)로 대표되는 개발도상국들의 문제 제기도 세대간 형평 이론의 기원 중 하나로서 중요하다. 심해저나 달의 자원개발을 규율하는 국제법 질서를 새롭게 구축할 때 개발도상국들은 이들 자원이나 영역이 미래세대를 포함한 인류 전체에 귀속되는 「인류공동유산」이라고 주장하였다. 인류 전체에 귀속되는 자원인 이상 기술력이 있는 선진국들이 이를 자유롭게 개발하고 독점하는 것은 허용되지 않는다. 개발도상국과 선진국이라는 현재세대 내에서도 이러한 자원은 균형있게 배분되어야 하며, 나아가 미래의 인류가 이러한 이익을 향유할 수 있도록 현재세대에서 다 소비하지 않고 미래를 위해 보전할 의무가 있다는 논리이다. 결과적으로 달이나 심해저 및 그러한 자원은 「인류공동유산」이라고 달협정이나 유엔해양법협약에서 규정되고, 국가들은 「인류 전체의 이익」을 위해 「인류공동유산」을 미래에 보전해야 하는 의무를 지게 되었다. 즉 이러한 조약에서 세대간 형평의 발상은 「인류공동유산」이라는 개념을 통해 구체화되었다.

3. 이론적인 의의와 과제

세대간 형평은 국제법 이론의 관점에서 볼 때, 지금까지는 국경선에 의해 분리되어 있던 지구상의 공간을 통합된 시스템으로서의 「지구」로 본다는 점에서 혁신적이었다. 또한 세대간 형평은 지금 살고 있는 세대와 미래세대, 즉 현재와 미래를 연결한다는 새로운 발상을 국제법 이론에 가져다주는 것이었다.

그러나 세대간 형평을 실현하기 위해 누구에게 어떠한 법적 권리나 의무를 부여해야 하는지, 미래세대의 이익을 대리하기 위해 어떤 절차가 있을 수 있는지, 원래 세대간 형평은 법적인 개념으로 성숙되어 있는지 등은 논쟁적인 주제이다.

이 점에서 세대간 형평 이론의 주창자인 미국의 와이스(Edith Brown Weiss)는 1989년 단계에서 세대간 형평이 국제법의 일부를 구성하고 있다는 입장을 취하였다. 즉, '세대간 정의'라는 사고에 근거하여, 각 세대는 자연적 및 문화적 자원의 기반을 보전하는 지구적 의무(planetary obligation)를 지면서, 동시에 신탁의 수익자로서 선대로부터 물려받은 유산으로부터 은혜를 받는 지구적 권리(planetary right)를 부여받는다고 말한다. 실제로 세대간 형평은 1992년 생물다양성협약, 기후변화기본협약 및 ECE 장거리 국경간 대기오염에 관한 협약 등의 전문과 일반원칙을 정하는 규정(기후변화기본협약 제3조 1항)에서 언급되고 있다. 특히 기후변화기본협약 제3조 1항은 이 협약의 목적을 달성하고 이행하는 데 있어서 「형평에 입각하고 공동의 그러나 차등화된 책임과 각국의 능력에 따라 인류의 현재 및 미래세대의 이익을 위하여 기후체계를 보호해야 한다」고 정한다. 이 규정은 지구의 자원에 대한 미래세대의 이익과 더불어 현재세대가 지는 일종의 「수탁자」로서의 의무를 실정국제법의 수준에서 명시한 점이 주목된다. 또한 현재세대가 이 의무를 완수함에 있어 「공동의 그러나 차등화된 책임」을 언급하면서 세대간 형평을 실현하는 데 있어서 세대 내 형평을 고려할 것을 구하고 있다.

그러나 조약상 명시되어도 이 개념이 구체적으로 어떠한 의미를 가지는가는 아직까지 그 논의가 끝이 없다. 예를 들어, 세계 각국의 국제법 연구자로 구성된 학술단체인 국제법협회(International Law Association: ILA)는 2012년 보고서에서 공유 천연자원의 지속가능한 이용에 관한 국가실행이나 판례 전개에 유의하면서도, 「미래세대를 위해 환경을 보호하는 것이 수사학적인 매력을 지니지만」 그것이 「어느 정도 규범적인 영향을 지닐지는 불명확하다」고 말하는데 그쳤다. 또한 국제판례에서도 미래세대의 이익을 명시적으로 인정하고 세대간 형평의 개념을 분쟁해결의 기초로 한 사례는 없다. 이러한 점에서 국제법상의 세대간 형평의 의의는 실질적인 의무(조약의 규정도 포함)를 실현할 때 큰 방향성을 나타내는 「지도원칙(guiding principle)」에 그친다고 할 수 있다.

오늘날 세대간 형평의 기본적 발상 자체는 널리 받아들여지고 있다. 그러나 이러한 이념이 보급된 것은 국제법의 평면에서 미래의 인류에게 구체적인 법적 권리 · 의무를 부여하고, 누군가가 그것을 대리하거나 재판에서 미래인류의 이익을 인정한다라는 방향성에서의 국제환경법의 발전으로는 이어지지 않고 있다.

그 배경에는 미래의 이익을 구체적으로 실현하기 위한 법제도의 바람직한 모습에 대해 현재세대가 일치된 견해를 갖기가 매우 곤란하다는 국제사회의 현실도 관련되어 있다. 보다 본질적으로는, 애초에 그러한 법제도가 가능한가라는 물음도 있을 수 있다. 미래세대의 이익을 어떻게 지킬 것인가, 법 제도는 어떻게 관여할 수 있는 것인가(해야 하는 것인가)라는 문제는 세대간 형평이 그 기본적인 발상에서 널리 받아들여지고 있기 때문에 앞으로도 계속 논의될 것이다.

참고문헌

Edith Brown Weiss, *In Fairness to Future Generations: International Law, Common Patrimony, and Inter-generational Equity* (Transnational Publishers. 1989).

Catherine Redgwell, "Principles and Emerging Norms in International Law: Intra-and Inter-generational Equity." in Kevin R. Gray *et al.* (eds.), *The Oxford Handbook of International Climate Change Law* (Oxford University Press. 2016).

〈사마타 노리히토 (佐俣 紀仁)〉

칼럼 ② 「공동의 그러나 차등화된 책임」의 원칙

1. 「공동의 그러나 차등화된 책임」 원칙이란

「공동의 그러나 차등화된 책임」(common but differentiated responsibility; CBDR)의 원칙은 「지속가능한 발전」이라는 개념(제2장 참조)의 구성요소 중 하나로, 현재 및 미래세대를 위해 지구환경을 보호하는 것은 선진국이든 개도국이든 모든 국가의 책임이지만 선진국은 지구환경 문제를 일으키는 데 역사적으로 크게 기여하였고, 선진국은 개발도상국보다도 문제에 대응하는 재정적·기술적 능력을 가지고 있기 때문에, 선진국과 개발도상국의 형평성을 배려하여 선진국이 개발도상국보다 무거운 책임을 인정해야 한다는 사고이다. 국제법에서는 주권국가를 평등하게 다루는 데 무게가 실려 왔는데, CBDR은 이를 수정하는 사고라고 할 수 있다.

CBDR의 역사적인 기원은 기후변화에 관한 정부간 패널(IPCC)(칼럼 ④ 참조)의 1990년 제1차 보고서에서 확인할 수 있다. 보고서에 따라, CBDR은 같은 해 제2회 기후회의 각료선언에서 명기되었다. 이후 1992년 채택된 리우선언은 원칙 7에서 「각 국가는 지구생태계의 건전과 일체성을 보존, 보호 및 회복시키기 위하여 범세계적 동반자의 정신으로 협력하여야 한다. 지구의 환경악화에 대한 각자의 다른 책임을 고려하여, 각 국가는 공동의 그러나 차등화된 책임을 가진다」라고 하여, CBDR을 지구환경문제에 대응하는 기본적인 사고로서의 위치를 부여하였다.

2. 지구환경조약에서의 CBDR 채택

기후변화와 오존층 파괴 문제에 대응한 조약에서는 선진국과 개발도상국의 책임 차이가 명확히 보여졌다. 선진국과 개발도상국에서 실체적 권리의무에 차이를 두거나 실체규정의 적용 일정에 차이를 두기도 한다.

기후변화기본협약은 제3조 1항에서 조약의 목적 달성 및 이행의 지침으로서 「당사국은 형평에 입각하고 공동의 그러나 차등화된 책임과 각국의 능력에 따라 인류의 현재 및 미래세대를 이익을 위하여 기후체계를 보호해야 한다」고 규정하고 CBDR을 명시적으로 채택하였다. 교토의정서에서는 기후변화기본협약의 부속서 I 당사국(선진국 등)에만 전체 온실가스(GHG) 배출량을 5% 감축(기준년도 1990년)할 것을 의무화하고, 비부속서 I 당사국(개발도상국)에는 감축의무를 부과하지 않았다. 2015년에 채택된 파리협정에서는 향후 하나의 틀이 될 것을 지향하여 「공동의 책임」에 중점을 두면서, GHG의 배출감축(완화)이나 기후변화에 대한 적응이라는 개개의 문제에 입각하여 당사국이 지는 의무의 차이를 도모하고 있다. 배출감축에 대해서는 모든 당사국이 배출감축(「국가결정기여」)의 작성·통보·유지가 의무화되었다(파리협정 제4조 2항). 국가결정기여는 「상이한 국내여건에 비추어」 CBDR 및 각국의 능력을 고려하도록 하였다(파리협정 제4조 3항)(제7장 참조).

한편 오존층 보호에 관한 몬트리올 의정서에서는 CBDR에 명시적으로 언급하고 있지 않지만, 제5조 1항에서 모든 당사국이 같은 서약에 의해 구속되지만 일정한 오존층 파괴물질의 국내 소비량 산정치가 1인당 0.3kg 미만의 개발도상국에 대해서는 이 물질의 생산과 소비를 단계적으로 중단하기 위한 「규제조치의 이행시기를 10년 늦출 수 있다」고 규정하고 있다. 2016년 10월 르완다의 키갈리에서 개최된 제28회 몬트리올 의정서 당사국총회는 대체 프레온으로 개발되어 오존층 파괴물질은 없으나 온실효과가 높은 HFC를 규제 대상으로 추가하였고, 당사국을 「개발도상국 제1그룹」(개발도상국이며 제2그룹에 속하지 않는 국가), 「개발도상국 제2그룹」과 「선진국」의 세 가지로 나누어, 차이를 두는 형태로 감축 일정을 정한 개정안을 채택하였다.

두 분야만큼 명확하지는 않지만, 생물다양성협약과 유엔해양법협약에서도 당사국간의 책임 차등화가 도모되고 있다.

3. CBDR에서의 「공동의 책임」

CBDR은 「공동의 책임」과 「차등화된 책임」이라는 두 가지 요소로 구성되어 있다. CBDR에서의 「공동의 책임」은 「공동이익」의 인식에서 유래하는 것이다. 국제법으로 규율함으로써 얻을 수 있는 이익이 특정 국가의 이익에 머무르지 않고, 많은 국가에 공통된 이익이라고 인정됨으로써 국제사회에서의 공동이익이 되는 것이 촉진된다. 오늘날, 국제사회에서의 공동이익은 안전보장, 인권, 경제 등의 국제법이 규율하는 많은 분야에서 인정되고 있지만, 자원관리 분야에서는

「인류 전체의 이익」(유엔해양법협약이나 남극 해양생물자원 보존협약 등)이라는 개념이, 환경보호 분야에서는 「인류의 공동 관심사」(기후변화기본협약이나 파리협정 전문 등)라는 개념이 사용되고 있다.

4. CBDR에서의 「차등화된 책임」

CBDR에서의 「차등화된 책임」은 국제법에서 중점을 두어 온 주권국가 평등에 근거한 결정이 합리성을 결여한 경우에 인정되는 것이다. 책임의 차이는 「과거 및 현재의 문제상황 악화에 대한 각국의 기여도 차이」와 「문제상황 극복에 있어서 각국의 재정적 · 기술적 능력의 차이」라는 두 가지로 근거지을 수 있다. 전자는 주로 개발도상국이 주장하는 것으로, 지구환경 악화에 대처하기 위한 조치를 취하는 선진국의 무거운 책임을 이끌어 낼 수 있다. 후자는 선진국이 주장하는 것으로, 선진국이 가지는 재정적 · 기술적 능력으로부터 나오는 책임이지만, 여기서의 책임이 반드시 법적인 의미에서의 책임이라고 주장되는 것은 아니다.

선진국이 개발도상국보다 무거운 책임을 지는 것에 대하여 「오염자 부담의 원칙」을 근거로 삼으려는 논자도 있지만, 보다 설득력 있는 설명으로 「형평의 원칙」을 들 수 있다. 예를 들어, 기후변화기본협약의 협상과정에서 선진국은 책임 차이의 근거로 「문제발생에 대한 각국의 기여도 차이」(GHG 누적배출량의 각국간 차이)라는 근거를 인정하지 않았다. 선진국이 주장하는 「선진국 주도론」은 「GHG 배출량 감축에 관한 일반적인 의무」를 긍정한 다음, 이를 세대간 형평을 근거로 하고 GHG 배출 가능량의 배분에 대해서도 형평을 고려하여, 선진국과 개발도상국의 「재정적 · 기술적 능력의 차이」를 감안해 선진국이 「솔선하여」 대응하는 것을 긍정하는 것이었다. 한편, 개발도상국이 주장하는 「선진국 책임론」은 「GHG 배출량 감축에 관한 일반적인 의무」가 설정되었기 때문에 선진국뿐만 아니라 개발도상국도 감축의무를 지게 되는 것을 거부하고, 세대내 형평의 고려, 즉 선진국과 개발도상국 GHG의 과거부터 현재까지의 배출량(누적 배출량)의 차이나 1인당 GHG 배출량의 차이 등 「문제상황 발생에 대한 각국의 기여도 차이」를 근거로 하는 것이었다. 결국 기후변화기본협약 제3조 1항은 선진국과 개발도상국 양측의 주장을 배려하면서 CBDR를 명시적으로 채택하였다.

5. CBDR의 위치와 기능

CBDR은 리우선언과 아젠다 21 등 지속가능한 발전 분야에서의 많은 국제적 문서에서, 또한 기후변화기본협약, 몬트리올 의정서와 수은협약 등 다자간 조약의 본문에서 채택되기에 이르렀다. 오늘날 CBDR은 국제환경법 분야에서 널리 참조되고 널리 채택되고 있는 원칙으로 자리매김하고 있다.

CBDR의 기능에 대해서는 첫째, CBDR은 국제적인 환경보전에 관한 개별·구체적인 규칙을 정립하는데 있어서의 협상의 장을 제공하고, 많은 국가들의 참가를 확보하는 기능을 가지고 있다. 실제로 CBDR은 교토의정서, 파리협정과 몬트리올의정서 등에서 당사국 간에 차등화된 의무와 약속을 규정하는 조약의 체결을 이끌었다. 둘째, CBDR은 조약 규칙을 해석할 때의 지침을 제공하는 기능을 하고 있다. 예를 들면, 교토의정서 준수절차 협조분과는 당사국에 의한 의정서 이행에 조언과 편의를 제공하고, 의정서 약속 준수를 촉진하는데 있어 CBDR을 고려하도록 하고 있다(교토의정서 미준수 절차 IV · 4: XIV).

〈쯔루타 준 (鶴田 順)〉

제4장 국제환경법의 절차적 의무

고야노 마리(児矢野 マリ)

1. 절차적 의무란 무엇인가

오늘날 환경손해의 발생·악화를 방지하기 위한 「절차적 의무」의 역할이 주목받고 있다. 여기에서 말하는 절차적 의무라 함은 환경손해의 근원과 발생체계 그 자체의 규제를 요구하는 것이 아니라, 손해의 원인과 리스크의 해명, 환경상태의 감시, 정보교환, 환경위험활동의 영향평가, 리스크의 평가 등 손해의 발생방지와 감축에는 직접 연관되지는 않지만 간접적으로 이에 기여하는 일정한 절차를 이행할 의무를 말한다. 이들을 환경보전을 위한 국제협력의무라고 파악하는 학자들도 많다.1)

그 가운데 최근 특히 주목받고 있는 것이 환경에 악영향을 초래할 우려가 있는 활동(이하 환경위험활동이라고 한다)에 관한 사전통보·협력의무 및 환경영향평가(EIA)의 이행의무와 긴급사태의 통보의무이다. 이러한 것들은 모두 환경위험활동이나 긴급사태를 관할 또는 관리하는 국가(이하 원인국이라 한다)가 부담한다.

우선, 여기에서 말하는 사전통보라 함은 원인국이 계획된 활동(이하 계획활동이라 한다)에 착수하기 전에 해당 활동에 따라 영향을 받을 우려가 있는 타국(이하 잠재적 피영향국이라 한다)과 관련 국제기구에 대하여 해당 계획활동에 관한 정보를 제공하는 것을 말한다. 또한 사전협의라 함은 사전통보에 뒤이어 원인국과 잠재적 피영향국 및 관련국제기구 사이에서 행해지는, 해당 계획활동에 관한 의견교환을 말한다.

또한 EIA라 함은 계획활동이 환경에 미칠 우려가 있는 영향을 평가하는 절

1) *E.g.* P. Sands, J. Peel, A. Fabra & R. MacKenzie, *Principles of International Environmental Law, 3rd edition*, Cambridge University Press, 2012, pp.203－205.

차를 말한다. 협의의 EIA는 개별적인 사업계획에 관한 것이고, 최근 주목받고 있는 전략적 환경평가(SEA)(계획, 프로그램, 정책 또는 입법이 환경에 초래할 우려가 있는 영향을 평가하는 절차)와는 구별된다. SEA는 협의의 EIA가 이행단계에 달한 사업계획을 취급하는 한계(결과적으로 해당 계획의 미세한 수정에 그쳐야 하는 것)를 보충하는 것으로서 각국의 국내법과 유럽지역의 조약에서 도입이 추진되고 있다. 또한 국경간(transboundary) EIA라 함은 협의의 EIA 가운데 타국 또는 국가의 관할을 초월하는 지역의 환경에 미치는 잠재적인 영향을 평가하는 것을 의미한다. 이는 사전통보·협의와 함께 국경을 넘어 악영향을 미치게 할 우려가 있는 활동(이하 국경을 넘는 환경위험 활동이라 한다)을 대상으로 하는 절차이다.

그리고 긴급사태의 통보라 함은 환경손해의 발생과 그 절박한 위험이 있는 경우에 원인국이 잠재적 피영향국을 포함한 관련국과 관련 국제기구에 신속히 연락하는 것을 말한다. 긴급사태는 착수된 활동계획에 기인하는 경우도 있다.

이상의 절차적 의무는 원인국에게 대상이 되는 활동의 착수와 사태에 대처하는 데 대하여 결정하는 권리를 인정하면서 일정한 절차의 이행을 요구한다. 이런 의미에서 원인국의 결정권을 제약하는 「실체적 의무」, 예컨대 환경위험활동의 제한과 금지, 원인물질의 사용제한과 배출감축의무와는 구별된다. 환경손해의 발생과 그 악화를 방지하기 위해서는 직접요인을 규제하려는 실체적 의무가 중요한데, 그것을 설정하는 것이 곤란하거나 부적절한 때에는 이들 절차의무가 특히 유용하다.

오늘날 많은 환경조약이 양자의 상호 보완적인 기능을 상정하고, 체약국의 의무를 인정하고 있다. 또 1990년대 후반 이러한 절차적 의무의 준수문제를 쟁점으로 국제재판에 회부한 환경분쟁도 증가하고 있다(*Nuclear Test* 사건(재심청구), *MOX Plant* 사건(유엔해양법협약)(UNCLOS) 중재), *Strait of Johor* 사건, *Gabcikovo-Nagymaros* 사건, *Pulp Mills* 사건, *Indus Waters Kishenganga* 사건, *Certain Activities carried out by Nicaragua in the Border Area* 사건, *Construction of a Road in Costa Rica along the San Juan River* 사건 및 *South China Sea* 사건). 그리고 최근 다수의 국제재판은 이들 의무가 국제관습법상 확립되어 가고 있다는 것을 인정하고 있다.

2. 조약상의 절차적 의무

(1) 도입의 진전

오늘날 사전통보·협의의무, EIA의 이행의무 및 긴급사태의 통보의무는 다양한 환경부문·문제영역에 관하여 많은 조약에 명문화 되어 있다. 우선 사전통보·협력의무는 국경간 하천을 포함한 국제수로의 운항 이외의 이용(수력발전, 관개, 어업 등)에서 자주 볼 수 있다(planetary obligation). 또한 해양오염(공법조약, 해양투기규제 런던협약, 유엔해양법협약(UNCLOS)), 방사능오염(유럽원자력공동체<EURATOM> 설립조약, 양자간조약 등), 국경을 넘는 대기오염(유엔유럽경제위원회<UNECE> 대기오염물질의 장거리 이동에 관한 협약 등)에도 그 예를 찾아볼 수 있다. 환경보전과 개발에 관한 리우선언도 환경위험활동 일반에 대하여 사전통보·협의(원칙 19)의 중요성을 언급하고 있다.

EIA의 이행의무는 유럽과 미국 등 선진국에서 EIA입법 활성화와 그 실적의 누적을 배경으로 1980년대부터 조약(UNCLOS) 기타 국제문서(UNEP EIA 목표·원칙)에 나타나고 있으며, 특히 1990년대부터는 사전통보·협의와 연동하는 의무로서 조약 기타 국제문서에서의 명문화가 급속하게 진행되고 있다. 이러한 경향은 유럽지역에서 현저하게 나타나고 있는데(EC EIA 지침, UNECE 국경간 EIA 에스포협약, 지중해를 위한 바로셀로나협약 등), 지구규모의 조약에서도 다양한 환경부문·문제영역으로 계속 확대되고 있다(국제수로의 비항행적 사용에 관한 협약, 남극조약 환경보호의정서, 해양투기규제 런던협약 1996년 개정의정서). 유엔국제법위원회(ILC)가 선택한 국경을 넘는 손해 방지조문안도 마찬가지이다.[2] 나아가 국가의 관할권을 넘는 지역활동에 대하여도 EIA의 이행의무가 도입되고 있다(국제해저기구가 채택한 심해저 광물자원의 탐사에 관한 3개의 규제). 또한 리우선언도 환경위험활동 일반에 대하여 EIA 이행의무(원칙 17)를 언급하고 있다. 나아가 반드시 국경을 넘는 손해를 수반한다고는 볼 수 없는 계획활동에 대하여 EIA 이행의무를 부과하는 다자조약도 일정한 환경부문·문제영역에서 나타나고 있다(생물다양성협약, 원자력안전에 관한 협약, 방사성폐기물질 등 안전조약 등). 또한 세계은행과 유럽부흥개발은

2) 児矢野マリ, 「越境損害防止」, 村瀬信也·鶴岡公二編, 『変革期の国際法委員会－山田中正大使傘寿記念)』(信山社, 2011年), 239－272면.

행 등 개발원조에 관련된 일부 국제금융기관도 융자사업으로 인한 환경파괴에 대한 국제적인 우려를 인식하여, EIA의 이행을 융자조건으로 하고 있다.[3] 이에 더하여 최근에는 유럽지역을 중심으로 조약 및 지역국제문서에서 SEA의 도입례도 증가하고 있다(EU SEA지침, 에스포협약의 SEA의정서 등).

마지막으로 긴급사태통보의무는 1970년대부터 환경손해의 문맥에서 조약상 명기되도록 하여(UNECE 국경간 장거리이동 대기오염에 관한 협약 등) 오늘날에는 해양환경의 보호일반(UNCLOS), 체르노빌 원자력발전소 사고(1985)를 계기로 원자력사고에 의한 방사능오염(IAEA 원자력사고 조기통보협약과 이를 수용한 많은 양자간 조약), 국제수로의 비운행이용(국제수로의 비항행적 사용에 관한 협약 등)에서도 명문화되고 있다. 유럽지역에서는 광범위한 산업사고에 대하여 통보의무를 명시한 조약도 있다(UNECE 산업사고의 초국경적 영향에 관한 협약)). 또한 리우선언도 긴급사태통보의 중요성을 언급하고 있으며(원칙 18), ILC 국경을 넘는 손해 방지 조문안도 이를 의무로 명시하고 있다.

(2) 법적 함의

통상 환경보존에 관한 조약은 국경을 넘는 환경손해 방지의무를 그 조약의 규율대상에 적합한 형태로 체약국의 기본의무로 규정하고 있다. 사전통보·협의의무, EIA의 이행의무 및 긴급사태의 통보의무는 그러한 기본적 의무의 구체적인 내용을 구성한다. 또한 기본적 의무를 수행하기 위한 적절한 조치내용을 판단하기 위한 기초 내지는 수단이 되기도 한다. 이 후자의 측면은 절차적 의무 특유의 것이다. 또한 국제수로의 비운행이용에 관하여는 물이용에 관한 형평이용 원칙을 구체화한 것으로 자리매김하였다.

나아가 일정한 경우에는 사전주의 원칙·사전주의 접근법을 실현하기 위한 수단이 된다.[4] 절차적 의무는 원인국의 실체적 권리를 제한하지 않고 그 결과로서 계획활동의 과잉규제를 초래하지 않고 환경손해의 발생이나 악화방지에 기여

---

3) *E.g.* J.R. Mercier, "The World Bank and Environmental Impact Assessment" & E. Smith, "Implementing the Espoo Convention: An International Financial Institution perspective," in K. Bastneijer & T. Koivurova(eds.), *Theory and Practice of Transboundary Environmental Impact Assessment*, Martinus Nijhoff Publisher, 2008, pp.291–326.

4) M. Koyanom, "The Significance of Procedural Obligations in International Environmental Law: Sovereignty and International Co–operation," 54 *Japanese Yearbook of International Law* (2011), pp.119–121.

하기 위함으로 이러한 방식은 환경손해의 발생이나 악화방지의 관점에서 바람직하다고 할 수 있을 것이다.

(3) 제도화의 경향과 특징

이러한 절차적 의무의 기본구조와 내용은 조약에 따라 다양하다. 그리고 이러한 절차들의 구체적인 내용 및 이행방법은 많은 경우 원인국의 판단에 맡겨져 있다. 하지만 최근에는 특히 국경을 넘는 환경위험에 관한 절차에서 일정한 경향과 특징을 볼 수 있다. 이는 조약에서 선례가 증가하고 그 실적을 받아들여 성공사례에 따르는 형태로 제도화가 추진되고 있다는 점, 또한 EIA가 선진국의 국내법제도를 모델로 하여 널리 세계 각국에서 국내절차로 도입하도록 하여 이러한 동향이 조약에 영향을 미치고 있다는 점 등의 사정에 따른 것일 것이다.

첫째, 개별조약에서 이러한 의무와 다른 종류의 절차 – 환경상태의 모니터링, 정보교환 등 – 를 이행할 의무도 덧붙여서 국경을 넘는 환경위험 활동에 관한 일련의 프로세스로서 정식화되는 경향이 있다. 여기에서는 국경간 EIA, 사전통보 및 협의에 이어 활동착수 후의 후속조치(follow–up)로서 영향의 모니터링, 그 결과의 공표, 정보교환, 나아가 발생할 수 있는 긴급사태의 통보를 요구함으로써 복합적인 감시프로세스가 형성되고 있다. 이는 특히 1990년대 이후에 채택된 조약에서 현저하게 나타난다(개별환경부분에 관하여 미국–캐나다 대기질협정, UNECE 국경간 수로보호 헬싱키조약, 국제수로의 비항행적 사용에 관한 협약, 환경보호에 관한 남극조약의정서, 지중해 보호를 위한 바르셀로나협약의 마드리드의정서 등, 국경을 넘는 환경위험 활동 일반에 관한 에스포협약, 북미환경협력협정, EC EIA지침 등). 나아가 국경을 넘는 환경위험 활동에 관한 최종결정을 원인국이 잠재적 피영향국에 통지하게 하여 사전절차의 결과를 고려하여 후자의 감시를 상정하는 것도 있다(에스포협약 등).

둘째, 다자조약에서는 많은 경우, 조약규정과 부속서, 또한 조약의 당사국총회의 결정 등에 따라 절차를 이행할 때 원인국에서 인정되고 있는 재량을 객관적으로 제한하기 위하여 여러 장치를 두고 있다. 예컨대, 일정 정도의 악영향을 생기게 할 우려가 있는 경우에, 그러한 우려에 대해 1차적인 재판권을 갖게 되는 원인국의 부적절하거나 자의적인 판단을 회피하기 위해 다양한 제도적 방안을 강구하고 있는 조약들이 있다. 구체적으로 판단을 위한 기준의 설정(에스포협약), 제3자기관에 의한 심사절차(에스포협약, 국제수로의 비항행적 사용에 관한 협약 등), 단계적인 영향평가의 도입(환경보호에 관한 남극조약의정서) 등이 있다. 또한 조약 규정과 부속서로서 절차의 이행순서와 방법 등을 설정하거나(지중해환경보호조약 관련의정서), 과학·기술 전문가가 관여하도록 하거나, 공중이 참여하는 것을 확보하도록 요구하고 있는(환경보호에 관한 남극조약의정서, 에스포협약) 것도 있다. 나아가 관련국의 합의문서, 가이드라인의 채택을 통하여 구체적인 프로세스의 정형화를 꾀하는 경우도 있다(에스포협약). 여기에서 절차적 의무에 기초한 일련의 프로세스는 관련국 또는 관련기구의 관여가 보장된, 국경을 넘는 환경리스크의 「공동관리」의 역할을 한다.

마지막으로 이러한 공동관리는 원인국과 잠재적 피영향국이라고 하는 두 국가의 상호주의에 기초한 단순한 이해조정뿐만 아니라 체약국 모두에게 공통되는 다변적인 이익의 실현을 목표로 하는 것도 증가하고 있다. 이것은 특히 사전통보·협의의 이상적인 상태(다변적인 절차의 증가)에서도 알 수 있다.[5] 사전통보와 협의는 복합적 프로세스의 중추이며, 국경을 넘는 환경위험의 공동관리라는 측면에서 중심적 요소로 볼 수 있기 때문이다.

3. 일반국제법상의 절차적 의무

(1) 국제관습법상의 지위

국제판례에 의하면, 국제관습법상 국가는 국경 간 이동으로 인한 중대한 악영향을 끼칠 우려가 있는 자국관할 또는 관리하의 활동에 대하여 국경 간 EIA를 이행하고, 잠재적 피영향국과의 관계에서 사전통보·협의를 이행해야 한다. 또한 자국관리하의 긴급사태와 심각한 위험에 대하여 잠재적 피영향국에게 이를 통보해야 한다.

우선, 사전통보·협의의무는 국경 간 하천의 운행 이외의 이용(수력발전, 관개, 어업 등)에 관한 20세기 후반의 *Lake Lanoux* 사건 중재판결(1957년)을 통해

5) 児矢野マリ, 『国際環境法における事前協議制度 − 執行手段としての機能の展開』(有信堂高文社, 2006年), 206−230면.

확인되었다.[6] 그 이론적 기초는 국경간 하천의 물이용에 관한 평등에 기초한 형평이용의 원칙이다. 오늘날에는 국제수로의 이용뿐만 아니라 국경을 넘는 환경위험 활동 일반에 대하여도 이 의무가 확립되어 있다고 하는 입장이 학설과 판례 모두에서 지배적이다. 국제재판은 이러한 의무의 국제관습법상의 지위에 대해 의문을 표하고 있지 않다(*Construction of a Road in Costa Rica along the San Juan River* 사건 및 *Certain Activities carried out by Nicaragua in the Border Area* 사건의 ICJ 병합판결[7]). 그러한 판단의 배경에는 전술한 이 의무를 명기하는 조약 및 기타 국제문서의 증대라는 원인이 있을 것이다.

다음으로 국경간 EIA의 이행의무에 대하여는 전술한 조약 등이 진전됨에 따라 1990년대 후반에 국제사법재판소(ICJ)는 국제수로의 비운행이용에 관하여 그 의미를 시사하였다(*Gabcikovo-Nagymaros* 사건[8]). 그 후 2010년대에는 국제해양법재판소(ITLOS)가 권고적 의견으로 국제관습법상의 지위를 확인하고(심해저활동 책임사건 ITLOS 권고적 의견[9]), ICJ도 잇달아 긍정적인 판단을 내리고 있다(우루과이강 *Pulp Mill* 사건 ICJ 판결[본안][10], *Construction of a Road in Costa Rica along the San Juan River* 사건 및 *Certain Activities carried out by Nicaragua in the Border Area* 사건의 ICJ 병합판결[11]).

단, 국경간 EIA 사전통보·협의에 관한 국가실행은 유럽과 미국지역에 편재하고 있고(특히 에스포협약, EU EIA 지침과 이에 기초한 이행예), 특히 국경간 EIA에 관한 관련국내법의 정비는 유럽과 미국을 제외한 지역에서는 전혀 진척되고 있지 않다. 따라서 전통적인 국제법학의 입장에 선다면, 국제관습법의 성립요건의 하나가 되는 일반적인 국가관행의 존재를 확인하는 것이 어렵고, 현단계에서 국

---

6) *Lake Lanoux Case, Spain v. Fance, Award, 16 December, 1957*, 1 *International Environment Law Reports* (1999), Cambridge University Press, pp.332-385.

7) *Ibid.*, para.106.

8) *Gabčíkovo-Nagymaros Case (Case Concerning the Gabčíkovo-Nagymaros Dam)* (Hungary v. Slovakia), para.112.

9) *Advisory Opinion, Seabed Disputes Chamber of the International Tribunal for the Law of the Sea, Responsibilities and Obligations of States Sponsoring Persons and Entities with Respect to Activities in the Areas*, 2 February 2011, paras.147-148.

10) *Jugment, Case Concerning Pulp Mills on the River Uruguay* (Argentine v. Uruguay), 20 April 2010, paras.203-205.

11) *Judgment, Certain Activities Carried out by Nicaragua in the Border Area* (Costa Rica v. Nicaragua) & *Construction of a Road in Costa Rica Along the San Juan River* (Nicaragua v. Costa Rica), 16 December 2015, para.104.

제수로의 비운행 이용뿐만 아니라 국경을 넘는 환경위험 활동 일반에 대하여 국경간 EIA의 이행의무 및 사전통보·협의의무의 존재를 논증하는 것은 쉽지 않다. 특히 이들 의무를 규정한 지구규모의 조약이 증가하는 경향이 있고, ILC 국경을 넘는 손해 방지조문안에 대하여 반대국이 많지 않고 전술한 국제재판에 대하여 소극적인 평가가 없다는 것을 고려하면, 국가의 일반적인 규범의식이 생겨나고 있다고 추정되며, 이러한 의무가 계속 형성되어 가고 있음에 틀림없다. 국제재판소도 이 점을 중시하여 국경을 넘는 환경위험 활동 일반에 대하여 이러한 절차적 의무의 관습법성을 인정하고 있는 것으로 추정된다.

그리고 긴급사태의 통지의무는 1950년대의 국제재판에서 일반 국제법상의 국가의무로서 확인되고 있다. 재판소는 해양교통의 자유와 함께 인도(人道)의 근본적 배려 및 영역사용의 관리책임 – 국가의 영역주의에 근거를 둔다 – 이라고 하는 보다 일반적인 기초에 근거를 둔 것으로서 이 의무를 확인하였다(*Corfu Channel* 사건 ICJ 판결[12]).

(2) 법적 함의

이러한 절차적 의무는 국경을 넘는 환경손해의 방지에서 「상당한 주의」의 내용 중 하나로서, 또한 그 내용을 구체적으로 명확히 하는 수단으로서 국경을 넘는 환경손해방지의무를 구체화한 것이다. 왜냐하면, 사전통보와 협의는 잠재적 피영향국에 의한 유효한 위험대처를 가능하게 한다. 또한 관련국간의 이해조정을 촉진하여 분쟁방지에 이바지할 뿐만 아니라 계획국의 의견결정과정에서 국경간 이동이라는 환경요인을 고려하는 것을 사실상 강화함으로써 환경손해를 방지하는 절차적 규제수단으로도 파악되고 있다. 그리고 국경간 EIA의 이행은 계획국이 국경을 넘는 환경위험 활동에 수반하는 환경리스크를 정확히 파악하게 하여 적절한 사전·통보협의의 기초로 작용한다. ILC 국경을 넘는 손해 방지 조문안도 사전통보·협의의무가 국경을 넘는 손해 방지의무의 구체적인 내용을 의미하는 것으로 명시하고, 또한 국경간 EIA를 그와 같이 자리매김 하였다. 나아가 긴급사태의 통보의무는 특히 그 발원지가 국가의 관할지역내에 있는 경우에는 사전통보·협의의무 및 국경간 EIA의 이행의무와 마찬가지로 잠재적 피영향국에

---

12) *Corfu Channel Case, Merits, ICJ Reports* (1949), p.22.

의한 유효한 위험대처를 가능하게 한다.

또한 국경간 EIA의 이행의무에 대하여는 사전주의 원칙 · 사전주의 접근법을 고려하는 입장(중대한 손해를 생기게 할 우려가 있는 존재에 대하여 과학적으로 불확실한 계획활동에 대하여도 그 가능성이 있으면 사전통보 · 협의와 국경간 EIA가 요구된다고 하는 사고방식)도 주장되고 있다.[13] 그러나 현시점의 국가실행에 입각하는 한, 이 입장은 개별조약을 벗어난 것으로 지지하기 어렵다.

(3) 의무의 내용

국제관습법상 취해져야 할 사전통보 · 협의의 구체적인 내용, 태양, 이행방법에 대하여는 원인국에게 재량이 인정되고 있으며(사전통보 · 협의에 대하여는 *Lake Lanoux* 사건 중재판결), 국경간 EIA의 경우도 계획국의 국내조치에 의한다(우루과이강 *Pulp Mill* 사건 ICJ 판결[본안]). 하지만 신의칙에 기초하여 이들 절차는 실질을 수반해야만 한다(사전통보 · 협의에 관하여는 *Lake Lanoux* 사건 중재판결, 국경간 EIA에 대하여는 *Construction of a Road in Costa Rica along the San Juan River* 사건 및 *Certain Activities carried out by Nicaragua in the Border Area* 사건의 ICJ 병합판결). 또한 국경간 EIA에서 공중 또는 대중의 참가(정보공개와 의견청취) 요청은 현단계에서는 국제관습법상의 의무의 내용으로서 확립되지 못하고 있다(우루과이강 *Pulp Mill* 사건 ICJ 판결[본안]).

또한 긴급사태의 통보에 관한 구체적인 태양과 방법도 전술한 사전절차의 의무와 마찬가지로 통보국의 재량에 맡겨져 있지만 신의칙에 기초한 실질적 조치가 수반되어야만 한다.

4. 효용과 한계

(1) 기능과 효용

국경을 넘는 환경위험을 대상으로 하는 절차적 의무 – 사전통보 · 협의의무,

---

13) *E.g.* claims made by New Zealand in the Nuclear Test case. *Application, 21 August 1995, Request for an examination of the situation, Application of 9 May 1973* (New Zealand v. France), paras.105 – 111.

국경간 EIA의 이행의무, 긴급사태의 통보의무 – 에는 주로 두 개의 기능을 기대할 수 있다. 이 두 가지 모두는 조약에 기초한 절차적 의무가 복합적 감시프로세스를 구성하고 있는 곳에서 보다 뚜렷하게 드러난다.

첫째, 원인국과 잠재적 피영향국 사이에서 생길 수 있는 국제분쟁의 회피에 공헌하는 것이다. 절차를 통하여 잠재적인 대립의 근원을 분류하고, 관련지식을 공유하여, 상호이익을 조정하면서 잠재적 피영향국에 의한 적확한 리스크대처도 가능하게 하기 때문이다. 둘째, 국경을 넘는 환경위험 활동에 적용할 수 있는 국제기준의 양성을 촉진하는 것도 있다. 협의를 통하여 합의가 형성되면, 이것이 국제관계에서 특별한(ad hoc) 국제기준이 된다. 또한 그것은 장래 유사한 활동에 관한 선례도 될 수 있다. 과학기술에 대한 지식은 원인국의 의사결정에 있어 매우 중요한 전제가 되는데, 특히 원인국에 그것을 획득할 수 있는 능력이 없는 경우에 특히 그러하다. 그리고 유사한 사건이 쌓여 가면, 장기적으로 그러한 국경을 넘는 환경위험 활동에 관한 행위기준과 실질적 규제가 발전될 수도 있을 것이다.

다음으로 원인국의 관할지역내의 영향 리스크만을 대상으로 하는 경우도 포함하여 절차적 의무에는 다음과 같은 기능이 있다. 첫째, 환경손해의 발생하는 것을 방지하거나 그 위험을 없애는 데 기여한다. 이들 절차는 환경위험을 분류하는 것, 계획활동 이행조치의 「적정함」을 검증하는 것, 보다 좋은 대체조치를 포함한 「적정한」 조치의 모색을 추진하기 때문이다. 이는 국경을 넘는 환경위험 공동관리의 계기가 있는 곳에서 명료하다. 더욱이 위의 기능은 절차적 의무가 사전주의배려를 내포하는 경우에는 한층 강화된다. 둘째, 관련 각국의 국내법제에서 절차적 의무를 도입하여 관련국간에 관련법제의 「조화」(harmonization)가 일정 정도 진행된다. 특히 사전절차의무를 규정한 조약에서는 환경위험활동이 원인국의 허가제를 따르고 있기에 절차의 이행이 허가의 한 전제조건이 된다. 또한 조약이 절차의 구체적인 내용과 이행방법을 명시하고 있으면, 국내의 관련절차도 관련국 사이에서 평균화된다. 마지막으로 공중의 절차참여와 그들에 대한 관련정보의 공개요청을 수반하면, 간접적이긴 하나 공중참여라고 하는 계기에 의해 절차적 의무는 환경위험활동에 관련된 원인국의 결정이나 관련조치의 정통성과 실효성의 확보로 연결된다. 투명성 있는 절차를 통하여 「민주적 통제」가 가능하게 되고, 원인국의 능력부족은 공중참여에 의해 보완되어 보다 유효한 리스크 대처를 촉진할 수 있기 때문이다. 이는 위에서 언급한 절차적 의무의 기능을 높인다.

절차적 의무의 효용은 이상의 기능을 통하여 원인국의 국가주권에 대한 「연성((軟性) 통제」를 실현하는 데 있다. 이는 구체적인 실체적 규제에 의한 「강성 통제」의 결여를 보충함과 동시에, 개별적인 장면에서 국가가 부담하는 상당한 주의가 어떤 것인지 확인하며 강성 통제 그 자체에도 기여한다. 나아가 계획활동에 수반된 환경위험의 적정한 관리를 통하여 지속가능한 발전에도 공헌한다.

(2) 문제점과 과제

전술한 절차적 의무의 기능과 효용을 둘러싸고 다양한 한계와 과제도 있다. 첫째, 절차적 의무는 환경위험활동과 긴급사태에서의 대처 그 자체에 관한 원인국의 결정권을 제한하지 않는다. 따라서 손해의 발생방지와 리스크의 최소화에 간접적으로 공헌하는 데 불과하다.

둘째, 많은 조약에서는 절차의 이행 여부 및 절차의 구체적인 내용과 이행방법에 대하여 계획국에 일정한 재량을 인정하고 있다. 국제관습법상의 의무로는 그 폭이 상당히 넓다. 따라서 계획국이 자의적이거나 부적절하게 재량권을 행사하면, 이 의무는 형해화되어 버린다. 절차적 의무의 이행 유무를 하나의 쟁점으로서 회부한 모든 국제재판에서도 당사자 간에 이 점이 다투어졌다. 이에 대처하기 위해서는 원인국의 재량을 「적정하게」 통제하는 것이 불가결한데, 조약에서조차도 이를 위한 장치가 제각각이고, 전체적으로 충분하다고 말하기 어렵다. 이미 서술한 바와 같이, 현단계에서 유럽과 미국에 적용되는 조약 등에는 다양한 장치가 존재하는 반면, 지구규모의 조약에서는 그러한 장치가 거의 없으므로 이 점에 대하여 무언가의 노력이 필요하다.

여기에서 특히 문제가 되는 것은, 절차이행의 요부(要否)에 관한 판단이다. 본래 일정 정도의 악영향을 미칠 우려 여부를 적절하게 판단하기 위해서는, 그 전제로서, 환경위험활동에서 생길 수 있는 악영향의 정도와 성질의 평가가 불가결할 것이다. 이러한 점에서는 특히 EIA의 실시의무를 해석·적용할 때, 예방적인 배려를 하는 것이 유익할 것이다.

셋째, 절차적 의무 가운데 EIA 이행의무는 관련국이 자국의 관련 국내법제도에 그 내용을 적절하게 마련하지 않으면 보통 이를 준수할 수 없으며 각국의 국내사정도 있어 결코 용이한 것은 아니다.14) 특히 조약에서 절차의 구체적인 정형화가 진행되면 진행될수록, 국내에서도 보다 복잡한 배려를 필요로 하기 때문에 이는 점점 더 어려워진다. 구체적으로는 원인국에서의 위험과 국경을 넘는 환경위험을 함께 절차의 대상으로 하고, 또한 여러 가지 절차의 이행을 복합적으로 요청하는 조약 등에서는 통보, 협의, 정보교환이라고 하는 상대방이 있는 대외절차와, EIA와 모니터링이라고 하는 사업자의 관여를 수반할 여지가 큰 일방적 절차를 규정에 따라 적절하게 짜맞추어 이행해야 한다. 또한 공중참여를 포함한 절차라면, 이러한 프로세스에 그 계기를 포함시켜야 하고, 그것이 국경을 넘는 환경위험을 대상으로 하는 경우에는 관련국의 관련국내법제 사이에서 일정한 정합성도 필요하게 된다.

넷째, 절차적 의무는 이를 이행할 때 실질적인 여러 문제들을 포함하고 있다. 예를 들면, 합리적인 기간내의 절차완료, 공중의 절차참여의 타이밍과 방법, 국경을 넘는 환경위험에 관해 절차를 담당하는 창구의 설치, 관련국간의 관련정보의 공유, 사전통보의 타이밍, 관련문서의 번역 등이다. 이에 대처하기 위해서는 정보와 경험을 정기적으로 교환할 것, 실무가를 포함한 합동워크숍의 개최, 실무적인 안내서의 작성과 정기적인 리뷰라고 하는 실무상의 연구와 관련국 사이에서의 실무적인 사항에 관한 합의의 작성 등이 유효하다. 현실에서도 몇 개의 조약에서는 일정 정도 성공하고 있다(에스포협약). 하지만 근본적으로 이를 위한 자원이 부족한 조약도 많고, 특히 유럽과 미국이 아닌 지역에서는 현실적으로 큰 문제가 되고 있다.

다섯째, 절차적 의무를 규정하는 조약이 증가함에 따라 하나의 환경위험활동이 복수의 조약에 기초한 복수의 절차적 규율을 동시에 따르게 되어 조약의무의 중복적용이 생길 가능성이 있다. 그로 인해 절차적 의무의 준수확보가 저해되는 경우도 있다. 즉, 제도상 중복되는 절차의 상호연관이 없기 때문에, 한정된 자원을 낭비하거나, 조약 사이에 모순되는 원인국의 대응이 생기거나, 발생된 대립

14) 児矢野マリ, 「グローバル化時代における国際環境法の機能—国内法秩序の『変革』·『調整』による地球規模の『公的利益』の実現」, 『論究ジュリスト』 23号 (2017年), 68－70면; 同, 「原子力災害と国際環境法—損害防止に関する手続的規律を中心に」, 『世界法年報』 32号 (2013年), 103－105면; 同, 「海底鉱物資源の深査·開発 (Deep seabed mining)と環境影響評価—国際規範の発展動向と日本の現状·課題」, 『環境法政策学会雑誌』 21号 (2018年), 174－179면.

을 처리하는 복수기관에서 상호모순되는 결정을 내리는 등의 우려가 초래될 수 있다. 이 점에 대하여 조약의 사무국 등 조약기관 사이에서 실질적인 조정이 이루어진 경우도 있다(에스포협약을 포함한 5개 조약 등의 비준수가 문제된 우크라이나의 비스트로에(Bystroye) 가항수로 건설사업계획 사안[15]). 그러나 이는 사실상의 연계에 불과하고, 반드시 유효한 기능이라고는 할 수 없다.

여섯째, 절차적 의무의 기능을 확보하기 위해서는 이를 준수하지 않은 것에 대처하기 위한 수단과 방법이 중요한데, 이는 여러 요인으로 인해 결코 용이한 것은 아니다.[16] 즉, 우선 조약의무에 대하여는 조약에서 준수확보절차(보고·심사절차, 비준수절차) 등을 제도화하고 이를 활동하는 것이 효과적이다. 이는 기존의 조약(에스포협약)에서도 볼 수 있는데, 계획국의 의사와 능력 등의 요인에 따라 그 현실적인 유용성에는 한계가 있다(전술한 비스트로에 가항수로 건설사업계획 사안[17]). 또한, 경우에 따라서는 활동하는 잠재적 피영향국이 계획국의 의무위반에 의한 자국의 절차적 권리침해를 주장하고, 국제재판절차에 회부하는 것을 포함하여 강제적인 수단에 호소할 수도 있으며 최근 그 예가 증가하고 있다. 단, 이 방법은 법률상 또는 사실상의 여러 요인에 따라 반드시 늘 유용하다고는 할 수 없을 것이다.

마지막으로 절차적 의무의 이행상황 및 조약에 의한 도입에서 「남북」간 격차가 현저하다. 특히 1990년대 이후 유럽과 미국지역의 실행이 현저한 반면, 아시아·아프리카지역의 전개는 근소한데 그친다. 최근 개발도상국에서 개발활동이 점차 활발하게 되어가고 있는 것을 고려하면, 이는 심각하게 우려할만한 상황이라고 할 수 있다. 그 근본적 요인은, 이러한 의무를 이행할 때 개발도상국과 경제적 과도기국이 안고 있는, 기술·재정 및 인재면에서의 충분한 자원의 부족

---

15) M. Koyano, "Effective Implementation of International Environmental Agreements: Learning Lessons from the Danube Delta Conflict." in Komori. T. & K. Wellens (eds.), *Public Interests Rules of International Law: Towards Effective Implementation*, Ashgate Publishing: Surrey, 2009, pp.259－291; "The Significance of the Convention on Environmental Impact Assessment in a Transboundary Context (Espoo Convention): Examining the Implications of the Danube Delta Case," 26－4 *Impact Assessment and Project Appraisal* (2008), pp.299－314; 「多国間環境条約の執行確度と複数の条約間の調整 －『ダニューブ·デルタ事件』の分析を中心に」, 中川淳司·寺谷広司編, 『大沼保昭先生記念論文集－国際法の地平』(東信堂, 2008年), 574－631면.

16) Koyano, *supra* note 4, pp.136－145.

17) *Ibid.*

이다. 나아가 특히 EIA의 이행의무에 대하여는 국내환경규제와의 밀접한 연결도 하나의 장벽이 될 수 있을 것이다. 이 점에서, 절차적 의무를 둘러싼 남북격차는 국내환경규제의 진전에 있어서 선진국과 개발도상국 사이에서의 격차를 반영한 것이기도 하다. 하지만 절차적 의무는 본래 실체적 의무와 대비되는「연성」규율을 본질로 하고 있는 것이고, 그것을 정식화하는 데 있어서도 유연한 성격을 가진다. 그러므로 오히려 개발도상국에게 지속가능한 발전의 적극적인 수단으로서 매우 유용한 도구가 될 수 있을 것이다. 따라서 장래 이것을 적극적으로 활용하기 위한 국제협력을 강력하게 바란다.

참고문헌

1. 児矢野マリ,「国際条約と環境影響評価」,『環境法政策学会誌』14号 (2011年), 27–105면.

조약 등을 정한 EIA의 이행의무에 더하여, 유형화(類型化)도 포함시킨 포괄적 분석으로 그 의미와 문제를 정리하면서, 절차적 관점에서 환경위험에 관한 법규의 효용과 한계를 시사한다.

2. K. Koyano, "The Significance of Procedural Obiligations in International Environmental Law: Sovereignty and International Co-operation," 54 *Japanese Yearbook of International Law* (2011), pp.97–150.

환경위험활동에 대한 절차(EIA, 통보, 협의, 모니터링, 정보교환)의 법규를 실체적인 법규와 대비하고 포괄적으로 실증분석하여 그 의미와 문제를 해명한다.

3. N. Craik, *The international Law of Environmental Impact Assessment: Process, Substance and Integration*, Cambridge University Press, 2008.

EIA와 관련된 국제약속과 그 국내이행을 포괄적으로 명시하여, EIA가 국제환경법에서 담당하는 역할에 대해 정리한다.

4. K. Bastneijer & T. Koivurova (eds.), *Theory and Practice of Transboundary Environmental Impact Assessment*, Martinus Nijhoff Publisher, 2008.

5. 児矢野マリ, 『国際環境法における事前協議制度—執行手段としての機能の展開』, 有信堂高文社, 2006年.

   환경분야의 조약상 사전협의절차를 포괄적으로 분석하고, 「행정적 방법」으로서의 기능을 명확히 하여 국제환경법의 집행과정의 구조와 본질을 밝힌다.

Q. 물음

1. 국가는 자국의 관할 또는 관리 하에 타국 또는 국경을 초월하는 지역이나 장소의 환경에 중대한 악영향을 발생시킬 우려가 있는 활동에 착수하려 할 때 국제관습법상 어떤 의무를 지는가?

2. 국가환경법의 절차적 의무(사전통보, 협의의무, EIA의 이행의무, 긴급사태통보의 의무)에는 어떤 기능 및 효용을 기대할 수 있는가?

3. 국제환경법의 절차적 의무(사전통보, 협의의무, EIA의 이행의무, 긴급사태통보의 의무)에는 어떤 한계 및 문제점이 있는가? 또한 어떤 대응이 가능한가?

제5장 국제환경법에서의 이행확보 (국가보고제도, 비준수대응절차 등)

니시무라 토모아키(西村 智郎)

1. 서론

국제환경법도 국제법의 한 분야인 이상 일반국제법의 적용을 받는다. 따라서 다자간 환경협정의 체약국은 해당 협정을「성실하게 이행해야 한다(조약법에 관한 비엔나협약 제26조)」. 그리고 어느 체약국의 다자간 환경협정 의무위반은 조약불이행을 구성하고, 그것이 중요한 위반일 경우, 다른 체약국에 의해 협정의 종료 또는 운영중지의 근거로서 채택될 가능성이 있다(동협약 제60조 2항). 또한 체약국의 협정의무 위반은 그것이 국가의 행위에 귀속하는 한, 국제위법행위를 구성하여 국가책임을 발생시킨다(국제위법행위에 대한 국가책임에 관한 조문 제1조 및 제2조). 위법행위국(책임국)은 해당 행위를 정지하고, 재발방지를 취해야 함은 물론, 국제위법행위에 의해 생기는 침해에 완전한 배상을 행할 의무를 진다(동조약 제30조 및 제31조).

다만, 많은 다자간 환경협정들은 체약국의 상호 권리의무를 규정하고 있기보다는 오히려 지구환경보전이라고 하는 국제사회의 공동이익의 보호를 목적으로 하고 있어 일반국제법을 그대로 적용하면 본래의 목적을 달성할 수 없는 가능성이 있다. 예컨대, 기후변화와 생물다양성의 상실 등 지구규모 환경문제에 대하여 다자간 환경협정에 따라 대처하기 위해서는 가능한 한 다수의 체약국을 확보하는 것이 기대되지만(보편성의 요청), 조약의 종료는 원래 조약의 목적을 달성하는 것과 역행한다. 또한 손해배상 등 의무위반에 대한 엄격한 책임추궁은 다자간 환경협정에 참여하는 것을 주저하게 하는 원인이 된다. 따라서 국제환경법에는 체약국의 협정 비준수를 감시하는 것과 더불어 체약국이 적극적으로 협정의무를 이행하도록 촉구하는 독자적인 제도를 둘 것이 기대된다.

이 장에서는 많은 다자간 환경협정이 도입하고 있는 정보교환의무 및 국가보고제도와 더불어 비준수절차에 대하여 그 내용과 과제를 개관해 보도록 한다.

2. 국제환경법에서의 정보의 공유와 관리의 구조

(1) 일반국제법으로서의 사전통보의무

다자간 환경협정에서의 정보교환의무와 관련하여 일반국제법상 인정되는 국가 간 환경에 관한 정보제공의무에 대하여 확인해 둘 필요가 있다. 국가주권에 기초하여 국가는 자국영역을 자유롭게 사용할 수 있는데, 그 한편으로 자국영역에 존재하는 위험을 타국에 통보할 의무를 진다(1949년 *Corfu Channel* 사건 국제사법재판소 본안판결)[1]. 또한 국경을 넘는 환경문제에 있어서, 국가는 자국영역의 사용이 타국에 영향을 미칠 우려가 있는 경우에는 사전에 그것을 통보하고, 필요에 따라 성실하게 협의할 의무를 부담하도록 되어 있다. 국제하천의 이용방법을 둘러싸고 상류국인 프랑스와 하류국인 스페인 사이에 다툼이 된 *Lake Lanoux* 사건 중재재판판결(1957)에서 재판소는 상류국은 하류국의 이익을 합리적으로 고려할 필요가 있는 한편, 하류국은 자국의 영토보전의 권리만으로는 상류국의 영역사용(하천의 전류[轉流])을 제한할 수 없다고 판단하였다.[2]

환경문제에 관한 정보관리의 중요성에 대하여, 1972년 스톡홀름선언에서는 과학기술의 교류에 관한 지원을 언급(원칙 20)한 데 그쳤지만, 이탈리아의 세베소에서 발생한 농약공장 폭발사건에 수반된 오염토양의 국경간 투기사건(1982)과 구(旧)소련의 체르노빌에서 일어난 원자력발전소 폭발사건(1986년) 등에서 환경에 관한 정보공유의 필요성이 재인식되자 선진국을 중심으로 국경간 사고에 관한 정보교환규칙을 작성하게 되었다. 이미 1974년에 국경간 오염의 우려가 있는 활동에 대한 통보협의를 이사회권고로 채택한 경제협력개발기구(OECD)는 1988년에 국경간 사고정보의 교환에 관한 이사회결정[3]을 채택하고, 유해시설에 관한 정보교환, 긴급조치의 조직화, 긴급경보의 전달이라고 하는 국제협력의 강화를

1) The Corfu Channel Case, *ICJ Rep*, (1949), pp.4－172.

2) Affaire du lac Lanoux, *RIAA* Vol.12, p.281.

3) Decision of the Council on the Exchange of Information concerning Accidents Capable of Causing Transfrontier Damage [C(88)84/Final], 8 July 1988.

촉구하였다.

그 외에도 1986년의 원자력사고의 조기통보에 관한 협약과 1989년의 유해폐기물의 국경이동 및 처분에 관한 바젤협약 등, 국경을 넘는 환경문제에 관한 정보교환을 의무지우는 다자간 환경협정이 채택되었다. 유엔도 1992년 리우선언에서 유해물질의 이전방지(원칙 14), 긴급사태의 통보지원(원칙 18)에 덧붙여 사전통보(원칙 19)를 확보하는 등, 환경정보의 공유와 사전통보에 관한 의무의 인식은 상당한 정도 일반화되었다고 말할 수 있다.

(2) 다자간 환경협정에 있어서 정보교환의 제도화와 국가보고제도

국경을 넘는 환경오염과 지구규모의 환경문제를 해결하기 위해서는 대상이 되는 환경문제의 현상을 가능한 한 정확하게 파악하고, 원인행위와 유해물질의 특정 및 적절한 대응책을 집적하는 것이 매우 중요하다. 또한 이러한 정보들은 과학적 견해의 향상에 따라 적절하게 갱신해 가는 작업도 필요하게 된다. 이를 위하여 많은 다자간 환경협정은 체약국간의 협력과 협동을 기초로 하여 협의대상인 환경문제의 현상에 대하여 체약국으로부터 정보를 수집하고, 그것을 공유하는 제도를 두고 있다.[4)]

이러한 환경보전에 관한 정보관리에서 가장 기본적인 것은 정보교환이다. 정보교환은 이해관계를 가진 두 국가 또는 복수국 사이에서 직접 행해지는 것도 있지만, 많은 협정들은 체약국에 필요한 정보를 조약기관에 제공할 것을 의무로 한다. 예컨대, 람사르협약[5)]에서 체약국은 영역내의 등록습지의 생태학적 특징의 변화에 대하여 지체 없이 조약사무국에 통보할 의무를 진다(제8조 2항). 또한 이러한 정보교환은 생물다양성협약[6)](제17조 1항)과 몬트리올의정서[7)](제9조 1항 등)에서 볼 수 있는 바와 같이, 필요에 따라 임의로 행해지는 것도 많다.

이러한 환경정보의 교환에 덧붙여 다자간 환경협정의 목적인 환경보전을 실현하기 위하여 각 체약국이 가진 정보와 국내에서의 이행조치를 정기적으로 보고하도록 하는 실례도 증가하고 있다. 특히 다자간 환경협정이 특정한 환경보전

4) P. Birnie & A. Boyle, *International Law and the Environment*, 3rd ed., Oxford University Press, 2009, pp.242－243.

5) 정식명칭은 특별히 수중동물의 서식지로서 국제적 중요성을 갖는 습지에 관한 협약이다.

6) 정식명칭은 생물다양성에 관한 협약이다.

7) 정식명칭은 오존층 파괴물질에 관한 몬트리올의정서이다.

을 목적으로, 이를 위한 대응조치를 각 체약국에 요구하더라도 실제로 문제가 되는 행위의 대부분은 기업의 생산활동과 시민의 소비행위라서 협정의 의무는 각 체약국의 국내법과 행정상의 조치에 맡겨져 있다. 그래서 행정상 또는 사법상의 조치에 대하여 정기적으로 조약기관에 보고할 의무를 진다. 예컨대, 기후변화기본협약[8]의 모든 체약국은 온실가스의 배출 및 흡수원에 따른 제거에 관한 자국의 목록, 조약이행을 위한 조치의 개념 등을 통보할 의무를 진다(제12조 1항). 이에 더하여 부속서 1에 게재되어 있는 선진체약국은 공동의 그러나 차등화된 책임원칙에 기초하여 약속이행을 위해 채택된 정책 및 조치 외, 상기 정책 및 조치가 온실가스의 발생원에 의한 인위적인 배출 및 흡수원의 제거로 초래하는 효과의 구체적인 견적 등을 보고해야 한다(제12조 2항). 이러한 정보는 사무국을 통하여 당사국총회 및 연관된 보조기관에 전달된다. 당사국총회는 필요한 경우에는 정보의 송부에 관한 절차에 대하여 더 검토할 수 있다(제12조 6항). 사무국은 비밀성을 보호해야 하는 것을 제외하고, 집적된 정보에 대하여 그 내용을 공적으로 이용하는 것으로 한다(제12조 10항).

또한 체약국이 지금까지 취해온 이행조치만이 아니라 장래 취할 수 있는 조치의 계획을 제출하는 협정도 있다. 사막화방지협약[9]은 사막화의 영향을 받는 체약국에 대하여 사막화에 대처하고 가뭄의 영향을 완화하기 위한 전략 및 그 이행에 대하여도 상세하게 기술할 것을 의무로 하고 있다(제26조 2항 및 3항).

조약기관에 제공된 정보는 많은 경우 체약국 사이에 공유되며 평가를 받는다. 기후변화기본협약은 당사국총회의 임무로서 이 조약에 따라 이용이 가능한 모든 조약에 기초하여 체약국에 의한 이 조약의 이행상황, 이 조약에 기초하여 취해진 조치의 전반적인 영향 및 이 조약의 목적달성을 향한 진척상황을 평가하고, 이 조약의 이행상황에 관한 정기적인 보고서를 검토하고 채택하는 것과 더불어 해당 보고서의 공표를 확보할 것을 규정하고 있다(제7조 2항(e) 및 (f)).

이처럼 각국이 제정한 국내법과 이행할 조치가 공표됨으로써 투명성과 이용가능성이 확보되며, 체약국이 서로 준수할 것을 보증할 수 있도록 한다. 또한 각 체약국 사이의 준수상황이 명확해져 준수하지 않는 데 대한 억지력이 높아지는

8) 정식명칭은 기후변화에 관한 유엔기본협약이다.

9) 정식명칭은 심각한 가뭄 또는 사막화를 겪고 있는 아프리카지역 국가 등 일부 국가들의 사막화 방지를 위한 국제연합협약이다.

것을 기대할 수 있다. 또한 체약국에게 제공되는 정보는 자국의 대응을 개선하는 데 참고가 될 수 있다.

3. 준수절차

(1) 준수절차의 연혁과 그 형성

유엔환경계획이 작성한 가이드라인에 의하면, 다자간 환경협정의 준수(compliance)라 함은 「다자간 환경협정...에 기초한 의무를 해당 협정의 체약국이 이행하는 것[10)]」을 의미한다. 전술한 바와 같이, 환경협정도 국제법의 일부이고, 해당 협정에 규정된 의무의 불이행은 일반적으로는 국가책임법과 조약법의 적용을 받는다. 하지만 국가책임의 귀결로서의 원상회복과 손해배상은 사후구제적인 효과에 그치기 때문에 지구규모 환경문제의 사전예방에 충분히 대응할 수 없다. 또한 조약법에 기초한 대응에서도 의무위반에 따라 협정의 적용을 정지하거나 종료한 것으로는 협정의 목적인 환경보전은 달성할 수 없다. 게다가 환경협정이 위반국에 대하여 엄격한 제재조치를 준비하는 경우, 체약국이 되는 것을 주저하는 국가가 늘어날 것이기 때문에 협정의 보편적인 참가라고 하는 입장에 오히려 역행할 가능성이 높다. 원래 환경협정의 의무불이행이 발생하는 경우, 그것은 체약국(특히 개발도상국)의 고의·과실이라기보다도 자금과 기술의 부족을 원인으로 한 정책이행의 능력상 문제가 되는 경우가 많다. 따라서 다자간 환경협정에 관한 준수절차(compliance measure/procedure)라 함은 협정체약국에 의한 의무불이행을 협정기관이 감시하고, 이행할 수 없거나 이행할 수 없었던 경우에 그 대응을 협의하여 결정할 협정내의 절차이고, 전술한 정보제공의무를 전제로 하면서 그것을 제도적으로 확장시키는 절차이다. 또한 협정에 따라서는 비준수절차라고 불리는데, 제도의 의의와 성격이 다르지 않다.

현재로서는 대부분의 다자간 환경협정이 준수절차를 도입하고 있는데, 스톡홀름회의 시대에 채택된 협정, 예를 들면, 람사르협약과 워싱턴협약은 준수절차에 관한 조문상의 근거규정이 없고, 당사국총회의 임무로서 협정의 이행상황을

10) UNEP (2002), Governing Council Decision SS.VII/4, "Compliance with and enforcement of multilateral environmental agreements", UNEP (DEPI)/MEAs/WG.1/3, annex II (Feb 2002).

검토하고 권고하는 데 그치고 있다(람사르협약 제6조 2항 및 워싱턴협약 제11조 3항).

보편적인 다자간 환경협정으로서 준수에 관한 규정을 처음으로 둔 것은 오존층보호를 위한 비엔나협약에 기초하여 채택된 몬트리올의정서이다. 이 의정서는 「비준수(non-compliance: 공식적으로는 「위반」)의 인정 및 그 인정을 받은 체약국의 처우에 관한 절차 및 제도를 검토하고 승인」하고, 제4차 당사국총회(1992년)에서 비준수절차 및 그 귀결로서 취할 수 있는 조치의 예시목록을 채택하였다.[11] 그 후 기후변화기본협약 하에서 채택된 교토의정서, 생물다양성협약 하에서 채택된 카르타헤나의정서[12] 및 나고야의정서[13] 등 1992년 리우회의 이후에 채택된 다자간 환경협정의 대부분은 조문 속에 협정 비준수 처리에 대한 절차 및 제도를 효력발생 후에 개최된 당사국총회에서 승인할 것을 확인한다.

(2) 준수절차의 개요

환경협정의 준수절차는 그 명칭과 기능을 포함하여 조약마다 다르지만, 오늘날에는 어느 정도의 공통성을 확인할 수 있다.[14] 우선 환경협정마다 당사국총회에서 준수를 검토하기 위한 전문위원회(준수위원회)가 설치된다. 위원은 유엔의 지역그룹 등 지리적 형평성을 고려하여 선출되는 경우가 많다. 위원은 몬트리올의정서처럼 체약국으로서 선출되는 경우도 있지만, 교토의정서[15], 카르타헤나의정서[16], 그리고 나고야의정서[17] 등 최근 준수절차에서는 과학, 기술, 사회경제

11) Fouth Meeting of the Parties to the Montreal Protocol on Substances that Deplete the Ozone Layer, Decision IV/4 Non－Compliance Procedure, 1992.

12) 정식명칭은 생물다양성협약의 바이오안정성에 대한 카르타헤나의정서이다.

13) 정식명칭은 생물다양성협약의 유전자원에 대한 접근과 이용으로부터 발생한 이익의 공정하고 공평한 공유에 관한 나고야의정서이다.

14) Gerhard Loibl. “Compliance Procedures and Mechanisms”, in Malgosia Fitzmaurice, David M. Ong, and Panos Merkouris ed., *Research Handbook on International Environmental Law*. Edward Elgar Pub, pp.426－449.

15) Decision 27/CMP.1 Procedures and mechanisms relating to compliance under the Kyoto Protocol, in Report of the Conference of the Parties serving as the meeting of the Parties to the Kyoto Protocol on its first session, held at Montreal from 28 November to 10 December 2005, Decisions adopted by the Conference of the Parties serving as the meeting of the Parties to the Kyoto Protocol, FCCC/KP/CMP/2005/8/Add.3, 30 March 2006, pp.92－103.

16) Decision BS－1/7. Establishment of procedures and mechanisms on compliance under the Cartagena Protocol on Biosafety, in Report of the first meeting of the Conference of the Parties serving as the meeting of the Parties to the Protocol on Biosafety, UNEP/CBD/BS/COP－MOP/1/15, 14 April 2004.

17) Decision NP－1/4. Cooperative procedures and institutional mechanisms to promote

또는 법률이라고 하는 관련분야의 전문성을 고려하면서 개인자격으로 선출되고 있다.

준수절차는 사무국 등 조약기관과 체약국에 의한 부탁에 따라 개시된다. 특히 체약국으로부터의 부탁에 대하여는 비준수 체약국 자신에 의한 부탁(즉, 자기신고)도 수령가능한 점이 특징적이다. 절차가 개시되면 사무국은 관련체약국에게 정보를 송부하고, 받은 회답 및 정보는 위원회에 송부된다. 관련체약국은 위원회의 회의에 참가할 수 있고, 그 결과를 바탕으로 위원회는 적당하다고 생각하는 조치를 당사국총회에 권고한다.

준수절차의 성격으로서 위원회에 의해 취해지는 조치는 의무불이행에 대하여 징벌적·적대적인 성격을 가지는 것이 아니라 사안의 우호적인 해결과 협력적인 준수의 촉진을 목적으로 한다. 따라서 비준수의 결과는 절차 및 제도의 목적에 따라 조언이나 지원 및 준수를 위한 행동계획의 작성 등이 포함된다. 본래 비준수의 선언(포브스조약[18], 나고야의정서)과 특정한 권리정지(몬트리올의정서, 교토의정서) 등 제재적 색채가 농후한 조치를 준비하는 절차도 존재한다. 또한 카르타헤나의정서와 나고야의정서는 비준수가 계속되는 경우에 특별조치를 검토할 수 있다.

준수절차 가운데 가장 현저한 예외는 교토의정서의 절차이다. 이 의정서는 준수위원회 속에 협조분과(facilitative branch)와 강제분과(enforcement branch)라는 두 분과를 둔다. 특히 후자는 교토의정서의 핵심적인 의무인 선진체약국이 온실가스 배출감축을 수량화할 약속(배출감축 수치목표)을 달성할 수 없는 경우에 의정서의 약속비준수를 선언하고 해당체약국의 차기 이행기간의 할당량에서 초과배출량의 1.3배의 배출량 공제와 준수행동계획의 달성 외에 의정서에 규정된 배출량 거래에 기초한 배출량 이전의 적격성의 정지를 결정할 수 있다. 이 결정은 당사국총회가 아닌 준수위원회가 독립하여 행해지만, 다른 한편으로는 이 결정에 대하여 적정절차를 침해한다고 생각되는 경우에는 체약국은 의정서의 당사국총

compliance with the Nagoya Protocol and to address cases of noncompliance, in Report of the First Meeting of the Conference of the Parties to the Convention on Biological Diversity serving as the Meeting of the Parties to the Nagoya Protocol on Access to Genetic Resources and the Fair and Equitable Sharing of Benefits Arising from their Utilization, UNEP/CBD/NP/COP–MOP/1/10, 20 October 2014.

18) 정식명칭은 환경문제에 대한 정보접근, 의사결정시 대중참여 및 사법접근에 대한 협약이다(일본은 비체약국).

회(로서 기능하는 조약의 당사국회의)에 상소할 수 있다. 이처럼 교토의정서의 온실가스 배출감축 수치목표의 비준수에 대하여는 사법절차와 유사한 절차를 준비하고 있다. 다만 의정서 제18조는「기속적인 결과를 수반하는 이 조상의 모든 절차 및 체제는 이 의정서의 개정에 의하여 채택된다」고 규정하고 있기는 하지만 필요한 개정은 행해지지 않고 있다.

이러한 준수절차의 법적 성질에 대하여 체약국 사이의 분쟁해결절차의 하나인 조정이라고 보는 입장과 재판외 분쟁해결의 형식이라고 하는 견해[19]가 있지만, 대부분의 준수절차는 그 절차규칙 가운데서 준수에 관한 절차 및 제도가 해당 환경협정이 별도로 규정하는 분쟁해결절차에 영향을 주지 않으면서 기능하는 것을 확인하고 있기 때문에 분쟁해결절차와는 다른 환경협정 독자적인 제도라고 이해하는 것이 타당하다.

(3) 준수절차의 새로운 경향

준수절차는 환경보호라고 하는 목적을 달성하기 위해 체약국이 서로 감시하고, 비준수의 상태를 극복하기 위하여 만들어진 특수한 제도이다. 따라서 이러한 절차는 어디까지나 체약국 사이의 조정이라는 측면을 가진다. 한편, 절차에 있어서 검토의 투명성과 정통성을 확보하기 위한 조치가 계속 도입되고 있다. 예컨대, 교토의정서의 절차는 위원회의 두 개 분과의 10명의 위원 가운데 각각 1명을 기후변화에 취약한 개발도상도서국에서 선출한다. 교토의정서를 계승한 형태로 2015년에 채택된 파리협정도 2018년의 당사국총회 결정에서 작성된 준수절차[20] 가운데 관련된 과학적, 기술적, 사회경제적 또는 법적 분야에서 능력을 인정받은 12명의 위원을 유엔의 5개 지역그룹에서 각 2명, 그리고 개발도상도서국 및 후발개발도상에서 각 1명을 선출한다(그 외에 젠더 균형의 목적을 고려해야 한다). 또한 나고야의정서의 준수절차는 15명으로 구성된 위원 가운데 옵저버(observer)로서 2명의 원주민 사회 및 지역사회에서 대표를 선출한다.

---

19) P. Birnie & A. Boyle, *supra* note 4, p.245.

20) Decision 20/CMA.1 Modalities and procedures for the effective operation of the committee to facilitate implementation and promote compliance referred to in Article 15, paragraph 2, of the Paris Agreement, in Report of the Conference of the Parties serving as the meeting of the Parties to the Paris Agreement on the third part of its first session, held in Katowice from 2 to 15 December 2018, FCCC/PA/CMA/2018/3/Add.2, 19 March 2019.

몬트리올의정서, 교토의정서, 카르타헤나의정서, 나고야의정서 등은 조문에서 준수절차를 상세하게 확정하지는 않았지만, 발효 후에 개최된 최초의 당사국총회 결정에 의해 구체적인 절차 및 제도를 결정해 왔다. 본래 수은에 관한 미나마타 협약과 파리협정 등과 같이, 채택 후에야 준수절차의 목적과 성격을 공유할 수 있기 때문에 미리 준수절차의 구조를 조문에서 확인하는 조약도 있다.

참고문헌

1. 松井芳郎編,『国際環境条約・資料集』(東信堂, 2014年).

   카르타헤나의정서, 몬트리올의정서, 교토의정서, 대기오염물질의 장거리이동에 관한 협약 의정서, 오르후스협약의 준수절차가 게재되어 있다.

2. 西村智郎,「国際環境条約の実施をめぐる理論と現実」, 東京大学社会科学研究所『社会科学研究』57巻 1号 (2005年), 39-62면.

   다자간 환경조약의 이행과 준수절차에 관한 학설의 추이와 국제법에서의 위치에 대해 정리하고 있다.

Q. 물음

1. 각각의 다자간 환경협정이 협정상의 의무이행을 어떻게 확인하려고 하는지를 각 협정의 조문으로 확인해 보자.

2. 몬트리올의정서, 교토의정서, 파리협정 각각의 준수절차에 대해 준수를 감시하는 기구(위원회)의 역할과 비준수에 대한 대응을 비교해보자.

제6장 일본의 국제환경조약 이행

쯔루타 준(鶴田 順)

1. 서론

전통적으로 국제법이 규율해 온 것은 평등한 주권국가 간의 권리의무 관계였다. 국제사회는 평등하고 절대적인 주권을 가지는 국가의 행동자유의 장이고, 국제법은 「합의는 구속된다」라고 하는 원리를 근본규범으로 하는, 주권국가가 스스로의 활동의 자기억제를 상호 구속함으로써 성립하는 취약하고, 현상 유지 편향을 지닌 규범에 불과하다고 여겨왔다. 그리고 조약은 주권국가 간의 이익조정의 결과가 권리의무 관계로서 명문규정으로 정리된 것에 불과한 것으로 여겨졌다.

그러나 오늘날에는 국경을 넘는 인간·기업·업계단체·미디어·국제조직·비정부조직 활동 및 물건·자금·정보의 이동량이 증대하였으며 질적으로 변화하고 있다(이른바 글로벌화). 특히 환경, 인권, 노동, 범죄 등의 분야에서 국제법은 각 분야가 대상으로 하는 문제상황의 방지·개선·극복을 위해 국가 간 관계를 규율하는 동시에 개별 국가의 국내통치상태, 국가와 그 관할아래 있는 개인의 관계를 한층 더 규율토록 하며, 그러한 내용을 가지는 국제법의 목적 실현의 한 과정인 각 국내법에서의 이행 상황을 국가 간에 상호 또는 다자간 조약에 따라 당사국총회(COP), 당사국회의(MOP), 준수위원회와 이행위원회 등에서 국제적으로 관리·감독하고 있다.

특히 지구환경보호라는 국제사회의 공동의 이익을 증진하고자 다자간 환경조약에서의 조약상 의무가 대세화(對世化)·객관화되고, 모든 체약국이 다른 체약국의 의무이행에 관심을 가지고 그 이행확보를 위한 다양한 절차 및 제도가 마련되어 있다(⇒제5장). 다자간 환경조약이 설정한 규범의 일탈행위에 대해 권리의무의 국가 간섭을 기초로 발전해 온 전통적인 국제법의 국가책임법과 분쟁해결절차에 의한 사후적인 대응으로는 한계가 있기 때문이다.

또한 다자간 환경조약은 조약규범을 점진적으로 발전·강화시켜 온 과정에서 체약국의 의무위반에 따라 생긴 책임을 추궁하는 것보다도 의무불이행의 원인해소, 즉 체약국의 협력을 통한 조약규범의 이행능력의 구축·향상을 꾀하는 등에 중점을 둘 필요가 있다. 다자간 환경조약에서는 조약목적과 기본원칙이 설정되어 해당 목적을 달성하기 위하여, 또한 해당 기본원칙에 근거하여 개별·구체적인 규제를 서서히 설정해 가고 있다. 조약규범은 조약채택시에 설정된 내용에 그치는 것이 아니라 조약목적의 실현을 향하여, 또한 환경에 관련된 문제상황의 변화와 과학적 식견·기술의 진전을 근거로 하여 정기적으로 수정해가면서 점진적인 발전·강화를 도모해 왔다.

이 장에서는 국제환경조약이 설정한 목적의 실현을 향한 과정(조약목적 실현과정)을 정리하고,[1] 조약의 목적을 실현하고자 하는 체약국에서의 조약의 이행(국내이행)에 대하여 조약규범에 따른 국내법 정비에 초점을 맞춰 살펴보고자 한다.

2. 국제환경조약의 목적실현 과정

(1) 국제환경법에서 조약의 위치

일반적으로 국제법의 존재형식으로서의 법원(法源)은 주로 조약, 국제관습법과 「법의 일반원칙」 이 세 가지이다. 국제환경법 분야에서는 「조약」이 특히 중요한 법원이 된다. 특정한 손해의 방지를 위한 목표와 구체적인 기준을 설정하거나, 특정한 물질의 배출기준과 수출입규제를 설정하기 위해서는 조약에 의한 명문규정이 필요불가결하다. 기름 또는 폐기물 투기에 따른 해양오염의 방지, 오존층 파괴와 기후변화의 원인이 되는 물질에 대한 배출규제, 유해폐기물과 유해화학물질의 국경간 이동 규제, 멸종 우려가 있는 종과 생물다양성의 보호·보전 등을 위해서는 각각의 문제에 대응하는 개별적·구체적이고 신속한 규범설정을 필

1) 국제환경조약의 동태과정에 대해서는, cf. 鶴田順 「国際環境枠組条約における条約実践の動態過程」城山英明ほか編, 『融ける境 超える法 第5巻 環境と生命』(東京大学出版会, 2005年), 209면, 鶴田順, 「『国際環境法上の原則』の分析枠組」, 『社会科学研究』(東京大学) 57巻 (2005年), 74면.

요로 한다. 또한 그러한 규범이 과학적 식견·기술의 진전과 문제상황의 변화에 유연하게 대응하는 것도 필요하다.

바다와 하천 등 특정한 영역의 환경보전을 목적으로 하는 조약은 1972년 인간환경선언 채택 이전에도 존재하였지만, 지구환경보호에 관한 조약의 정립이 개시된 것은 인간환경선언의 채택 이후, 특히 1980년 이후부터이다. 1980년대부터 1990년대에 걸쳐 다자간·양자간 환경조약이 정립되었다. 특히 해양오염, 산성비, 오존층의 파괴, 지구온난화 등 광범위한 환경문제를 방지·개선·극복하기 위해 다자간 환경조약이 참여와 협력을 필요로 하는 분야에서 문제대처를 위한 국제협력의 기반을 제공하고 있다.

(2) 환경조약의 과제

조약이라는 법형식에서는 어떤 특정한 시기에 어떤 특정한 국제법규범을 성문화하기 위하여 계속 변화하는 현실과의 관계에서 현실적합성을 확보할 필요성이 생긴다. 특히 국제환경조약에서는 환경과 관련된 문제상황의 변화와 과학적 식견·기술의 진전과의 조정을 계속적으로 또한 신속하고 유연하게 행하는 것이 조약의 존속과 그 목적실현에 필수과제가 된다. 그러나 어디까지나 규범으로서의 자율성을 잃지 않는 한도에서의 대응이 필요하다. 국제환경조약은 조약규범의 현실적합성 확보와 규범으로서의 자율성 확보라고 하는 두 개의 요청에 어떠한 방법으로 대응할 것인가라는 과제가 주어져 있다.

지구규모의 광범위한 환경문제에 대처하기 위해서는 우선 개개의 환경문제에 대응하는 조약에 많은 국가들이 참가하는 것이 중요하다. 예컨대, 조약에 엄격한 환경기준을 설정하여 일부 국가만이 해당 조약에 참가하게 되는 경우에는 그들 국가의 제조업의 국제경쟁력을 저하시킬 가능성이 있다. 두 국가 간 그리고 소수 국가 간 단거리 국경을 넘는 오염문제는 손해발생으로 인한 문제상황을 국가 간의 법적분쟁으로 구성하고, 국가책임법과 분쟁해결절차에 따라 사후구제를 꾀할 가능성도 있다. 한편으로 지구규모의 광범위한 환경문제에 대해 환경의 악화와 손해가 발생하였다고 하여도 원인행위의 다양성과 비특정성(원인행위와 손해발생을 연결하는 과학적 식견이 불충분한 것 등), 원인행위국(가해국)과 피해국의 복수성과 중복성(기후변화의 원인이 되는 온실가스의 인위적 배출과 오존층 파괴의 원인이 되는 클로로플루오로카본(CFC) 등의 화학물질이 대기로 방출되는 것은 정도의 차이가 있긴 하지만, 모든 국가가 일상적으로 불가피하게 행하는 것 등)이라는 성질을 갖는다. 각 국내법에서 사인과 사기업의 활동이 원인행위이긴 하지만, 지구규모의 넓은 범위에서 발생하는 환경문제는 각국이 단독으로, 또한 소수 국가의 협력으로 실효적으로 대처할 수 있는 문제가 아니다. 많은 국가들이 조약에 참가하여 가능한 한 동일한 규범에 따르고, 기본적인 사고방식과 방향성을 공유하고 국제적으로 협력하여 문제상황을 방지 · 개선 · 극복하는 것이 중요하다.

(3) 기본협약 방식의 채택

국제적인 환경문제를 대상으로 하는 조약에는 많은 국가들의 참가를 확보하고 또한 조약 외의 변화와 진전에 신속하고도 유연하게 대응할 수 있도록 기본협약 방식을 채택하기도 한다. 기본협약 방식이란 조약 본문에서는 조약 하에 설치된 사무국 등의 조직구성, 조약의 개정절차, 부속서와 의정서의 채택 · 개정절차에 대하여 규정하면서, 체약국의 문제상황의 개선 · 극복을 향한 협력의 나아갈 방향에 대하여는 일반적 · 추상적인 규범내용의 기본원칙, 권리와 의무를 규정하는 데 그쳐 많은 국가가 참가하기 쉬운 내용으로 하고, 해당 규범을 구체화하기 위한 상세한 기준과 요건은 조약의 정립 · 발효후에 개최되는 당사국총회 등에서 채택 · 개정되는 의정서, 부속서, 결의와 권고 등에 의해 정하도록 하는 조약 방식이다.[2)]

기본협약 방식은 오늘날 지구규모의 광범위한 환경문제에 대한 다자조약과 지역적 환경문제에 대한 조약에서 채택되고 있다. 기본협약과 의정서를 조합하는 방식은 많은 다자조약에서 채택되고 있다. 오존층보호에 대해서는 1985년에 채택된 비엔나협약과 1987년에 채택된 몬트리올의정서, 지구온난화에 대하여는 1992년에 채택된 유엔 기후변화기본협약과 1997년에 채택된 교토의정서의 조합이다.

조약의 부속서는 조약의 불가분의 일부를 구성하는데, 조약 본문의 조문에서는 일반적인 규칙을 규정하고, 부속서에서는 구체적이고 상세한 규제대상과

---

2) 기본협약 방식에 대해서는, cf. 山本莫二, 「国際環境協力の法的枠組の特質」,『ジュリスト』 1015号 (1993年), 145-149면, 兼原敦子, 「国際環境保護と国内法制の整備」, 『法学教室』 161号 (1994年), 42-46면.

규제방법에 대하여 규정하는 것처럼, 규율 밀도에 따라 양자는 나뉘어 사용되고 있다. 조문 본문의 조문이 아니라 조약의 부속서를 채택·개정함으로써 문제상황의 변화에 의한 규제대상의 변화와 과학적 식견·기술의 변화·진전에 따른 규범설정을 신속하고도 유연하게 하는 것이 가능하게 되었다.

(4) 당사국총회 등의 설치와 그 의의 – 조약규범의 정립과정과 이행과정의 연결·순환

많은 환경조약에서는 체약국에 대하여 조약의 국내법 이행을 위한 입법조치 등 「적절한 조치」를 취할 것을 의무로 하고 있다. 또한 조약의 목적실현을 위한 기관으로서 정기적으로 개최되는 당사국총회(COP)를 설치하고, 체약국에 대하여 COP에게 정기적인 보고를 하도록 의무화하고 있다. 의무가 된 보고의 범위는 다양하지만, 적어도 조약의 국내이행을 위한 조치, 예컨대 조약의 규정내용을 각 체약국에서 이행하기 위한 개별법률(국내담보법)의 정비상황을 보고할 의무를 두고 있다. 각국 국내에서 사인과 사기업의 활동(온실가스와 CFC의 배출, 희소 야생동식물과 유해폐기물의 국제거래 등)이 지구규모 및 국제적 환경문제의 원인행위가 되기 때문에 체약국이 조약규범을 근거로 하여 국내법을 정비하고, 해당 국내법에 기초하여 사인과 사기업의 활동을 규제하는 것은 조약목적의 실현에 따라 실제적으로 유효한 수단이 된다.[3] COP는 체약국에 대한 조약의 국내 이행 보고검토에 근거하여 조약목적의 실현을 위해 조약규범을 유지·강화하도록 하고, 유지·강화된 조약규범은 그 후 각 체약국에서 조약의 이행기반이 된다. COP에서 채택된 많은 결의와 권고들은 체약국을 법적으로 구속하는 것은 아니다. 그러나 이로 인해 채택에 관련된 체약국의 합의를 쉽게 얻을 수 있어 문제상황의 변화로 인한 규제대상의 변화와 과학적 식견·기술의 변화·진전에 따른 규범설정을 신속하게 행할 수 있다고 하는 이점을 가지고, 조약목적을 실현하는 데 중요한 역할을 담당하고 있다고 말할 수 있다.

---

3) Cf. 兼原, 前揭論文, 注 (2), 43면, 小森光夫, 「条約の国内的効力と国内立法」, 村瀬信也·奥脇直也編, 『国家管轄権 (山本莫二先生還暦記念集)』(勁草書房, 1998年), 541–542면, 児矢野マリ, 「グローバル化時代における国際環境法の機能」, 『論究ジュリスト』 23号 (2017年), 60–61면.

3. 국제환경조약의 국내이행

(1) 국제법에 의한 국내이행의 나아갈 방향

국제법의 규범내용을 각국의 국내법제로 편입시키는(국내법화) 방식은 사회적·경제적·정치적·문화적 요인 등 다양한 요인에 따라 결정되는데, 이 장에서는 국제법이 각국의 국내이행의 형태를 어떻게 요구하는가에 착안하여 정리·검토해 본다.

우선 국제법은 특정한 결과의 달성을 각국에 요구하는 경우가 있다. 그러한 결과를 달성하기 위한 조치·방법의 이상적인 방식, 예컨대 각국이 국제법의 국내이행을 위하여 어떤 법률(국내담보법)의 정비를 할 것인가, 국내담보법의 정비는 특단의 조치 대신 행정적으로 대응하는가 등은 각국의 판단에 맡겨져 있다. 몬트리올의정서는 각 체약국이 부속서에 게재한 규제대상물질의 소비량과 생산량을 규제하고, 최종적으로는 그 소비량과 생산량을 제로로 할 것을 요구하지만, 그러한 결과를 달성하기 위한 조치·방법에 대하여는 특정하지 않고 각 체약국에 위임하고 있다. 교토의정서는 선진체약국에게는 수치화된 온실가스의 감축의무를 부과하고 있지만, 수치목록을 달성하기 위한 조치·방법에 대하여는 각 체약국에 이를 맡기고 있다.

다음으로 국제법은 설정한 취지와 목적실현을 위해 특정한 조치·방법을 취할 것을 각국에 요구하기도 한다. 이러한 조치·방법에는 각 체약국이 국내이행을 위한 법률(국내담보법)을 조약의 규정내용에 따라 정비하도록 하는 의무를 부과한다. 국제환경조약에서는 조약이 어떤 특정한 행위를 규제대상으로 하고, 「체약국은 이 조약의 내용을 이행하기 위하여 이 조약의 규정에 위반하는 행위를 방지하고 처벌하기 위한 조치를 포함하는 적당한 법률상의 조치, 행정상의 대상 기타 조치를 취한다」(바젤협약 제4조 4항)는 등을 규정하고 있고, 각 체약국에게 국내담보법의 정비 등의 국내조치를 강구할 의무를 부과하는 것이 있다. 이처럼 조약이 각 체약국에 대하여 조약규정에 위반하는 행위의 처벌의무를 부과하는 경우, 헌법이 보장하는 죄형법정주의에 의하면 그러한 처벌의무를 국내에서 이행하기 위해서는 조약이 규제하는 행위를 범죄로 보아 처벌할 수 있는 법률이 필요하게 되는 것이다.

(2) 조약의「적극적인」국내이행

조약에 의해 체약국이 강구할 의무는 없지만, 조약목적의 실현과 조약에 기초한 규제에 따라 효과적인 이행을 꾀하도록 체약국의 정책적 판단에 따라 적극적으로 국내조치가 강구되어지는 것도 있다.[4)]

예를 들면, 일본은 1975년에「멸종위기에 처한 야생동·식물종의 국제거래에 관한 협약」(워싱턴협약)에 서명하였는데, 조약의 국내적 이행을 위하여 필요한 조치의 검토와 국내에서 야생동식물을 이용하는 각 업계와의 조정에 시간이 걸려 1980년에 비로소 체약국이 되었다. 일본은 워싱턴협약을 체결할 당시 조약에 기초한 수출입규제를 국내적으로 이행하기 위하여 기존의 법률들을 개정하였는데, 구체적으로는 외환법, 관세법과 어업법을 개정하였다.[5)] 그 후 일본은 조약을 충실하게 이행하지 못하고, 규제대상종을 계속해서 대량으로 수입하는 등 조약을 위반하는 형태로 인하여 국제적인 비판을 받게 되었다. 그리하여 밀수입된 후 이루어지는 일본 국내에서의 거래(국내거래)도 규제하기 위해 1987년에「멸종위기에 처한 야생동식물의 양도규제 등에 관한 법률」을 새롭게 제정하였다. 이 법의 제정은 워싱턴협약이 각 체약국에 부과하는 의무를 일본에서 이행하기 위한 법률(국내담보법)의 정비는 아니지만, 워싱턴협약에 의한 국제거래의 규제를 ***보다 효과적***으로 이행하기 위하여 만들어진 입법조치라고 할 수 있다.[6)]

또한 오존층 보호를 위한 협약과 몬트리올의정서는 체약국에게 오존층 파괴물질의 제조규제를 의무화하고 있는데, 그 회수·파괴에 대해서는 요구하고 있지 않다. 그러나 일본에서는 프론류(CFC, HCFC와 HFC)를 적절하게 회수·파괴함으로써 프론류가 대기중에 방출되는 것을 억제하기 위하여「특정제품에 관련된 프론류의 회수 및 파괴의 이행 확보 등에 관한 법률」(平成13년＜2001＞ 법률64호)(프론

---

4) 조약의「적극적인」국내이행에 대해서는, cf. 島村健,「環境条約の国内実施—国内法の観点から」,『論究ジュリスト』7号 (2013年), 89면; 久保はるか,「環境条約の国内実施—行政学の観点から」,『論究ジュリスト』7号 (2013年), 91면.

5) 일본이 워싱턴협약의 체결에 대해 강구한 국내조치의 상세에 대해서는, cf. 菊池英弘,「ワシントン条約の締結及び国内実施の政策形成過程に関する考察」,『長崎大学総合環境研究』14巻1号 (2011年), 5면.

6) 워싱턴협약의 이행을 위해 조약체결 후에 강구된 일본의「적극적인」조치에 대해서는, cf. 菊池, 前揭論文, 注(5), 8면, 上河原献二,「条約実施を通じた国内·国際双方の変化—ワシントン条約制度実施を例として」,『世代法政策学研究』(北海道大学) 12号 (2011年), 204면.

회수·파괴법)을 새롭게 제정하였다. 오존층 파괴물질을 대기중에 방출하는 것을 억제하기 위한 조치는 몬트리올의정서 제9조 1항의 연구개발에 관한 법률에서 언급되는 정도이고, 1992년에 개최된 몬트리올의정서 제4회 당사국총회 결정(IV/24의 4항)에 그치는 것도 있다.[7] 프론 회수·파괴는 오존층 보호를 위한 협약에서 체약국에게 의무지워진 조치가 아니긴 하지만, 프론 회수·파괴법의 제정·집행은 조약목적의 실현을 꾀하는 국내조치라고 말할 수 있다.

(3) 조약의 국내이행을 위한 국내법 정비

조약의 국내이행에 대하여 조약상의 권리와 의무를 국내적으로 이행하기 위한 법률(국내담보법)의 바람직한 정비상태에는 ① 기존법(현행법)으로 대응, ② 조약상의 권리와 의무의 이행에는 불충분하거나 모순될 것 같은 기존법의 개정과 폐지, ③ 신규입법의 세 가지가 있다. ①과 ②의 경우에는 원래 국내의 문제상황과 그에 대한 대응의 필요성을 기반으로 제정된 기존법에 「뒤이은」 조약의 국내담보법으로서의 성격이 부여된다. 국내담보법의 정비에는 조약의 국내담보법의 관장·집행을 담당하는 행정기관의 조직법·작용법의 정비도 포함된다.

(4) 일본에서의 조약이행을 위한 국내법 정비

① 국내법체계에서의 조약의 법적 효력 일본의 국제법실무에서는 조약을 체결할 때 국내담보법이 완전하게 정비되어 있는 상태를 확보하도록 노력한다고 한다(이른바 「완전담보주의」의 채택)[8]. 양자조약이나 다자조약에서도 조약협상에 조문을 확정시킬 때까지는 일본에서의 조약이행을 위해 어떠한 국내조치가 필요한가, 국내담보법은 기존법으로 충분한가, 아니면 신규입법이 필요한가 등 국내조치의 바람직한 상태에 대하여 관련부처간의 견해가 일치하는 것이 일반적이라고 한다.[9] 조약협상을 행하고, 조약이 채택되어, 일본도 조약체약국이 된다고 하는 방침결정이 정부내에서 이루어지면 내각법제국의 심사에 들어가는데, 해당 심사에는

---

7) Cf. 高村ゆかり, 「環境条約の国内実施—国際法の観点から」, 『論究ジュリスト』 7号 (2013年), 76－77면; 島村, 前掲論文, 注 (4), 89면.

8) Cf. 谷内正太郎, 「国際法規の国内的実施」, 広部和也·田中忠編, 『国際法と国内法 (山本莫二先生還暦記念集)』 (勁草書房, 1991年) 115면; 松田誠, 「実務としての条約締結手続」, 『新世代法政策学研究』(北海道大学) 10号 (2011年), 313－317면.

9) Cf. 柳井俊二, 「国際法規の形成過程と国内法」, 広部和也·田中忠編, 『国際法と国内法 (山本莫二先生還暦記念集)』(勁草書房, 1991年), 94면.

조약(및 그 번역문)만이 아니라 국내담보법안도 동시에 붙여진다. 기존법의 개정이 필요한 경우에는 그 개정안, 또한 신규입법이 필요한 경우에는 그 법률안이 조약과 동시에 심사에 붙여지게 된다. 심사를 통해 조약의 번역, 조약의 해석, 국내담보법의 문언이 정비되어 간다. 내각법제국의 심사가 종료되면, 국회의 승인을 얻어야 하는 조약(국회승인조약)에 대하여는 일본국 헌법 제73조 3호에 입각하여 (조약 그 자체가 아니라) 조약의 체결, 즉 일본이 조약의 체약국이 되어 「조약에 구속되는 데 대한 국가의 동의(조약법 제11조 등)」에 대하여 국회에 승인을 요구하게 되는데, 많은 경우, 이것과 함께 국내담보법안도 국회에 제출되어 성립을 기다리게 된다. 일본국 헌법 제73조 3항은 「조약을 체결하는 것」은 내각의 권한이라고 규정한 다음, 「단, 사전에, 때에 따라서는 사후에, 국회의 승인을 거칠 것을 필요로 한다」고 규정하고 있다. 조약의 체결에 대하여 국회의 승인을 얻으면, 조약의 체결에 관련된 의사결정이 정부내의 각의결정을 통하여 행해진다. 그 후 다자조약의 경우에는 비준서의 기탁 등에 의해 대외적으로 조약의 체결에 관련된 의사표명이 행해지게 된다. 국내법에서는 내각의 승인과 조약 체결에 관한 의사결정이 이루어진 조약을 일왕이 공포함으로써(동 제7조 1호) 조약은 국내법체계에서 법적 효력을 갖는 규범이 된다.

② 조약의 국내이행을 위한 국내법 정비 국제환경조약의 국내담보법형태에 대하여 예컨대, 1972년에 채택된 「세계 문화 및 자연 유산 보호 협약」(세계유산협약)이 일본에서 이행되는 것은 위에서 언급한 ① (기존법으로의 대응)과 ② (기존법의 개정과 폐기)의 방법에 따른 것이다. 문화유산에 대하여는 문화재보호법(昭和25년<1950> 법률 제214호)에 의하여, 또한 자연유산에 대하여는 자연공원법(昭和32년<1957> 법률 제161호)과 자연환경보전법(昭和47년<1972년> 법률 제85호)에 의하여 세계유산협약을 국내에서 이행하고 있다.

또한 유해폐기물의 국가 간 이동을 규제하는 바젤협약은 일본에서 위의 ② (기존법의 개정과 폐지)와 ③ (신규입법)의 방법으로 이행되었고, 바젤법의 신규입법과 폐기물처리법의 일부개정이 행해졌다. 「특정 유해폐기물의 수출입 등의 규제에 관한 법률」(平成4년<1992> 법률 제108호)(바젤법)의 규제대상인 「특정 유해폐기물」은 일본정부가 조약의 규제대상이라고 해석한 것들과 직접적으로 중첩된다고 하는 특징을 가지기 때문에, 조약의 규제대상이 목록화된 부속서가 개정된 경우에는 바젤법의 규제대상도 자동적으로 변경되게 된다. 그 변경은 바젤법의 개정이 아니라 바젤법의 규제대상물을 목록화하여 명확하게 하기 위해 책정된 고시의 개정에 의해 행해진다. 이는, 조약규범의 동태적인 전개에 국내법이 유연하고도 신속하게 대응하기 위한 국내법 정비의 방식이다.

③ 조약의 국내이행을 위한 국내법 정비의 의의 조약을 국내에서 이행하기 위한 국내조치에 대하여 일본국헌법은, (실질적 의미의) 조약체결에는 국회의 승인이 필요하다고 하는 입장을 취하여(일본국헌법 제73조 3호) 국회에서 체결에 관해 승인하고, 체약국으로서 조약에 구속되는 것이 각의에서 결정된 조약은 내각의 조언과 승인에 의해 일왕이 공포하는 것으로 한다(동 제7조 1호). 나아가 최고법규에 대하여 규정하는 장에서 「일본국이 체결한 조약 및 확립된 국제법규는 이를 성실하게 준수할 것을 필요로 한다」고 규정하고(동 제98조 2항), 조약 및 확립된 국제법규의 준수의무를 강조하기 위하여 조약 기타 국제약속은 공포에 의해 즉시 국내법체계로 수용되어 특단의 조치를 취함이 없이 국내법으로서의 효력(국내적 효력)을 가지는 것으로 한다(「일반적 수용방식」<또는 「편입방식」>의 채택). 설령 조약상의 권리와 의무를 국내적으로 이행하기 위한 법률(국내담보법)의 정비가 이루어지지 않아도 공포된 조약은 국내법체계에서 그대로 국내적 효력을 가진다. 바꾸어 말하면, 일본은 일반적 수용방식을 채택하고 있기 때문에 수용방식을 채택하고 있는 국가와 같이 조약이나 기타 국제약속을 국내법체계로 편입하기 위하여 의회가 이러한 규범내용들을 옮겨 담은 법률을 정비할 필요는 없다.

한편으로 조약을 국내적으로 이행하기 위하여 그 내용을 옮긴 법률을 정비하는 경우, 행정기관과 사법기관은 해당 법률을 적용·집행하는 것으로 조약의 규범내용의 국내적 실현을 꾀할 수 있다. 따라서 공포된 조약을 국내법으로서 효력(국내적 효력)을 인정한다는 것의 실질적 의미는 조약의 규정이 그대로의 형태로 국내법으로서 국내적으로 적용·집행되는 경우, 즉 조약규정이 자기집행적(self-executing)인 경우에 생긴다.

따라서 일반적 수용방식을 채택하는 일본에서 조약을 국내법적으로 이행하기 위한 국내담보법의 정비는 각 체약국의 행정기관과 사법기관이 조약의 규정을 직접 적용·집행할 수 없거나 그것이 곤란할 때, 행정기관과 사법기관에 의한 해당 조약의 규정내용을 국내적으로 실현할 것을 확보하기 위한 수단으로 또는 조약규정을 직접 적용·집행할 수 있는 때라도 행정기관과 사법기관에 의한 해당 조약의 국내이행을 보강하기 위한 편의적인 수단으로, 어느 한 쪽의 의미를 가지는 것이라고 말할 수 있다.

조약의 국내이행을 위하여 정비된 국내담보법을 집행할 때에는 체약국이 관할하에 있는 사인의 특정한 행위를 규제하는 국내담보법의 정비가 이루어지고 있다면, 해당 국내법의 적용·집행을 담당하는 행정기관(집행기관)이 명확하게 되고 더불어 예산과 인원 등의 집행체제·자원의 정비를 꾀하고 그로 인해 해당 행정기관은 해당 국내법에 기초하여 집행하는 것이 가능하게 된다는 데 의의가 있다.[10)]

참고문헌

1. 西井正弘編, 『地球環境条約—生成展開と国内実施』 (有斐閣, 2005年).

   주요한 지구환경조약의 개설과 일본에서의 이행, 특히 조약을 토대로 한 일본의 국내법정비를 다룬 선구적인 연구업적이다.

2. 「【特集】環境条約の国内実施—国際法と国内法の関係」, 『論究ジュリスト』 7号 (2013年).

   법학잡지 『論究ジュリスト』의 특집호로 주요한 지구환경조약의 일본에서의 이행에 중점을 둔 연구논문과 칼럼이 다수 수록되어 있다.

Q. 물음

1. 국제환경법의 법원으로서 조약의 중요성에는 어떤 점이 있는가?

---

10) Cf. 小森, 前掲論文, 注 (3), 555－556면.
[부기] 본장의 주제에 대해서 상세한 설명으로, cf. 島村健, 「国際的な環境利益の国内法による実現」 『行政法研究 (信山社)』, 32号 (2020年), 73－116면, 『環境法政策学会誌』 23号(「日本における環境条約の国内実施」に関する特集号) (2020年近刊) 수록논문, 鶴田順, 「日本における国際環境条約の実施」, 赤渕芳宏ほか(外)編 ,『環境法規の現代的展開』(大塚直先生還暦記念論文集)』(法律文化社, 2019年), 111－126면.

2. 국제환경조약은 대상이 되는 문제상황의 변화와 과학적 식견 · 기술의 발전에 어떠한 방법으로 대응하려고 하는가?

3. 일본에서 조약의 이행을 위한 국내법정비에는 어떤 의의가 있는가?

칼럼 ③ 일본의 환경기본법 · 기본계획

1. 환경기본법의 제정

환경기본법은 1992년 6월에 브라질에서 개최된 「환경과 개발에 관한 유엔회의」(지구정상회의)의 성과를 바탕으로 공해대책기본법을 대체하는 것으로, 자연환경보전법의 기본이념 등에 관한 규정도 흡수하여, 1993년 11월 12일에 성립되고, 같은 해 11월 19일에 공포 · 시행되었다.

환경기본법은 도시형 · 생활형 공해나 폐기물 배출량 증대, 기후변화, 오존층 파괴나 해양오염 등 전지구적인 환경문제 등 1990년대에 들어 관심이 높아진 새로운 종류의 환경문제에 대응한 시책의 기본이념을 밝히고, 사회구성원 각각의 역할을 규정함과 동시에 환경보전을 위한 다양한 시책을 종합적－계획적으로 추진해 나가기 위한 틀을 규정하고 있다.

2. 환경기본법의 내용

(1) 기본법이란

기본법이란 특정 분야에 대하여 국가정책의 기본적인 이념이나 방침을 제시하는 것을 주된 내용으로 하는 법률이다. 환경기본법은 환경보전에 관한 기본적인 이념과 각 주체의 책무를 규정하는 동시에 해당 이념을 실현하기 위한 시책의 이행에 관하여 기본적인 사항을 규정하고 있다. 이러한 규정은 일반적 · 추상적인 규범 내용으로 이른바 프로그램 규정이라고 할 수 있다. 또한 국가나 지방공공단체가 강구해야 할 시책으로서 환경기본계획의 책정, 6월 5일을 「환경의 날」로 할 것(1972년 6월 5일부터 개최된 유엔 인간환경회의를 기념하여 정함)(제10조), 환경보전에 관한 백서의 국회 제출(제12조), 환경기준(「인간의 건강을 보호하고 생활환경을 보전하는데 있어서 유지되는 것이 바람직한 기준」)의 책정(제16조), 공해방지계획의 책정(제17조), 국가와 지방공공단체에 있어서 환경보전에 관한 심의회 설치 등에 대해서도 규정하고 있다.

(2) 구성

환경기본법은 세 개의 장 46개의 조로 구성되어 있다.

제1장 총칙은 환경보전에 관한 기본이념을 밝히고(제3조~제5조), 국가, 지방공공단체, 사업자 및 국민의 책무를 규정하고 있다(제6조~제9조).

제2장은 국가 및 지방공공단체의 환경보전에 관한 기본적 시책을 규정하고 있다. 구체적으로는 환경배려의무(제19조)와 환경영향평가의 추진(제20조), 환경보전에 있어서 발생할 수 있는 지장을 방지하기 위한 규제조치(제21조), 환경보전을 위한 경제적 조치의 활용(제22조)과 민간단체 등에 의한 자발적인 환경보전 활동의 추진(제26조) 등의 유도조치, 지구환경보전에 관한 국제협력의 추진(제32조) 등에 대해서 규정하고 있다.

제3장은 공해대책심의회를 대신하여 설치된 중앙환경심의회(제41조), 도도부현 및 시정촌의 환경보전에 관한 심의회(제43조~제44조)와 공해대책회의(제45조)의 설치에 관하여 규정하고 있다.

(3) 목적 · 기본이념 · 책무

환경기본법의 목적은 기본이념, 각 주체의 책무, 환경보전 시책의 기본적인 사항을 규정하고 환경보전에 관한 시책을 종합적 · 계획적으로 추진함으로써 현재 및 미래의 국민이 건강하고 문화적인 생활을 확보하는데 기여하는 동시에 인류의 복지에 공헌하는 것이다(제1조). 그리고 환경정책의 기본이념으로 다음의 세 가지를 규정하고 있다.

첫째, 생태계의 균형 하에서 이루어지는 유한한 환경이 인위적인 활동에 의한 「환경에 대한 부하」로 인해 훼손될 우려가 발생하고 있음을 감안하여, 「현재 및 미래의 인간이 건전하고 풍요로운 환경의 혜택을 향유하는 것」과 더불어 「인류 존속의 기반인 환경이 미래에도 유지되도록 하여야 한다」고 규정하고 있다(제3조).

둘째, 「환경보전에 관한 행동이 모든 인간의 공평한 역할분담 하에 자주적이고 적극적으로 이루어지게 됨」으로써, 「환경에 대한 부하가 적은 건전한 경제발전을 도모하면서」 「지속적으로 발전할 수 있는 사회」가 구축되어야 하며, 또한 환경보전은 「과학적 식견을 충실히 갖추면서 환경보전상의 지장」을 미연에 방지하는 「미연방지」를 취지로 해야 한다고 하고 있다(제4조).

본조는 「지속가능한 발전」의 사고를 채택한 규정으로 대량생산, 대량소비, 대량폐기형 사회를 재검토하고, 경제활동의 나아갈 방향을 환경보전에 적합한 것으로 바꾸어 나가야 한다고 규정하고 있다(환경보전과 경제발전의 양립). 공해대책기본법의 「경제의 건전한 발전과의 조화」(1970년 동법 개정으로 삭제된 경제조화조항)에서 보여지는 「경제인가, 환경인가」의 양자택일의 논의는 불식되었다.

또한 본조는 문언상은 미연방지 원칙을 채택하는 것에 그치며, 사전주의 원칙을 채택하고 있는 것은 아니라는 점에는 유의해야 한다. 사전주의 원칙은 환경리스크 메커니즘이 과학적으로 충분히 해명되기 이전 단계라도 손해가 일단 발생하면 회복이 불가능하다는 등의 경우에는 이에 대처해야 한다는 사고이다(⇒제3장). 단, 환경기본법이 제4조에서 채택하고 있는 「지속가능한 발전」에 대한 사고(⇒제2장)나 제19조에서 규정하고 있는 환경배려의무에 사전주의 원칙이 포함되어 있다고 해석하는 것은 가능하다. 또한 환경기본법이 사전주의 원칙을 채택하고 있는지 여부를 묻는 질문주의서(質問主意書)에 대해서, 일본정부는 지구정상회의에서 채택된 「환경과 개발에 관한 리우선언」 원칙 15에서 제시된 「사전주의 접근법」의 사고에 입각하여 환경기본법 제4조가 규정되어 있다면서, 사전주의 원칙의 채택에 긍정적인 답변을 하고 있다. 후술하는 제4차 환경기본계획은 「사전주의 접근법」의 사고를 명문으로 채택하고 있다.

셋째, 일본의 능력을 발휘하여, 그 국제적 지위에 맞는 「국제협조를 통한 지구환경보전의 적극적 추진」에 임해야 한다고 하고 있다(제5조).

3. 환경기본계획

환경기본법은 환경보전에 관한 다양한 시책을 모든 주체의 공평한 역할분담 하에 장기적인 관점에서 종합적 · 계획적으로 추진하기 위해, 정부 전체 환경보전 시책의 기본적인 방향을 제시하는 환경기본계획을 환경부 장관이 중앙환경심의회의 의견을 들어 계획안을 작성하여 각의결정을 구하도록 규정하고 있다(제15조). 환경기본계획은 6년마다 책정되어 지금까지 5개가 책정되었다.

제1차 환경기본계획(1994년 12월 16일 각의 결정)에서는 「순환」 「공생」 「참가」

「국제적 대응」이 실현되는 사회를 구축하는 것을 장기적인 목표로 내걸었다.

제2차 환경기본계획(2000년 12월 22일 각의결정)은 「이념에서 실행으로의 전개」와 「계획의 실효성 확보」라는 2가지 점에 유의하여 책정되었다. 「이념에서 실행으로의 전개」에 대해서는 지구온난화 대책 등 중점적으로 대응해야 할 11개 분야에 대해 전략적 프로그램을 설정하고, 시책의 기본적 방향과 중점적 대응사항을 제시하였다.

제3차 환경기본계획(2006년 4월 7일 각의결정)에서는 향후 환경정책 전개의 방향으로서 환경과 경제의 선순환을 제시하고, 또한 사회적인 측면도 일체적인 향상을 목표로 하는 「환경적 측면, 경제적 측면, 사회적 측면의 통합적인 향상」 등을 내걸었다.

제4차 환경기본계획(2012년 4월 27일 각의결정)에서는 환경행정의 궁극적 목표인 지속가능한 사회를 「저탄소」 「순환」 「자연공생」의 각 분야를 통합적으로 달성하는데 더하여, 「안전」이 그 기반으로서 확보되는 사회라고 자리매김하였다. 지속가능한 사회를 실현하면서 중시해야 할 방향으로서, 정책영역의 통합에 의한 지속가능한 사회구축, 국제정세에 적확하게 대응한 시책의 강화 등을 내걸었다.

그리고 제5차 환경기본계획(2018년 4월 17일 각의결정)에서는 일본이 안고 있는 환경·경제·사회의 과제는 상호 연관·복잡화되고 있다는 인식 아래, 2015년에 채택된 「지속가능한 개발 목표」(SDGs) 등을 바탕으로 환경정책을 통해 경제사회 시스템, 라이프 스타일, 기술 등 모든 관점에서의 이노베이션 창출을 도모하고, 경제사회적 과제의 동시해결을 실현하고, 앞으로도 양질의 생활을 가져올 「새로운 성장」으로 연결시켜 나가기로 하였다.

〈쯔루타 준 (鶴田 順)〉

2부 각 론

개별 환경문제에 대한 대응

제7장 기후변화(지구온난화)

다카무라 유카리(高村 ゆかり)

1. 서론

기후변화(지구온난화)는 온실가스의 대기중 농도가 증대한 결과, 기온의 상승을 비롯한 기후변화를 초래하는 문제이다. 기후변화에 관한 과학적 지식을 정리하여 공표하는 기후변화에 관한 정부간 패널(IPCC)에 의하면, 석유·가스·석탄 등 화석연료를 연소하는 인간의 활동이 20세기 중반 이후 관측된 온난화의 주된 요인일 가능성이 매우 높다. 해수면 상승, 연안의 높은 파도로 인한 피해, 홍수 피해, 극단적인 기후현상에 의한 인프라 등의 기능정지, 열파에 의한 사망과 질병의 증가 등의 영향이 예측되고 있다. 생태계와 인간의 생존기반인 지구의 기후계의 변화는 지구환경 문제와 관하여 국내뿐만 아니라 국제정치 의제에서도 가장 높은 우선순위가 주어진 주목받는 문제라고 할 수 있다.

지금까지 국제사회는 1992년의 기후변화기본협약과 그 영향을 받아 1997년 채택된 교토의정서, 그리고 2015년에 채택된 파리협정을 기초로 기후변화 문제에 대처하는 국제제도를 구축해 왔다.

2. 기후변화기본협약의 법제도

(1) 기후변화기본협약 채택 경위

기후변화 문제는 1988년 유엔총회에서 처음 제기되어 총회는 같은 해 12월 「인류의 현재 및 미래 세대를 위한 지구의 기후보호에 관한 결의」(유엔총회 결의 43/53)가 채택되었다. 결의는 세계기상기구(WMO)와 유엔환경계획(UNEP) 하에

IPCC를 설치하는 것을 지지하고, 「기후변화가 인류 공동의 관심사」(common concern of mankind)이며, 「국제적인 구조 속에서 기후변화를 취급할 필요하고도 시의적절한 조치가 이루어져야 한다」고 결의하였다. 1989년 유엔총회는 「기후에 관한 협약과 구체적인 의무를 규정하는 관련된 의정서를 긴급하게 작성」하는 것을 국가에 요청하는 결의(유엔총회결의 44/207)를 채택하고, 1990년에는 총회 하의 정부간 협상프로세스로서 정부간 협상위원회를 설치하는 결의 45/212를 채택하였다. 1991년 2월부터 협상을 개시하고, 1992년 5월 9일 「기후변화에 관한 유엔기본협약」(United Nations Framework Convention on Climate Change, 이하 기후변화기본협약)을 채택하였다. 1994년 3월 21일에 효력이 발생하였고, 2020년 3월 1일 현재 미국, 일본을 포함한 국제사회의 거의 대부분의 국가(196개국과 EU)가 가입한 보편적인 조약이다.

(2) 기후변화기본협약의 법제도

기후변화기본협약은 오존층 보존을 위한 비엔나협약이나 몬트리올의정서와 마찬가지로, 기본협약 방식(framework treaty: 기본협약이라고 표현하기도 한다 – 역자주)을 채택하고 있다. 기본협약 방식은 기본적인 원칙과 이후 협상의 틀에 관한 합의를 우선 행하고, 그것을 기초로 과학적인 지식의 발전과 기술의 진보 등에 응하여 보다 구체적이고 명확한 의무를 규정하는 의정서와 부속서를 작성하는 것이다. 이를 통해 과학적 불명확성 등을 이유로 문제해결의 구조에 관하여 한꺼번에 합의를 형성하는 것이 곤란하거나 시간이 걸리는 문제에 대하여 우선 협상의 토양을 만들고, 시간을 두고 합의를 형성할 수 있다. 또한 다른 환경조약과 마찬가지로 기후변화기본협약도 최고의사결정기관인 당사국총회(COP)의 결의를 통하여 교토의정서, 파리협정 등 관련된 조약과 상세한 이행규칙에 관한 합의를 거듭하여 기후변화 문제에 대처하는 제도는 상황의 변화에 따라 갱신되어 진화하는 성질을 가지고 있다.

① 궁극적인 목적과 원칙 기후변화기본협약 제2조에 따르면, 조약 및 COP가 채택한 관련된 법적 문서는 「기후계에 대하여 위험한 인위적 간섭을 미치지 않는 수준에서 대기중의 온실가스의 농도를 안정화시키는 것」을 궁극적인 목적으로 한다. 이 안정화 수준은 「생태계가 기후변화에 자연스럽게 적응하고,

식량생산이 위협받지 않으며, 경제개발이 지속가능한 형태로 진행될 수 있는 기간내에」 달성해야 하는 것으로 한다.

제3조는 조약의 목적을 달성하고 조약을 이행하기 위한 조치를 취할 때 지침이 될 원칙을 정한다. 제3.1조는「체약국은 형평의 원칙에 기초하여 각각 공동의 그러나 차등화된 책임 및 각국의 능력에 따라 인류의 현재 및 미래세대를 위하여 기후계를 보호해야 한다. 따라서 선진체약국은 솔선하여 기후변화 및 악영향에 대처해야 한다」고 규정하고 있다. 공동의 그러나 차등화된 책임(Common but differentiated responsibilities: CBDR) 등을 정한 이 규정에 기초하여 기후변화기본협약은 부속서를 이용하여 조약채택시의 OECD국가(=부속서 II국)와 시장경제이행국가로 구성된「부속서 I국」과 그 이외의「비부속서 I국」이라고 국가를 분류하고, 분류에 따라 의무의 내용에 차이를 두고 있다(표 7-1).

표 7-1 ‖ 기후변화기본협약 하에서 구별되는 의무

	조약에서 부과되고 있는 의무
개발도상국 (비부속서 I국)	- 목록의 작성, 정기적 갱신, 공표, 제12조에 기초한 당사국총회(COP)에 제출(제4조 1(a), 국가계획의 작성, 실시, 공표, 정기적 갱신(동(b)), 제12조에 따른 실시에 관한 정보의 COP로의 송부(동(j)) 등(제4.1조) - 연구 및 조직적 관측(제5조) - 교육, 훈련 및 계발(제6조) - 실시에 관한 정보 송부(제12조)
부속서 I국(조약채택시의 OECD 회원국과 시장경제이행국)	상기의 개발도상국에 부과되는 의무 외에 - 기후변화 완화를 위한 정책 및 조치 실시(제4조 2(a)) - 이러한 정책 및 조치와 그에 따른 효과의 견적 정보를 제12조에 따라 송부(동(b)) 등
(부속서 I국 중에서) 부속서 II국(조약채택시의 OECD 회원국)	상기의 개발도상국 및 부속서 I국에 부과되는 의무 외에 - 자금의 공여(제4.3조, 제4.4조) - 기술이전(제4.5조)

제3.3조는 심각하거나 회복불가능한 손해의 우려가 있는 경우에는 과학적인 확실성이 충분하지 않다는 점을 기후변화의 원인을 예측·방지하거나 최소한으로 하기 위한 사전주의 조치를 취할 것을 연기하는 이유로 해서는 아니된다고 하고 있다. 이 문언은 사전주의 접근법을 규정한 리우선언 원칙 15와 거의 같다.

또한 제3.5조는 협력적 · 개방적인 국제경제체제의 확립을 지향한 협력원칙을 규정하고, 특히 기후변화에 대처하는 조치와 무역의 관계에 대하여 언급하며, 「국제무역에 관한 자의적이거나 부당한 차별 또는 위장된 제한을 하는」 것과 같은 조치를 금지하는 GATT 제20조 두문의 문언을 도입하고 있다.

이들 원칙은 그 해석과 이행에 있어서 체약국에게 커다란 재량을 준 것이다. 이것을 위반한 법적 책임을 추궁할 수 있는 성질은 아니지만, 적어도 체약국이 조약의 목적달성과 이행을 위하여 조치를 책정하고 이행할 때 참조해야 할 기준을 제공하는 것이라고 할 수 있다.

② 완화책(배출감축책)**과 기후변화의 영향에 대한 대응책** 제4.1조는 CBDR, 각국 특유의 개발의 우선순위, 목적, 사정을 고려하여 개발도상국을 포함한 모든 체약국이 온실가스의 목록을 작성, 공표, 제12조에 기초한 COP에 제공(제4.1조(a)), 기후변화의 완화조치 및 적응조치 등을 규정한 기후변화에 대처하는 국가계획의 작성, 이행, 공표(제4.1조(b)) 등을 이행할 것을 규정하고 있다.

이러한 모든 국가의 의무에 덧붙여 부속서 I국은 기후변화를 완화하는 정책과 조치를 이행하고, ① 이들 정책과 조치, ② 정책과 조치를 취함으로써 예측된 온실가스의 발생원에 의한 인위적인 배출과 흡수원에 의한 제거에 대한 상세한 정보를 제12조의 규정에 따라 송부한다(제4.2조(b)).

대응책에 대하여는 개발도상국을 포함한 모든 체약국이 전술한 국가계획을 작성, 이행, 공표, 정기적 갱신(제4.1조(b))할 것을 규정하는 데 그치고 있다.

③ 자금 · 기술지원 부속서 II국(조약 채택시 OECD회원국)은 개발도상국이 조약의 일반적 약속을 이행하는 비용을 충당하기 위하여 신규의 추가적인 자금을 제공한다(제4.3조). 이러한 자금제공에는 ① 제12.1조에 기초하여 보고의무를 개발도상국이 준수할 것을 원조하는 자금제공과, ② 제4.1조가 규정한 배출감축 등 보고의무 이외의 조치를 개발도상국이 이행할 것을 원조하는 자금공여의 두 종류가 있다. 자금공여의 대상이 되는 비용의 범위에 대하여는 COP의 결정을 통하여 합의가 거듭되어 이들 합의를 기초로 COP가 개발도상국의 환경대책을 지원하는 지구환경 금융(Global Environmental Facility: GEF)에 추가적인 지침을 제공하고 있다. 부속서 II국은 기후변화의 악영향을 특히 받기 쉬운 개발도상국이 그러한 악영향에 적응하기 위한 비용을 부담하는 데 대하여도 개발도상국을 지원

한다(제4.4조). 제4.4조의 규정은 비용에 대하여 어디까지 선진국이 자금공여를 하는지 제4.3조만큼 명확하지는 않다.

기후변화기본협약의 자금공여체계에서는 선진국에 의한 분담금의 지불에 의한 자금확보방법을 선택한다. 제4.3조, 제4.4조는 부속서 II국이 자금공여를 할 것을 의무적인 용어로 규정하고 있는데, 각 부속서 II국이 행하는 자금공여의 수준을 명확하게 규정하고 있지 않다. 제4.3조나 제4.4조는 기후변화의 완화조치에서 생기는 간접적인 비용(예컨대, 타국에 의한 화석연료비의 감축에서 생기는 화석연료 생산국의 경제적 손실 등)과 이러한 악영향에 대한 대응비용은 그 대상으로 하고 있지 않다. 특별 기후변화기금(SCCF), 최빈개도국기금(LDCF)에도 선진국이 자금공여를 해야 하는 것이 COP7에서 합의되었다(7/CP.7). 이러한 SCCF와 LDCF의 용도에 대하여는 COP가 그 결정에 따라 운영주체인 GEF에 지침을 주고 있다.

기술이전에 대하여 부속서 II국은 다른 체약국(특히 개발도상국)이 조약을 이행할 수 있도록 하기 위하여 적당한 경우에는 환경상 적절한 기술 및 노하우의 이전 또는 취득의 기회제공을 촉진하고 용이하게 하며 자금을 공여하기 위한 이행가능한 모든 조치를 취한다(제4.5조). 「적당한 경우에는」 「이행가능한 모든 조치를 취한다」라고 규정함으로써 기술이전을 하는 부속서 II국에 큰 재량을 준 규정이 되었다.

또한 제4.3조부터 제4.5조에 따라 취한 지원책의 상세한 부분에 대하여 부속서 II국은 제12.1조를 근거로 송부하는 정보에 포함되어서는 아니 된다.

④ 보고·심사를 포함한 준수확보제도 제12조는 제4.1조(a)에서 규정한 배출목록, 제4.1조(j)에서 규정한 이행에 관한 정보(=국가별 보고서)를 COP에 송부하는 것에 대하여 구체적인 기준을 정하고 있다. 부속서 I 체약국, 부속서 II 체약국, 개발도상체약국이 송부하는 정보를 포함해야 할 사항, 최초의 정보송부의 기한이 다르다.

COP에서 합의된 보고와 심사지침에 기초하여 매년 배출목록이 보고되며, 전문심사팀에 의한 심사가 매년 이루어진다. 국가별 보고서는 COP에서 합의된 지침에 따라 작성되고 제출되며 전문심사팀에서 심사한다. 심사결과는 심사보고서에 반영되며, 체약국의 검토와 의견을 받은 후 공표된다. 또한 사무국이 작성하는 통합보고서는 보조기관과 COP에서 조약의 이행에 대하여 논의할 때 기초가 된다.

⑤ 조약의 기관 등 기후변화기본협약은 COP와 이를 지탱하는 보조기관(과학 및 기술상의 조언에 관한 보조기관(SBSTA))과 이행에 관한 보조기관(SBI), 및 사무국 등 조약기관을 설치하고, 정기적으로 회합을 가지며, 최신의 과학적 지식을 탐구하고, 필요한 행동을 결정함으로써 기후변화 방지를 위한 국가 간의 합의 수준을 높여 가는 제도적 기반을 제공하고 있다. IPCC는 조약기관은 아니지만, COP와 보조기관에 IPCC가 결론지은 견해가 보고되고 논의된다. 또한 COP와 보조기관이 IPCC에 대하여 배출량 산정의 방법론의 작성 등 일정한 작업을 행할 것을 요청하는 경우도 있다.

(3) 칸쿤합의에 기초한 2020년까지의 제도

교토의정서 발효 직후인 2005년 COP11이후, 교토의정서 제1이행기산 종료 후인 2013년 이후의 국제제도에 관한 협상이 각각 기후변화기본협약과 교토의정서 하에서 추진되었다. 2009년의 코펜하겐회의(COP15)에서는 합의 도출을 이끌어내지 못했다. 2010년에 멕시코 칸쿤(Cancun)에서 개최된 COP16에서는 칸쿤합의를 기초로 모든 국가들이 2020년을 향하여 스스로 설정한 목표·행동을 이행하게 되었다. 또한 2012년 카타르의 도하에서 개최된 COP18에서 체약국에 의해 교토의정서 제2이행기간의 감축목표를 정한 교토의정서 개정안(도하개정안)이 채택되었다(이에 대하여는 후술함).

칸쿤합의는 선진국이 2020년 감축목표를 제출하고 그 목표의 진척에 대하여 2014년 1월 1일까지 최초의 격년보고서(Biennial Report)를, 그 후 2년 주기로 격년보고서를 제출할 것을 결정하였다. 격년보고서에는 감축목표에 관한 정보(기준연도, 목표달성 수단, 목표의 상정 등), 취해진 대책, 감축목표달성을 향한 진척 상황에 관한 정보, 2020년, 2030년의 배출예측, 감축목표 준수의 자기평가제도 등의 내요이 포함되어야 한다. 격년보고서에서 제출된 정보는 ① 전문가의 심사와 ② 감축목표의 이행에 관한 다자간 평가로 구성된 국제적인 평가와 심사(International Assessment and Review: IAR)의 대상이 된다. 전문가의 심사결과는 심사보고서에 통합되며, 그 심사보고서를 근거로, 다른 국가의 질문에 평가대상이 되는 국가가 대응하는 형태로 이행에 관한 보조기관(SBI)에서 다자간 평가가 행해진다. IAR은 늦어도 2014년 3월부터 개시하여 그 후는 격년보고서에 맞춰 2년마다 이행한다. 배출목록은 지금까지와 마찬가지로 종래의 심사절차에서 매년 심사대상이 된다.

개발도상국에 대하여는 2020년 「지금까지 행해진 배출량」과 비교하여 배출을 억제할 것을 목표로 「국가적정 온실가스 감출행동」(Nationally Appropriate Mitigation Action: NAMA)을 취할 것이 합의되었다. NAMA를 이행할 의도를 가진 개발도상국은 자발적으로 COP에 통보하고, 2014년 12월까지 제1차 격년갱신보고서(Biennial Update Report)를 제출하고, 그 후 2년마다 제출한다. 격년갱신보고서에는 배출일로부터 4년 이내의 배출목록을 기재하는 것이 필요하고, 기타 대책과 그 효과에 관한 정보, 지원 등에 관한 정보를 포함시켜야 한다. 개발도상국의 NAMA는 국제적인 협의와 분석(International Consultation and Analysis: ICA)의 대상이 되며, 전문가의 분석에 근거하여 SBI가 개최하는 워크숍에서 의견을 교환한다.

칸쿤합의는 COP의 결정에 따른 것으로서 법적 구속력이 있는 의무를 규정한 것은 아니지만, 선진국뿐만 아니라 개발도상국에서도 국제적인 대책을 취할 것이 요청되며, 그 진척이 국제적으로 확인될 수 있도록 제도화한 것이다. 그러나 적용된 규제에 대하여는 선진국과 개발도상국에 차이를 두고 있다.

3. 교토의정서의 법제도

(1) 교토의정서의 채택경위

기후변화기본협약 발효 후 베를린에서 개최된 1995년 COP1에서 베를린 위임사항(1/CP.1)이 채택되었으며, 이 협약이 정한 약속(제4조 2(a) 및 (b))이 장기적인 목표달성과의 관계에서 타당하지 않다는 것을 확인하고 의정서 또는 그 외의 법적 문서를 채택하여 2000년 이후의 행동을 결정하는 프로세스를 개시하는 데 합의하였다. 개발도상국에 대하여는 새로운 약속이 부과되지 않지만, 기후변화기본협약 제4.1조의 기존의 약속을 재확인하고 지속가능한 발전의 달성을 위하여 이러한 약속을 계속해서 이행할 것이 합의되었다. 베를린 위임사항에 기초하여 2년여의 협상을 거쳐 1997년 12월 11일, 교토의정서가 채택되었다. 2005년 2월 16일에 그 효력이 발생하고, 2020년 3월 1일 현재 일본을 포함한 191개국과 EU

가 체결하였다. 캐나다는 교토의정서를 체결하였지만 2012년 탈퇴하였고, 미국은 비준하고 있지 않다.

(2) 교토의정서의 법제도

① **배출감축목표** 교토의정서는 부속서 I국이 2008년~2012년 5년간 이행기간에 1990년과 비교하여 평균적으로 이산화탄소 등 6개의 온실가스의 절대배출량을 5.2% 감축하는 목표를 설정하고 있다. 그리고 각 부속서 I국은 자국의 온실가스의 절대배출량에 상한을 설정하는 형태로 법적 구속력이 있는 수치목표를 정한다(제3.1조, 부속서 B). 배출량의 상한 = 할당량은 원칙적으로 1990년의 배출량에 기초하여 정해지며, 5년의 이행기간 중 이를 초과하지 않도록 자국의 배출량을 감축·억제할 것을 의무로 하고 있다(제3.1조, 제3.7조).

② **교토메커니즘** 부속서 I국은 자국 내에서의 감축에 덧붙여 시상메커니즘을 이용한 교토메커니즘(공동이행, 청정개발체제(CDM), 배출권거래)을 통하여 배출범위를 거래·획득할 수도 있다. 공동이행은 부속서 I국이 다른 부속서 I국의 국내에서, CDM은 비부속서 I국(개발도상국)내에서, 배출감축과 흡수강화사업을 행하며, 자국내에서의 감축분과 흡수분을 배출범위로서 획득할 수 있는 제도이다(제6조, 제12조). 배출권거래는 감축의무를 지는 부속서 I국 사이에서 배출범위를 거래하는 구조이다(제17조). 부속서 I국이 인가하는 기업 등의 법적 주체도 또한 교토의정서에 참가할 수 있다.

교토의정서 하에서는 법적 구속력이 있는 수치목표는 부속서 I국에만 부과되며, 신흥국을 포함한 개발도상국이 감축책을 취하는 것은 국제적으로 의무로 되어 있지 않다. 기후변화기본협약과 베를린 위임사항에서 확인된 공동의 그러나 차등화된 책임에 기초하여 「선진국 주요책임론」을 주창하고, 개발도상국의 경제발전을 제약할 것 같은 합의에 반대하는 입장을 취한 개발도상국의 주장이 반영된 형태이다. 시장메커니즘에 대하여는 선진국이 국내에서의 감축을 회피하고 개발도상국에서 낮은 비용으로 이를 감축하도록 전가시켜 버릴 가능성이 있다는 것 등을 이유로 개발도상국이 강력하게 반대하여, 그 결과 배출권거래와 공동이행은 선진국 간으로 제한되고, 유일하게 CDM만이 선진국 또는 선진국기업의 비용부담으로 배출감축사업을 행하고, 그에 따라 개발도상국에서 배출감축의 실현을 지원하는 수단이 되었다.

③ **대응책** 교토의정서에서의 대응책에 관한 규정은 한정되어 있다. 기후변화기본협약하에서 의무의 지속적 이행을 규정한 제10조 (b)에 규정이 있는 것 외에는 CDM사업에서 얻어진 이익의 일부를 기후변화의 악영향에 특히 취약한 개발도상국의 지원에 이용하도록 규정하고 있을 뿐이다(제12.8조). 2001년 COP7에서 교토의정서 하에서 적응기금(Adaptation Fund)을 설치하는 것이 결정되었으며(10/CP.7), 적응기금을 자금원으로 하여 CDM사업에서 발행된 배출범위 2%를 이용하는 것이 결정되었다.

④ **자금 · 기술지원** 자금 · 기술지원에 대하여는 기후변화기본협약에서 의무의 계속적 이행을 규정한 제10조 (b)의 규정 외에, 자금 · 기술지원을 강화하는 제11조를 규정하였다. 다만, 전술한 적응기금을 제외하면, 기본적으로 기후변화기본협약에서 의무의 이행 · 진전을 규정한 것이다. 적응기금은 다른 기금메커니즘과 달리 선진국에서 자금을 출자하는 것 외에도 CDM사업에서 얻은 이익의 일부를 자금원으로 하여 GEF가 아닌 적응기금이사회가 운영주체가 되고, 융자결정을 체약국으로 구성된 이사회가 행하는 제도가 되었다(1/CMP.3).

⑤ **보고 · 심사제도와 준수제도** 교토의정서는 기후변화기본협약의 보고 · 심사제도를 기초로 하면서 감축제도가 적절하게 준수되고 있는가를 확인하기 위한 상세한 보고 · 심사제도(제5조, 제7조, 제8조)를 두고, 비준수에 대한 대응절차와 조치를 규정한 준수절차 · 제도를 둘 것(제18조)을 규정하고 그 상세한 규제의 책정을 교토의정서의 당사국총회(COP/NOP)에 맡겨두었다.

제5.1조는 온실가스의 배출량과 흡수량의 산정을 위한 국내제도의 설치를 부속서 I국에 요구하고 있다. 또한 제7.4조는 교토의정서에서 발행된 각종의 배출범위의 기록, 관리를 위한 산정방법을 규정하고 있다. 제7.1조에서는 배출목록과 관련정보를 매년 제출하는 것이, 제7.2조에서는 보충정보를 포함하여 정기적으로 국내보고서를 제출할 것이 요구되고 있다. 이처럼 제출된 정보에 대하여는 전문심사팀이 이를 심사한다(제8조).

의정서 제18조에 기초하여 COP/MOP에서 설치된 준수절차는 협조분과와 이행 강제분과로 구성된 의무 준수위원회(Compliance Committee)를 설치하고, 비준수를 취급하는 절차를 규정하고 있다. 그리고 특히 부속서 I국의 배출감축 목표와 보고의무의 비준수 등에는 그 비준수를 시정하기 위한 준수행동계획의 작성과 차기 이행기간에 추가적으로 달성할 수 있도록 일정한 제재적 성질을 가진 조치를 규정하고 있다.

⑥ **제1차 이행기간종료**(2013년) **후의 제도** 교토의정서 제1차 이행기간종료 후의 법제도에 대하여는 카타르 도하에서 개최된 COP18에서, 제2차 이행기간(2013-2020년) 국가별 감축목표를 규정한 교토의정서 개정안(도하 개정안)이 채택되었다.

도하 개정안은 기후변화기본협약 제20.7조에 기초하여 교토의정서 체약국 중 적어도 3/4(144개국)이 체결한 90일 후에 효력이 발생한다. 2020년 3월 1일 시점에서 136개국과 EU가 체결하고 있지만 아직 발효하지 않았다. 교토의정서를 체결하지 않은 미국과 더불어 일본, 캐나다, 뉴질랜드, 러시아는 제2차 이행기간에 대하여 법적 구속력이 있는 감축목표를 약속하지 않은 것을 표명하고, 도하 개정안을 채택하지 않을 방침이다. 교토의정서 제2차 이행기간에 감축목표를 제시하지 않은 국가는 2013년 이후 이미 등록되어 있는 CDM사업을 계속하고, 새로운 CDM사업을 개시하며, 이러한 사업에서 발행된 배출범위를 획득할 수 있지만, 공동이행과 배출권거래는 이용할 수 없게 된다. 이는 제2차 이행기간내에 감축목표를 제시하지 않은 국가가 교토의정서의 참가를 인가한 법인의 경우에도 해당된다.

4. 파리협정의 법제도

(1) 파리협정 채택의 경위

칸쿤합의가 있은 다음 해 2011년 남아프리카 더반(Durban)에서 개최된 더반회의(COP17)에서 채택된 더반 플랫폼(Durban Platform) 결정을 기반으로, 모든 국가에 적용되는 2020년 이후의 온난화대책의 국제적 구조를 규정하는 법적 문서를 2015년에 합의하는 것을 목표로 협상이 진행되었다. 이를 통해 2015년 12월 12일 프랑스 파리에서 개최된 COP21에서 파리협정이 채택되었다. 2016년 11월 4일에 효력이 발생하였고, 2019년 11월 미국이 파리협정에서 탈퇴하긴 하였지만, 2020년 3월 1일 시점에서 모든 주요 배출국을 포함한 188개국과 EU가 체결

하였다.[1)]

(2) 파리협정의 법제도

① 금세기 후반 탈탄소화를 지향하는 장기 목표 파리협정은 기후변화기본협약 제2조의 궁극적인 목표(= 온실가스의 대기중 농도의 안정화)를 포함하여 기후변화기본협약의 이행을 촉진하여 기후변화의 위협에 대한 전 세계적인 대응강화를 지향하며, 이를 위하여 공업화 전과 비교해서 세계 평균기온의 상승을 2도 높은 수준을 충분히 하회하는(well below) 수준으로 억제하고, 1.5도 높은 수준까지 제한하도록 노력한다(제2.1조)고 규정하고 있다. 나아가 이 목표달성을 위하여 협정은「금세기 후반에 온실가스의 인위적 발생원에 의한 배출량과 흡수원에 따른 제거량의 평균을 달성하기 위하여」가능한 한 빨리 세계의 배출량을 한계점에 이르도록 하고, 그 후 최선의 과학에 기초하여 신속하게 감축하는 것을 목적으로 한다(제4.1조). 이러한 배출감축의 장기목표는 삼림과 해양이 자연적으로 흡수하는 양에 추가하여 식목 등을 통해 흡수량(제거량)이 인위적으로 증가시킨 범위내로 배출량을 억제하는 것, 즉「배출량을 실질적으로 제로(0)」로 한다는 것을 의미한다.

파리협정의 장기목표는 금세기 중 가능한 한 빨리 국제사회가 실현을 목표로 하는「화석연료 의존으로부터 탈피」라는 공동의 가치 · 비전을 나타내는 것이다. 이 장기목표는 각국이 목표를 작성하고, 이행할 때 지침이 되는 것으로 탈탄소화를 향한 변혁의 중요한 담당자인 기업과 금융 · 투자가에게 정책의 방향성을 나타내주는 명확한 시그널이 된다.

② 배출감축의 법적 의무 파리협정은 자국이 달성하고자 하는 감축목표(nationally determined contribution: NDC)의 작성 · 통보 · 유지, 그리고 목표달성을 위한 국내조치의 이행을 모든 국가에 의무화하고 있다(제4.2조). 각국은 장기목표를 향한 전지구적 이행점검(global stocktake)(제14조)의 결과를 지침으로 하여 5년마다 NDC를 제출할 의무가 있다(제4.9조). 다음 목표는 그 국가의 현재목표를 넘는 전진을 나타내는 것이어야 하고, 각국은 가능한 한 높은 야심을 반영해야 하는 후퇴금지(No backsliding; Progression)의 원칙을 규정하고 있다(제4.3조). 파리협정의 당사국회의(CMA)의 결정에 따라 각국은 목표의 명확성, 투명성, 이해에 필

1) 역자주) 미국은 2021년 1월 정권교체와 더불어 파리협정에 복귀할 것을 유엔에 통지하였고 2월 19일에 정식으로 협정체제로의 복귀가 인정되었다.

요한 정보를 제출할 의무가 있으며(제4.8조), 목표에 대하여 충분한 설명을 하고, CMA의 결정에 따라 이중계상(double counting)의 회피를 확보할 것을 의무로 하고 있다(제4.13조). 각국의 목표는 공공 등록부에 기록된다(제4.12조).

배출감축책에 대하여 선진국과 개발도상국의 차별화가 큰 쟁점 중 하나였다. 파리협정은 교토의정서 형태의 국가별 절대배출량 목표를 약속하는 것으로 선도하는 선진국의 책무와 계속해서 감축노력을 계속하는 개발도상국의 책무를 규정하고, 선진국과 개발도상국의 정치적 책무에 차이를 두면서 개발도상국은 시간이 지나면 선진국의 목표와 같이 국가 전체의 배출감축·억제목표를 향할 것을 장려하는 「동심원적 차별화」(concentric differentiation)라는 사고방식을 도입하였다(제4.4조).

교토의정서가 각국의 목표 「달성」을 선진국에게 의무로 하는 「결과의 의무」를 규정한 데 반하여, 파리협정은 결과의 「달성」은 의무로 하고 있지 않다. 달성을 의무로 하는 것에 대하여 중국과 인도가 소극적이었고, 미국도 상원의 조언과 동의를 필요로 하지 않는 국제협정의 형태로 파리협정을 체결하기 위해서 이에 소극적이었다. 다만, 5년마다 목표를 작성하여 제출하지 않는 국가는 파리협정이 정한 의무를 달성하지 않는 것이 된다. 또한 목표달성을 위한 국내조치를 성실하게 이행하지 않으면 파리협정이 정한 의무를 위반한 것으로 간주될 수 있다.

COP21에 앞서 미국·중국·인도를 포함한 국제사회 거의 대부분의 국가들이 2020년 이후의 목표를 제출하였다. 그러나 각국이 제출한 목표를 쌓아올려도 전술한 장기목표달성에 필요한 감축량과의 사이에 여전히 갭이 발생한다. 파리협정은 이 갭을 메우기 위하여 전체의 진척평가에 근거하여 각국이 목표를 5년마다 갱신하고, 상향된 계속적인 프로세스·구조를 설치하도록 한다. 파리협정의 목표와 장기목표달성을 향한 집단적인 진척을 정기적으로 평가하고(제14.1조), 2023년에 최초의 진척평가를 행하여 그 후 5년마다 행한다(제14.2조). 전체의 진척평가의 결과를 각국이 행동과 지원을 끌어올려 촉진할 때의 지침이 된다(제14.3조). 또한 2050년을 목표로 한 온실가스 저배출형 발전전략을 작성하고 보고하도록 노력할 책무를 규정한다(제4.19조).

③ 삼림 등 흡수원과 시장메커니즘 적당한 경우에는 국가가 삼림을 포함한 흡수원을 보존하고 촉진할 책무를 진다(제5.1조). 또한 개발도상국에서는 삼림벌

채로부터의 배출감축(REDD^{+})을 이행하고 지원하기 위한 조치를 취할 것이 장려되고 있다(제5.2조).

시장메커니즘에 대하여는 파리협정에서 두 가지 유형의 메커니즘이 시작되었다. 첫째, 체약국 사이의 합의에 기초하여 배출범위의 국제적 이전을 행하는 것이다. 지속가능한 발전의 촉진, 환경의 완정성과 투명성의 확보, 특히 이중계상의 회피를 확보하기 위한 강력한 회계 등 일정한 국제기준에 적합한 것이 조건이 된다(제6.2조). 최근 일본이 추진해 온 공동 크레딧 메커니즘(JCM)과 같은 자주적인 국가 간 협력이 파리협정에서 인정되어 일정한 국제기준에 따를 것을 조건으로 그때까지 발생한 배출범위를 일본의 목표달성에 이용할 수 있게 되었다. 둘째, 교토의정서의 청정개발체제(CDM)와 같은 CMA가 지정된 기관의 감독하에 운용되는 메커니즘이다(제6.4조). 이중계상의 방지가 규정되었으며(제6.5조), 일부의 이익을 온난화의 영향을 받기 쉬운 취약국의 적응비용지원에 충당할 것을 규정하고 있다(제6.6조).

④ 투명성의 구조 = 보고 · 심사의 구조 각국의 대책이 진척되는 지를 검증하기 위하여 선진국이나 개발도상국의 구별 없이 하나의 투명성의 구조가 설치되었다(제13.1조). 다만 개발도상국에게는 능력에 따라 유연하게 이를 이행하도록 하고 있다(제13.2조). 투명성의 구조는 기후변화기본협약의 투명성 제도에 기초하여 이를 촉진해야 한다(제13.3조). 행동과 지원에 관한 방법 · 수단 · 지침을 2018년 CMA 1에서 채택하였다.

정보제출의무는 감축책, 적응책, 지원책에 관한 체약국의 실체적인 의무에 따라 차별화에 대한 접근방법이 다르다. 감축책에 대하여는 모든 국가가 배출목록과 감축목록의 이행 및 달성의 진척을 추적하는 데 필요한 정보를 정기적으로 제출할 의무가 있다(제13.7조). 적응책에 대하여는 의무를 이행하는 데 국가에 큰 재량이 주어져 있다는 것을 반영하여, 적당한 경우에 관련된 정보를 제공하는 것은 법적 의무가 아니라 정치적 책무이다. 또한 지원책에 대하여는 정보의 제출은 선진국의 법적 의무인 반면, 기타 국가는 정치적 책무로 하였다(제13.9조).

제출된 정보는 전문가에 의한 검토를 거치고, 진척에 관하여 촉진적으로 다자간의 검토에 참가할 것이 모든 체약국의 의무로 되어 있다(제13.11조).

⑤ 이행 · 준수촉진의 메커니즘 파리협정상의 의무를 위반하면 일반국제법

상 체약국에게는 국제책임이 생기는데, 다른 환경조약상의 의무와 마찬가지로 타국에게 개별적인 손해를 입히기 어려운 의무위반에 대하여는 타국이 그 의무위반의 책임을 묻는 인센티브는 적다. 따라서 환경조약은 준수절차·제도라고 하는 조약내 제도를 발전시켜 왔다. 파리협정의 의무준수가 문제가 되는 사안에 대하여는 이행·준수의무 메커니즘을 설치하고 있다(제15조). 그에 대한 상세한 기준은 2018년 COP24(CMA 1-3)에서 채택되었는데, 교토의정서의 준수제도보다도 이행을 촉진하는 성격이 강한 제도로 되어 있다.

5. 기후변화에 관한 국제제도의 의의와 과제

(1) 기후변화에 관한 국제제도의 의의

우선 기후변화에 관한 국제제도는 기후변화문제라고 하는 「시장의 실패」에 대한 대응으로서 배출 자유방임이 아니라 문제해결을 위해 국가가 배출의 감축과 억제를 지향하여 정책과 조치를 취하고 협력할 다자간의 정책협조의 법적 구조를 제공하고 있다. 기후변화대책이 국가마다 크게 다르면, 국가 간의 경쟁조건을 왜곡할 우려가 있다. 대책을 적극적으로 취한 국가의 사업자는 대책을 취하지 않는 국가의 사업자보다 경쟁상 불리할 가능성이 있고, 정책의 국제적 조화가 이루어지지 않으면, 각국의 대책추진은 국제경쟁을 저해하는 것으로서 억제하려는 움직임이 작용한다. 따라서 경쟁조건의 왜곡을 회피하고 대책을 촉진하기 위해 국제적으로 기후변화 대책의 조화를 꾀하는 것이 필요하며, 기후변화에 관한 국제제도는 그 기초를 제공해 왔다. 그리고 기후변화 문제에 실효적으로 대처하기 위해 종래의 환경조약이 아닌 혁신적인 방법과 제도를 포함하며, 기후변화 문제에 대처하는 포괄적인 제도를 구축하는 데 노력해 왔다. 선진국의 갹출(醵出)에 의거하지 않는 재원을 기초로 한 적응기금과, 각국이 행하는 감축대책의 비용 대비 효과를 높여 대책의 이행을 지원하기 위하여 국제적으로 시장메커니즘을 이용한 제도 – 교토메커니즘과 파리협정 제6조에 기초한 시장메커니즘은 그 대표적인 예이다.

(2) 기후변화에 관한 국제제도의 진화와 변용

둘째, 기후변화에 관한 국제제도는 기후변화에 대하여 실효성 있는 대처를 바라면서 과학적 지식의 심화와 사회상황의 변화에 근거하여 진화해왔다. 기후변화기본협약이 채택된 1992년 당시 인구 20% 정도를 점하는 선진국이 세계의 70% 이상의 온실가스를 배출하였고, 교토의정서의 선진국에게만 감축목표를 부과하는 「감축의무를 부담하는 선진국과 부담하지 않는 개발도상국」이라는 틀은 합당한 것이었다. 한편, 파리협정은 모든 국가가 감축목표를 제출하고 그 목표달성을 위한 대책의 이행을 국제적으로 약속하는 기반을 구축하였다. 특히 이는 2000년대가 되면서 중국과 인도 등 신흥국의 배출량 급증이라는 국제사회의 변화에 비추어 선진국에게만 배출감축의 의무를 부과하는 교토의정서의 실효성에 대한 비판에 따른 것이다.

이는 의무의 차별화라고 하는 관점에서 제도를 변용한 것이다. 의무의 차별화는 리우선언 원칙 7, 그리고 기후변화기본협약 제3조가 규정한 CBDR을 적용한 것이라고 볼 수 있다. 종래 차별화의 근거로서 역사적 책임과 지불능력의 양쪽을 열거하고 선진국이 선도할 책무를 이끌어왔다. 파리협정은 선진국과 개발도상국이라고 하는 구분을 그대로 채택하고 있기는 하지만, 자발적으로 자국이 어떤 구분에 속하는지를 결정하는 방식(자주적 차별화)이라고 할 수 있다. 또한 전술한 「동심원적 차별화」는 차별을 할 때 현재의 차별화에 장래의 공통화·수렴으로 이행하는 시간축을 맞춰 넣은 차별화라고 말할 수 있을 것이다. 이 동심원적 차별화는 「책임」이라고 하는 어떤 시점의 상황을 고정하는 기준보다도 시간에 따라 변화할 수 있는 「능력」이라고 하는 기준에 따라 중점을 두는 CBDR의 적용을 전환한 것이라고 볼 수 있다.

(3) 실효성과 형평성의 과제

파리협정이 실제로 그 목적달성을 위해 실효성을 가지는 데에는 과제가 남겨져있다. 가장 큰 과제는, 장기목표와의 갭이 나타내는 바와 같이, 각국이 NDC를 스스로 설정하는 구조가 자동적으로 문제해결을 보증하지는 않는다는 것이다(실효성의 과제). 실제로 현재 제출된 각국의 목표를 합쳐도 파리협정이 정한 장기목표를 달성하는 데 필요한 감축수준이 되지 않는다. 또한 각국이 목표달성＝감축수준을 결정하는 방식은, 감축목표를 가진 국가의 범위를 확대하면서도 유효한 방법이지만, 이 방법은 무임승차의 가능성을 늘 내포하고 있어 국가가 성실하게 이를 행해지 않고 자의적으로 행한다면 파리협정의 제도가 가지는 공정성을 훼손해 버릴 우려도 있다. 각국이 스스로 목표를 설정하는 것이기 때문에 자동적으로는 국가 간의 감축노력의 형평성을 보증하지 않는다(형평성의 문제).

파리협정이 실제로 실효적인 것이 될 수 있는지는 각국이 설정한 목표를 이행하고, 탈탄소화를 향하여 착실하게 전진해 나아갈 것을 서로 확인하고, 각국의 목표 이행을 확보하여 계속적으로 행할 수 있는가에 달려 있다. 이러한 감축수준의 향상이 지속적으로 가능하게끔 파리협정의 프로세스를 적정하게 관리할 수 있는 기준을 구축하고 운영할 수 있는지가 과제이다.

(4) 다른 국제제도와의 연계와 상승효과

파리협정이 규정한 금세기 후반의 실질적 배출제로(zero)를 목표로 한 장기목표에 비추어볼 때, 온실가스를 배출하는 활동과 부문(部門)을 규율하는 다른 국제제도와의 연계가 불가결하다. 파리협정이 탈탄소화라는 장기적 목표를 기후변화 정책의 방향으로 명확하게 하였으며, 다른 국제제도에서도 그에 상응하는 목표를 설정하고 기후변화대책을 강화하는 움직임이 보인다. 2016년 10월 15일 오존층 파괴물질의 대체로서 도입된 강력한 온실가스인 HFC를 단계적으로 감축하는 것을 합의한 키갈리 개정안이 그러하다. 또한 국제항공에서 나오는 배출은 세계의 배출량의 약 2%를 점하고 2030년에는 그 배출량의 비율이 2배가 될 것으로 예측되는데, 2016년 국제민간항공기구(ICAO) 총회에서 항공기의 배출규제와 더불어 기준보다도 많이 배출하는 경우에 배출권 구입을 의무지우는 지구규모의 배출량 거래제도를 2021년부터 단계적으로 도입할 것을 결의하였다. 국제해운으로부터 나오는 배출에 대하여도 국제해사기구(IMO)에서 배출규제방책이 검토되고 있다.

이러한 국제제도는 기후변화에 관한 국제제도와는 독립하여(경우에 따라서는 그보다도 전에) 설치되어 기능해 온 것이며, 기후변화 체제에서 구축되어 온 원칙과 법체계와 다른 원칙, 법체계로 운영되어 온 것이다. 예를 들면, ICAO나 IMO

는 오랜 기간 동안 국가평등을 원칙으로 운영되어 왔다. 최근 개발도상국이 이들 국제제도에서 기후변화 문제를 취급할 때에는 기후변화기본협약의 원칙, 특히 CBDR이 적용되어야 한다고 주장하고 있다. 파리협정이 채택한 CBDR의 해석·적용은, 이러한 국제기구의 기후변화에 관한 규범형식에 어떠한 영향을 줄 것인가. 기후변화에 관한 국제제도가 이러한 기후변화 이외의 법제도에 미치는 영향에도 주목할 필요가 있다.

참고문헌

1. 高村ゆかり · 亀山康子編著, 『東京議定書の国際制度—地球温暖化交渉の到達点』(信山社, 2002年).

2. 亀山康子 · 高村ゆかり編著, 『気候変動と国際協調—東京の情緒と多国間協調の行方』(慈学社, 2011年).

3. 高村ゆかり, 「パリ協定で何が決まったのか—パリ協定の評価とインパクト」, 『法学教室』 No.428 (2016年 5月号), 44–51면.

4. 高村ゆかり, 「パリ協定における義務の差異化—共通に有しているが差異のある責任原則の動的適用への転換」, 松井芳郎 · 富岡仁 · 坂元茂樹 · 薬師寺公夫 · 桐山孝信 · 西村智郎編, 『21世紀の国際法と海洋法の課題』 (東信堂, 2016年), 228–248면.

Q. 물음

1. 기후변화에 관한 국제조약, 특히 교토의정서와 파리협정을 비교하여 어떤 차이가 있는지 그리고 어떻게 변용하였는지에 대해 논하시오.

2. 기후변화에 관한 국제조약에 있어 의무의 차이(공동의 그러나 차등화된 책임)에 대해서 논하시오.

칼럼 ④ 유엔 기후변화에 관한 정부간 패널(IPCC)

1. IPCC란

유엔 기후변화 정부간 패널(Intergovernmental Panel on Climate Change: IPCC)이란 기후변화 문제의 중대함과 대책의 필요성에 대한 인식이 높아짐에 따라, 세계기상기구(World Meteorological Organization: WMO)와 유엔환경계획(United Nations Environment Programme)에 의해 1988년 설립된 유엔의 조직이다(https://www.ipcc.ch/).

IPCC의 임무는 과학자들이 참가하여, 기후변화 문제에 대하여 과학적·기술적·사회경제적 관점에서 포괄적인 평가를 하고, 얻어진 식견을 주로 정책결정자에게 제공하는 것이다.

IPCC 자체가 독자적인 연구를 하는 것은 아니며, 각국 정부 등을 통해 주천받은 과학자가 5~6년마다 그 간의 기후변화에 관한 과학연구로 얻어진 최신의 식견을 평가하고 평가보고서(assessment report: AR)에 정리하고 공표한다.

이 최신 식견의 정보원이 되는 것은 주로 전세계의 과학자가 피어리뷰를 통해 학술잡지에 공표된 논문이다. 다만 각국 및 국제기구가 공표하는 보고서 등도 소정의 절차를 거쳐 정보원으로 될 수 있다.

IPCC는 평가보고서 외에 특정주제에 관한 특별보고서(special report: SR)(예를 들어, 재생가능에너지원과 기후변화 적응추진을 위한 극단현상 및 재해 리스크관리에 관한 특별보고서 등)나 온실가스의 국가목록지침(각국의 온실가스의 배출·흡수량 산정 방법 등)도 작성하여 공표한다.

2. IPCC의 구성

IPCC는 최고의사결정기관인 총회, 3개의 실무그룹 및 인벤토리 태스크포스(각국의 온실가스 배출량·흡수량의 목록(인벤토리) 책정을 위한 방법론 작성과 개선을 함)로 구성된다.

그림 1 ‖ IPPC의 구성

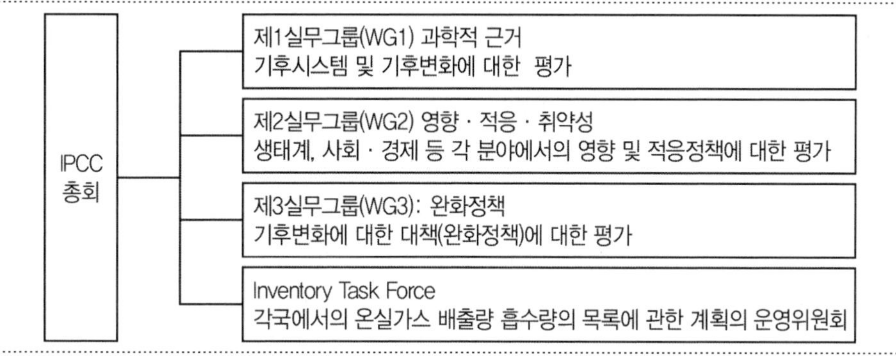

(출처: 전국 지구온난화 방지활동 추진센터 웹사이트)

3. 평가보고서

평가보고서에는 기존문헌에 근거하여 기후변화에 관한 최신의 과학적 식견을 수집·평가하고, 현시점에서 과학적으로 무엇을 어느 정도 알 수 있는가를 보여주고 있다.

평가보고서는 ① 제1실무그룹(WG1): 과학적 근거(기후시스템 및 기후변화에 대한 자연과학적 견해에서 평가한다), ② 제2실무그룹(WG2): 영향·적응·취약성(생태계, 사회·경제 등의 각분야에서 기후변화에 의해 어떠한 영향이 생기는지, 적응정책(인간이나 사회의 조정에 의한 기후변화에 의한 영향의 경감)에 대하여 평가한다), ② 제3실무그룹(WG3): 완화정책(온실가스의 배출감축과 흡수원의 증강)에 대하여 평가한다)의 각 보고서와 이 3개의 보고서를 통합한 통합보고서(Synthesis Report)의 4개의 보고서로 구성된다.

3개의 실무그룹 보고서는 각각 정책결정자용 요약(Summary for Policy Makers: SPM)과 보다 전문적이고 상세한 정보가 기재되는 기술요약(Technical Summary)으로 이루어져 있다.

4. 평가보고서의 작성과정

포괄성 및 객관성이 높은 평가보고서를 만들기 위해, 그 작성 과정에는 다양한 연구가 응축되어 있다.

다양한 견해와 전문성을 반영하기 위해 이루어지는 각국 정부나 다수의 전문가에 의한 투명성 높은 리뷰(초고에 대한 의견 제출)는 그 중 하나이다.

평가보고서 작성과정은 IPCC 총회에서 각국 정부가 평가보고서의 골자 및 작성 일정에 합의하는 것에서 시작된다. 이후 평가보고서 집필을 주관하는 조정 역할의 대표집필자(Coordinating Lead Author: CLA) (통상적으로 각 장에 선진국 1명, 개발도상국 1명 등 총 2명)와 대표집필자(Lead Author: LA) (각 장 20명 정도), 리뷰를 감시하고 조언하는 리뷰편집자(Review Editor: RE) (각 장 2-3명 정도)를 선출한다. 이를 선출할 때는 전문분야나 출신 지역의 편중을 피하도록 배려하고 있다.

CLA와 LA가 평가보고서의 초고를 집필한다. 이 초고는 전문가와 정부에 의해 여러 번 리뷰가 이뤄진다. 보내진 리뷰 의견을 바탕으로 CLA와 LA는 초고를 개정한다. RE는 리뷰 의견이 초고 개정에서 충분히 고려되었는지 확인한다. 이와 같이 리뷰를 여러 번 이행함으로써 평가보고서의 정확도나 포괄성이 확보되고 있다.

실무그룹 총회에 제출되는 최종초고 중에서 SPM에 대해서는 총회장에서 각국 정부에 의해 협의가 이루어져 필요한 수정·가필을 한 후, 이를 한 줄씩 컨센서스로 승인하는 절차가 이루어진다.

그림 2 ‖ 기후변화 분야의 국제협상 흐름

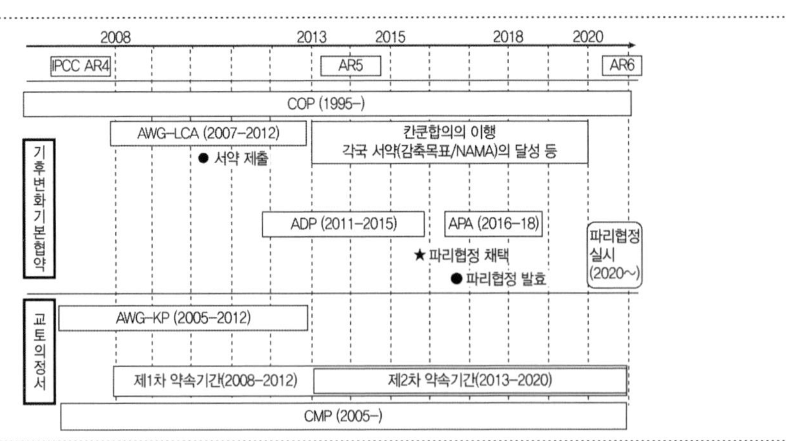

(출처: 필자 작성)

5. 과거 평가보고서와 그 영향

지금까지 5번의 IPCC 평가보고서가 공표되었다. 공표년도는 이하와 같다. 제1차 평가보고서(FAR)(1990년), 제2차 평가보고서(SAR)(1995년), 제3차 평가보고서(TAR)(2001년), 제4차 평가보고서(AR4)(2007년), 제5차 평가보고서(AR5)(2013−2014년).

IPCC 평가보고서는 기후변화에 관한 국제적으로 합의된 과학적 이해로 인지되고 있으며, 정책검토·국제협상에서도 많이 사용되어 오고 있다. 특히 파리협정 합의(2015년)에 큰 영향을 미쳤다.

제6차 평가보고서(AR6)는 2021−2022년에 걸쳐 공표될 예정이다. AR6는 제1차 전지구적 이행점검(Global Stocktake)(파리협정에 따른 기후변화 대책의 전지구적 진척사항을 확인하는 작업)(2023년. 이후 5년마다 이행됨) (파리협정 제14조)의 주요 정보원 중 하나가 된다.

또한 2007년 IPCC는 제4차 평가보고서(AR4)를 공표한 후에 노벨평화상을 수상하여 화제가 되었다. 단 IPCC는 정책중립을 원칙으로 하고 있으며, 특정정책을 지지/제안하는 일은 없다는 점에 유의할 필요가 있다.

〈구보타 이즈미 (久保 田泉)〉

칼럼 ⑤ 이산화탄소 포집 · 저장

1. 탄소 포집 및 저장(CCS)이란

탄소 포집 및 저장(Carbon Capture and Storage, CCS)이란 화력발전소나 공장 등에서 배출되는 가스 중 이산화탄소(Carbon dioxide, CO_2)를 분리 · 포집(Capture)하여 지중이나 해저 등에 저장(Storage)하는 기술을 의미한다.

CO_2는 지하 1,000미터 이상 깊이에 있는 틈이 많은 사암 등에서 이루어진 「저장층」에 저장된다. 저장층의 상부는 CO_2를 통과시키지 않는 이암 등으로 이루어진 차폐층으로 덮여 있어야 한다. 이 차폐층이 저장된 CO_2가 지표로 나오는 것을 막는다.

CCS를 위해서는 다음 4가지 기술이 필요하다. ① 분리포집 기술: CO_2 분리 포집액 등을 이용하여 발전소 등의 배기가스에서 CO_2를 선택적으로 분리 · 포집한다. ② 수송기술: CO_2 저장소의 장소에 따라 육상 파이프라인, 해저 파이프라인, 선박수송 등이 이용된다. ③ 저장(압입) 기술: 육상 또는 해저로부터 지하에 CO_2를 압입한다. ④ 모니터링 기술: 저장한 CO_2가 누설되지 않았는지 감시한다.

그림 1 ‖ CCS의 흐름

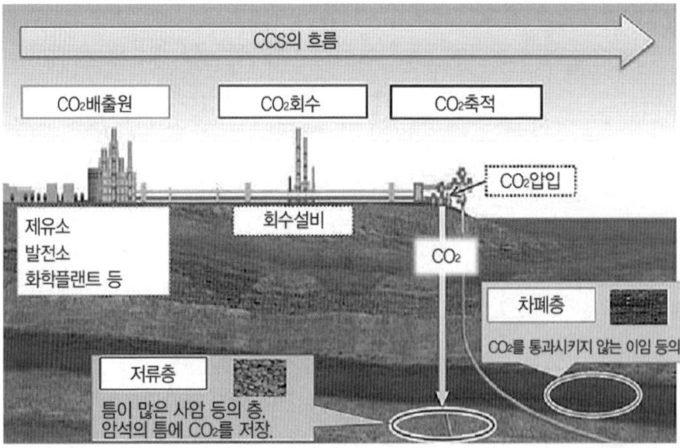

(출처: 경제산업성)

2. 기후변화 대책과 CCS

CCS는 온실가스의 대규모 배출감축을 가능하게 하는 기술이라고 할 수 있다.

파리협정은 「산업화전 수준 대비 지구 평균기온 상승을 섭씨 2도 보다 현저히 낮은 수준으로 유지하는 것」(제2.1조(a))을 목표로 하고 있다(이하 '2도 목표'). 2도 목표를 달성하기 위해서는 온실가스 배출을 대폭 감축할 필요가 있다. 파리협정은 완화방안의 장기목표에 대하여, 「금세기의 하반기에 온실가스의 배출원에 인한 인위적 배출과 흡수원에 의한 제거 간에 균형을 달성할 수 있도록 한다」(제4.1조)고 하고 있다.

온실가스의 대폭적인 감축을 실현하기 위해서는 종래의 대응 연장만으로는 곤란하며, CCS를 포함한 혁신적 기술의 개발 · 보급 등도 중요하다.

국제에너지기구(International Energy Agency: IEA)의 「에너지기술전망 2017」에 따르면, 2060년까지 2도 목표를 달성하기 위해 필요한 누적 배출감축량 310억톤 가운데 CCS가 14%를 담당할 것으로 기대되고 있다.

미국, 캐나다, 유럽의 2050년 장기전략에서는 무배출(Zero Emission)과 전화(Electrification)의 중요한 수단으로서 CCS가 자리 잡고 있다.

그림 2 ‖ 2도 달성 목표를 위하여 필요한 누적배출 감소량

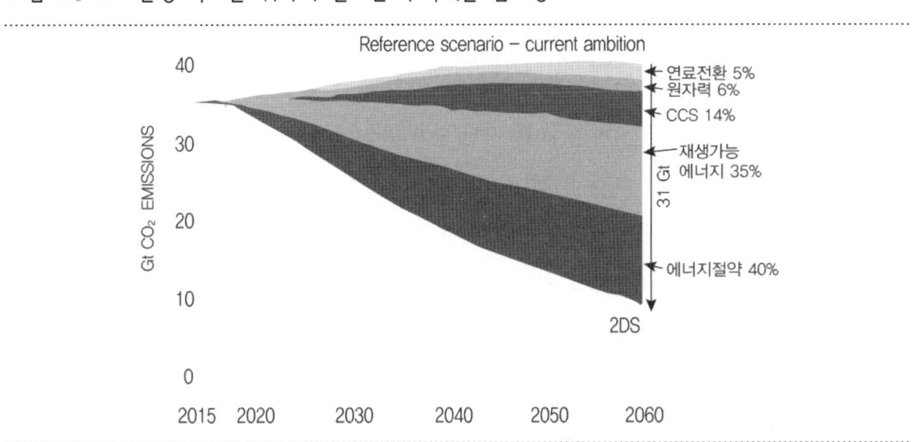

(출처: 에너지 기술전망 2017 (IAEA))

3. 국제사회에서의 CCS에 관한 법정책

1972년 폐기물 및 기타 물질의 투기에 의한 해양오염방지에 관한 협약의 1996년 의정서(96년 런던의정서)가 2006년에 개정되었다. 이는 CCS 중에서 CO_2의 해저 지하 지층에의 처분(저장)을 가능하게 하는 것이다.

이에 일본에서는 2007년 「해양오염 등 및 해상재해의 방지에 관한 법률」(해양오염방지법)이 개정되어, 해저 지하 지층에 저장이 가능하게 되었다. 이 개정의 골자는 ① 폐기물의 해저하 폐기를 원칙적으로 금지할 것, ② CO_2를 해저 아래 폐기하려는 자는 환경대신의 허가를 받아야 하며(제18조의 7, 8), 해양환경의 보전에 장애를 미치지 아니하도록 하고, 해양환경을 감시하는 것도 요구된다(제18조의 9).

세계 각국의 CCS 관련법은 그 역할에서, ① CCS 이행을 의무화하는 법령 ② CCS 이행에 대한 인허가 삼독권한을 정하는 법령 및 ③ CCS 이행의 환경정비나 촉진방안의 근거가 되는 법령이라는 세 가지로 분류된다.

2009년 4월, EU는 선구적으로 CO_2를 지하에 저장하기 위한 법적 구조로서 CCS 지침을 채택하였다. 이는 CO_2 저장소의 탐사 및 저장 이행 허가에 대하여 정한 것으로, 안전하고 환경에 건전하게 저장하는 것을 목적으로 하고 있다. 이 지침에 근거하여 EU 회원국들은 국내법을 제정해야 한다. 영국에서는 30만 킬로와트 이상의 연소플랜트 신설 허가신청자에 대하여, 이 플랜트가 「CCS ready」(관련 설비 추가 가능)일 것을 요구하고 있다.

4. 일본에서의 CCS의 정책적 위치

지구온난화대책계획(2016년 5월 13일 각의결정)에서는 CCS에 대해서 「2030년 이후를 내다보고 도쿄전력의 화력원 입찰에 관한 관련 국장회의 정리(取りまとめ)나 에너지기본계획 등을 바탕으로 대응한다」고 하고 있다.

도쿄전력의 화력원 입찰에 관한 관련 국장회의 정리(2013년 4월 25일)에서는 「국가는 당분간 화력발전 설비의 고효율화, 2020년경 CCS 상용화를 목표로 한 CCS 등의 기술개발 가속화를 도모하는 동시에, CCS 도입의 전제가 되는 저장 적합 장소 조사 등에 대해서도 조기에 결과를 얻을 수 있도록 대응한다」고 하고 있다.

에너지기본계획(2014년 4월 11일 각의결정)에서는 「2020년경의 CCS 기술의 실용화를 목표로 한 연구개발이나 CCS 상용화의 목표 등도 고려하면서 가능한 한 조기 「CCS ready」 도입을 위한 검토를 하는 등 환경부담을 한층 더 낮추기 위한 석탄 화력발전의 도입을 추진한다」고 되어 있다.

5. 도마코마이(苫小牧)에서의 CCS 실증시험

에너지기본계획에 따라 2020년경 CCS기술의 실용화를 목표로 현재 도마코마이(苫小牧)에서 일본 최초의 대규모 CCS 실증시험이 이루어지고 있다.

2012년도~2015년도에 실증설비를 건설하고, 2016년도부터 CO_2의 압입을 개시하였다. 실증시험은 순조롭게 진행되고 있으며, 2019년 11월까지 약 30만톤의 CO_2를 압입하였다. 향후의 과제로서 모니터링 설비의 저비용화, 조업효율화, CO_2 거동의 가시화 등을 들 수 있다.

6. 향후의 과제

CO_2 분리 · 포집설비의 도입 · 확대에 있어서는 비용을 낮추는 것이 큰 과제이다.

IEA의 에너지기술전망 2017에서는 2도 목표 달성을 위한 2060년 전지구적 한계감축 비용은 240$/톤, IEA의 세계에너지개관 2017에서는 2040년 전지구적 한계감축 비용은 125~140$톤으로 평가되고 있다. 이에 반해, 일정한 전제조건 하에서 2005년에 시산된 CCS 비용은 7,300엔/톤이다.

분리 · 포집설비의 설치 · 가동은 비용을 크게 밀어올림과 동시에 설비가동에 따른 전력소비에 의해 전체 발전효율이 대폭 저하되는 과제가 있다.

또한 CO_2에 압력을 가하여 지하에 주입할 때는 압축이나 이송을 위해 많은 에너지가 필요하며, 이때 필요한 에너지 양을 줄이고 효율을 높이기 위한 기술개발이 필요하다.

더불어 CO_2가 누설되지 않고(또는 누설이 적고), 장기간 안정적으로 저장할 수 있는 장소를 어떻게 확보할지도 큰 과제이다.

〈구보타 이즈미 (久保 田泉)〉

제8장 오존층 보호

니시이 마사히로(西井 正弘)

1. 서론

기상청(일본) 홈페이지(http://www.jma.go.jp/jma/index.html)에서 자외선에 대한 정보를 간단하게 입수할 수 있다. 태양으로부터 오는 햇빛은 파장이 긴 것부터 적외선, 가시광선, 자외선으로 나누어지며, 자외선은 파장이 긴 쪽부터 UV−A, UV−B, UB−C로 나뉜다. 지표로부터 10~50Km의 성층권에 있는 오존층(ozone layer)이 붕괴되면, 성층권에 존재하는 오존(O_3)에 의해 흡수되는 UV−B는 지표에 도달하여 인간이나 동물 및 작물에 대하여 큰 악영향을 미친다. 자외선은 체내에서 비타민 D를 만드는 좋은 작용도 있지만, 급성으로 피부가 타거나 자외신 축적으로 피부암이나 백내장이 발생한다는 것은 분명하나.

1974년 미국의 연구자인 몰리나(M. J. Molina) 박사와 로랜드(F. S. Rowland) 교수에 의해 당시 널리 사용되고 있던 인공화학물질 CFCs(클로로플루오로카본, 이하 프레온가스 또는 CFC류: Chlorofluorocarbons)로 인해 오존층이 파괴되는 메커니즘을 발표하였다.[1)]

아래에서는 오존층 파괴의 메커니즘과 대책에 대하여 국제사회에서의 이후 논쟁과 합의형성을 위한 노력, 1985년 「오존층 보존을 위한 비엔나협약」(비엔나협약)과 1987년 「오존층을 파괴하는 물질에 관한 몬트리올의정서」(몬트리올의정서)의 특징, 나아가 이들 협약이 국제환경법에 어떠한 영향을 미치는지에 대하여

1) M. J. Molina and F. S. Rowland, “Stratospheric Sink for Chlorofluoromethanes: Chloline Atomic Catalysed Destruction of Ozone,” *Nature*, No.249, 1974, pp.810−812; R. E. Benedick, *Ozone Diplomacy: New Directions in Safeguarding the Planet*, enlarged ed., 1998; リチャード・ベネディック,『環境外交の攻防—オゾン層保護条約の誕生と展開』(工業調査会, 1999年).

명확히 하고자 한다.

2. 오존층 보호를 둘러싼 논쟁과 비엔나협약 채택

(1) 오존층 파괴를 둘러싼 논쟁

「프레온 가스」가 인공적으로 합성된 것은 1928년 미국에서였다. 그 다양한 용도와 인간 및 가축에 무해하다는 특성으로 세계대전 전부터 전후까지, 특히 1960년대부터 80년대 반도체와 정밀기기 및 드라이클리닝의 세정용으로, 단열재 등의 발포제로서, 냉장고, 에어컨과 자동차 에어컨의 냉매로서, 또한 스프레이 캔의 분무제 등으로 값싸고 안전한 화학물질로서 대량으로 사용되었다. CFCs류는 「특정 프레온가스」라고 하는 다섯 가지 종류의 CFC가 특히 오존을 파괴하는 능력이 높다고 한다. 1970년대에서 80년대에 걸쳐 남극에서 「오존 구멍」(ozone hole)이 발견되고 그 면적이 확대된 것과 함께 자외선량의 증가가 관찰되어 미국과 위도가 같은 선진국에서 미디어와 NGO의 관심을 불러일으켰고, 국내에서도 스프레이 캔의 사용을 금지하는 등의 조치가 취해졌다. 그러나 프레온가스와 오존층 파괴의 과학적 근거가 충분하게 설명되지 않아 산업계의 반대도 적지 않았다.[2)]

(2) 오존층 보전을 위한 비엔나협약의 개요

UNEP는 톨바 사무국장의 주도 하에 1977년에 워싱턴에서 개최된 정책회의를 후원하였다. 이 회의에서 오존층의 확대에 관한 국제적인 연구와 감시(monitoring)를 권고한 「오존층 보전을 위한 세계행동지침」의 초안이 만들어졌다.[3)] 1981년에는 UNEP 관리이사회가 오존층 보전을 위한 국제협정을 지향한 작업을 승인하고, 1985년 3월 22일 「오존층 보존을 위한 비엔나협정」(비엔나협정)이 다음의 내용으로 합의되었다[4)](1988년 9월 22일 효력발생).

---

2) Benedick, 前揭注 (2), 31－44, 45－63면.

3) 同上, 65면.

4) 1985년의 비엔나 외교회담에서는, 43개국(내 개발도상국 16개국)의 참가하여 개체되었으며 20개국과 유럽공동체(EC)가 서명하였다. 미국의 서명에 관하여 Benedick, 前揭注 (2), 71－72면 참조.

① 오존층을 변화시키는 활동의 결과로 발생하는 악영향으로부터의 보호조치(제2조) 체약국은, 협약과 의정서에 기초하여 「인간의 활동의 결과로서 생기거나 생길 우려가 있는 악영향」으로부터 「인간의 건강 및 환경을 보호하기 위한 적절한 조치를 취한다」(제2.1조).

② 오존층의 변화에 의한 영향의 연구 · 평가 및 정보교환에 협력할 의무(제2.2조, 제3조, 제4조) 체약국은 이용할 수 있는 수단에 의거하고 자국의 능력에 따라 인간의 건강 및 환경에 미치는 영향을 이해하고 평가하기 위하여 조직적 관측, 연구, 정보교환을 통하여, 또한 입법조치, 행정조치를 취하여 정책조정에 협력한다(제2.2조). 정보교환과 다른 체약국에 의한 대체기술의 취득 등에 협력한다(제4조).

③ 당사국총회 · 사무국과 그 임무(제6조, 제7조) 조약의 효력발생 후 1년 이내에 당사국총회(COP)는 사무국에 의해 소집되며, 그 후 일정한 간격으로 개최한다. 보조기관을 설치하고, COP와 스스로 설치한 보조기관, 그리고 사무국의 절차규칙 · 재정규칙을 컨센서스 방식으로 채택한다. 협약의 이행상황을 검토하고, 체약국이 일정 간격으로 제출한 협약 · 의정서의 이행을 위한 조치에 관한 정보(제5조)와 보조기관의 보고검토 등을 행한다(제6조). COP는 적어도 총회 6개월 전에 사무국으로부터 체약국에 통보된 의정서안을 심의하고, 채택할 수 있다(제8조).

④ 협약 · 의정서의 개정과 부속서의 채택 · 개정(제9조, 제10조) 체약국은 협약 · 의정서의 개정을 제안할 수 있다. 당사국총회에서는 컨센서스 방식으로 합의에 달하도록 노력하지만, 합의에 달하지 않는 경우에는 최후수단으로서, 협약의 경우 총회에 출석하여 투표한 3/4 이상의 다수가 채택한다(의정서를 개정할 경우에는 최후수단으로서 2/3 이상 다수에 의한다)(제9조). 협약의 개정은 협약체약국의 3/4 이상, 의정서의 경우는 의정서체약국의 2/3 이상의 비준서가 기탁자에게 수령된 때부터 90일째에, 비준국 상호간에 효력이 생긴다. 과학적 · 기술적 · 관리적 사항에 관한 부속서는 협약 또는 의정서의 불가분의 일부를 구성한다. 부속서의 제안, 채택 및 효력발생은 제9조의 규정이 준용된다(제10.2조). 부속서의 효력발생에 대하여 승인할 수 없는 체약국은 채택의 통고가 이루어진 날로부터 6개월 이내에 그 취지를 통고할 수 있다(제10.2조 b). 부속서의 의무를 면하는 취지를 서면으로 통고한 체약국은 그 구속력에 얽매이지 않는다(opt－out 방식의 채택).

이처럼 비엔나협약은 오존층을 보호하기 위한 일반적인 의무와 조직적인 구조를 규정한 것에 불과하다. 오존층의 변화가 인간의 활동에 의하여 생긴다는 것, 그 변화에 따라 악영향이 생길 수 있다는 것, 그 결과 「인간의 건강 및 환경」을 보호할 필요가 있다는 것은 협약에서 확인되고 있다. 이러한 악영향을 초래하는 구체적인 오존층 파괴물질에 대하여는 후에 만들어진 의정서에 위임하고 있다. 일반적 의무와 조직을 규정한 「기본협약」과 구체적인 국가의 의무를 규정한 「의정서」라고 하는 지구환경조약의 특징적인 구조의 선구적인 예라고 할 수 있다.[5)]

3. 오존층 파괴물질에 관한 몬트리올의정서

(1) 오존층 파괴물질을 둘러싼 공방

1986년 12월 제네바에서 의정서 협상이 시작한 시점에 비엔나협약의 비준국은 토론토 그룹(캐나다, 핀란드, 노르웨이, 스웨덴, 미국)과 소련을 포함한 여섯 개 국가뿐이었다. 미국 등 토론토 그룹은 프레온가스류의 엄격한 규제조치가 필요하다는 입장이었고, EC국가 중에서 프랑스, 이탈리아, 영국은 오존층 파괴를 나타내는 과학적 증거가 불충분하다고 하여 생산감축의 연기와 명목상의 상한설정을 생각하고 있었다. UNEP 사무국장인 톨바가 개인초안(personal text)을 제출하는 등 협상에서 중심적인 역할을 하였다.[6)] 몬트리올에서 비공개 회의가 반복된 후, 1987년 9월 16일 의정서가 채택되었다. 1988년에는 영국정부가 방향을 전환하였고, 같은 해 12월에는 유럽공동체(EC) 12개국 가운데 벨기에와 프랑스를 제외한 여러 국가들과 EC위원회의 비준절차가 행해져, CFC와 할론(halon: 브롬을 함유하는 플루오르카본의 통칭. 불을 끄는 진화제로서 사용되었으나, 오존층 파괴 능력이 높아 사용이 전면 금지된 물질이다 – 역자주)이라고 하는 「규제물질」을 세계의 추정소비량 합계의 83%를 차지하는 29개국(과 EC위원회)을 구성국으로 하여 목표일(1989년 1월1일)에 의정서의 효력이 발생하였다.

---

5) 물론 1979년의 장거리 국경간 대기오염협약과 같은 선행적인 기본협약은 존재하였다.
6) Benedick, 前揭注 (2), 97－106면.

(2) 오존층을 파괴하는 물질에 관한 몬트리올의정서의 개요

의정서의 전문(前文)에는 비엔나협약에 기초하여 오존층을 변화시키는 인간의 활동결과로 생긴 「악영향으로부터 인간의 건강 및 환경을 보호하기 위하여 적절한 조치를 취할 의무」가 있다는 것에 유의하여, 오존층 파괴물질의 방출을 없애는 것을 최종목표로서 전 세계적으로 물질의 총방출량을 균형있게 규제하는 「사전주의 조치」(precautionary measure)를 취하여 오존층을 보호할 것, 「개발도상국의 필요」에 특히 유념하면서 대체기술의 연구, 개발, 이전을 할 경우 국제협력을 추진할 것을 주창하였다.

① **프레온가스, 할론의 감축목표 설정**(제2조) 의정서는 그 정의조항에서 「규제물질」을 부속서에 게재한 물질로 하고, 그 「생산량」을 생산량에서 파괴된 양과 원료로서 사용한 양을 감한 것으로 하여 재사용된 양을 생산량이라고 간주하지 않는 것으로 한다. 생산량, 수입량, 수출량 및 소비량의 「산정치」는 제3조의 규정에 따라 결정된다(제1조). 1986년을 기준치로 하여 매년 부속서 A: 규제물질로 든 그룹 I 「특정 프레온가스 5종」과 그룹 II 「특정 프레온가스」의 소비량 산정치가 초과하지 않을 것과, 생산량 산정치도 개발도상국의 「기본적인 국내수요」(basic domestic needs)를 충족하는 경우에는 10%의 초과를 인정하는 예외를 허용하고 있다(제2조 1~4항. 현재는 삭제).

1990년 이후 당사국회의(MOP)에서 새로운 규제물질을 의정서에 추가하는 개정을 행하여 HCFC와 브로모메탄(bromomethane) 등 오존 파괴물질을 규제대상으로 하고 감축목표를 인정하고 있다(의정서 제2조의 A부터 제2조의 J).

② **개발도상국에 대한 특별한 배려**(제5조) 의정서는 개발도상국 가운데 규제물질의 소비량 산정치가 1인당 0.3Kg 미만인 국가(이를 5조국이라 한다)는 자국의 「기초적인 국내수요」를 충족하기 위하여 규제조치의 이행시기를 10년간 늦출 수 있다고 규정하고 있다(제5조). 5조국이 이행시기를 10년간 늦출 수 있도록 취급하는 것은 「공동의 그러나 차등화된 책임」이라고 하는 생각에 기초한 것이고, 개발도상국의 이러한 주장은 현재도 인정되고 있다.

③ **비체약국과의 무역규제**(제4조) 1987년의 의정서 제4조는 의정서 발효 후 1년 이내에, 체약국은 비체약국으로부터 규제물질의 수입을 금지하고(제4.1

조), 비5조국은 1993년 이후 비체약국에게 규제물질의 수출을 해서는 아니 된다(제4.2조)고 하는 규정을 두었다. 1990년 당사국회의(MOP2)에서 런던 수정으로 제4.2조를 비5조국에서 「체약국」으로 바꾸는 현행 규정으로 개정되었는데, 기본적인 구조는 변하지 않았다. 의정서 비체약국에 대하여 국제법상 조약상의 의무를 부과할 수 없다. 그 대신 체약국에 대하여 규제물질 및 그것을 사용하여 제조된 물건의 수입을 금지하고, 수출도 금지하는 것으로, 비체약국은 무역에 의한 이익을 잃게 된다. 의정서에 참가하지 않은 불이익을 명시한 것으로 의정서 참가를 촉진하는 소극적 유인(negative incentive)을 도입하였다. 1990년의 MOP2 시점에서는 비체약국이었던 인도와 중국 등 규제물질(CFC)의 수요의 확대가 예상되는 개발도상국이 1992년 6월까지 체약국으로 되었다.

④ **당사국회의**(제11조) 의정서 효력발생 후 1년 이내에 예정되어 있던 제1회 당사국회의(MOP1)가 1989년에 벨기에에서 개최되었다. 낭시 체약국 수는 35개국이었다. 회의에는 비체약국, 유엔기관, 정부간기관, NGO 등이 참가하고, 토의에도 참가할 수 있다. 회의의 결정 등은 체약국대표만 할 수 있다. 회의는 사무 차원에서 행하는 기간과 장관 차원의 참가로 행하는 기간이 있다. 사무원(bureau)은 유엔의 지리적 배분을 기초로 매회 선출된다. 회의의 절차규칙의 채택, 이행을 위한 재정규제의 채택, 제6조에 규정된 위원회의 설치, 제8조에 규정된 의정서 위반(비준수)의 인정, 위반국의 처우절차 및 제도를 검토하고 승인하는 것 등은 제1회 회의에서 하도록 되어 있다(제11.3조). 회의의 임무는 의정서의 이행상황의 검토, 제2.9조의 조정·감축에 대한 결정, 제2.10조의 부속서에 물질을 추가하거나 삭제하는 것, 관련 규제조치에 대한 결정, 의정서·부속서의 개정, 신규 부속서의 제안과 채택 등이다(제11.4조).

제6조에 기초한 위원회로서 과학평가패널(SAP), 환경영향평가패널(EEAP)과 기술경제평가패널(TEAP)이 MOP 결정으로 설치되었고 세계 각국의 전문가로 구성되어 1990년 이후로 포괄적 평가를 행하고 있다(제6조).

4. 당사국회의의 역할

(1) 의정서의 개정과 규제강화

1990년 런던에서 개최된 의정서의 당사국회의(MOP2)는 의정서의 개정과 규제내용을 계획보다 앞당기고(조정) 다자간 기금의 절차규칙(Terms of Reference for the Multilateral Fund)을 채택하여 의정서의 활동과 제도를 진화시킨 것이다. 이를 런던수정(London Revision)이라고 부른다. 그 후 1994년 코펜하겐수정(MOP4), 1997년 몬트리올수정(MOP9), 1999년 북경수정(MOP11)이 행해져 최근에는 2016년의 MOP28이 키갈리(Kigali: 아프리카 르완다의 수도 – 역자주)에서 개최되어 오존층을 파괴하지는 않지만 지구온난화를 초래하는 온난화가스인 하이드로플루오르카본(HFCs)의 규제에 대하여 의정서를 개정할 것에 합의하였다(2019년 1월 1일 효력발생).

1990년 수정은 1987년 의정서의 많은 조문들을 개정하고, 비준절차를 거쳐 발효되었다(1992년 8월 10일). 우선 규제물질로서 새롭게 부속서 B에 10종류의 가스(CFC류, 4염화탄소, 1·1·1-트리클로로에탄)를 추가하고, 부속서 A의 프레온가스와 할론의 단계적 폐지를 계획보다 앞당기는 것으로 하였다(조정). 조정은 6개월 이내에 이의신청이 없는 경우에는 모든 국가를 구속한다(의정서 제2조9(d)). 그 후 1992년 수정에서도 부속서 B의 물질을 예정보다 앞당겨 선진국만으로 1993년말에 할론류, 1995년말에 기타 가스가 전부 폐기되었다. 다만, 1992년 MOP4에서 건강, 안전에 필요하고, 사회적인 기능을 하여 중요한 것, 기술적·경제적으로 실용가능한 대체품·대체기술이 입수되지 않는 경우에는 「필요불가결한 용도」(essential use)로서 생산이 인정되고 또한 규제물질의 소비 자체는 금지되어 있지 않다.

이처럼 MOP에서 의정서의 개정절차와 조정을 행하여 의정서의 대상규제물질을 확대하고 전부 폐기의 시기를 앞당기도록 추진되었다(그림 8–1 참조).

그림 8-1 ▍오존층 파괴물질의 생산량 · 규제양의 규제 일정

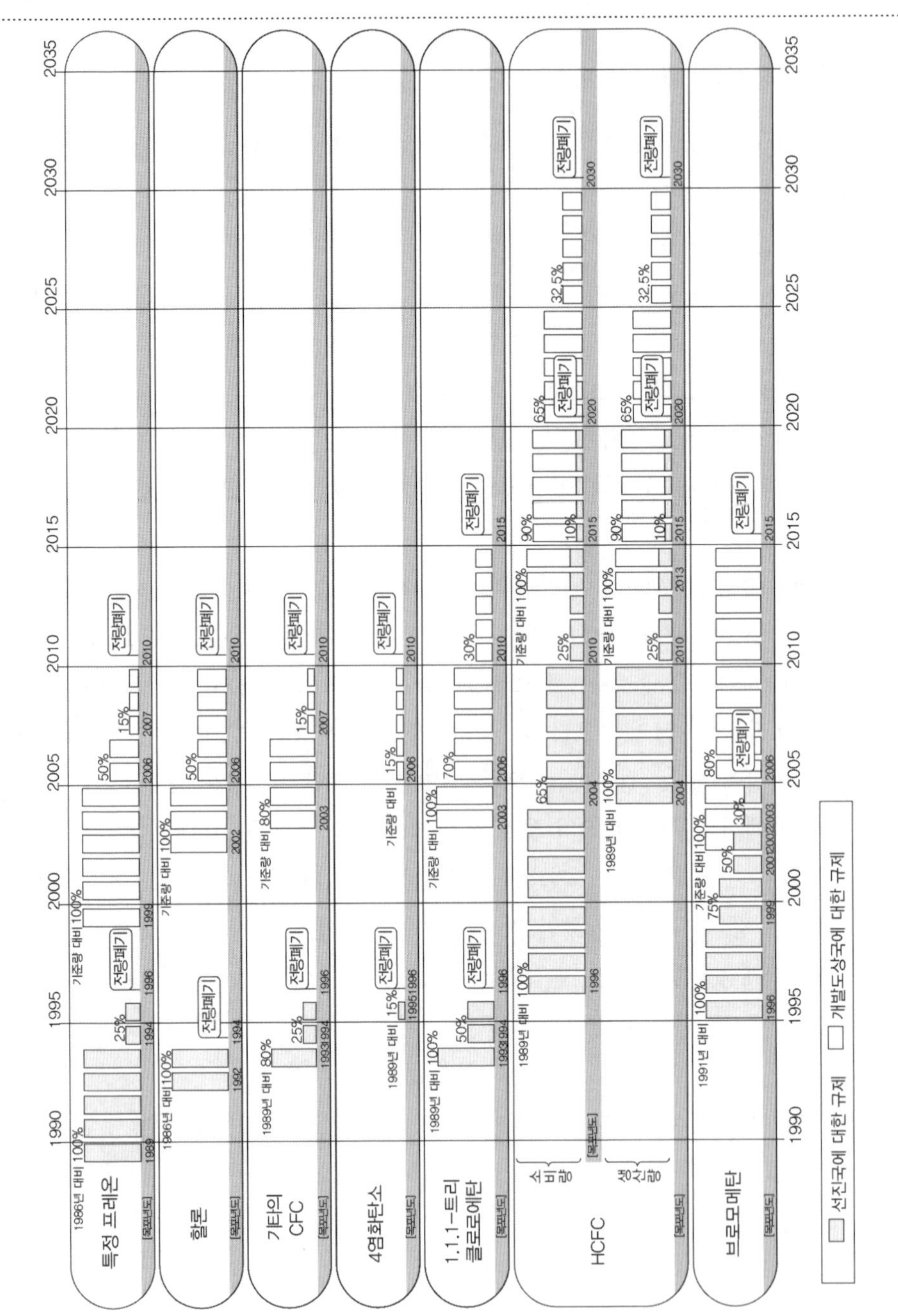

(출처: 환경성 홈페이지 www.env.go.jp/earth/ozone/montreal/Schedule–present.jpg)

(2) 비준수절차

의정서 제8조에 규정되어 있는 「위반」(non-compliance)을 인정한 체약국의 처우에 관한 절차 및 제도는 MOP1에서는 불가능하였지만, 1994년의 MOP4(코펜하겐)에서 채택되어 1998년 MOP10(카이로)에서 개정되었다. 아래에서는 공식적인 번역용어로 「위반」이 아니라 널리 사용되고 있는 「비준수」를 사용하기로 한다. 비준수절차(non-compliance procedure: NCP)는 기후변화에 관한 교토의정서 등 많은 환경조약에서 사용되고 있다(제5장). 몬트리올의정서의 NCP의 특징은 「비준수에 대하여 당사국회의가 취할 수 있는 조치의 예외목록」이, A 적당한 원조, B 경고의 공포, C 의정서에 기초한 권리·특권의 정지라고 되어 있고, 실제로 행해지는 조치[7]도 권리특권의 조치보다도 「적당한 원조」를 선택하고, 의정서의 의무불이행에 대하여 제재가 아니라 의무 촉진적 역할을 선택하도록 되어 있는 점이다.

(3) 자금협력·기술협력과 다자간 기금

지구환경조약 가운데 몬트리올의정서의 성과가 높게 평가되는 이유 중 하나는 오존층 파괴물질을 다른 대체물질로 전환하기 위하여 1999년 1월 1일까지의 시점에서 부속서 A에 게재된 규제물질의 소비량이 국민 1인당 0.3Kg 미만인 개발도상국은 「기본적인 국내수요」(basic domestic needs)를 충족하기 위하여 제1조 1항부터 4항에 규정된 규제조치의 이행시기를 10년 늦출 수 있도록 한 것과(1987년 의정서 제5.1조. 그 후에도 제도로서 존속하고 있다), 1990년 런던에서의 제2회 당사국회의(MOP2)의 결정에서 설립된 「다자간 기금」(Multilateral Fund: MLF)[8]을 통한 자금협력과 기술협력(기술이전을 포함한다)을 하는 제도를 둔 것을 들 수 있다. 이 제도는 비체약국을 의정서의 체약국으로 참가를 유도하는 적극적 유인(positive incentive)이 되었다.

다자간 기금(MLF)은 프레온가스류(CFCs)와 할론류(Halons)의 오존층 파괴물

7) 예컨대, 1996년 CFC 전부 폐기가 불가능하다고 선언한 러시아의 불이행 사건에 대하여, 이행위원회는 제재조치를 과하지 않고 국제적인 제공·기술지원을 선택하였다. Benedick, 前揭注 (2), 330면.

8) 몬트리올의정서 이행을 위한 다자간기금 홈페이지 <http://multilateralfund.org/>

질(ODS)의 연간 소비수준이 1인당 0.3Kg 이하의 의정서 체약국(5조국)을 지원하는 것을 목적으로 하고 있다. 기금은 개발도상국(5조국)과 선진국(비5조국)이 같은 숫자의 대표로 구성된 집행위원회(Executive Committee: Ex-Com)[9]에 의해 운영되었다. MLF의 이행기관은, 세계은행, 유엔개발계획(UNDP), UNEP와 유엔공업개발기관(UNIDO)이다. 이 기금의 제도설계에 대하여는 기금의 갹출을 둘러싸고 선진국과 개발도상국에서 논의가 있었고, 1990년 런던수정에서 합의된 의정서 제10.1조에서는 이 제도에 대한 「갹출」은 해당 체약국에 대한 자금이전과는 별도의 「추가적으로 행하는 것」으로 하고, 해당 체약국이 규제조치의 이행이 가능하도록 「합의된 증가비용을 제공하는 것」이라는 합의가 성립하였다. 선진국으로부터 개발도상국으로 원조를 바꾸는 것이 아니라 「추가적 자금」이라는 것과, 무엇이 「증가비용」인가는 체약국 사이에서 합의에 의해 결정된다고 하는 타협이 성립한 것이다. 집행위원회의 구성과 그 운영은 많은 국가들로부터 평가받고 있다. 지금까지 많은 5조국에 의한 프레온 등 오존층 파괴물질을 다른 대체물질로 전환하는 프로젝트가 승인되어 그 결과 5조국을 단계적으로 감소시키는 것에 공헌해 왔다.[10]

5. 오존층을 파괴하지 않는 물질의 규제

(1) 오존층 파괴물질과 온난화효과

프레온가스류가 생산·사용을 제한·금지된 과정에서 대체프레온가스로서 HCFs류와 함께 HFC류가 냉동고와 공조기기의 매체 등에 이용되어 왔다. HCFs가 오존층 파괴물질(ODS)인 것에 대하여, HFCs는 ODS가 아니라 온실가스인 것은 이전부터 알려져 왔다. 1997년 기후변화에 관한 교토의정서의 부속서 A는 「온실가스」로서 HCFs는 이산화탄소(CO_2) 등과 함께 게재되어 있다.

---

9) 2020년의 집행위원회는 5조국 7개국과 비5조국 7개국(상임의 일본과 미국을 포함한)으로 구성되어 있다. 다자간 기금 홈페이지 참조.

10) 5조국의 144개국 프로그램과, 144의 HCFC 페이즈아웃 관리평가가 인정되어 145개국의 국내오존사무국의 운영비용에 대해서도 자금 공여를 해왔다. 위의 홈페이지 참조.

(2) 몬트리올의정서 키갈리 개정안

1992년의 MOP4(코펜하겐)에서는 톨바 사무국장과 네덜란드 정부가 HFC에 대한 대응을 요구하였지만, 기후변화기본협약이 다루는 문제가 되었다. 그 후 HFC의 생산·소비는 증대하였고, 다자간 기금도 HFC 프로젝트에 자금을 배분하여 대체물질의 연구개발을 진행하여 왔다. 드디어 2016년 10월 15일 몬트리올의정서 제28회 당사국회의(키갈리)에서 의정서가 개정되어 발효요건(20개국이 비준)을 충족하여 2019년 1월 1일에 효력이 생겼다. 이 개정은 HFC류의 생산·소비량을 30년간 80% 이상 감축할 것을 약속한 것이다.

키갈리수정은 오존 파괴물질은 아니지만, 온실가스인 HFC 감축에 합의하였다. 오존층 보호체제와 기후변화체제라고 하는 양 제도의 협력에 따라 쌍방에 상승효과(synergy)를 초래한 선례가 되었다.

6. 맺음말

오존층 파괴를 막기 위한 협약·의정서의 성립과 그 운용에 있어서 오늘날 많은 국가들이 당사국이 되어 있기 때문에 성공사례라고 할 수 있는 예가 많지만, 문제는 여전히 존재한다. 분명히 오존 파괴물질 규제에 따른 성층권 오존의 감소는 21세기 후반쯤에는 그칠 것이 예측되고 있다. 다만 사용을 중지한 기기로부터 프레온가스를 포집하여 재사용하거나 소각장비와 그 유효비율을 더 높인다면 오존층 파괴는 멈추지 않고 「인간의 건강과 환경」에 계속 악영향을 미칠지도 모른다.

참고문헌

1. R. E. Benedick, *Ozone Diplomacy: New Directions in Safeguarding the Planet*, enlarged ed., 1998; リチャード・ベネディック, 『環境外交の攻防―オゾン層保護条約の誕生と展開』(工業調査会, 1999年).

미국 대표로서 비엔나협약과 몬트리올의정서의 작성작업에 관여하였으며, 1991년 초판에서는 1990년 런던회담까지를 서술하였고 그 후 1997년까지의 동향을 추가한 문헌으로 다양한 관점에서 자세히 서술하였다.

2. 松本泰子, 南極のオゾンホールはいつ消えるのか—オゾン層の保護とモントリオール議定書 (実教出版, 1997年).

   NGO 회원로서 오존층보호를 담당한 필자는, 몬트리올의정서의 당사국회의에 참가한 경험을 토대로 의정서의 내용과 과제를 알기 쉽게 정리하고 있다.

3. 臼杵知史, 「オゾン層保護の条約および議定書」, 西井正弘・臼杵知史編, 『テキスト国際環境法』 (有信堂高文社, 2011年).

   조약과 의정서의 구조를 간결하게 정리하여 이해하기 쉽다.

Q. 물음

1. 오존층파괴물질에 관한 몬트리올의정서는, 당사국회의(MOP)에서 수차례에 걸쳐 개정되어 규제물질의 추가와 다자간기금, 비준수절차(NCP)제도가 정비되었는데, 왜 이러한 변경이 가능하게 되었는가?
2. 비엔나협약・몬트리올의정서는, 어떤 의미에서 「성공한 지구환경조약」이라 말할 수 있는가?

제9장 해양오염의 방지

쯔루타 준(鶴田 順)

1. 해양오염을 둘러싼 문제상황, 국제법의 대응 · 전개

해양오염의 보호 및 보전은 1960년대 이전에는 거의 주목을 받지 못하여 개별적인 해양오염 문제에 대한 대응도 선박에서 기름이 유출되는 것을 규제하는 것에 한정되었다. 그러나 선박으로 바다를 이용하는 질적 · 양적 변화는 바다의 정화능력을 넘는 오염물질을 바다로 배출하여 1967년 토리 캐니언(Torry Canyon)호 좌초와 기름유출사고 등 대규모적인 사고를 발생시켰다. 이를 계기로 (이 장 말미에 있는 [주요 대규모 기름유출사고] 참조) 이 문제에 본격적이고도 광범위하게 대응할 필요성이 인식되게 되었다.

국제해시기구(IMO)(1958년 설립시에는 「정부간 해사자문기구」(IMCO), 1982년에 개칭함) 등에서 개별적인 문제영역마다 해양문제의 보호 및 보전을 위하여, 또한 선박에 의한 해양오염 문제에 관련 각국이 협력하여 대응하는 것으로 공해 자유의 원칙 하에서 선박항해 이용의 자유를 유지하기 위해 많은 해양환경의 오염문제에 대응하는 국제조약이 채택되어 왔다. 또한 1982년에는 해양환경의 보호 및 보전을 포괄적으로 다루는 부서를 두는 「해양법에 관한 유엔협약」(유엔해양법협약)이 채택되었다.

(1) 해양오염에 관한 지구규모의 조약제도

IMO에서 채택된 해양오염 관련 협약으로서, 선박에 의한 해양오염에 관한 것으로는 선박의 통상운항에서 유탁(油濁)방지에 관한 「1954년 유류에 의한 해양오염방지 협약」(OILPOL협약), 1969년에 채택된 기름에 의한 오염사고에 대한 공해 상에서의 조치에 관한 「유류오염시 공해상 개입에 관한 협약」(공해조치협약),

폐기물의 해양 토입처분에 관한 「1972년 폐기물 및 그 밖의 물질의 투기에 의한 해양오염방지에 관한 협약」(런던협약)과 이를 개정한 1996년 의정서(1996년 개정 의정서)(본장 제4절), 각종 선박에 의한 오염방지에 관한 「1973년 선박으로부터의 오염방지를 위한 국제협약」(MARPOL협약)과 1978년 이를 채택한 개정의정서 (MARPOL 73/78)(본장 제3절), 1989년 미국 알래스카 주의 프린스 윌리암 만에서의 대형탱크인 엑슨 발데즈호의 좌초 및 기름유출사고의 발생을 계기로 대규모 기름유출사고가 해양환경에 미치는 영향을 최소한으로 억제할 것을 목적으로 하는 1996년에 채택된 기름오염사고에 대한 준비·대응·국제협력 등에 관한 「1990년 유류오염 대비, 대응 및 협력에 관한 국제협약」(OPRC협약), 기름을 대상물질로 하는 OPRC협약의 채택에 근거하여 기름 이외의 유해위험물질(Hazardous and Noxious Substances, HNS)에 의한 오염사고의 경우에 적용하는 「2000년 위험·유해물질 오염사고 대비, 대응 및 협력에 관한 의정서」(OPRC－HNS 의정서) 등이 있다. 또한 「해상에서의 인명의 안전을 위한 국제협약」(SOLAS협약)은 주로 선박운행의 안전과 관련된 협약인데, 선박의 구조와 장비 등의 안전성에 관한 규제는 해양오염을 초래하는 사고를 방지하는 데 있어서도 중요하다.

IMO에서 채택된 해양환경 관련 협약은 주로 선박으로부터 바다로 기름과 유해물질 등을 유출하거나 배출로 인한 해양오염을 방지하기 위하여 선박의 구조와 장치 등의 개선을 꾀하는 것을 목적으로 하는 협약인데, 협약의 부속서의 개정에 따라 선박으로부터 대기로 방출하는 것도 규율하는 데 이르고 있다. IMO의 해양환경 보전과 관련된 협약의 목적과 규율대상은 더욱 넓어지고 있다.

바다의 생물다양성과 해양생태계의 보전에 대하여는 2004년에 「물밸러스트(Ballast) 관리를 위한 국제협약」(물밸러스트 관리협약)(⇒칼럼⑧)이 채택되었다(2007년 9월 발효). 또한 2001년에는 일본정부가 주도하여 선체바닥에 굴이나 따개비 등의 패류와 해초 등의 부착을 방지하기 위해 사용되어 온 트라이뷰틸틴(Tributiltin)(TBT)계 도료의 사용금지 등에 관한 「선박에 대한 유해한 방오(防汚)시스템의 규제에 관한 국제협약」(TBT협약 또는 AFS협약)이 채택되었다(2008년 9월 발효).

또한 적정한 선박해체의 확보와 선박해체가 지니는 환경문제와 노동문제의 획기적인 극복에 대하여는 2009년에 「선박재활용협약」(Ship Recycle 협약)(⇒칼럼⑪)이 채택되었다(2020년 1월말 현재 미발효).

(2) 지역해 보전에 관한 조약제도

또한 지역해(地域海)와 폐쇄해(閉鎖海)·반폐쇄해(半閉鎖海)의 해양오염의 방지를 위한 다자간 지역협약도 다수 정립되었다. 대부분의 협약에서 적용대상이 되는 해역에서 해양오염의 방지에 대한 일반적인 의무를 설정하여 의정서에 의해 오염원·문제영역에 구체적인 규율·기준을 설정한다는 방식이 채택되고 있다.

지중해에 대하여는 1976년에 지중해 오염방지협약(바르셀로나협약), 1980년 육상 기인방지의정서, 1994년 해저개발에 기인하는 오염방지 의정서, 1995년 투기에 의한 오염방지 의정서, 1995년 특별보호구(Specially Protected Areas)에 관한 의정서, 1996년 육상에 기인하는 오염방지 의정서, 유해폐기물에 의한 오염방지 의정서, 2002년 긴급시의 협력에 관한 의정서, 2008년 종합적인 연안해역관리를 위한 의정서가 채택되었다. 특별보호구에 관한 의정서는, 영해내에서의 해양보호구역(MPA)의 설정을 각 체약국의 노력목표로 한 1982년 의정서를 대신하여 채택되었으며, 해양보호구역의 설정은 해양의 생태계와 생물다양성의 보전을 목적으로 할 것이 명기되어 지중해의 해저를 포함한 모든 해역을 대상으로 하여 특별보호구의 설정이 추진되었다.

또한 북해·북동 대서양에 대하여는 1969년에 유탁대책을 위한 북해연안 국가 간의 본(Bonn)협정, 1972년 해양투기방지 오슬로(Oslo)협약, 1974년 내륙 기인 오염방지 파리협약이 채택되었다. 또한 오랜 기간에 걸친 연안국들의 협력관계를 기초로 하여 1970년에 유탁대책을 위한 북유럽 국가 간의 코펜하겐협약, 1974년 발트해 보호 헬싱키협약이 채택되었다. 나아가 1992년에는 북해·북동 대서양의 오염방지를 위한 해양투기방지 오슬로협약과 내륙 기인 오염방지 파리협약을 통합하여 협약의 이행기구(OSPAR위원회)를 설치한 OSPAR협약이 채택되었다. OSPAR협약 하에서도 지중해의 경우와 마찬가지로 몇 개의 의정서가 오염원·문제 영역마다 채택됨과 함께 해양환경의 보전에 있어서 해양생태계 및 생물다양성의 보전이 불가분의 일부라는 인식에 기초하여 해양보호구역의 설정에 관한 실행이 축적되어 왔다. 예컨대, 1998년에 「부속서 V 해양구역의 생태계와 생물다양성의 보호 및 보전」이 채택되었다.

지중해와 북해·북동 대서양 이외에 대하여도 서아프리카해, 북서태평양, 홍해·아덴만, 광역 카리브해 지역, 동아프리카해, 남태평양, 태평양, 흑해, 동아시아해, 남아시아해, 페르시아만의 각 지역해에 대하여는 지역해 행동계획이 구축되어 남극, 북극, 발틱해, 카스피해, 북동 대서양의 각 해역에 대하여는 연계계획이 구축되어 있다.

2. 유엔해양법협약에 의한 해양오염의 보호 및 보전

유엔해양법협약(UNCLOS) 제12부는 그 모두(冒頭)에서 체약국의 「일반적인 의무」로서 해양환경의 보호 및 보전의 의무를 설정해 두고 있고(제192조), 해양환경의 오염에 대하여 모든 오염원으로부터의 오염을 방지·경감·규제하기 위하여 이용할 수 있는 실현가능한 최선의 수단을 이용하여 필요한 조치를 취할 의무를 설정하고 있다(제194조 1항).

UNCLOS 제12부는 다음의 세 가지 점에서 해양오염의 보호 및 보전에 관한 지금까지의 기본원칙에 변화를 초래한 것이다.

(1) 포괄적인 접근방법의 채택

첫째, 지금까지의 해양오염의 보호 및 보전에 관한 협약이 특정한 해양오염(선박으로부터의 기름유출, 선박에서 폐기물을 해양에 투기하는 것 등)을 대상으로 한 개별적인 대응에 그쳤다는 점에 대하여, UNCLOS는 모든 오염원을 대상으로 하여 해양오염의 보호 및 보전에 관한 일반원칙, 미연방지, 사후구제와 분쟁해결에 대하여 규정하는 포괄적인 접근방법을 채택하고 있다.

(2) 국제기준주의의 채택

둘째, UNCLOS는 해양환경의 오염방지에 대하여 체약국에게 국내법령의 제정과 그 집행권한을 부여하였고 UNCLOS 자체가 개별·구체적인 규제와 기준을 설정하는 것이 아닌 「국제적인 규칙 및 기준」만을 규정하였다(국제기준주의의 채택). UNCLOS는 오염행위를 한 선박이 기항하는 국가(기항국)에도 허용하고 있는데(이에 대하여는 후술한다), 해당 관할권행사는 「국제적인 규칙 및 기준」에 기초한 것에 한정하고 있다. 이와 같이 국제기준주의가 채택되고 있는 것은 오염행위를 규율하는 기준이 해역에 따라 다르다면 선박의 국제적인 운행에 지장을 미칠 가능성이 있기 때문이다. 예컨대, 배타적 경제수역(EEZ)에서 외국선박에 의한 오염행위를 규제하는 국내법령에 대하여는 「권한 있는 국제기구 또는 일반적인 외교회의를 통하여 정해진 일반적으로 수인되고 있는 국제적인 규칙 및 기준」에 적합한 것으로 한다고 규정하고 있다(제211조 5항). UNCLOS 제12부는 같은 문언을 많은 조항에서 사용하고 있는데, 구체적으로 어떤 기구와 어떤 규제 및 기준이 이에 해당하는지에 관한 해석에 대하여는 다툼이 있다. 단, 「권한있는 국제기구」(competent international organization(s))에 대하여는 해양오염의 방지에 관한 국제기구가 많긴 하지만(IMO, UNEP, FAO, UNESCO, IAEA 등) 적어도 선박에서 기인한 오염에 대하여는 IMO라고 해석하는 것이 일반적이다. 또한 「국제적인 규칙 및 기준」(international rules and standards)에 대하여는 IMO에서 해양환경 관련협약 하에서 채택한 규칙과 기준이라고 해석하는 것이 일반적이다. MARPOL 73/78협약 본문, 부속서 I 및 II(2019년 12월말 현재 체약국 수는 158개국)는 「국제적인 규칙 및 기준」에 해당한다고 할 수 있다.

UNCLOS는 「국제적인 규칙 및 기준」이라는 규정을 매개로 IMO에서 해양환경 관련협약 하에서 채택한 최신의 규칙과 기준을, UNCLOS의 관련규정을 개정하지 않고 다룰 수 있는 것이 가능해졌다. 이 점을 포착하여 UNCLOS는 해양환경의 보호 및 보전 분야에서 「엄브렐라 협약」이라고 표현되는 경우도 있다. 전술한 바와 같이, 해양환경의 보호 및 보전에 대하여는 지구규모의 조약, 지역적 조약, 관련 복수국간·소수국간·양자간 조약, 또한 일반적·포괄적 규율과 오염원마다의 상세한 규율처럼, 지역적 적용범위, 규제내용과 규율밀도를 달리하는 많은 국제법규범이 형성되고 있다. UNCLOS 제12부는 해양환경의 보호 및 보전에 대한 지구규모의 일반적·포괄적인 규율내용을 가지는 다자간 협약으로서 이 분야의 국제법규범 중에서 중심에 위치한다고 할 수 있다.

(3) 연안국과 기항국에 대한 관할권의 재분배

셋째, UNCLOS는 각 체약국이 적용·집행하는 국내법령에서 채택해야 할 해양환경의 오염방지에 관련된 구체적인 규칙과 기준을 협약 자체에 게재하지 않고 국내법령과 「국제적인 규칙 및 기준」의 합치를 요구할 뿐이지만, 오염행위를 한 선박에 대하여는 해당 선박의 기국(旗國), 오염행위가 행해진 해역의 연안국, 오염행위를 한 선박이 기항한 국가(기항국) 각각이 어떠한 경우에 자국의 법령에 기초하여 관할권을 행사할 수 있는가를 정리하고 있다. 예를 들면, 선박 기인의 오염에 대하여 기국주의에 근거한 기국의 관할권 행사를 기초로 하면서도 연안국과 기항국에 의한 관할권의 행사를 허용하고 있다(연안국과 기항국에 대한 관할권의 재분배).

기국주의라 함은 공유자유의 원칙에 기초하여 공해상에 있는 선박에 대하여는 해당 외국선박의 기국이 배타적으로 집행관할권을 행사할 수 있다고 하는 국제법상의 원칙이다. UNCLOS는 해양환경의 보호 및 보전에 있어서 기국주의가 가지는 폐해의 측면을 극복하기 위하여 기국 이외의 연안국과 기항국에 의한 관할권의 행사를 허용하게 되었다. 기국주의의 폐해란 기국에 의한 충분한 조사가 행해지지 않고 MARPOL 73/78과 SOLAS협약 등의 국제협약이 설정된 환경기금과 안전기준에 적합하지 않은 채 운행하고 있는 「협약 부적합(sub standard) 선박」과 외항 해운기업이 운항과 선원의 승선 등의 관리를 하지만, 선박소유자 등에 관한 세금, 선박의 등록비, 설비비, 검사비와 선원의 임금 등의 운항비용을 감축하는 것 등을 목적으로, 외항해운기업이 파나마, 리베리아, 마샬제도 등에서 설립한 현지법인을 소유자로 하는 「편의치적선(便宜置籍船, FOC선: flag－on－convenience vessels, 경비절감을 목적으로 선주가 배의 선적을 외국에 옮긴 선박 – 역자주)」이 초래하는 마이너스의 측면이다. 오늘날 해양이용의 상태에 입각한다면, 공해자유의 원칙은 해양오염에 의해 타국의 이익과 국제사회의 일반적인 이익을 해하는 자유가 될지도 모른다.

EEZ에서의 선박 기인 오염에 대하여는 EEZ의 연안국에 대한 관할권의 재분배가 이루어지고 있다. UNCLOS는 EEZ를 운항하는 선박이 선박 기인 오염 등에 관한 연안국의 국내법령에 위반하며, 해당 위반에 따라 「현저한 해양환경의 오염을 초래하거나 초래할 우려가 있는 실질적인 배출이 생긴다고 믿는 데 충분하고 명백한 이유가 있는 경우에」 해당 위반선박이 정보제공을 거부하고 검사가 정당하다고 인정할 때에는 연안국은 해당 위반에 관련한 선박의 물리적인 검사를 행할 수 있다고 규정하고 있다(제220조 5항). 나아가 연안국의 국내법령 위반에 따라 「자국의 연안 또는 관련이익이나 자국의 영역 또는 배타적 경제수역의 자원에 대하여 현저한 손해를 초래하거나 초래할 우려가 있는 배출이 생겼다는 명백하고도 객관적인 증거가 있는 경우에는」 연안국은 선박의 압류를 포함한 절차를 취할 수 있다(제220조 6항). 단, 해당 법령위반에 대한 대응방식에 대하여는, UNCLOS는 「영해를 초월하는 수역」에서의 외국선박에 의한 위반에 대하여 「금전벌만을 부과할 수 있다」(제230조 1항)고 규정하여 선박의 운항이익을 고려한 절차(담보금의 제공에 의한 조기 석방제도)를 채택하고 있다.

이와 같이 UNCLOS는 EEZ의 연안국이 자국의 EEZ에서 외국선박에 대하여 집행관할권을 행사하는 것을 허용하고 있지만, 선박의 물리적 검사를 행할 수 있는 것은 「실질적인 배출」 등의 요건을 충족하는 경우, 또한 선박을 억류할 수 있는 것은 「현저한 손해」 또는 그럴 우려가 있는 배출이 있는 경우로 하여, 연안국에 의한 집행권의 행사가 허용되는 상황을 엄격하게 특정하고 있다.

또한, 외국선박이 자국의 항구에 입항하여 온 국가(기항국)도 UNCLOS에 의한 관할권의 재분배에 따라 해당 선박에 대하여 관할권을 행사할 수 있도록 하였다. 기항국은 외국선박이 자국의 항구 등에 임의로 정박하는 경우에는 「권한 있는 국제기구 또는 일반적인 외교회의를 통하여 정해진 적용이 어떤 국제적인 규칙 및 기준」에 위반하여 자국의 EEZ 외 해역에서 타국의 EEZ 밖이더라도 어느 해역에서의 해당선박으로부터 배출이 있었는지를 심사할 수 있고, 사실이 증거에 따라 뒷받침된 경우에는 절차를 개시할 수 있다(제218조 1항). 따라서 UNCLOS에서는 기항국이 일반적으로 관할권을 행사할 수 없는 해역에서 외국선박에 의한 오염행위에(국제기준에 적합한) 국내법령을 적용·집행하는 것도 가능하게 되었다. 한편으로, 타국의 내수·영해·EEZ에서의 외국선박의 배출위반에 대하여는 관련국으로부터 요청이 있는 경우 또는 자국에 피해가 있는 경우에만 절차를 개시할 수 있도록 하고(제218조 2항), 배출해역의 연안국 등에 의한 관할권 행사에 무게를 두어 기항국의 관할권 행사도 허용하고 있다.

또한 공해상에 있는 외국선박으로부터 배출이 있는 경우에 연안국 법령위반에 대한 적용 및 집행이라고 하는 기항국의 관할권 행사는, IMO에서 채택한 해양오염, 해상안정과 선박노동 등에 관한 여러 조약의 이행을 위하여 지역마다 「양해각서」(Memorandum of Understanding: MOU)를 교환하여 행하는 「기항국에 의한 감독」(Port State Control: PSC)과는 다르다.

3. 선박국에 의한 해양오염의 방지 - MARPOL 73/78

선박에서 배출된 기름에 의한 해양오염의 방지에 대하여는 일찍부터 국제조약의 정립이 추진되었다. 1954년 4월부터 5월에 걸쳐 영국정부의 주최 하에 런던에서 「해수의 오탁에 관한 국제회의」가 개최되어, 회의 최종일에 OILPOL협약이 채택되었다(1958년 7월 발효). OILPOL협약은 기름(원유와 중유 등 지속성 기름)의 배출기준을 설정한 것으로 선박의 통상 운항에 수반하여 발생하는 기름의 배출에 따른 해양오염을 규제하는 것이다. OILPOL협약은 그 후 수차례의 개정을 거쳐 규제대상 선박과 규제대상 물질·행위를 확대하고 규제를 강화하게 되었다. 그러나 OILPOL협약에 의한 해양오염의 규제는 유조선의 증가와 대형화, 기름 이외의 유해물질의 해상운송의 증가, 그리고 편의치적선이 증가하고 있음에도 불구하고 규제의 집행은 종전과 마찬가지로 기국주의에 부게를 두고 있는 등, 1970년대에 높아진 환경보호의 요청에 충분히 대응하지 못하였다.

그래서 새롭게 채택된 것이 MARPOL협약(1973년 협약)이다. MARPOL협약은 2020년 1월말 현재 아직 발효되지 않았지만, 1978년 프랑스 태평양 연안 브르타뉴반도에서의 아모코 카디즈호의 좌초·기름유출사고 등의 발생을 계기로 IMCO는 같은 해 2월에 「1978년 탱크의 안전 및 오염방지에 관한 국제회의」를 개최하였고 1973년 협약을 수정·추가하여 1973년 협약을 이행하기 위한 의정서(MARPOL협약 73/78)가 채택되었다. MARPOL 73/78은 1978년 협약과 단일한 문서로서 간주되고 있으며(MARPOL협약 73/78 제1조 2항), 체약국은 이 의정서에서 수정·추가된 1973년 협약을 이행하게 되었다. MARPOL 73/78은 1983년 10월에 발효하여 2019년 12월말 현재 체약국의 수는 158개국이다.

MARPOL 73/78은 OILPOL협약의 약점을 감안하여 규제대상 선박을 확대하고 또한 규제대상 물질에 대하여도 규제대상이 되는 기름의 범위를 모든 기름(원유와 중유 등의 비지속성 기름뿐만 아니라 휘발유와 경·등유 등 비지속성 기름을 포함한다)으로 확대함과 동시에 유해액체물질, 개별품목 유해물질, 오수(汚水), 선내에서 발생한 폐기물, 선박의 기관에서 발생하는 질소산화물(NO_X), 유황산화물(SO_X)과 온실가스(GHG) 등의 배출도 규제함으로써 선박에 의한 해양오염과 대기오염을 방지하기 위한 포괄적인 규제를 설정하였다. 또한 규제의 내용도 기름 등의 배출행위를 규제할 뿐만 아니라 사고시의 유출방지를 위하여 선박의 이중선각구조(double hull)와 손상시 복원성을 요구하여 선박에 각종 설비를 의무화하는 등 선박의 구조설비라고 하는 외형적인 측면에 대한 규제도 설정하였다.

MARPOL협약은 전문, 본문, 부속서, 두 개의 이행의정서(「부속서 I 사고의 보고」와 「의정서 II 중재」)로 구성되어 있다. 6개의 부속서 가운데 부속서 I과 II는 「강제부속서」이고, 조약을 비준할 때 조약과 일체가 되는 것으로 비준해야 하는데, 다른 부속서는 조약과는 별도로 비준하는 「선택부속서」이다. 지금까지 MARPOL협약 하에서 채택된 부속서는 6개이다. 각 부속서에서 선박의 구조설비기준, 주무관청 또는 설정된 단체(선급)에 의한 정기적인 검사의 이행, 증서의 발급, 기항국에 의한 감독 등이 규정되어 있다. 부속서에는 선박의 운행에 수반되는 기름의 유출을 규제하기 위한 배출방법과 설비기준 등에 대하여 규정하는 「부속서 I 기름에 의한 오염방지를 위한 규제」(1983년 10월 발효), 용기 등에 수납되어 운반되는 유해물질의 포장방법, 용기의 표시와 적하방법 등에 대하여 규정하는 「부속서 III 용기에 수납된 상태에서 해상으로 운송되는 유해물질에 의한 오수방지를 위한 규제」(1992년 7월 발효), 선박의 운행 중에 발생하는 오수의 배출방법 등에 대하여 규정하는 「부속서 IV 선박으로부터의 오수에 의한 오염방지를 위한 규칙」(2003년 9월 발효), 그리고 선박의 운항 중에 발생하는 폐기물의 처분방법 등에 대하여 규정하는 「부속서 V 선박으로부터의 폐기물에 의한 오염방지를 위한 규칙」(1988년 12월 발효)이 있다. 나아가 1997년 MARPOL협약 당사국총회에서는 북유럽에서 선박으로부터의 대기오염문제 등이 지적되어 선박의 기관에서 발생하는 질소산화물(NO_X), 유황산화물(SO_X)과 온실가스(GHG) 등의 배출감축 등에 대하여 규정한 「부속서 VI 선박으로부터의 대기오염방지를 위한 규칙」을 추가한 의정서(97년 의정서)가 채택되었다. MARPOL 73/78의 체약국만이 97년 의정서의 체약국이 될 수 있어 97년 의정서에 의해 수정된 MARPOL 73/78과 의정서는 단일한 문서로서 간주되었다. 97년 의정서는 2005년 5월에 발효하여 2019년 12월말 현재 체약국 수는 96개국이다.

MARPOL 73/78의 규제내용은 각 부속서에 상세하게 규정되어 있다. 예컨대, 부속서 I에 대하여는 기름의 배출기준을 설정할 뿐만 아니라(배출금지의 「특별구역」, 순간배출률, 또한 유조선에 대하여는 최대배출률 등을 설정하고 있다), 선박의 구조설비기준을 설정하였다. 구체적으로는 분리 밸러스터 탱크(화물탱크와 연료탱크와는 완전히 분리된 물밸리스트 전용 탱크)와 원유세정 장치(원유를 고압분사 장치로 탱크 내에서 분사시킨 뒤 물로 씻어내는 것으로 탱크 세정작업에서 생긴 유성 혼합물을 줄일 수 있는 장치)를 도입하였다.

MARPOL73/78에 따른 선박의 구조설비 기준의 설정은 일정한 성과를 올렸는데, 1989년 이후 탱크에 의한 대규모 사고가 잇달았기 때문에 사고시 기름의 유출을 최소한으로 하기 위한 선박의 구조설비 기준을 강화하기로 하였다. 우선 1989년 미국 알래스카 프린스 윌리암 만에서 미국국적의 대형유조선인 엑슨 발데즈호 좌초·기름유출사고에서 영향을 받은 1992년 개정에서는 선체의 이중선각구조가 의무화되어 신규 유조선뿐만 아니라 현존하는 유조선에 대하여도 일정한 선령(船齡)에 달할 때 이 의무가 적용되게 되었다. 1999년 영불해협에서 몰타 국적의 대형유조선인 에리카호가 반파·좌초·침몰하여 기름유출사고를 낸 것에 영향을 받은 2001년 개정에서는 홑겹으로 된 선각구조 유조선을 단계적으로 줄이기 위한 기한을 설정하였다. 나아가 2002년 스페인 해안에서 홑겹 선각구조인 바하마 선적의 대형유조선인 프레스티지호가 부서져 기름이 유출되어 표류·침몰된 사고의 영향을 받은 2003년 개정에서는 홑겹 선박구조 유조선을 단계적으로 감축시킬 것을 앞당겨 이행하도록 규정하였다. 이와 같은 조기이행은 같은 사고가 발생하여 프랑스 등 유럽 여러 국가가 국내법에서 홑겹 선각구조 유조선의 입항금지 조치를 채택하기 시작한 점으로부터 영향을 받은 것이다.

4. 폐기물의 해양오염규제

(1) 런던협약

해양투기라 함은 육상에서 발생한 폐기물을 선박 등에서 바다에 버려 처분하는 것을 말한다. 해양투기를 규제한 최초의 조약은 1972년에 채택되어 1975년에 발효된 「폐기물 및 기타 물질의 투기에 의한 해양오염방지를 위한 협약」(런던협약)이다. 런던협약은 폐기물의 해양투기에 의한 해양오염을 방지하고 해양환경의 보전을 도모하기 위한 조약으로서 채택되었다. 런던협약은 바다의 자정능력을 전제로 하여 그 능력을 초과하는 투기를 규제한다고 하는 발상에서 독성·유해성에 따라 폐기물을 부속서 I에서 부속서 III까지 3개의 카테고리로 분류하고, 각각의 카테고리에 따라 금지와 허가 등의 규제를 설정하는 「네거티브 리스트 방식」을 채택하였다. 부속서 I은 해양투기가 전면적으로 금지된 물질을 게시하고 있다(블랙 리스트). 부속서 II는 해양투기에 있어서 사전의 특별허가를 필요로 하는 물질을 게시하고 있다(블루 리스트). 또한 부속서 III은 부속서 I과 부속서 II 이외의 카테고리에서 투기를 할 때 사전의 일반적 허가가 요구되는 것으로 구체적인 물질 이름을 열거하지 않고 어떠한 경우에 사전에 허가를 받아야 하는가에 대한 고려요소를 게시하는 데 그친다. 이처럼 런던협약은 독성·유해성이 강하다고 생각되는 폐기물을 구체적으로 리스크화 하여 규제대상으로 삼은 방식을 취하고 있다.

런던협약이 채택된 지 약 20년이 경과한 즈음, 선진공업국에 의한 산업폐기물의 해양투기의 감소가 진행하고 있는 등의 사실을 이어받아, 런던협약의 역할과 규제의 강화가 검토과제가 되고 있다. 1992년에 개최된 리우 서미트에서 정리된 아젠다 21에서는 규제강화의 관점에서 런던협약의 개정이 제안되었다. 또한 방사성폐기물의 해양투기에 대하여는 1985년 런던협약 당사국총회(COP 9)에서 부속서 II에 게시되어 있는 낮은 수준의 방사성폐기물을 포함하여 모든 방사성폐기물의 해양투기를 일시 정지하는 「모라토리움 결의」가 채택되었고 그 후 1993년 러시아해군이 낮은 수준의 방사성폐기물(해체된 원자력잠수함의 냉각수 등 900㎥의 액체 방사성폐기물)을 동해상 공해에서 투기한 사건이 발생한 것에 영향을 받아 1993년 COP 10에서 부속서 I 및 부속서 II의 개정에 따라 저준위 방사성폐기물의 해양투기를 금지하였다(1994년 2월 발효).

(2) 1996년 의정서

런던협약의 규제강화를 목적으로 1996년에 채택된 것이 런던협약의 개정의정서(96년 의정서)이다. 96년 의정서는 런던협약과는 달리 바다의 자정능력을 전제로 하지 않고 1990년대 이후의 사전주의 원칙·사전주의 접근법의 발전에 입각하여(⇒제3장) 이를 구체화한 것이라고 평가할 수 있는 리버스 리스트(reverse list) 방식, 「폐기물평가 프레임워크(framework)」(WAF)와 「폐기물평가 가이드라인」을 채택하고 있다. 96년 의정서는 기본적인 사고방식으로서 사전주의 접근법과

「오염자 부담원칙」(Polluter Pays Principle: PPP)의 채택을 명문으로 규정하고 있다(제3조).

리버즈 리스트 방식은 해양투기를 원칙적으로 금지하고 그 예외로서 부속서 I에 해양투기를 「검토해도 좋은」 폐기물을 열거하는 방식이다. 부속서 I에는 독성·유해성이 낮다고 생각되는 폐기물이 게시되어 있는데, 구체적으로는 ① 준설물, ② 하수오니, ③ 어류 잔해물 또는 어류의 산업상 가공작업에 의해 생긴 물질, ④ 선박 및 플랫폼 기타 인공해양구축물, ⑤ 불활성 무기성 지질학적 물질, ⑥ 천연 유기물질, ⑦ 해양투기 이외의 처분이 물리적으로 곤란한 지역(작은 섬 등) 등에서 발생하는 철, 컨테이너 등에서 구성된 물질 등 7가지이다. 부속서 I은 2006년에 개정안이 채택되어 지구온난화 대책으로서 해저지층에 축적된 이산화탄소가 추가되었다(2007년 2월 발효)(⇒칼럼⑤).

또한 96년 개정의정서는 리버스 리스트 상의 폐기물의 해양투기에 대하여도 모든 체약국의 규제당국의 개별허가에 따르도록 하고 있고, 부속서 II에 따라 투기의 가부를 검토할 때 평가체계인 「폐기물평가 프레임워크」(WAF)를 정하였다. WAF에 의하면, 각국의 규제당국이 허가발급의 가부를 판단할 때에는 폐기물 발생의 감축과 대체 처리방법 등을 다하였는지를 심사하고, 폐기물의 해양투기가 필요한지를 확인해야 하며, 또한 투기된 폐기물의 특성과 유해물질의 함유량 등을 확인하여 관련 해역에 대한 잠재적 영향의 평가도 요구하고 있다. 이들의 평가가 완료되고 투기 후의 감시(모니터링)조건이 결정되면 비로소 허가가 주어지게 되는데, 이때 환경에 대한 장애 등을 최소화하는 방향으로 검토해야 한다.

나아가 부속서 II(WAF)의 내용을 더욱 구체화한 실행 가이드라인으로서 「폐기물평가 가이드라인」(WAG)이 있다. WAG는 런던협약 당사국총회가 각 체약국에서 협약 이행을 지원할 목적에서 채택한 것이다.

[주요 대규모 기름유출사고]

① 토리 캐니언호 좌초·기름유출사고

1967년 3월 쿠웨이트에서 약 11만 9천 톤의 원유를 적재하고 영국 웨일즈의 밀포드 헤이븐항을 향해가던 리베리아 선적의 대형 유조선 토리 캐니언호가 영불해협의 공해 상에서 좌초하여 약 8만 톤의 기름이 유출되었으며, 영국 및 프랑스 양국이 막대한 피해를 입었다. 영국정부는 사고발생 후 기름유출을 막기 위하여 선체인양을 시도하였지만 작업이 난항을 겪어 기름유출이 계속되었다. 그래서 영국정부는 선내에 남아있던 약 4만 톤의 기름을 연소하기 위해 이 배의 선주에게 통보하고 해군기와 공군기로 공해 상에 떠 있던 이 선박을 폭격하여 배를 침몰시켰다. 영국정부의 폭격은 국제관습법상의 자위권과 긴급피난, 접속수역에서의 연안국의 권리행사로서 충분한 근거가 있다고 할 수 없었고, 또한 이 배의 선주와 기국인 리베리아의 사전동의를 얻어 행한 것도 아니었지만, 영국정부에 대하여 이 배 선주와 기국인 리베리아의 항의는 없었다.

② 1978년 아모코 카디즈호 좌초 · 기름유출사고

1978년 3월 리베리아 국적의 대형유조선 아코모 카디즈호가 조정장치 고장으로 프랑스 대서양 브르타뉴반도에서 좌초하여 약 22만 톤의 원유가 유출되었다. 유출된 원유로 리조트 지역의 모래사장이 오염되고 어업에도 엄청난 타격을 주었으며 약 200km에 달하는 해안선이 오염되었다.

③ 1989년 엑슨 발데스호 좌초 · 기름유출사고

1989년 3월 미국 알래스카 주의 발데스 석유터미널을 출항하여 캘리포니아 주로 향하던 대형유조선 엑슨 발데스호가 미국 알래스카 주 프린스 윌리엄 만에서 암초에 걸려 11개의 화물기름 탱크 가운데 8개의 탱크가, 또한 5개의 밸리스트 탱크 중 3개가 손상을 입어 수시간 내에 배 밑 파손된 부분에서 원유 약 4만 톤이 유출되었다. 이 기름유출로 약 2,400km에 미치는 해안선이 오염되었으며 미국연안에서 사상 최대규모의 엄청난 해양오염이 발생하였다.

④ 1999년 에리카호 반파 · 침몰 · 기름유출사고

1999년 12월 프랑스의 덩케르크항에서 이탈리아 리보르노항을 향해 항해 중이던 몰타 국적의 대형유조선 에리카호가 프랑스의 북서부 브레스트 해역 남방 60해리를 운항하던 중 악천후로 반파되어, 선수부는 반파된 해역에서 침몰하고 선미부는 예항하였으나 침몰하였다. 적하된 중유 가운데 배 선수부에 약 6,000톤, 배 후미부에 약 1만 톤이 남아 있어 추정치로는 1만 5,400톤이 유출되었다. 유출된 중유에 의해 관광지와 굴, 진주담치 양식장, 바닷새의 월동지로 유명한 브르타뉴반도의 약 400km에 미치는 해안이 오염되었다.

⑤ 2002년 프레스티지호 반파 · 기름유출 · 표류 · 침몰사고

2002년 11월 스페인의 가르시아 지방 앞바다를 강풍 속에서 운행하고 있던 대형유조선인 프레스티지호가 운행 불능이 되어 표류하였다. 스페인 당국은 이 배를 앞바다로 이동시켰는데 적하탱크 부분에 파손이 생겨 기름이 유출되어 최종적으로 2만 5천 톤의 중유가 유출된 것으로 추정되었다. 선체는 한동안 계속 표류하다가 결국 약 3,500km 해저에 침몰하였고 그 후에도 중유의 유출이 계속되었다. 유출된 기름은 3개국과 7개 지역의 경계를 걸쳐 있는 1,000km 이상의 연안으로 확대되었다.

참고문헌

1. 富岡仁,『船舶汚染規制の国際法』(有山社, 2018年).

항해 중인 선박에서 기인한 해양오염을 규제하는 국제법규범의 생성과 전개, 그리고 그것이 국제해양법의 기국주의와 관할권 행사의 바람직한 모습에 어떤 임팩트를 주었는지를 고찰한 업적.

2. 薬師寺公夫,「海洋汚染防止に関する条約制度の展開と国連海洋法条約」, 国際法学会編,『日本と国際法の100年 第3巻 海』(三省堂, 2001年), 215-241면.

항해 중인 선박에서 기인한 해양오염을 규제하는 국제법규범을 유엔해양법협약 제12부 규정들에 초점을 맞춰 검토한 논고.

Q. 물음

1. 유엔해양법협약이 해양오염의 방지에 관한 규범설정에서 「국제기준주의」를 채택하고 있는 것의 의미는 무엇인가?

2. 배타적 경제수역(EEZ)을 항행하는 외국선박이 연안국의 해양오염의 방지에 관한 국내법령에 위반한 경우, 연안국은 해당선박에 대해 어떤 조치를 강구할 수 있는가?

3. 런던협약 96년 의정서에 있어서 사전주의 원칙 · 사전주의 접근법은 어떻게 구체화되었는가?

칼럼 ⑥ 바다의 플라스틱 문제 – 미세플라스틱에 초점을 두고

1. 미세플라스틱을 둘러싼 문제상황

최근 북극에서 남극에 이르기까지 전 지구적 규모로 바다 플라스틱 오염의 확대가 명백해지고 있다. 바다에서 관측한 결과를 토대로 제작된 모델을 통해 모든 바다에 떠다니는 플라스틱의 양은 27만 톤에 이를 것으로 추정되고 있다.

바다에서 확인되는 미세플라스틱(1mm 이하 초미세 플라스틱 입자)의 발생원으로는 여러 가지가 있을 수 있는데, 크게 분류하면 화장품, 세안제, 입욕제, 치약 등의 제품에 들어가는 미세한 플라스틱 연마제(일반적으로는 마이크로비즈나 스크럽비즈라 불린다) 등 미세 플라스틱이 하류제품(下流製品)의 요구사양이 된 1차 미세플라스틱과 원래는 다양한 플라스틱 제품이었지만 해역, 하천, 호수 등 환경 안으로 흘러나오면서, 자외선, 바람, 파도 등 외적 요인으로 시간에 따라 열화하고 파쇄되며 미세조각이나 미립자가 된 2차 미세플라스틱이라는 두 가지로 나눌 수 있다. 2차 미세플라스틱에는 합성섬유 옷을 세탁할 때 발생하는 폴리에스테롤이나 아크릴 섬유도 포함된다.

화장품이나 개인청결용품에서 제조사는 세정효과를 비롯한 제품효과(피부의 활기와 묵은 각질의 제거 등)의 향상을 위해, 마이크로비즈를 제품에 첨가하고 있다. 연마제에는 예전에는 천연 호두의 껍데기나 살구 등의 과실의 종자가 사용되었지만, 십 수 년 전부터, 가격이 싸고 직경이 균일한 플라스틱제(주로 폴리에틸렌(PE)) 비즈가 사용되게 되었다. 마이크로비즈는 1mm 이하의 초미세 플라스틱 입자로 육안으로는 거의 볼 수 없고, 부피가 적고, 가벼우며 또한 수가 많다는 등의 성질이 있기 때문에, 가정의 세면장이나 화장실에서 사용되며, 그대로 떠내려가면 이를 효율적으로 수집하여 처리할 수 없으며, 하수처리 시설의 필터를 빠져나가 바다, 하천, 호수 등의 자연환경으로 흘러 들어간다. 폴리에틸렌(PE)제나 폴리프로필렌(PP)제 미세플라스틱은 해수보다 가볍기 때문에, 해양환경에서 널리 부유·확산되어 플랑크톤에 의해 섭취되며, 이러한 플랑크톤이 해양생물에 의해 섭식되어 해양생물의 체내에 축적되고 플라스틱은 물리적 이물질이기 때문에 성장을 저해하여 널리 해양환경이나 해양생태계에 위험을 초래하게 된다.

일본열도 주변의 동아시아 해역의 미세플라스틱 부유량은 세계의 다른 해역과 비교해서 한 자릿수 많은 약 172만개/㎢로 밝혀졌다(북태평양은 약 10.5만개/㎢, 세계 평균은 약 6.3만개/㎢). 동아시아는 부유 미세플라스틱의 「핫스폿」이다.

폴리염화비페닐(PCB)이나 난연제로 첨가되어 있는 폴리브롬화 디페닐 에테르(PBDE) 등의 소수성(疎水性) 잔류성 유기오염 물질(Persistent Organic Pollutants, POPs)의 미세플라스틱에 대한 흡착도 확인되고 있다.

플라스틱을 물고기나 바닷새가 섭취하면 물고기나 새의 체내에서 PCB가 친화성이 강한 지방에 축적되며, 장폐색이나 위궤양을 초래해 필요한 영양분을 충분히 흡수할 수 없게 만들어, 물고기나 바닷새의 성장을 저해하거나 사망하게 할 가능성도 지적되고 있다. 단, 플라스틱이 생물에 가져다주는 리스크가 어떤 위험이며, 어느 정도의 위험인지에 대해서는 연구 중에 있다.

인간은 어패류를 통해 미세플라스틱을 먹고 있을 가능성이 있다. 그러나 만약 POPs를 흡착한 미세플라스틱을 먹은 생선을 인간이 먹었다고 해도 1mm 전후 크기의 미세플라스틱은 소화되지 않고 배출되기 때문에 인간의 건강에는 영향이 없다고 판단되고 있다.

2. 마이크로비즈의 규제동향

플라스틱은 자외선 방사나 온도변화에 의해 열화가 진행되고, 여기에 물리적인 자극이 가해져 세편화(細片化)나 미립자화가 진행되지만, 완전히 자연분해되지 않으며, 제거하기 어렵다는 성질을 지닌다. 해양 등의 자연환경에 유입된 마이크로비즈의 포집은 거의 불가능하다. 따라서 새로운 유입을 막기 위해 화장품, 세안제, 입욕제, 치약 등의 제품에 포함된 마이크로비즈를 대상으로 제조·공급·판매·수입 금지 등의 법적 규제(이른바 상류규제), 업계의 자율규제나 호호바 오일이나 야자 등의 천연 대체품으로의 이행 등이 세계 각국에서 도입되기 시작하고 있다. 마이크로비즈는 제품의 첨가물이기 때문에 확대생산자책임(EPR)의 사고에 근거하여, 상류규제(제조·공급·판매 등의 규제)를 채택하여 제조업자를 규제하는 경우가 많다. 이러한 방법을 사용해도 자연환경으로의 새로운 유입을 효율적으로 관리할 수 있어 기업활동에 대한 임팩트를 줄일 수 있기 때문이다.

예를 들어, 미국에서는 오바마 정권 하에서 2015년 12월 28일에 「마이크로비즈 제거 수역법(Microbead－Free Waters Act of 2015)」이 성립되었다. 이 법은 플라스틱 · 마이크로비즈를 15밀리 미만으로 피부의 각질을 제거하기 위해서 또는 인간의 신체 또는 그 일부를 세정하기 위해서 사용하도록 의도된 고형의 플라스틱 입자」라고 정의하여, 플라스틱 · 마이크로비즈가 들어간 물로 씻어낼 수 있는 「세정용 화장품」(치약 포함)의 「제조, 수입 및 주간통상을 위한 수송」을 금지하고 있다. 이 법은 이 목적을 달성하기 위해 연방식품 · 의약품 · 화장품법(Federal Food, Drug and Cosmetic Act)」(FFDCA)을 개정하고, FFDCA 제301조의 말미에 (add)(1)(2)를 추가하였다. 플라스틱 · 마이크로비즈가 들어간 제품의 제조는 2017년 7월 1일부터, 수입은 2018년 7월부터 금지된다. 단, 세정용 화장품이 「처방전 없이 입수가 가능한 의약품」일 경우에는 제조는 2018년 7월 1일부터, 수입은 2019년 7월 1일부터 금지된다. 미국 식품의약국은 이 법이 소비자의 안선을 도모하는 것을 목적으로 한 것은 아니며, 또한 화장품에 사용되는 플라스틱 · 마이크로비즈가 인간의 건강에 영향을 미친다는 것을 나타내는 증거도 없다고 하고 있다.

미국 이외에도 영국, 아일랜드, 프랑스, 이탈리아, 벨기에, 스웨덴, 호주, 뉴질랜드, 한국, 대만에서도 마이크로비즈가 들어간 개인 퍼스널 제품의 제조나 판매 등의 법적 규제를 이미 도입하고 있거나 도입을 검토하고 있다.

또한 EU 집행위원회(European Commission)는 2018년 1월 「순환경제에 있어서의 유럽 플라스틱 전략」을 공표하고, 미세플라스틱 문제에 대한 EU 차원에서의 근본적 대책을 검토하는 등, 미세플라스틱 문제의 대응을 활발하게 하고 있다.

이러한 각국의 미세플라스틱이 들어간 화장품 제조 등의 규제를 받아, 예를 들어, 미국의 「존슨 앤드 존슨」, 「프록터 앤드 갬블(P&G)」, 영국 · 네덜란드의 「유니레버」, 프랑스의 「로레알」 등의 메이커는 플라스틱제 스크럽을 천연소재 스크럽으로 전환해 나갈 방침임을 보여주고 있다.

일본 국내에서는 일본화장품공업연합회가 2016년 3월 17일에 회원기업에 「세척 스크럽 제품의 미세플라스틱 비즈 사용에 대하여」라는 문서를 발표하였다. 이 문서에서는 「세척 스크럽 제품의 미세플라스틱 비즈의 사용중지를 위해 신속하게 대응할 수 있기를 바랍니다」라고 하고 있다. 일본의 메이커는 예를 들어, 카오(花王)가 「비오레」 「멘즈비오레」 세안제 등에 사용하고 있는 스크럽 재료는 천연성분(셀룰로오스나 콘스타치)을 사용해 개발한 것이며, 치약인 「클리어 클린」의 알갱이도 마찬가지로, 모두 미세플라스틱 비즈에는 해당하지 않는다고 한다.

3. 바다의 플라스틱 문제를 둘러싼 국제규범의 동향

2019년 6월 개최된 G20 오사카 정상회담에서 「해양 플라스틱 쓰레기 대책 실시를 위한 프레임워크」가 지지를 받았다. 이 프레임워크는 각국의 자율적인 행동과 그 정보를 정기적으로 공유함으로써(공유되는 정보는 「폐기물의 발생량, 재사용량, 수집량, 재활용량, 적정처분량, 해양쓰레기 포집량」 등), 2017년 7월 개최된 G20 함부르크 정상회담에서 가동된 「G20 해양쓰레기 행동계획」을 실현해 가는 것을 기획한 것이다. 이 프레임워크는 법적 구속력이 없는 문서이지만 국제규범의 법적 구속력 유무와 그 실효성(문제상황의 개선 · 극복에 어떻게 · 어느 정도 이바지할 것인가)의 관계는 「법적 구속력이 있으면 실효성이 높아진다」라는 것은 아니다. 국제규범의 실효성을 확보 · 유지 · 향상시키기 위해서는 정보교환제도, 국가보고제도나 준수 확보절차의 설정 등(제5장 「국제환경법의 이행확보」 참조) 어떠한 장치를 준비하는 것이 중요하다.

단, 바다 플라스틱 쓰레기에 대해서는 각국이 국제규범에 근거하여 바다로의 유출량 감축 등에 대한 법적 의무를 지거나 혹은 자율목표를 세웠다고 하더라도 그 준수상황의 정확한 파악이나 평가는 현시점에서는 곤란하다. 바다의 플라스틱 쓰레기를 둘러싼 문제상황을 개선 · 극복하기 위해서는 바다에 유출 · 표류한 후 포집이나 적정처리 등에 초점을 두기보다 법적 구속력이 있는 기존의 조약에 의한 규제, 즉 육상과 항행 중인 선박에서 발생한 폐기물의 해양투기 처분에 관한 규제(96년 런던의정서와 MARPOL 협약 부속서 V(⇒제9장))나 인간의 건강이나 자연환경을 해치는 형태에서의 유해폐기물의 국경간 이동에 관한 규제(바젤협약(⇒제13장))를 체약국이 확실하게 실시함과 동시에, 육상이나 항행 중인 선박에서의 쓰레기 발생 억제 · 포집 · 재활용 · 적정처리, 또한 문제상황 · 영역에 따라서는 EPR의 사고를 토대로 상류규제나 대체품의 개발 · 사용을 진행시켜 나가는 것이 중요하다.

향후 바다의 플라스틱 쓰레기 문제에 대처하는 법적 구속력을 가진 조약을 만드는 경우, 우선은 일반적인 규범을 설정한 후 의정서 · 부속서 · 당사국총회 결의 등을 통해 시간을 걸쳐 규범을 구체화하는 「기본협정 방식」이 채택될 것으로 생각된다. 「국제규범의 설정과 각국에서의 이행」과 그것을 지탱하는 「과학적 식견이나 문제대응 기술의 진전」이라는 두 가지가 서로 작용하면서 천천히 국제규범의 손질(brush up)을 도모하고, 서서히 조약 목적을 실현해 간다. 프로세스 지향성이 그 특징이다.

지구온난화 분야에서는 1988년에 기후변화에 관한 정부간 패널(IPCC)이 설립되어 1990년에 제1차 평가보고서가 공표되었다. 여기에서 제시된 과학적 식견을 기초로 조약 협상이 이루어졌으며, 1992년에 유엔 기후변화기본협약이 채택되었다(⇒제7장, 칼럼 ④). 당시에도 그리고 2015년 파리협정이 채택된 이후에도 IPCC 보고서에서 제시하는 과학적 식견의 도달점이 조약 협상의 기초가 되고 있다. 파리협정에서는 각 체약국은 온실가스 배출감축에 관한 목표를 작성 · 제출하고, 2023년에 제1차 「전지구적 이행점검」(파리협정 제14조)이 이루어진다. 각국의 이행 상황을 평가하고 전체적인 진척 평가와 현황 파악이 이루어지며, IPCC 제6차 평가보고서에 제시하는 과학적 식견을 바탕으로 각 체약국은 다음 목표를 작성 · 제출하게 된다.

바다의 플라스틱 쓰레기에 대해서는 향후 문제상황의 해명 · 개선 · 극복에 이바지하는 과학적 식견이나 대응기술이 진전될 것으로 생각된다. 바다의 플라스틱 쓰레기 문제에 대처하기 위한 조약을 추진한다고 해도, 우선은 바다의 플라스틱 쓰레기 부유량의 계속적인 관측, 미래의 부유량 예측, 부유량의 관측 · 예측을 위한 방법의 개발, 생물이나 생태계에 초래할 리스크의 해명 등을 추진해 나가는 것이 중요하다.

주요 참고문헌

重化学工業通信社 · 石油化学新報編集部編『毎洋プラごみ問題解決への道』(重化学工業通信社、2019年).

〈쯔루타 준 (鶴田 順)〉

제10장 해양생물자원의 보존

호리구치 다케오(堀口 健夫)

1. 서론

이 장은 해양생물자원의 보존과 관련된 국제법을 다룬다. 「해양생물자원」(marine living resources)이라 함은 자원으로서 포획·이용의 대상이 되는 바다 생물종을 가리키며, 고등어나 참치 등 어류와 고래 등 해양포유동물을 포함한다. 또한 여기에서 말하는 「보존」(conservation)이란 널리 자원의 지속적인 이용을 확보하기 위한 어획 등의 관리를 의미한다. 유엔식량농업기구(FAO)의 통계에 의하면, 어획량이 지속불가능한 수준의 자원은 증가하는 경향으로 2013년에는 전체의 31.4% 정도로 추산된다. 보존대처방식의 강화는 세계적인 과제가 되고 있다.

19세기 말 미국과 영국의 베링해 물개 중재 사건(Bering Sea Arbitration)처럼, 해양생물자원의 이용·보존을 둘러싸고 비교적 일찍부터 국가 간의 분쟁이 생겨났다. 당시 미국은 알래스카 주변에서 번식하는 물개에 대하여 허가 없이 포획하는 것을 금지하는 국내법을 제정하고 있었던 바, 동법 위반을 이유로 알래스카 앞 공해에서 조업하고 있던 영국(캐나다)어선을 나포해서 처벌하기 위해 영국과의 사이에서 분쟁이 발생한 사건이다. 주된 쟁점 중 하나는, 자국의 영해내에서 서식하며 공해를 헤엄치는 물개에 대하여 미국이 배타적으로 보호·소유할 권리를 가지는가 하는 점이었는데, 이 사건의 중재(1893년)에서 물개가 미국 영해 밖에 있는 경우에는 관련된 권리가 인정되지 않는다고 판단하였다. 한편, 이 중재에서는 자원보호의 관점에서 양국에 대한 일정한 규제조치도 인정되었고, 그 후 일본과 러시아도 추가되어 물개관리를 위한 국제조약이 체결되게 되었다(북태평양 물개류 보호조약, 1911년).

이 사건에서도 알 수 있는 바와 같이, 본래 해양생물자원에 대하여는 주로 아래의 두 가지 점에서 국제법의 규제가 필요하다고 말할 수 있다. 첫째, 광대한 바다에 사는 생물자원에 대하여 어느 국가(의 선박)가 어획할 권리를 가지는가, 또한 그러한 어획을 하는 선박에 대하여 어느 국가가 규제·단속을 하는가(나아가 그러한 국가는 원래 자원을 보존할 의무를 지는가)라고 하는 점이 문제가 될 수 있다. 이 문제에 대하여는 전통적으로 영해와 공해라고 하는 해역별로 관련규제가 발전해 왔다. 그러나 위에서 언급한 물개처럼 해역을 넘어 널리 분포·회유하는 자원에 대하여는 동일한 자원에 복수의 국가가 관련되어 있기 때문에 통상 한 국가만이 자원의 보호를 꾀하는 것이 곤란하다. 따라서 둘째, 그러한 자원의 지속적 이용을 실현하기 위하여 관련국의 협력적인 대처의 확보가 과제로 남아 있다.

오늘날 위와 같은 점에 관한 일반규칙은 유엔해양법협약(1982)(이하 UNCLOS)에 명문화되어 있다. 이것들은 이른바 기본협약적인 규정이고, 나아가 구체적인 국제자원관리는 지역별·생물종별로 협약에 따라 설정되는, 각종 지역수산관리기구(RFMO) 하에서 실시되고 있다. 예를 들면, 가다랑어나 참치류를 관리하는 RFMO에 한해서도 대서양참치보존위원회(ICCAT), 중서부 태평양 수산 위원회(WCPFC), 인도양 참치위원회(IOTC), 남방참다랑어보존위원회(CCSBT), 전미열대참치위원회(IATTC) 등이 있고, 각각 특정한 지역 또는 종을 관할하고 있다. 이 장에서는 개개의 RFMO 아래에서의 대처방식을 상세하게 다룰 수는 없지만, 이들의 대처방식에 구조를 만드는 UNCLOS의 규칙을 우선 이해하여 두는 것이 중요하다. 그리고 이어 제2절에서는 그러한 UNCLOS의 일반규칙을 중심으로 해양생물자원의 보존에 관한 기본적인 국제법제도를 개관한다. 또한 제3절에서는 UNCLOS 체결 후의 국제자원관리의 일반적 과제 가운데에서 해양생태계·생물다양성의 보존 요청과 IUU어업(이는 후술한다) 대책 강화의 두 가지 점을 다루게 될 것이다. 이러한 점들을 설명하는 것과 관련하여 RFMO의 구체적 대처방식에 관하여도 가능한 범위에서 다룰 것이다.

2. UNCLOS의 일반규칙을 구조로 하는 국제법제도

여기에서는 주로 UNCLOS가 규정한 일반원칙을 다루고, 이들 규칙과의 관계에서 다른 조약에 대하여도 적절히 언급할 것이다. UNCLOS는 해양생물자원의 보존에 관해 해역별로 국가의 기본적인 권리의무를 정함과 동시에 특정한 생물종의 카테고리에 대하여 특별한 규정을 두는 구조이다. 순서에 따라 살펴보기로 한다.

(1) 해역에 관한 규정

① 영해/공해 전통적으로 바다는 영해와 공해로 구분되는데, 이러한 해역제도 자체는 UNCLOS도 계승하고 있다. 연안 12해리를 상한으로 하는 영해는 이를 설정한 국가(「연안국」이라 한다)의 주권이 미치는 국가영역의 일부이므로 외국선박은 어업행위를 할 수 없다. 영해에서는 외국선박에 무해통항권(무해를 조건으로 연안국의 허가 없이 통행하는 권리)이 인정되는데, 영해에서 어획행위를 하는 선박은 그러한 통항권이 부정된다(제19조 2항 (i)). 영해에서의 해양생물자원의 개발·관리는 해당 연안국이 제정·집행하는 법령하에서 추진되는 것이다. 원래 UNCLOS는 자국영해에서 연안국의 생물자원 보존의무를 명문화하고 있지 않다.

이에 반해 공해에서는 각국에 어획의 자유가 인정되어 있고(제87조 1항 (e)), 특히 다른 협약 등에서 제한하고 있지 않는 한, 어느 국가의 선박이라도 어획행위를 할 수 있다. 그러한 공해 상의 선박에 대하여 원칙적으로 그 기국(등록국)이 규제·단속할 수 있다(제92조). 또한 공해의 생물자원에 대하여는 모든 국가가 보존과 협력의 의무를 진다(제117조－119조). 공해의 자원에 대하여는 국제협력 없이 통상 효과적인 관리가 곤란하기 때문에 필요에 따라 각 지역에서 RFMO를 설정하여 그 아래에서 어획틀 등 구체적인 보존조치를 결정하는 경우가 많다. 그러나 그와 같이 국제적으로 결정된 조치의 집행에 대해 기본적으로 RFMO 자체는 독자의 수단을 가지지 않고, 기국이 이른바 분담하여 각각의 선박에 대하여 실시하는 것으로 한다.

② EEZ 영해와 공해에 덧붙여 UNCLOS는 특별한 해역을 몇 개 제도화하고 있는데, 특히 해양생물자원에 관련된 중요한 해역이 EEZ이다(대륙붕 등 다른 해역제도는 생략한다). 바다 200해리를 상한으로 설정할 수 있는 EEZ에서는 생물자원을 포함한 천연자원의 개발·관리에 대하여 이를 설정한 국가(연안국)의 주권적 권리가 인정되고 있다(제56조 1항 (a)). 해당 연안국은 생물자원의 개발·관리에 관한 국내법을 제정할 수 있고(제73조), 또한 이를 집행할 수 있다(제73조 1항).

외국선박은 연안국의 허가 없이 어획행위를 할 수 없고, 또한 어획이 인정되는 경우라도 연안국의 국내법령에 따라 조업해야 한다. 이 EEZ가 제도화됨으로써 종래 공해라고 취급되었던 세계의 많은 어장들이 특정한 국가의 관할 하에 두어지게 되었다.

다만, 연안국에 의한 집행에는 일정한 제한이 있다. 즉, 연안국에 나포된 외국 선박과 승무원은 합리적인 보증금을 지불하면 신속하게 석방되어야 하고(제73조 2항), 또한 연안국이 구금형을 부과하는 것은 허락되지 않는다(동 제3항). 게다가 전자의 조기석방의무 위반이 다투어지는 경우에는 체약국은 국제해양법재판소(ITLOS)에 일방적으로 제소할 수 있다(제292조). 실제로 일본도 러시아에 나포된 두 척의 일본어선의 석방을 요구하여 ITLOS에 제소한 사안에서, 그 가운데 한 척에 대하여는 보증금 지불에 기초하여 선체의 석방과 선장 등의 귀국을 인정하도록 러시아에 명하는 재판이 내려졌었다(제88토요신마루(豐進丸) · 제53토미마루(富丸) 사건 판결(2007년)). 그러한 조기석방 등의 규칙은 어업활동의 정지가 장기화됨에 따른 손실을 배려하여 도입된 것이라고 해석한다.

또한 영해와는 대조적으로 연안국은 자국 EEZ 내의 생물자원을 보존하는 의무를 지고 있다(제61조). 즉, EEZ 내의 생물자원이 과도한 개발로 위협받지 않도록 보존관리조치를 취해야 하고(동 제2항), 관련된 조치로서 최소한 개개 자원의 어업허가량(TAC: 연간 총어획량의 상한)을 설정하고(동 제1항), 또한 기본적으로 최대 지속생산량(MYS)을 실현할 것을 요구할 수 있다(동 제3항). 동 협약은 MYS를 정의하고 있지는 않지만, 학설에서는 「자원의 회복가능성에 기초하여 그 자원으로부터 지속적으로 얻을 수 있는 연간 최대 어획량」 등이라고 설명하고 있다.[1] 나아가 연안국은 자원의 최적이용을 촉진할 의무를 지고 있고(제62조), 결정된 TAC의 총량을 어획할 능력이 자국에게 없는 경우에는 잉여분에 대해 다른 국가의 입어(入漁)를 인정해야 한다. 이들 연안국의 의무에는 자원의 유효이용(자원을 낭비하지 않는 것)의 발상이 강하게 반영되어 있다고 말할 수 있다. 다만, 구체적인 어획가능량과 잉여분 등의 결정에 대하여는 역시 연안국의 재량이 크고, 또한 외국어선의 입어를 인정할 때에도 여러 조건을 붙일 수 있다. 예를 들면, 최근 러시아 EEZ 내에서의 유망어업 금지조치와 태평양 도서국 EEZ에서의 새로운

1) M. Markowski, *The International Law of EEZ Fisheries: Principles and Implementation* (2010) p.26.

입어료제도(VDS)의 도입(과 그 결과로서 입어료의 폭등)은 이들 해역에서 조업해 온 일본의 어업자들에게 심각한 영향을 주고 있다.

또한 인접국과의 사이에서 EEZ 경계에 분쟁이 남아 있는 경우에는 특별한 조치에 따라 생물자원을 둘러싼 문제에 대한 대처를 꾀하고 있다. 예를 들면, 중국과 한국과의 분쟁을 안고 있는 일본은 각각 양자간 협정을 체결하고 조업조건과 자원관리를 협의하는 위원회를 설치하고 있는 동시에, 일정한 어업질서의 유지를 도모하고 있다(일중어업협정/한일어업협정).

(2) 생물종의 범주별 규정

① 스트래들링 어종/고도회유성 어종 위에서 기술한 해역별 규정만으로는 해역을 넘어 회유·분포하는 자원에 대하여는 충분히 대처할 수 없기 때문에 UNCLOS는 그러한 자원의 일정한 범주를 특정하여 각각에 대하여 더 많은 규정을 두고 있다(이들 규정은 EEZ에 관한 UNCLOS 제5부에 들어 있다). 예를 들면, 스트래들링 어종(EEZ 내외에 존재하는 어종)에 대하여는 직접적으로 또는 국제기구를 통하여 보존에 필요한 조치의 합의에 노력할 것을 연안국과 어업국에 요구하고 있다(제63조 2항). 또한 참치 등 고도회유성 어종(넓은 해양을 회유하는 어종)에 대하여도 자원의 보존과 최적이용을 위하여 연안국과 어업국은 협력의무를 진다(제64조). 이들 종에 해당하는 어류에 대하여 위에서 기술한 UNCLOS의 관련 규정을 효과적으로 이행하기 위해, 1995년 공해어업협정(UNFSA)이 체결되었다. 이 협정은 정보가 불확실한 경우에 신중한 행동을 요구하는 사전주의 접근법(제6조)과 EEZ에서 연안국의 조치와 공해상의 조치 사이에 일관성의 확보라고 하는, 자원관리에 있어 새로운 원칙을 채택하는 것 외에 보존관리의 수단과 그 이행 등에 관련된 구체적인 규제를 규정하고 있다.

UNFSA에 따른 구체적인 자원관리는 역시 개별적으로 설립된 RFMO 주재로 주로 이행되고 있다. 일본의 조사어획의 위법성을 호주와 뉴질랜드가 다툰 남방참다랑어 사건은 남방참다랑어를 관할하는 RFMO인 CCSBT 주재로 당사국간의 과학적인 평가의 대립 때문에 연간 어획량을 결정할 수 없다고 하는, 제도의 기능이 제대로 작동하지 않아 발생하였다. ITLOS는 이 사건에 관하여 1999년 잠정조치명령에서 어획의 영향에 관한 확정적인 과학적 평가가 곤란하다는 점을 인정하면서도, 자원이 역사성 최저수준이라는 점을 고려하여 과거에 결정된 어획고를 넘어 조사어획을 하지 않을 것 등을 당사국에 명하였다(⇒**기본판례·사건** ④「남방참다랑어 사건」). 2000년의 중재 판정에 따라 이 잠정조치는 취소되었는데, 그 후 CCSBT에서는 한정된 정보로부터 신중하게 어획고를 산출하는 규칙(관리절차라고 부른다)이 채택되어 자원의 회복을 꾀하고 있다. 이러한 규제의 발전은 상술한 사전주의 접근법에 따른 것이라고 평가되고 있다.

② **해양포유동물**(고래류 등) UNCLOS는 해양포유동물에 대하여도 조문을 규정하고 있는데(제65조. 또한 제120조에 의해 공해에서도 이 규정이 적용된다), 연안국과 국제기구에 이를 포획하는 것을 금지하는 것도 인정하고 있다. 또한 각국은 해양포유동물을 보존하기 위하여 협력하고, 그중에서도 고래류에 대하여는 적당한 국제기구를 통하여 보존·관리·연구를 추진하도록 되어 있다. 여기에서 말하는 「적당한 국제기구」에 해당하는 대표적인 기구가 국제포경위원회(IWC)이다. IWC를 설립한 국제포경협약(1949년, ICRW)은 전문에서 「포경산업의 질서 있는 발전」을 언급하고 있지만, 그 후 IWC는 고래류의 보호를 강력하게 지향하여 상업포경의 포획틀을 일시적으로 0으로 하는 상업포경 모라토리움(1982년) 등을 결정해 왔다. 이러한 포경에 관한 구체적 규칙은 ICRW 본체에서가 아니라 해당 협약의 일부로서 법적 구속력을 가지는 「부표」(schedule)라고 부르는 부속문서에 규정되어 있다(ICRW 제1조 1항). 이 부표를 수정할 때에는 일정 기간 내에 이의신청을 하는 것으로 자국에 대한 효력발생을 막을 수 있고(동 제5조), 일본도 당초 상술한 상업모라토리움을 규정한 부표의 수정에 이의신청을 하였지만 그 후 바로 철회하였다.

그리하여 IWC의 규제대상종(장수고래, 밍크고래 등 대형고래류 14종)의 상업포경이 곤란하게 된 일본은 과학적 연구를 위한 포경이라면 허가를 얻을 수 있다는 것을 인정하고 있는 ICRW 제8조를 근거로 규제대상종에 대하여 이른바 조사포경을 실시해 왔다. 그러나 국제사법재판소(ICJ)의 남극해 포경사건판결(2015년)은 당시 일본이 남극해에서 실시해 온 조사계획(JARPA II)에 대하여 제시된 연구목적에 비추어 그 계획과 실행에 여러 가지 불합리한 점이 있다고 하여 제8조에서 말하는 「과학적 연구를 위한」 포경이라고 말할 수 없다고 판단하였다(⇒**기본판례·사건** ⑥「남극해 포경 사건」). 그 후 일본은 판결내용에 근거한 새로운 조사계획을 작성·실시하였는데, IWC 하에서는 상업적인 포경을 다시 할 수 없다는 것을 이유로 2018년 말에 ICRW에서 탈퇴를 표명하기에 이르렀다. 탈퇴 후에는 IWC 규제대상종에 대하여도 일본의 EEZ 이내에서 상업포경을 재개하고 있다(흑고래 등 비규제대상종에 대하여는 종래부터 포획이 계속되어 왔다)(⇒칼럼 ⑨). 다만 상술한 바와 같이, 고래류에 대하여는 「적당한 국제기구」를 통한 행동이 요구되기 때문에 그에 해당하는 기구와 어떤 연계도 없이 포경을 추진하는 것은 UNCLOS에 반한다.

③ 소하성 어족/강하성 어족 그 외에 UNCLOS는 연어 등 강을 거슬러 올라가는 어족(제66조)과, 민물장어 등 강을 내려오는 어족에 대하여도 규정을 두었다. 후자 가운데에 최근 국제협력에 기초한 관리가 급하다고 인식되는 어종의 하나가 일본장어이다. 일본, 중국, 한국, 대만 사이에서 비공식적 협의에 기초하여 2014년 이후 양식지에 투입하는 양의 상한을 두는 등 일정한 대처를 하고 있는데, 2019년 10월 현재, 협약에 기초한 RFMO의 설립까지는 이르지 못하고 있다(⇒칼럼⑩).

3. 보다 효과적인 자원관리를 지향하는 제도의 전개

이상 제2절에서는 UNCLOS의 주요한 규칙을 중심으로 해양생물자원의 어획과 보존에 관련된 기본적인 국제법제도를 살펴보았다. 이 절에서는 보다 효과적인 자원관리를 실현할 때 오늘날 국제사회가 직면하고 있는 주요한 과제로서 ① 해양생태계·생물다양성의 보전과, ② IUU 어업대책의 강화 문제를 다루어 본다. ①은 규제대상의 확대와 관련되어 있고, ②는 준수확보와 관련되어 있다.

(1) 해양생태계·생물다양성의 보전

① 새로운 규제이념·접근방식의 제창 참치 등 어획대상이 되는 해양생물자원도 해양생태계의 구성요소로 적어도 UNCLOS 체결시에는, 예컨대 먹이사슬 등을 통하여 어획대상종에 관련한 어종 등에도 배려를 촉구하는 규정이 도입되었지만(예를 들면 제61조 4항) 생태계 전체를 관리한다고 하는 발상과 생물다양성의 보전의 필요성은 그렇게 강하게 인식되지 않았다. 하지만 그 후 1992년 생물

다양성협약(CBD)의 체결 등을 거쳐 해양 생물자원 관리에도 생태계와 생물다양성에 대한 배려를 해야 한다고 하는 사고방식이 널리 국제사회에서 계속 지지받고 있다. 예를 들면, 전술한 UNFSA도 「해양환경에 대한 악영향을 회피하고, 생물다양성을 보존하며, 해양생태계를 본래대의 상태로 유지하면서 어획조업이 장기 또는 회복불가능한 영향을 미칠 위험성을 최소한으로 할 필요성」을 전문에서 언급하고, 또한 보존관리에 관한 일반원칙으로서 어획대상자원과 동일한 생태계에 속하는 종에 대한 영향평가와 그 보존 그리고 생물다양성의 보존을 들고 있다(제5조 (d), (e), (g)).

그리하여 규범의식의 발전을 반영하여 각 RFMO 체제하에서는 자원관리에 있어서 「생태계 접근방식」(ecosystem approach)의 도입이 제창되고 있다. 이 접근방식의 일반적 정의는 확립되어 있지 않지만, 종래처럼 어업대상종만을 관리하는 것이 아니라 적어도 해당 종이 속한 생태계의 모든 구성요소와 이들 사이의 상호작용, 그리고 이에 영향을 주는 모든 활동을 고려한, 보다 종합적인 관리를 요구한다. 생태계는 일반적으로 복잡하고 동태적이며, 그 기능에 관한 과학적인 지식에도 한계가 있기 때문에 앞에서 언급한 사전주의 접근법도 그러한 관리에 불가결한 지침이라고 생각하게 되었다.

생태계 접근방식은 다양한 형태로 실시되는데, 예를 들면 어구(漁具) 등의 어획수단에 대한 최근의 규제경향을 통해 이 같은 접근방식의 영향을 알 수 있다. 첫째, 직접적인 어획대상이 아닌 바닷새, 바다거북, 상어 등의 생물종의 혼획방지를 요구하는 RFMO가 증가하고 있다. 예컨대, 참치 주낙어업에서는 낚시바늘에 달려 있는 미끼를 먹으려는 바닷새가 어구에 말려들어갈 수 있기 때문에 관련된 RFMO에서 바닷새의 접근을 저지하는 장치를 이용하게 하는 등 회피수단을 지시하고, 그러한 혼획의 억제를 꾀하도록 하고 있다. 둘째, 환경파괴적인 어구가 제한되어 있다. 예컨대, 해저에 어망을 끌어 고기를 잡는 저인망에 대하여는 심해 등의 해저생태계를 파괴할 수 있기 때문에 이것을 이용하는 것을 제한하는 RFMO도 있다.

② 해양보호구역 또한 생태계 접근방식의 실현이라고 하는 관점에서도 최근 주목받고 있는 규제수단으로서 해양보호구역(MPA)의 설정이 있다. 국제법상 MPA의 일반적인 정의는 확립되어 있지 않지만, 통상 해양환경의 보호를 위하여

특히 지정된 해역을 의미하고, 주변해역보다도 활동이 엄격하게 규제된다(국제적인 정의의 일례로서 CBD 제7회 당사국총회 결의 Decision VIII/5(2004년)도 참조). 예를 들면, CBD 제10회 당사국총회(2010년)가 채택한 「아이치(愛知) 목표」는 2020년까지 연안 및 해역의 최소한 10%를 MPA 등의 수단으로 보존할 것을 요구하고 있다. 그러나 각국의 영해·EEZ에 설정되어 있든, 아니면 공해에 설정되어 있든지 간에, 보호구역의 설정은 UNCLOS 등을 비롯한 국제법의 관련규칙과 부합해야 한다. 영국이 인도양 차고스제도 사건의 중재(2015년)에서 보호구역의 설정과정에서 모리셔스의 권리에 타당한 고려를 하지 않았다는 등의 이유로 영국의 UNCLOS 제2조 3항, 제56조 2항, 제194조 4항의 위반이 인정되었다(⇒**기본판례·사건⑧** 「차고스제도 해양보호구역 사건」).

다만, UNCLOS는 오늘날 논의되고 있는 것과 같은 MPA를 명확하게 상정한 구체적인 규정을 포함하고 있는 것은 아니다. 또한 특히 공해(및 심해저)의 생태계 보호에 대하여는 CBD의 범위 내라고 단정지을 수 없는 것도 있어 입법적 대응의 필요가 지적되고 있다. 2019년 1월 현재, 국가관할권 외 구역에서의 해양생물다양성(BBNJ)에 관하여 신조약체결을 향한 국제협상이 진행되고 있는데, 「구역형 관리수단」인 항목하에 MPA에 관한 규칙도 주요한 협상과제가 되고 있다.

분명, 기존의 RFMO 체제하에서도 예컨대, 「취약한 해양생태계」(VME)를 보호할 목적으로 특별한 해역을 설정하도록 실천하고 있다(북동대서양수산위원회(NEAFC) 등). 하지만 RFMO에 의하여 제한된 것은 기본적으로는 어업활동에 그치고, 예컨대 폐기물투기와 선박의 운항 등 바다생태계에 위협이 될 수 있는 활동이 포괄적으로 규제대상이 되는 것은 아니다. 상술한 BBNJ에 관한 신조약 체결협상은 종래의 그러한 사항별 국제규칙의 본연의 자세 자체도 되물어보는 기회가 될 수 있는 점에서 주의를 요한다. 이후에도 RFMO가 공해에서의 생물자원 보존에 계속적으로 역할을 이어간다 하여도 오염 등 다른 원인행위를 규제하는 국제기구·조약기구와 한층 더 연계하고 조정하는 것이 과제로 될 수 있다.

③ 워싱턴협약에 의한 해양생물자원에 대한 규율 이상과 같이, 종래 오로지 어획대상종의 관리를 행해왔던 RFMO 체제하에서도 생태계와 생물다양성에 대한 배려가 요청되도록 되어 있는데, 한편으로는 본래 환경보호를 목적으로 하여 체결된 조약 가운데에도 해양생물자원에 대해 규제가 미칠 것으로 보인다. 그 대

표적인 것이 1973년에 채택된 멸종위기에 처한 야생동식물종의 국제거래에 관한 협약(이하 CITES)이다. 상세한 CITES의 내용은 해당되는 장에 맡겨두겠지만, 어떤 생물종이 멸종의 우려가 있다고 하여 동협약의 부속서에 게재되면, 그 표본(해당 생물의 개체·부분·파생물)의 국제거래가 규제된다. 이 부속서에는 해양생물도 게재되어 있어 동 협약이 규제하는 「거래」에는 표본의 수출입(및 재수출)뿐만 아니라, 국가의 관할수역에 해당되지 않는 장소에서 포획한 표본을 국가에 가지고 들어가는 행위(「바다로부터 가지고 들어가는 것」)도 포함된다. 따라서 어떤 해양생물이 부속서에 게재되면 해당종의 수출입은 물론, 공해에서 어획하여 이를 가지고 들어가는 행위도 규제된다.

최근 일본과 관련해서 실제로 문제가 된 것은 북태평양의 보리고래이다. 전술한 일본의 조사포경에서는 북태평양의 공해 상에서 보리고래도 포경하여 본토로 수송하였는데, 이 종은 부속서 I에 게재되어 있다. CITES의 체약국은 부속서에 게재된 생물종에 유보를 표명하면 그 종에 대하여는 조약상의 규제에 따르지 않아도 되지만(CITES 제23조), 일본은 북태평양의 보리고래에 대하여 유보를 하지 않았다. 그래서 위의 행위가 부속서 I 게재종에 대하여 금지되어 있는 「주로 상업목적」의 거래에 해당되는가 아닌가가 문제되었다. 일본은 과학연구를 목적으로 한다는 입장이었지만, CITES 제70회 상설위원회(2018년)는 포획된 보리고래의 고기가 시장에서 판매되고 있다는 사실에 근거하여 「주된 상업목적」의 거래에 포함된다고 판단하여 일본에 시정조치를 권고하였다. 또한 전술한 바와 같이, 일본은 ICRW 탈퇴후 EEZ 내에서의 상업포경의 재개를 표명하였는데, 이들 수역은 국가의 관할수역에 해당하기 때문에 여기에서 가지고 들어오는 것은 워싱턴협약의 규제대상 외이다.

또한 현실적으로는 부속서에 게재되지 않아도 CITES 하에서의 논의가 RFMO에 의한 자원관리에 사실상의 영향을 미치는 경우도 있다. 예를 들면, 대서양 참다랑어에 대하여는 CITES 제15회 당사국총회(2010년)에서 관할 RFMO(대서양 참치류를 관리하는 ICCAT)에 의한 자원관리는 불충분하다고 주장하는 국가에 의해 부속서 I에 게재할 것이 제안되었다. 결과적으로 이 제안은 부결되긴 하였지만, 그것이 영향을 주어 ICCAT에서는 일정한 규제강화를 꾀하게 되었다. 이와 같이 CITES가 해양생물을 사정범위에 들어온 것으로 RFMO에 의한 어획 등의 규제가 촉진되는 면도 있다. 예컨대, 전술한 일본 민물장어에 대하여도 이후 CITES에서 그 수출입이 규제될 가능성에도 유의하면서(공해 상에서의 어획에 대하여는 UNCLOS에서 금지하고 있다(제67조 2항)) 효과적인 자원관리를 발전시킬 필요가 있을 것이다.

(2) IUU어업대책의 강화

① IUU어업이란 무엇인가 IUU어업대책의 강화도 UNCLOS 체결 후 보다 절박해진 과제가 되고 있다. IUU어업이라 함은 대략적으로 말해서 보존에 관한 국내법 및 국제법의 규제내용에 반하는 어업을 말한다. 여기에서 IUU라 함은 Illegal(불법), Unreported(비보고), Unregulated(비규제)의 약칭으로서 예컨대, 규제를 피하기 위하여 RFMO의 비체약국에 선적을 옮긴 무질서한 조업 등도 포함된다(보다 상세한 개념정의에 대하여는 FAO · IUU어업 행동지침(2001년) 등을 참조할 것). 이러한 어업은 과잉어업을 초래하는 것으로서 자원에 직접적인 악영향을 미칠 뿐만 아니라, RFMO 등에서 그 어획을 파악할 수 없기 때문에 관리의 기초가 되는 통계정보 등의 신뢰성을 손상시키고, 적정한 어획규제의 결정을 어렵게 하는 요인이 된다.

앞절에서 본 UNCLOS의 규칙을 참조하면, IUU어업에 대하여는 국가의 관리수역(영해 · EEZ)에 대하여는 첫째 연안국이(기국에도 연안국의 법령에 반한 조업을 행하지 않도록 확보할 의무가 있다[2]), 공해에 대하여는 기본적으로 기국이 대처하게 된다. 그러나 이들 국가가 규제와 단속에 충분한 능력과 의사를 가지고 있다고는 할 수 없다. 특히 공해에서는 이른바 편의치선적(외국의 개인 · 법인이 가지고 있는 선박의 선적등록을 인정한 국가에 편의적으로 등록한 배)의 존재가 문제되고 있으며, 기국을 통한 질서유지의 한계가 인정되어 왔다. 이러한 한계에 대처하기 위하여 국제사회에서는 어떠한 대처가 이루어져야 할 것인가? RFMO 체제하에서도 다양한 구체적 대책이 추진되고 있는데, 여기에서는 지역을 초월한 일반적인 체제를 규정한 조약에 착안하여 정리해 본다.

② 기국 의무의 확대 · 강화 우선 기국의 의무를 확대할 것을 꾀하고 있다. 즉, UNFSA는 체약국의 선박이 어떠한 RFMO의 관할해역 내에서 조업할 경우에

2) ITLOS 서아프리카지역 어업위원회사건 권고적 의견(2015년), 127단락 참조.

는 해당 RFMO의 보존조치(어획과 어구의 제한 등)를 받아들일 것을 그 조건으로서 요구하고 있다(제8조 3항). 이것은 RFMO에 가입하지 않은 국가에 대하여도 그 보존조치의 규율을 미치게 할 것을 노린 것이다. 또한 기국의 의무강화도 시도되고 있다. 예를 들면, 1993년에 채택된 공해어업 보존조치준수협정은 자국어선에 의한 공해에서의 조업을 허가제로 하고, 과거에 IUU어업에 종사하였던 선박에 대하여는 일정한 조건을 충족하지 않는 한 허가하지 않는다는 것 등을 규정하고 있다(제3조. UNFSA도 기국의 의무를 구체적으로 규정하고 있다(제18조~제20조)). 이들 규칙의 발전은 환영해야 하지만, 위에서 언급한 여러 조약에 참가하지 않는 국가도 적지 않고(UNFSA의 체약국은 89개국<+EU>(2019년 10월 현재), 공해보존조치준수협정은 42개국<+EU>(2018년 7월 현재)), 어찌되었든 기국의 능력과 의사에 부족의 대한 유효한 대처라고는 할 수 없다.

③ 기국 이외의 국가에 의한 해상에서의 대처 이러한 기국에 의한 대처를 보완하는 것으로서 공해상의 검사 등에 관련된 규칙에도 일정한 발전을 볼 수 있다. UNFSA는 RFMO의 보존조치의 준수의무를 위하여 UNFSA의 체약국의 검사관이 다른 체약국의 어선에 탑승하여 검사를 행하는 것을 인정하고 있다(제21조 1항). 즉, 상호 UNFSA의 체약국인 것을 조건으로 기국 이외의 국가에 의한 해상에서의 검사권한을 인정하는 점에 의의가 있다. 게다가 해당 보존조치를 결정한 RFMO에 가입하지 않은 국가의 어선도 검사대상이 될 수 있다. 그러나 UNFSA의 비체약국에는 이 규칙이 적용되지 않고, 또한 어느 쪽이든지 소추·처벌은 해당 어선의 기국의 의사에 맡겨져 있다.

④ 기항국에 의한 IUU어업물의 유통제한 위에서 언급한 ②와 ③에 따른 대응의 한계에 비추어볼 때, 특히 주목되는 것이 기항국에 의한 조치이다. 「기항국」이라 함은 문제의 선박이 입항하고 있는 국가를 가리킨다. UNFSA는 입항해온 외국선박에 대한 검사와 위법하게 어획된 생선의 양육 등의 금지를 기항국에 인정하고 있는데, 이들은 의무로서 규정되어 있지는 않다(제23조). 이에 대하여 2009년에 채택된 항만국 조치 협정(PSMA)은 일정한 경우에 자국 항구의 사용을 거부할 의무를 체약국에 부여하고 있다. 즉, 입항을 희망하는 선박에 대하여 어획물 등에 관한 정보의 제공을 요구하고, IUU어업 등에 종사하였다고 하는 충분한 증거를 가지고 있는 경우에는 해당 선박의 입항을 거부해야 한다(제9조). 또한

입항 후 또는 항구에서 실시해야 할 검사 후에도 IUU어업 등에 종사한 일정한 근거가 있는 경우에는 생선의 양육과 보급 등을 위하여 항구를 사용하는 것을 거부할 수 있다(제11조, 제18조).

이러한 기항국에 의한 조치는 IUU어업에 의한 어획물의 판로를 끊는 것으로 관련된 어업에 종사하는 경제적인 유인을 저하시키는 것을 목적으로 한다. 또한 일반적으로 해양에서의 단속과 비교하여도 보다 효과적이고, 비용면이나 안전면에서도 낫다. 본래 많은 기항국이 협조적으로 행동하면 관리가 안이한 국가의 항구에서 양육이 행해질 가능성이 있다(편의기항의 문제). 각국이 PSMA에 참가하고 이를 적확하게 이행하는 것을 확보하는 것도 중요한 과제이다.

⑤ 각 RFMO의 대처와의 관계 이상에서 언급한 여러 조약들은 각 RFMO를 넘는 일반규칙의 제정을 시도한 것이어서 RFMO의 비회원국에 대한 일정한 대처도 가능하게 된다. 한편, RFMO에서의 보다 구체적인 대책은 개개의 RFMO가 관할하는 지역의 질서유지에 이바지할 뿐만 아니라, 위에서 언급한 일반규칙에 기초한 대응을 보완하는 면도 있다. 예컨대, 많은 RFMO에서는 IUU어업에 종사한 선박목록을 작성하고 있는데, 그러한 목록은 PMSA에 기초하여 입항을 거부할 때 근거가 된다. 또한 어떤 경로에서 IUU어획물이 특정한 국가에 의해 양육된다고 하여도 RFMO에서 채택하고 있는 무역제한조치에 따라 그 후의 유통이 제한될 가능성이 있다. 예를 들면, CCBST 등 일부 RFMO는 RFMO의 보존조치에 따라 어획된 것을 기국이 인증하는 서류를 완비하지 않으면 어획물의 수입을 인정하지 않는 제도를 도입하고 있다(어획증명제도).

이처럼 오늘날 국제사회에서는 상기한 ② 이하의 다양한 대책을 강구하는 것으로 IUU어업 등을 한층 줄이려는 노력을 계속하고 있다. 특히 기항국에 의한 대처는 광대한 바다에서 기국 등이 선박을 관리하는 한계를 감안하여도 중요하고, 예컨대 전술한 MPA 관리의 문맥에서도 그 의의가 지적되고 있다.

참고문헌

1. 山本莫二,『国際漁業紛争と法』(玉川選書, 1976年).

오래된 서적이지만 UNCLOS 체결 이전 시기의 구체적 분쟁과 국제법의 발전상황에 대한 이해를 높일 수 있다.

2. Yoshifumi Tanaka, *The International Law of the Sea*, 3rd (Cambridge, 2019).

해양생물자원의 보존에 관한 장은 오늘의 국제법 관련규칙과 논점을 명쾌히 정리하고 있다.

3. 加々美康彦,「国家管轄外区域の海洋保護区」, 国際法外交雑誌 117巻 1号 (2018年).

해양보호구역을 둘러싼 지금까지의 다양한 국제실천을 해석하고, BBNJ와 관련된 협상을 통해 표면화하고 있는 과제를 알 수 있다.

4. 中野秀樹・高橋紀夫,『魚たちとワシントン条約』(文一総合出版, 2016年).

CITES에 의한 해양생물의 규제와 관련제도의 동향에 대해 현상과 문제점 등이 상세히 검토되고 있다.

5. 西村弓,「公海漁業規制」, 法学セミナー (2018年10月).

IUU어업에 대해 오늘날의 국제법의 대처를 중심으로 상당히 알기 쉽게 설명하고 있다.

6. 児矢野マリ編,『海洋資源管理の法と政策—持続可能な漁業に向けた国際法秩序と日本』(信山社, 2019年).

본고에서는 별로 다루지 않았던 일본의 어업법규의 현상태와 과제에 대해, 국제규범의 발전에 비추어 다각적으로 검토하고 있다.

Q. 물음

1. 해양생물자원의 이용과 보존에 대해 EEZ는 오로지 연안국의 이익을 보호하는 제도인가?

2. UNCLOS, ICRW, CITES는 각각 포경을 어떻게 규율하고 있는가?

3. RFMO에서 생태계 접근에 기초한 자원관리로는 구체적으로 어떤 규제가 있는가?

4. IUU어업에 대한 국제적인 대처에 있어서 기항국조치협정은 어떤 의미를 가지고 있는가?

제11장 생물다양성의 보호

혼다 유스케(本田 悠介)

1. 서론

「생물의 다양성」(biological diversity) 또는 「생물다양성」(biodiversity)이라 함은 생물과 서식환경 사이의 풍부함을 가리키며, 구체적으로는 「생태계의 다양성」, 「종의 다양성」 그리고 「유전자의 다양성」이라는 세 가지 차원에서의 다양성으로 구성된 개념이다.

인류는 생물다양성을 기반으로 하는 생태계에서 의식주뿐만 아니라 경제, 과학, 의료, 교육, 문화, 레크리에이션이라고 하는 폭넓은 혜택을 받아 왔으며 인류가 생존하는 데 생물다양성의 유지는 불가결하다. 따라서 특히 20세기 후반 인간활동에 기인한 각종 직접적·간섭적 요인에 의해 생물다양성은 큰 위기에 직면하고 있다. 이러한 문제에 대응하기 위하여 국제사회는 람사르협약과 워싱턴협약 등 환경협약을 작성해 왔는데, 이들은 특정한 구역과 종을 대상으로 한 것이어서 지구규모에서의 생물다양성을 보존하는 것은 아니었다. 따라서 1980년대부터 기존의 협약을 보완하거나 포괄하는 생물다양성 보전을 위한 협약의 필요성이 국제적으로 논의되게 되었다. 이렇게 큰 관심을 받아 작성된 것이 1992년 5월 22일에 채택된 「생물다양성에 관한 협약」(생물다양성협약, 1993년 12월 29일 발효)이다.

현재 이 생물다양성협약 하에는 3개의 의정서가 있다. 2000년 1월 29일에 채택된 「바이오안전성에 관한 생물다양성협약 카르타헤나 의정서」(카르타헤나의정서, 2003년 9월 11일 발효), 카르타헤나의정서 밑에 위치하는 2010년 10월 15일에 채택된 「바이오안정성에 관한 카르타헤나의정서의 책임과 구제에 관한 나고야·쿠알라룸푸르 책임의정서」(나고야·쿠알라룸푸르 책임의정서, 2018년 3월 5일 발효), 그리고 2010년 10월 29일에 채택된 「생물다양성에 관한 협약의 유전자원의 취득기회 및 그 이용에서 생기는 이익의 공정하고 공평한 배분에 관한 나고야의정서」(나고야의정서, 2014년 10월 12일 발표)이다.

2. 생물다양성협약

(1) 협약의 성립경위

생물다양성을 지구규모에서 보전하기 위한 국제협정이라는 구상은 1981년에 국제자연보호연합(IUCN)에 의해 처음으로 제창되어 1984년에서 1989년에 걸쳐 IUCN을 중심으로 검토작업에 들어갔다. 이는 당시 급속하게 진행되고 있던 종의 멸종(유전자 다양성의 손실)에 대응하기 위한 것이었고, 또한 생물다양성의 보전에 관한 남북간의 부담의 공평화를 꾀하는 것도 목적으로 하였다.[1] 이러한 움직임 하에 유엔환경계획(UNEP)의 관리이사회는 1987년 6월에 생물다양성에 관한 포괄적인 협약의 필요성을 검토하기 위한 전문가 작업반의 설치를 요청, 1988년 11월에 최초의 회의가 열렸다. 그 후 1989년 5월에는 협약안을 검토하기 위한 법률·기술전문가 작업반을 설치, 1991년 2월에는 그 작업반의 명칭을 「정부간 협상위원회」(Intergovernmental Negotiating Committee: INC)로 변경하고, 공식적인 협약협상을 하였다. INC는 지금까지 주로 선진국의 기업에 의해 규칙 없이 행해온 것에 대한 개발도상국의 불만이 분출되어 그 논점이 생물다양성의 보전에서 유전자원의 접근제한과 지식재산권의 규제라고 하는 문제로 옮겨가는 등 협상은 난항을 맞이하였다.[2] 최종적으로 직접 압박해 오던 1992년 6월의 「유엔환경개발회의」(UNCED)의 성공으로 선진국과 개발도상국 사이에 많은 부분에서 정치적인 타협이 이루어져 드디어 1992년 5월 22일 나이로비회의에서 협약안이 채택되었다. 2019년 11월 현재, 생물다양성협약의 체약국은 EU를 포함하여 196개국에 이르는데, 미국은 지식재산권 등에 대한 영향을 이유로 여전히 체결하고

1) Françoise Burhenne-Guilmin and Susan Casey-Lefkowitz, "The Convention on Biological Diversity: A Hard Won Global Achievement," *Yearbook of International Environmental Law*, Vol.3 (1993), pp.43-46.

2) Mostafa K. Tolba with Iwona Rummel-Bulska, *Global Environmental Diplomacy: Negotiating Environmental Agreements for the World*, 1973-1992 (MIT Press, 1998), pp.125-163.

있지 않다.

(2) 목적과 적용범위

생물다양성협약은 유전적 다양성을 대상으로 하고, 생물다양성을 포괄적으로 취급하는 최초의 협약이다. 또한 생물자원에 관한 국가의 주권적 권리를 재확인하는 한편, 생물다양성의 보전이 「인류 공통의 관심사」(전문)라는 것을 확인한 최초의 협약이다. 또한 그 구체적인 이행방법을 각 체약국의 재량에 맡겨 의정서의 채택을 상정하고 있는 것으로부터도 기본협약으로서의 특징을 가지고 있다.

이 생물다양성협약은 목적으로서 「생물다양성의 보전」, 「그 구성요소의 지속가능한 이용」 및 「유전자원의 이용에서 생기는 이익의 공정하고 공평한 배분」이라는 세 가지를 들고 있다(제1조). 여기에서 말하는 「보전」(conservation)이라 함은 협약에는 정의규정이 없지만, 그것을 이용할 때 통상보다도 높은 수준의 배려가 필요하다는 것을 시사한다.[3] 또한 「지속가능한 이용」(sustainable use)은 현재 및 미래세대의 필요를 충족시키고 생물다양성이 현저히 감소되는 것을 초래하지 않도록 계속 이용하는 것을 의미한다(제2조). 협약의 제6조 이하를 보아도 분명한 것처럼, 이들은 그 어느 것이나 인간에 의한 이용을 염두에 둔 개념이라 환경과 자원에 손해를 끼치는 것으로부터 지키는 「보호」(protection)나 그 원초적인 상태를 가능한 한 유지, 경우에 따라서는 회복시키는 「보전」(preservation)과는 다르다.

협약의 적용범위는 국가의 관할하에 있는 구역(영토에서 배타적 경제수역 및 대륙붕까지)의 「생물다양성의 구성요소」와(제4조 (a)), 국가의 관할하에 있는 구역과 관할권이 미치지 않는 구역(공해와 심해저)의 쌍방에서 국가의 관리 또는 관할 하에서 행해지는 「작용 및 활동」(동조 (b))으로 되어 있다.

(3) 주요규정

① 보전과 지속가능한 이용 기본협약인 생물다양성협약의 특징은 바로 노력의무규정이다. 협약은 체약국에 대하여 각국의 상황과 능력에 따라 생물다양성의 보전 및 지속가능한 이용에 관한 일반적 조치를 취하도록 정하고 있다(제6조). 즉, 각 체약국은 가능한 한, 그리고 적당한 장소와 판단범위에서 관련조치를

3) Patricia Birnie, Alan Boyle, Catherine Redgwell, *International Law and the Environment*, 3rd ed., (Oxford University Press, 2009), p.589.

취한다. 예컨대, 체약국은 보호지역의 지정과 종의 개체군 유지의 촉진, 생태계의 수복과 복원, 유전자대체생물의 이용규제, 외래종의 도입방지, 박멸 등 서식지역 내 보호조치 외(제8조), 그 보완적 조치로서 멸종위기종 등 자연의 서식지역에서의 보존이 어려운 야생동식물을 시설 등 본래의 서식지 외에서 보존, 번식하고, 야생으로 복구시킬 수 있는 서식지역 외 보전조치(제9조), 그리고 국가가 의사결정을 할 때 보존과 지속가능한 이용을 고려하고 이를 개발하기 위한 관민연대라고 하는 조치를 행한다(제10조). 이 때문에 체약국은 생물다양성에 중요한 서식지와 종의 특정, 그 모니터링을 실시한다(제7조). 또한 협약은 생물다양성에 대한 현저한 악영향을 회피하거나 최소화하기 위하여 환경영향평가를 위한 절차를 도입할 것을 요구하고 있다(제14조).

② 유전자원에 대한 접근과 이익배분 생물자원 가운데 「유전의 기능적 단위」(DNA와 RNA)를 가지는 소재를 「유전자원」이라고 하고(제2조), 협약은 그 유전자원에 대한 접근(공식번역은 「취득의 기회」)과 이익배분(Access and Benefit-sharing: ABS)에 관하여 다음과 같은 「ABS 규칙」을 규정하고 있다. 협약은 천연자원에 대한 국가의 주권적 권리에 기초하여 유전자원에 접근하는 것에 대한 권한은 당연히 자원의 소유국 정부이고, 그 국내법령에 따라 정한다(제15조 1항). 한편, 체약국은 유전자원에 대한 접근을 촉진하는 노력의무가 있어 협약의 목적에 반하는 제한을 부과할 수 없다(동조 제2항). 즉, 일방적인 접근금지는 할 수 없다. 유전자원에 대한 접근은 유전자원의 이용자와 제공자로 「상호 합의하는 조건」(Mutually Agreed Terms: MAT)에 기초하고, 유전자원의 제공국이 특단의 결정을 하는 경우를 제외하고, 제공국으로부터 「사전정보에 기초한 동의」(Prior Informed Consent: PIC)를 한 후에 행한다(동조 제5항). 이익배분에 관하여 체약국은 유전자원의 이익에서 생기는 이익을 제공국과 「공정하고 공평하게 배분」하기 위하여 적절한 때 입법상, 행정상 또는 정책상의 조치(국내조치)를 취해야 하고, 그 배분은 MAT에 기초하여 행한다(동조 제7항). 그 이익에는 유전자원을 이용하는 기술(제16조 3항)과 바이오테크놀로지의 연구활동에 참가하는 것과 그 성과·이익에 대한 접근 등(제19조 1항, 2항)이 포함된다.

그림 11-1 ‖ ABS의 개념도

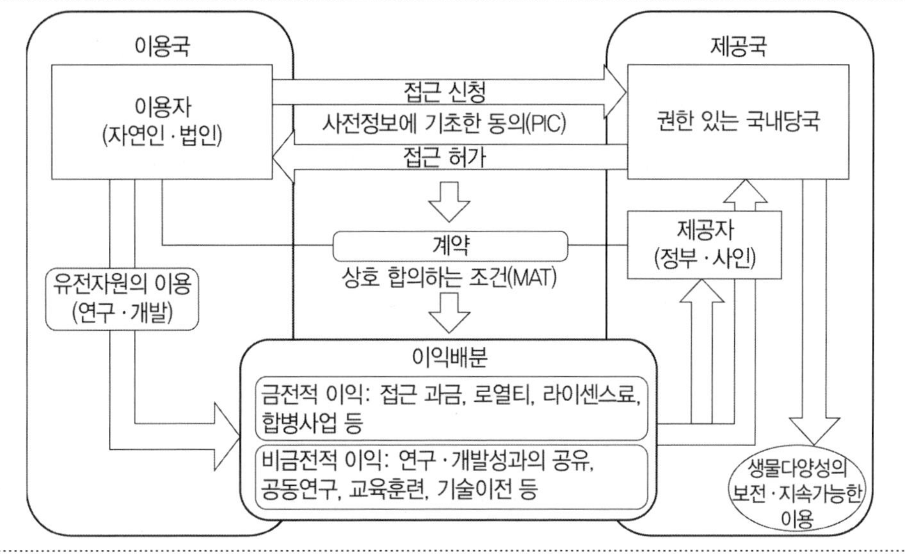

(출처: 필자작성)

3. 카르타헤나의정서

(1) 협약의 성립경위

카르타헤나의정서는 현대의 생명공학에 의해 변형된 생물(Living Modified Organism: LMO), 즉 유전자변형생물이 국경을 넘어 이전함으로써 생물다양성에 악영향을 주는 것을 방지하기 위하여 생물다양성협약 제19조 3항에 기초하여 작성되었다. 의정서 작성을 위한 협상은 1996년부터 행해져 당초에는 1999년 2월에 콜롬비아의 카르타헤나에서 개최된 생물다양성협약의 특별 당사국총회에서 채택될 예정이었으나, LMO의 주요 수출국인 마이애미 그룹(아르헨티나, 호주, 캐나다, 칠레, 미국, 우루과이)과 EU, 개발도상국, 중동국가들, 타협파(일본, 멕시코, 노르웨이, 싱가포르, 한국, 스위스 등) 사이에 의견의 격차가 커 합의에 이르지 못하였다. 그 때문에 추가로 두 번의 비공식협의를 하여 2000년 1월에 몬트리올에서 개최된 특별 당사국총회의 재개회의에서 드디어 의정서 안이 채택되었다. 의정서가 채택된 것에 탄력을 받아 1999년 2월 특별 당사국총회 이후에 발생한 LMO 농작물의 안전성에 대한 우려가 높아지자 수출규제에 관한 논의가 WTO에서의 문제로까지 파급되었는데,[4] LMO가 국경을 넘는 이동으로부터 생기는 손해에 대한 「책임과 구제」(제27조) 등의 주요논점을 뒤로 미룬 것도 그 요인으로 들 수 있다. 2019년 11월 현재, 카르타헤나의정서의 체약국은 EU를 포함하여 171개국이 되었는데, 마이애미 그룹은 우루과이를 제외하고 여전히 체결하고 있지 않다.

(2) 목적과 적용범위

카르타헤나의정서는 리우선언 원칙15에서 규정한 「사전주의 접근법」에 따라 생물다양성의 보전 및 지속가능한 이용에 악영향을 미칠 가능성이 있는 LMO의 안전한 이송, 취급, 이용을 위한 충분한 수준을 확보할 것을 목적으로 한다(제1조).

의정서는 생물다양성의 보전 및 지속가능한 이용에 악영향을 미칠 가능성이 있는 모든 LMO가 국경을 넘어 이동, 통과, 취급 및 이용하는 것에 적용되는데(제4조), 다른 국제협정 등이 대상으로 하는 인간을 위한 의약품인 LMO에는 적용되지 않는다(제5조).

(3) 주요규정

① 사전정보에 기초한 합의절차 의정서는 재배 등 환경에 대한 의도적인 도입(환경방출 이용)을 목적으로 하는 LMO의 최초 수출입에 앞서 「사전정보에 기초한 합의」(Advance Informed Agreement: AIA) 절차를 적용한다고 규정하고 있다(제7조 1항). AIA 절차라 함은 LMO의 수출에 대하여 사전에 통보하고, 수입국이 수출국이 제안한 정보에 기초하여 리스크평가를 실시한 후 그 수입의 가부를 결정할 것을 나타낸다. 구체적으로는 LMO의 수출국·수출업자는 수입국에 대하여 LMO에 관한 정보를 서면으로 통보하고(제8조), 수입국은 통보를 수령한 후 90일 이내에 서면에 의해 수령확인을 통지한다(제9조 1항). 수입국은 제15조의 리스크평가를 행한 후 수입 가부를 결정하고(제10조 1항), 그 결정에 대하여 270일 이내에 보고자와 바이오안전성에 관한 정보교환센터(Biosafety clearing house)에 통보한다(동조 제3항). 나아가 AIA 절차는 LMO의 통과 및 확산방지 조치 하에서의 이

4) 高島忠義, 「カルタヘナ議定書を巡る『貿易と環境』の問題」, 『法学研究 (慶應義塾大学)』 82巻 11号 (2009年), 39－43면.

용(시설내 등 환경방출을 하지 않는 이용)(제6조)과 의정서의 당사국총회에 의해 생물다양성에 악영향을 미칠 우려가 없다고 특정된 LMO에 대하여는 적용하지 않는다(제7조 4항). 또한 식량·사료로서 직접 이용하고 가공을 목적으로 하여 이용되는 LMO(commodity)의 수출입의 경우에도 필요 없지만, 국내이용을 최종적으로 결정하는 체약국은 해당 결정으로부터 15일 이내에 정보교환센터를 통하여 그 내용을 다른 체약국에게 통보할 의무가 있다(제11조 1항).

그림 11-2 ‖ AIA 절차 개념도

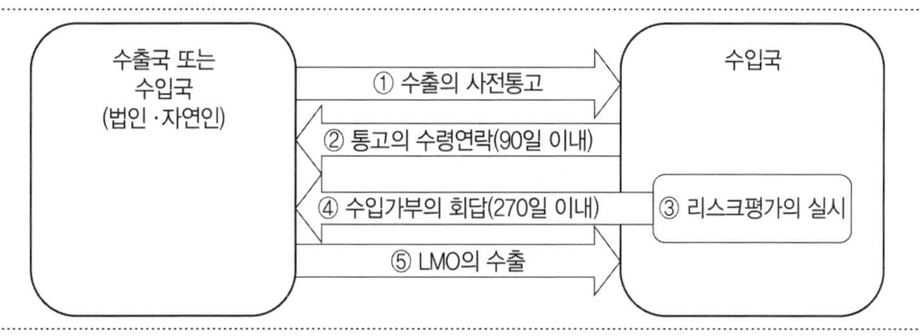

(출처: 저자작성)

② LMO의 취급, 수출, 포장 및 표시 체약국은 의도적으로 국경을 넘는 이동의 대상이 되는 LMO가 안전한 상황 하에서 취급, 포장, 수송될 것을 의무로 하기 위한 필요한 조치를 취해야 하고(제18조 1항), 전술한 LMO의 분류에 따라 첨부한 서류에 LMO이라는 것 또는 그것이 포함될 수 있다는 것 등을 명확하게 표시해야 한다(동조 제2항).

4. 나고야·쿠알라룸푸르 책임의정서

(1) 협약의 성립경위

나고야·쿠알라룸푸르 책임의정서는 LMO가 국경을 넘어 이동함에 따라 생기는 손해에 대한 「책임과 구제」에 관한 규칙을 규정한 것으로서 카르타헤나의정서 제27조에 기초하여 작성되었다. 당초 「책임과 구제」에 관한 국제제도는 의정서 제27조에 규정된 협상기간인「제1회 당사국총회 후 4년 이내」인 2008년까지 작성될 예정이었으나, 개발도상국(주로 아프리카 국가들)과 EU 사이에서 책임의 범위와 조치의 내용에 대하여 의견이 크게 대립되어 다섯 번의 작업반과 한 번의 특별회의를 거쳐서도 합의에 이르지 못하고, 네 차례의 추가회의를 거쳐 2010년 10월에 아이치현(愛知縣) 나고야시에서 개최된 카르타헤나의정서 제5차 당사국총회에서 간신히 채택되기에 이르렀다.5) 2019년 11월 현재, 나고야·쿠알라룸푸르 책임의정서의 체약국은 EU를 포함하여 44개국이다.

(2) 목적과 적용범위

나고야·쿠알라룸푸르 책임의정서의 목적은 LMO에 관한 책임과 구제에 관한 제도를 규정함으로써 인간의 건강에 대한 리스크를 고려하면서 생물다양성의 보전 및 지속가능한 이용에 기여하는 것에 있다(제1조).

책임의정서는 상품(commodity)으로서의 이용, 확산방지 조치 하에서의 이용, 또는 환경방출 이용을 목적으로 하는, 국경을 넘는 이동에서 유발되는「LMO로부터 생기는 손해」에 적용되며(제3조 1항), 수입국의 허가를 얻어 행해진 의도적인 이동(동조 제2항)뿐만 아니라, 비의도적인 이동과 불법적인 이동에서 생기는 손해도 대상으로 한다(동조 제3항). 또한 여기에서 말하는「손해」라 함은, 생물다양성의 보전 및 지속가능한 이용에 대한, 측정가능하거나 관측가능한, 현저한 악영향을 말한다(제2조 2항 (b)).

(3) 주요규정

① 대응조치 체약국은 LMO에 의한 손해가 생길 경우에는 적당한 LMO의 관리자(개발자, 생산자, 수출입업자, 운송자 등)(제2조 2항 (c))에 대하여 권한 있는 당국(일본의 경우에는 환경성)에게 직접 보고하고, 손해를 평가하며, 적당한 조치를 취할 수 있도록 요구한다(제5조 1항). 또한 권한 있는 당국은 손해를 유발한 관리자를 특정하고, 손해를 평가하며, 관리자가 취해야 할 대응조치에 대하여 결정한다(동조 제2항). 여기에서 말하는「대응조치」라 함은 손해의 방지, 최소화, 봉입,

5) 速井朗子,「越境環境損害に関する国際的な責任制度の現状と課題: カルタヘナ議定書」,「責任と救済に関する名古屋ークアラルンプール補足議定書」の評価を中心として『新世代法政策学研究』, 14号 (2012年), 285－289면.

완화, 회피 외에 원상회복이나 그에 가까운 상태로 회복하는 등의 생물다양성의 복원조치를 말한다(제2조 2항 (b)). 나아가 관리자가 대응조치를 취하지 않을 경우에는 권한 있는 당국이 스스로 조치를 취하고, 관리자에 대하여 그 비용상환을 요구할 수 있다(동조 제4항·제5항). 그 대응조치의 구체적인 내용은 국내법령에 따라 정해진다(동조 제8항).

② 금전상의 보증 책임의정서는 대응조치를 명받은 관리자가 해당 조치를 이행할 경제적 부담을 감내할 수 없는 경우에 대비하여 체약국이 WTO 등 국제법에 반하지 않는 한에서 금전상의 보증으로서 보험에 가입하여 보증금을 공탁받을 수 있는 조치를 국내법령에 의해 규정할 수 있도록 하고 있다(제10조 1항·2항).

5. 나고야의정서

(1) 협약의 성립경위

나고야의정서는 생물다양성협약이 발효한 이후에도 선진국으로부터 유전자원의 이용에서 생기는 이익배분이 진행되지 않는 것에 대한 개발도상국의 불만을 받아 들여 작성된 것인데, 2002년 9월에 「지속가능발전 세계정상회의」(WSSD)에서 유전자원에 대한 접근과 이익배분(ABS)에 관한 국제체제의 검토요청을 계기로 하여 협상과정이 개시되었다. 이것을 받아 2004년 생물다양성협약 제7회 당사국총회는 ABS 국제체제의 검토를 결정하고, 그 협상은 2005년 이후 작업반과 전문가회의를 포함하여 20회 이상 행해졌다. 최종적으로 의정서는 2010년 10월 아이치현 나고야시에서 개최된 제10회 당사국총회에서 채택되었다. 협상이 여기까지 길어진 요인은 주권적 권리를 근거로 유전자원의 이용국에 대하여 제공국의 ABS에 관한 국내법을 이용국 국내에서 이행할 수 있도록 주장하는 개발도상국과, 생물다양성협약과 자국의 국내법에 반하는 법령을 무조건 받아들일 수는 없다고 하여 제공국의 국내법의 역외적용에 반대하는 선진국(주로 EU) 사이의 다양한 관점의 의견대립이다. 최종적으로는 이용국이 자국 내에서 이용된 유전자원이 제공국의 ABS 국내법에 따라 PIC 및 MAT가 설정되어 있다는 것을 확보할 조치(이용국 조치)를 취하는 것으로 타협되었다. 2019년 11월 현재, 나고야의정서의 체약국은 EU를 포함하여 120개국이나 되는데, 생물다양성이 풍부한 호주, 브라질, 캐나다 등은 아직도 체결하고 있지 않다.

(2) 목적과 적용범위

나고야의정서는 생물다양성의 하나인 유전자원의 이용에서 생기는 이익을 공정하고 공평하게 분배하는 것을 효과적으로 이행함으로써 생물다양성의 보전과 지속가능한 이용에 공헌하는 것을 목적으로 한다(제1조).

의정서의 적용범위는 협약 제15조의 범위 내에서 유전자원 및 유전자원에 관련된 전통적인 지식과 이를 이용하는 데에서 생기는 이익이고(제3조), 유전자 발현과 생물의 대사 결과로서 만들어진 천연화합물(항생물질과 효소 등)이라고 하는 유전자원 그 자체가 아닌 「파생물」(제2조 (c))은 대상이 아니다. 단, 각국의 국내법령과 MAT에 포함될 수 있는 것은 배제되지 않는다.

(3) 주요규정

① 공정하고 공평한 이익배분 나고야의정서는 유전자원의 이용 및 그 후의 이용과 상업화에서 생기는 이익은 상호 합의하는 조건(MAT)에 기초하여 유전자원의 제공국과 공정하고 공평하게 배분해야 하고(제5조 1항), 체약국은 이를 위해 적절하게 국내조치를 취한다고 규정하고 있다(동조 제3항). 이는 유전자원에 관련된 전통적인 지식의 경우도 마찬가지이다(동조 제2항·제5항). 또한 의정서는 이익을 배분하는 데 있어서 「공정하고 공평」한 것에 대하여는 정의하고 있지 않지만, 이는 당사자 간의 계약인 MAT가 정한 여러 조건에 따라 종합적으로 판단할 수 있다.

② 유전자원에 대한 접근 의정서는 천연자원에 대한 주권적 권리를 재확인하고, 체약국이 특단의 결정을 행한 경우를 제외하고,[6] 유전자원을 이용하기 위한 접근에는 제공국의 ABS에 관한 국내법령의 요건에 따라 사전정보에 기초한 동의(PIC)를 취득할 필요가 있다고 규정하고 있다(제6조 1항). 다른 한편, PIC의 취득을 요구하는 체약국에 대하여는 국내조치의 법적 확실성, 명확성, 투명성의

6) 일본은 국내의 유전자원에 접근에 있어서 PIC는 중요하지 않음을 행정결정하고 있다. 「遺伝資源の取得の議会及びその利用から生ずる利益の公正かつ衡平な配分に関する指針」(財務省·文部科学省·厚生労働省·農林水産省·経済生産性·環境省告示 第1号, 平成29 <2017>年 5月 18日).

확보와, 증명서의 발급, ABS 정보공유체계(ABS Clearing House)에 대한 통보 등을 의무화하고 있고(동조 제3항), 유전자원의 이용국과 제공국의 쌍방을 배려한 내용으로 되어 있다.

③ **지구규모의 다자간 이익배분 메커니즘** 의정서는 유전자원이나 유전자원에 관련된 전통적 지식이 복수의 국가와 지역에 걸쳐 존재하는 경우와, 유전자은행 등 역외에서 보전되고 있는 유전자원에서 제공국·원산국이 불명한 경우인, 「국경을 넘어 존재」하거나 「PIC를 얻을 수 없는」 경우의 이익배분의 체계에 대하여 검토한다고 규정하고 있다(제10조). 현재 이러한 체계의 필요성과 양식을 둘러싸고 협상이 진행 중인데, 개발도상국과 선진국 사이에서 여전히 의견의 격차가 커 구체적인 메커니즘이 설치될지는 알 수 없다.

참고문헌

1. 藤倉良, 「生物多様性条約とカルタヘナ議定書」, 西井正弘編, 『地球環境条約』, 有斐閣, 2005年.

2. 西村智浪, 「遺伝資源へのアクセスおよび利益配分に関する名古屋議定書: その内容と課題」, 『立命館法学』 2010年 5・6号 (333・334号), 2010年.

3. 磯崎博司他編・バイオインダストリー協会生物資源総合研究所監修, 『生物遺伝資源へのアクセスと利益配分』, 信山社, 2011年

4. 岩間徹 「生物多様性の保存と遺伝資源の利用に関する条約レジーム: COP10/MOP5の成果分析」, 『環境法研究』 22号, 有斐閣, 2011年.

   나고야의정서와 나고야·쿠알라룸푸르 보통의정서의 각 조문과 특징을 해설.

5. 生物多様性センター(環境庁自然環境局), 生物多様性ホームページ.

   생물다양성에 관한 국내법·정책, 조약의 해설, 생물다양성협약 사무국에 관련된 내용에 대한 링크가 있다. <http://www.biodic.go.jp/biodiversity/index.html>

Q. 물음

1. 생물다양성의 보존이 「인류의 공통 관심사」가 된 이유와 배경에 대해 논하시오.
2. 생물다양성협약과 나고야의정서에 관한 ABS룰의 차이점과 공통점에 대해 설명하시오.
3. 카르타헤나의정서 및 나고야 · 쿠알라룸푸르 보충의정서에 기초한 무역규제 조치의 특징과 그 문제점에 대해 논하시오.

칼럼 ⑦ 국가관할권 이원지역의 해양생물다양성

1. 국가관할권 이원지역의 해양생물다양성

「국가관할권 이원지역의 해양생물다양성」(Marine Biodiversity of Areas Beyond National Jurisdiction: BBNJ)이란 공해나 심해저와 같은 국가의 관할권이 미치는 지역 밖 해역의 생물다양성을 말한다. 이러한 물리적 접근이 어려운 지역의 생물다양성 실태는 아직 충분히 파악되고 있지 않지만, 최근 해양의 과학적 조사 결과, 공해나 심해저에서도 다양한 생물이 서식하고 있음이 판명되고 있다. 특히 심해저의 열수 분출구에서는 「극한 환경생물」이라 불리는 특수한 생물·미생물이 많이 발견되고 있으며, 최근 이에 대한 산업이나 의약품에 대한 응용에 관심이 모아지고 있다. 반면에 이와 같은 생태계의 취약성도 지적되고 있다.

2. 문제의 배경

왜 BBNJ의 보전과 지속가능한 이용에 국제사회의 관심이 모이는 것인가. 하나는 기술을 보유한 일부 선진국에 한정하여 공해나 심해저에 접근하여 그 자원을 이용·개발할 수 있는 것에 대한 개발도상국의 불만이 존재한다. 다른 하나는 BBNJ를 직접적인 대상으로 하는 법적 구조가 존재하지 않는 것에 대한 EU를 중심으로 하는 복수 국가들의 우려이다.

생물다양성협약이나 나고야의정서는 해양지역에도 적용되지만 어느 국가의 관할에도 속하지 않는 지역의 생물다양성 구성요소는 직접적인 대상이 아니다(제11장 2.(2) 참조). 한편 「바다의 헌법」이라고도 불리는 1982년에 채택된 「해양법에 관한 유엔협약」(유엔해양법협약)은 해양 환경보호에 관한 일반규칙을 정하지만 협약의 협상 이루어진 제3차 유엔해양법회의(1973년~1982년) 당시의 국제사회의 관심이나 과학기술상의 한계로 인해 BBNJ에 대해 충분히 인식하지 못하고 있었으며, 해양유전자원이나 해양보호구역 등을 언급하는 조문이 없다. 이러한 배경에서 「BBNJ의 보전과 지속가능한 이용에 관한 새로운 법적 구조」의 필요성이 주장되게 되었다.

그림 ‖ 해양의 60% 이상을 점하는 국가관할권 외 구역(색이 옅은 부분)

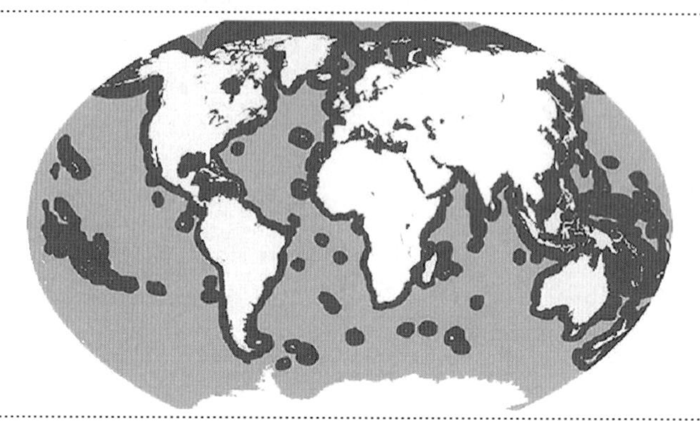

(출처: Sea Around Us)

3. BBNJ를 둘러싼 논의의 경위

오늘날 논의의 계기가 된 하나는 1995년 9월 생물다양성협약 관련 회의에서 제기된 「심해저에서의 유전자원」의 법적 위치를 둘러싼 문제이다. 이에 관하여 생물다양성협약 사무국과 유엔 해사해양법국(현 유엔 법무부 해사해양법과)은 공동연구를 통해 2003년 3월에 국가관할권 이원지역의 해양유전자원에 대한 접근과 이익공유에 대응하는 명확한 법적 레짐은 존재하지 않는다고 결론짓는 공동보고서를 공표하였고, 2004년 4월에는 유엔총회에 이 문제의 추가 조정을 요청하였다.

이 논의를 받아들여, 유엔총회는 2004년 11월에 BBNJ의 보전과 지속가능한 이용에 관한 문제를 포괄적으로 논의하기 위한 비공식 작업반(BBNJ 작업반)의 설치를 결정하였다(총회결의 59/24). BBNJ 작업반은 2006년 2월부터 2015년 1월의 최종회의까지 10년간 합계 9차례의 회의가 개최되었으며, 최종적으로 유엔총회에 대해 유엔해양법협약에서 BBNJ의 보전과 지속가능한 이용에 관한 새로운 법적 구속력 있는 국제문서(BBNJ 신협정)를 작성하도록 권고하였고, 2015년 6월에는 이러한 취지를 결정하는 총회결의 69/292가 컨센서스로 채택되었다.

총회결의 66/292의 주요 결정사항은 다음 세 가지이다. 첫째, BBNJ 신협정안의 요소를 검토하기 위해 「준비위원회」를 설치하는 것이며, 그 회의는 2016년 3월부터 2017년 7월까지 총 4차례 진행되었다. 둘째, 유엔총회 제72회기(2018년

9월)까지 조약협상을 위한 「정부 간 회의」 설치 여부를 결정하는 것이다. 이에 대해서는 전술한 준비위원회의 권고를 받아들여, 2017년 12월 총회결의 72/249로 설치가 결정되었다. 셋째, BBNJ 신협정의 협상 패키지로 ① 해양유전자원(이익공유 문제 포함), ② 지역기반관리수단과 같은 조치(해양보호구역 포함), ③ 환경영향평가, ④ ㄴ역량강화 및 해양기술이전 주제를 종합적으로 검토하는 것이다.

4. BBNJ 신협정 협상과 주요논점

2019년 6월 정부간회의 의장이 BBNJ 신협정의 의장초안을 제시함으로써 주요논점을 둘러싼 협상에 약간의 진전이 보이게 되었다. 그러나 여전히 많은 점에서 의견이 대립되고 있으며 협정 합의의 전망은 불투명하다.

(1) 해양유전자원(이익공유 문제 포함)

해양유전자원을 둘러싸고 개발도상국 그룹(G77+중국)과 주요 해양선진국 간에 「인류공동유산」으로서 취급할지 「공해자유의 원칙」에 기초한 것인가에 대해 평행선을 달리고 있었는데, 일단 원칙론을 보류하고 그 이외의 요소에 대해 논의하게 되었다.

현재의 쟁점은 적용범위에 이미 역외보전된(*ex situ*) 해양유전자원을 포함하는지, 또한 컴퓨터상의(*in silico*) 유전정보나 염기서열정보 및 파생물을 포함하는지, 접근조건의 유무, 이익공유의 범위기법, 이용감시, 지적재산권 취급 등 거의 나고야의정서의 ABS와 동일한 논점 구조로 되어 있다. 단, 천연자원에 대한 주권적 권리를 ABS 규제의 근거로 하는 나고야의정서와 달리, BBNJ 신협정의 경우는 주권적 권리가 미치지 않는 지역이라는 점에 주의할 필요가 있다. 즉 나고야의정서의 법리를 기계적으로 적용할 수 없다는 것이다.

(2) 지역기반관리수단과 같은 조치(해양보호구역 포함)

지역기반관리수단에 대해서는, 주로 「해양보호구역」을 염두에 둔 논의가 이루어졌다. 국제법상 해양보호구역의 통일된 정의는 존재하지 않지만, 일반적으로 법률 등에 의해 생물다양성이 주변보다 높은 수준으로 보호되고 있는 구역을 가리킨다. 협상에서는 이 해양보호구역의 목적·기준, 기존의 틀에서 설치된 해양보호구역과의 조정, 제안과 설치의 의사결정방법, 감시 등에 대한 논의가 이루어지고 있다. 그 관리 실시에 있어서는 BBNJ 신협정이 주도적인 역할을 해야 한다고 하는 「전지구적 접근법」을 지지하는 G77＋중국(특히 아프리카그룹)이나 EU와 각 해역을 관리하는 기존의 지역적 체제가 결정하여야 한다는 「지역별 접근법」을 지지하는 러시아나 아이슬란드 등 그리고 BBNJ 신협정의 기준지침에 따라 지역적 기구가 결정하도록 하는 절충안인 「하이브리드 접근법」을 지지하는 일본이나 미국 등의 사이에서 의견이 분분하다.

(3) 환경영향평가

환경영향평가는 이미 유엔해양법협약 제204조에서 제206조에 규정이 있기 때문에 그 실시의무에 대해서는 대체로 공감대가 있었으나, 대상이 되는 활동이나 그 역치(閾値)·기준, 평가실시방법 등을 놓고 의견이 맞서고 있다. 특히 일부 국가에서는 국가관할권 이원지역에서 이루어지는 「모든 활동」에 대해 사전·사후 영향평가가 필요하다는 주장도 있어, 실효성 측면에서 우려를 표명하는 국가도 있다.

(4) 역량강화 및 해양기술이전

역량강화 및 해양기술이전에 대해서는 주로 개발도상국을 대상으로 BBNJ 신협정 실시 지원을 목적으로 하는 것에 대해 일반적인 지지는 있지만, 선진국에는 역량강화 및 해양기술이전의 실시나 이에 관한 협력을 「확보할 의무」가 있다고 하여, 폭넓은 항목 리스트나 강제적 성질의 의무를 주장하는 개발도상국과 어디까지나 각국의 역량이나 상황에 따라 협력을 「촉진할 의무」여야 한다고 하여, 임의의 협력을 지지하는 선진국과의 사이에서 의견이 대립하고 있다.

〈혼다 유스케 (本田 悠介)〉

칼럼 ⑧ 물밸러스트 문제

「선박 물밸러스트와 침전물의 규제 및 관리에 관한 협약」(물밸러스트 관리협약)은 바다의 생물다양성을 확보하기 위하여 선박의 밸러스트(선박의 안전확보 등을 위하여 배밑에 싣는 것)로 사용되는 해수(물밸러스트)나 침전물(물밸러스트로부터 침전된 물질)을 통한 유해한 수생생물이나 병원체의 인위적인 국경간 이동을 방지하고 최소화하여 최종적으로는 제거하는 것을 목적으로 하는 2004년 2월에 국제해사기구(IMO)에서 채택된 협약이다. 선박에서 바다로 오염물질이나 유해물질 등의 배출을 규제하는 협약이 아니라는 점에서 지금까지 IMO에 의해 만들어진 다른 해양환경 관련 협약과는 성격이 다르다(⇒제9장).

화물선 등의 선박은 적하량에 맞추어 선체구획에 설치되어 있는 밸러스트 탱크에 해수(물밸러스트)를 넣거나 배출함으로써 적당한 흘수나 트림(선체의 전후 방향 기울기)을 유지하여, 선체의 안정을 유지하도록 하고 있다. 물밸러스트 탑재량은 선박의 종류에 따라 다르지만, 원유탱크의 경우에는 재화중량톤수의 30~40%에 상당하는 해수를 적재하고 있다.

물밸러스트의 취수와 배출은 주로 화물을 하역하는 항만에서 이뤄지며 화물을 양륙할 때는 물밸러스트를 취수하고, 적재할 때는 배출하게 된다. 배출된 해역에 천적종이 존재하지 않고 원래 생존하였던 해역의 환경(염분농도, 해수온도 등)과 비슷하면 물밸러스트와 함께 배출된 플랑크톤 등의 생물은 배출된 해역에서 정착하는 경우가 있으며, 이른바 침략적 외래종(자연분포가 아닌 인위적인 작용에 의해 번식할 수 있는 번식자를 갖는 생물종)으로서 해양생태계에 악영향을 준다는 문제가 지적되어 왔다.

구체적으로는 1982년에 미국에 서식하는 해파리류가 물밸러스트를 통해 흑해에 들어가, 흑해에서의 안초피 어획량이 감소한 점, 1988년 유럽에서 서식하는 제브라머슬이 북미 오대호에서 비정상적으로 발생하여, 발전소 냉각수 취수구 관내에 밀집하여 물이 막혀 발전소가 정지된 점, 또한 일본을 원산지로 하는 미역과 불가사리가 호주에서 번식하여 가리비의 양식 등에 악영향을 주고 있는 점 등을 들 수 있다.

IMO에 의한 물밸러스트 배출규제 검토는 1988년 제26회 해양환경보호위원회(MEPC)에서 캐나다 정부가 오대호 물밸러스트 피해에 관한 보고를 받고 각국에 정보제공을 요청하면서 시작된다. 1993년에는 제18차 IMO총회에서 수심 2000m 이하 해역에서의 물밸러스트 교환의 권장 등을 내용으로 하는 법적 구속력이 없는 가이드라인인 「선박의 물밸러스트, 침전물 배출에 의한 바람직하지 않은 생물·병원체 침입방지를 위한 가이드라인」에 관한 결의(A.774(18))가 채택되었다. 1997년에는 제20차 IMO 총회에서 1993년 가이드라인을 폐지하고, 새로운 가이드라인인 「유해 수생생물·병원체의 이동을 최소화하는 선박 물밸러스트 제어·관리를 위한 가이드라인」에 관한 결의(A.868(20))가 채택되었다. 이 가이드라인에서는 외항해운 선박은 원칙적으로 수심 200미터 이상 육지에서 200해리 이상 떨어진 해역에서 물밸러스트를 교환하는 권장하고, 또한 물밸러스트 교환을 대신하는 배출수처리의 도입, 침전물 시료채취·분석방법 표준화, 물밸러스트 교환 작업방법 표준화 등의 내용이 포함되었다.

1998년 이후 물밸러스트 관리를 위한 법적 구속력이 있는 조약이 검토되었다. 당초에는 해양오염방지협약(MARPOL 73/78)(제9장 3절)의 새로운 부속서를 채택하는 것도 검토되었으나, 1999년 제43회 MEPC에서 새로운 조약을 정한다는 방침을 결정하였다. 그리고 2004년에 1997년 가이드라인을 토대로 하여 법적 구속력이 있는 물밸러스트 관리협약이 채택되었다. 또한 같은 해 제51회 MEPC에서 물밸러스트 관리협약 실시에 필요한 가이드라인을 만들기 위한 심의가 시작되어, 현재까지 물밸러스트 관리·처리, 침전물 처리 등 14개 가이드라인이 만들어졌다. 물밸러스트 관리협약 발효 요건은 ① 30개국 이상 국가에 의한 체결, ② 체약국 상선선복량의 합계가 세계 상선선복량의 35% 이상이라는 점이며, 2016년 9월 8일에 이러한 요건을 충족하였기 때문에, 그 12개월 후인 2017년 9월 8일에 발효되었다.

물밸러스트 관리협약은 선박에서 배출되는 물밸러스트에 포함된 생물을 가능한 한 한계 가까이 감축·제거하도록 배출기준을 설정하였기 때문에, 협상과정에서는 해운의 유지·진흥과 해양생태계의 보전을 양립하는데 중점을 두어, 처리기술이 확립되지 않은 단계에서의 엄격한 배출규제는 바람직하지 않다는 의견(일본, 한국, 노르웨이 등)과 해양생태계의 보전을 도모하기 위해서 엄격한 배출규제로 해야 한다는 의견(미국, 호주, 독일 등)이 대립하였다. 결국 협약이 채택되게 되면 물밸러스트 처리기술·처리장치의 개발이 촉진될 것이라는 후자의 의견이 유력해져, 배출기준을 충족하는 처리기술·처리장치 개발은 앞날이 보이지 않은 채로 엄격한 배출규제를 가진 물밸러스트 관리협약이 채택되었다.

물밸러스트 관리협약의 규제대상 선박은 타국이 관할하는 해역으로 항해를 하는 선박(이른바 외항선박)이다. 협약은 규제대상 선박에 대하여 선박의 건조연도와 물밸러스트 탱크의 총용량에 따라 단계적으로 물밸러스트의 교환 또는 배출기준에 적합하도록 의무화하고 있다. 물밸러스트를 교환하는 해역에 대해서는, 협약 발효시부터 IMO에 승인된 물밸러스트 처리장치를 탑재할 때까지 수심 200m 이상 그리고 육지에서 200해리 이상 떨어진 해역에서 물밸러스트를 교환하는 것을 의무화하였다. 해당 해역에서의 교환이 불가능한 경우에는 육지로부터 50해리 이상 떨어진 수심 200m 이상의 해역에서 교환을 의무화하고 있다. 또한 체약국(기항국)은 자국의 항구에서 이른바 포트 스테이트 컨트롤(PSC, 기항국 검사)로서 규제대상 선박에 대하여 물밸러스트의 관리계획서와 관리기록부의 유지·보관상황의 확인, 협약이 설정한 배출기준에 적합한 처리장치의 형식증명서 확인, 물밸러스트의 샘플링(선박으로부터의 물밸러스트의 채취와 검사), 또한 협약 발효일 이후에는 국제총톤수 400톤 이상의 협약 적용 선박에 대해서는 국제 물밸러스트 관리증서(BWM 증서)의 소지상황의 확인 등을 할 권리를 가진다.

일본은 2014년 5월 물밸러스트 관리협약 가입을 국회에서 승인하였고, 같은 해 10월 IMO 조약사무국장에게 조약가입서를 기탁하였으며, 42번째 협약 체약국이 되었다. 2014년 6월에는 유해 물밸러스트의 배출을 금지하는 해양오염방지법의 일부개정 법안이 성립되었다. 이 개정은 협약 발효일인 2017년 9월 8일에 시행되었다. 이 법에서는 선박으로부터의 「유해 물밸러스트」(이 법의 정의에 의하면 「수중의 생물을 포함하는 밸러스트로 수역환경 보전의 시점에서 유해할 수 있는 우려가 있는 것으로 정령으로 정하는 요건에 해당하는 것」)의 배출금지, 유해 물밸러스트 처리설비의 설치의무, 유해 물밸러스트 오염방지관리자의 선임 및 유해 물밸러스트 오염방지조치 안내서의 비치의무, 유해 물밸러스트 기록부의 비치 및 기재 의무, 유해 물밸러스트 처리설비의 형식지정 등에 대해서 규정하고 있다.

〈쯔루타 준 (鶴田 順)〉

그림 ‖ 「물밸러스트에 의한 수생생물의 이동」

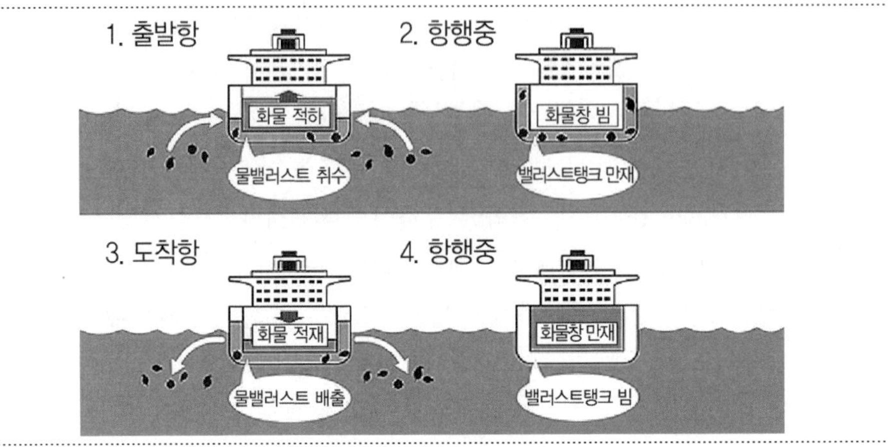

(水成剛 「船舶バラスト水管理条約の発効と課題」
『Oceans Newsletter』 396号 (2007年 2月5日号)

제12장 희소 야생동식물종

도오이 아키코(遠井 朗子)

1. 서론

고베(神戶)의 기타노(北野) 외국인거리(異人館街)에 있는 「벤의 집」(메이지35년(1902년) 건축)에는 영국 상인 벤 앨리슨이 세계 각국에서 잡은 북극곰과 늑대의 박제, 호랑이 모피 등이 자랑스럽게 걸려 있다. 그러나 이러한 수렵의 기념품(트로피)은 자유분방한 수렵을 칭찬하는 표상이 아니다. 당시의 수렵가들은 식민지에서 야생조수의 감소를 직접 목격하고, 그치지 않는 폭력을 자제하면서 수렵을 공정한 스포츠라는 좋은 말로 포장하였다. 또한 대영제국의 식민지 행정부는 19세기 후반에 야생조수의 수렵관리규제를 도입하고, 다른 국가의 협력을 얻기 위하여 1900년 아프리카의 야생동물, 조류, 어류의 보호에 관한 협정을 제안하였다. 이 협정은 벨기에의 비준을 얻지 못하여 발효되지 못하였지만, 야생동식물의 보전과 거래에 관한 국제합의의 선구가 되어, 그 이념과 규제방법은 자연상태의 동식물의 보전에 관한 런던협약(1933년), 서반구에서의 자연보호와 야생동식물의 보존에 관한 협약(1940년) 등 최초의 지역협약으로 이어졌다.

100년의 세월을 거쳐 이들 종은 「멸종위기에 처한 야생동식물의 국제거래에 관한 협약」(CITES) 하에서 엄중한 거래규제의 대상이 되었다. 그러나 전세기(前世紀)의 유물과 같은 스포츠 사냥은 현재에도 합법적으로 행해지고 있으며, 일정한 조건 아래 그 수렵 기념품(트로피)의 국제거래도 인정되고 있다. 그 이름이 환기시키는 이미지와는 달리 CITES에서는 멸종위기에 처한 야생동식물의 상업적 이용은 금지되고 있지 않으며, 보전과 이용의 균형이 중시되고 있기 때문이다. 그러나 보전과 이용을 어떻게 양립시킬 것인가라고 하는 점에 대해 오랜 시간에 걸친 견해의 대립이 있었고 이 점이 CITES의 규제체제에서 복잡함과 역동성을 초래하고 있다.

이상에 기초하여 이 장에서는 CITES의 규제내용 및 이행제도의 발전을 개관하고, 변화하는 규제체제의 의의와 과제를 검토해 보기로 한다.

2. 채택의 경위

멸종위기에 처한 야생동식물의 보전과 국제거래에 대하여 전전(戰前)에는 지역조약에 의한 규제가 있었지만, 1963년 세계자연보전연맹(IUCN)은 급속하게 확대되는 위법한 거래에 대한 대처를 목적으로 하여 협약의 기초 및 채택을 권고하고, 독자적인 조문초안을 작성하여 검토를 거듭하였다. 한편, 미국은 1969년 국내에서 자연보호운동이 활발하게 진행되는 것을 배경으로 멸종위기종의 수입을 원칙적으로 금지하고, 국제경쟁력이 저하될 위험이 있는 국내산업계의 요청을 수용하여 법적 구속력이 있는 국제조약의 체결을 목표로 하였다.

1972년 유엔인간환경회의에서 채택된 행동계획에는 야생동식물의 수출, 수입 및 반입에 관한 협약을 준비하고 채택하기 위한 외교회의를 신속하게 개최해야 한다고 하는 권고가 포함되었는데(para.99.3), 이를 수용하여 미국 및 IUCN이 중심이 되어 조약의 초안작업이 진행되었고, 1973년 3월 3일 미국 워싱턴에서 개최된 외교회의에서 조문이 채택되어 CITES는 1975년 7월 1일에 발효되었다.

3. 규제의 개요

(1) 협약의 목적

협약의 목적은 야생동식물을 현재 및 미래세대를 위하여 보전시켜야 할 자연계의 일부로 인식하고, 종의 존속(species survival)을 위협하지 않도록 국제협력에 기초하여 과도한 국제거래를 방지하는 것이다(전문 1문, 4문, 제2조 1항, 2항(a), 제3조 2항(a), 5항(a), 제4조 2항(a), 6항(a))[☞5. (1)②].

(2) 용어의 정의

① 「종」 「종」이라 함은 종(種)이나 아종(亞種) 또는 이들이 지리적으로 격

리된 개체군을 가리킨다(제1조(a))[종의 학명(Nomenclature)은 표준 명명법에 따르고, 동물·식물위원회에 배속된 명명법 전문가가 체약국 및 사무국의 조회에 응한다(Resolution Conf.18.2, Annex 2)]. 보호의 대상을 어디까지 세분화할 것인가라는 점은 정의 개념이 애매하기 때문에 다툼이 있지만, 1994년 부속서 게재기준의 개정에 따라 국가 또는 지역개체군의 서식상황의 차이를 고려하여 「분열 목록」(split listing)이 인정되게 되었다(Resolution Conf.9.24 (Rev. CoP17), Annex 3)[☞ 5. (1)①. 예컨대, 큰곰은 부속서 II 게재종이지만, 부탄, 중국, 멕시코, 몽골의 큰곰은 부속서 I에 게재되어 있다. 아프리카 코끼리는 부속서 I에 게재되어 있지만, 남부 아프리카 국가(나미비아, 보츠와나, 짐바브웨, 남아프리카공화국)의 개체군은 주석에서 부속서 II에 게재되어 있다].

교잡종은 야생상태에서 명확하고 안정적인 개체수를 가지는 경우에는 독립된 종으로서 부속서 게재가 인정되며(Resolution Conf.9.24 (Rev. CoP17)), 그 부모 또는 동물에 대하여는 「직근 계통」(recent lineage)이 부속서에 게재되어 있는 경우에 해당종이 미게재되어 있더라도 규제대상이 된다(Resolution Conf.10.17 (Rev. CoP14), Resolution Conf.11.11 (Rev. CoP18)).

② **「표본」** 「표본」이라 함은 생사를 묻지 않고 동식물의 개체를 가리키며, 「쉽게 식별할 수 있는 것」이라면, 전체의 모습인가, 부분인가를 묻지 않는다(제1조(b)). 「쉽게 식별할 수 있는 것」이라 함은 첨부문서, 포장, 레이블 등에 의해 인식가능한 경우를 포함하며(Resolution Conf.9.6 (Rev. CoP16)), 분말로 된 한방약 원재료, DNA, 혈액, 세포샘플도 「쉽게 식별할 수 있는 것」으로 간주된다.

③ **「거래」** 「거래」라 함은 수출, 재수출, 수입 또는 해상으로부터 반입을 가리키며(동조(c)), 「재수출」이란 이미 수입되어 있는 표본을 수출하는 것을 가리킨다(동조(d)). 「해상으로부터 반입」이라 함은 「어느 국가의 관할권에도 속하지 아니하는 해양환경에서 획득된 종의 표본을 특정국가로 운반하는 것」이고(동조(e)), 부속서 I 또는 II에 게재된 해양종을 공해상에서 어획하고 해당 선박의 기국 또는 타국에 양륙하는 것은 여기에 해당한다(Resolution Conf.14.6 (Rev. CoP16).

(3) 거래의 규제

CITES는 보호의 필요성에 따라 3개의 부속서에 종을 게재할 것을 결정하고,

부속서에 게재된 종의 표본을 거래하는 것에 대하여 협약규정에 따라 허가서·증명서의 발급 및 확인을 요청한다(제2조 4항, 제3조 1항, 제4조 1항, 제5조 1항. cf. 제14조).

① **부속서 I** 부속서 I에는 거래에 의해 영향을 받거나 받을 우려가 있는 종을 게재한다. 부속서 I의 게재종에 대하여는 특히 엄격한 규제가 요구되며(제2조 1항), 「주로 상업적인 목적」의 거래는 금지된다(제3조 3항(c)). 「주로 상업적인 목적」의 거래는 가능한 한 넓게 정의되는 것으로 하여 비상업적 성질이 지배적이지 않은 경우에는 상업적인 목적이라고 간주된다(Resolution Conf.5.10 (Rev. CoP15), para.1.c)[예컨대, 일본이 포획하는 보리고래(북태평양 해역)의 조사포경에 대하여는 조사 후에 고래고기를 시장에 거래하는 실태가 문제시되어, 상임위원회는 「주로 상업적인 목적」에 해당한다고 판단하여 제3조 5항(c)의 비준수를 승인하였다(SC70 Sum.3 (Rev.1) (02/10/18), para.27.34)].

부속서 I 게재종의 표본을 수입하는 것에 대하여는 사전에 취득한 수출허가서(재수출의 경우에는 재수출증명서) 및 수입허가서의 게시가 요구된다(제3조 2항~5항). 수출허가서는 수출국의 과학담당이 해당 표본의 거래는 종의 존속을 위협하지 않는다는 것을 조언하고(무해증명 non-detriment finding: NDF)(동조 동항(a)), 그 국가의 관리당국이 해당 표본의 적법취득(legal acquisition finding: LAF)(동조 동항(b)), 살아있는 개체에 대하여는 안전 및 동물복지를 배려한 준비와 수송의 확보(동조 동항(c)) 및 사전에 발급된 수입허가서를 확인한 경우에만 발급된다(동조 동항(d)). 수입허가서는 수입국의 과학당국이 NDF의 조언(동조 제3항(a)), 및 수령자가 살아있는 개체를 수용하고, 보살핌을 위한 적당한 설비를 확보하여 그 국가의 관리당국이 「주로 상업적인 목적을 위하여」 사용되지 않는다는 것을 인정한 경우에만 발급된다(동조 동항(c)). 해상으로부터의 반입에 대하여는 반입된 국가의 관리당국이 수입할 때와 같은 요건에 따라 사전에 발급된 증명서의 게시가 요구된다(동조 제5항).

NDF, LAF 및 수송조건에 대하여는 당사국총회의 결의에서 비구속적인 공통지침이 채택되어 있다(NDF에 대하여는 Resolution Conf.16.7 (Rev. CoP17), LAF에 대하여는 Resolution Conf.18.7이 채택되며, 항공화물의 수송에 대하여는 IATA지침, 기타의 경우에는 독자의 지침이 적용된다(Resolution Conf.10.21 (Rev. CoP16)).

② **부속서 II** 부속서 II에는 현재는 멸종위기가 아니지만 거래를 엄격히 규제하지 않으면 멸종위기종이 될 우려가 있는 종 및 외형이 유사한 종이 게재되어 있다(제2조 2항(a)·(b)). 유사종은 법집행의 필요상 게재가 인정되지만, 외형만으로 식별하는 데에는 한계가 있으므로 최근에는 해안검사에서 DNA기술을 이용할 것이 추천되고 있다. 수입을 할 때에는 사전에 발급된 수출허가서(재수출의 경우에는 재수출증명서)의 제출이 요구되지만(동조 제2항, 제4항), 수입허가서를 제출할 필요는 없다. 수출허가서(또는 재수출증명서의 발급요건은 부속서 I 게재종과 마찬가지이지만(제4조 2항, 5항), 부속서 II 게재종에 대하여는 상업적인 거래가 인정되기 때문에 과도한 거래로 종의 존속이 위협받지 않도록 수출국의 과학당국에 의한 감시가 요구된다(동조 제3항)[☞5.(3)②].

③ **부속서 III** 부속서 III에는 자국의 관할 내에서 포획되거나 채취의 방지 또는 제한을 할 필요가 있고, 다른 체약국·지역의 협력을 요하는 것을 게재한다(제2조). 부속서 III의 게재에는 당사국총회의 결의를 요하지 않지만, 불의타(不意打)를 피하기 위하여 다른 원산국, 주된 수입국 및 사무국, 동물·식물위원회와의 사전협의, 그리고 당사국총회에 통보할 필요가 있다(Resolution Conf.9.25 (Rev. CoP18)). 부속서 게재국으로부터의 수출에 대하여는 그 국가의 관리당국이 LAF 및 살아있는 개체에 관한 안전과, 동물복지를 배려한 준비, 수송을 관리하여 발급한 수출허가서의 제출을 요하며(제5조 2항), 해당 체약국으로부터의 수입에는 수출증명서, 기타 체약국으로부터의 수입에는 원산지 증명서의 게시가 필요한데(제5조), 과학당국에 의한 NDF의 조언은 필요하지 않다.

④ **거래면제에 관한 특별규정** 세관관리 하에서의 통과 또는 반입(제7조 1항), 협약적용 전 취득(동조 제2항), 개인 소지품 또는 가재도구(동조 제3항), 사육하여 번식하거나 인공번식(동조 제4항, 제5항), 과학자 또는 과학시설 간 대여, 증여 또는 교환(동조 제6항), 이동전시(동조 제7항)에 대하여는 제3조부터 제5조의 적용이 면제되는데, 남용을 방지하고 원활한 거래를 촉진하기 위하여 당사국총회의 결의에 따라 적용조건을 명확하게 하고 있다(연주자가 연주용 악기를 지참하는 경우에는 개인 소지품으로서 면제를 받거나 여러 번의 도항이 인정되는 악기증명서의 발급을 받을 수 있다(Resolution Conf.16.8 (Rev. CoP17)).

(4) 체약국의 국내이행조치

체약국은 부속서 게재종의 수출입관리(제3조~제5조), 그리고 위반과 관련된 표본의 거래나 소지 또는 그 쌍방의 처벌(penalize)(제8조 1항(a)), 몰수나 수출국으로 반송하는 규정을 국내법으로 둘 것이 요구되며(제8조 1항(b)), 국내에서의 비용구상 방법 및 수출입항의 지정을 포함할 수 있다(제8조 2항, 3항). 또한 관리당국 및 과학당국의 지정(제9조), 보호센터의 설치(제8조 4항, 5항), 거래에 관한 기록의 보유(제8조 6항) 및 정기보고서의 작성과 사무국으로의 송부(제8조 7항(a)·(b))도 요구된다.

체약국은 거래, 포획 또는 채취, 소지, 운송의 금지를 포함한 한층 엄격한 국내조치를 취할 권리를 가지며(제14조 1항), 관세, 공중위생, 동식물검역 등과 관련된 다른 협약의 의무에 기초한 국내조치에 대하여 이 협약은 영향을 미치지 않는다(동조 제2항). 또한 협약의 효력발생시에 유효하였던 다른 협약에 기초한 포획이나 채취된 부속서 II 게재의 해양종에 대하여는 협약의 적용이 면제되며(동조 제4항)[cf. ICCAT (1969년 발효), ICRW(1948년 발표). 단, IWC의 상업포경 모라토리움의 대상 고래류는 모두 부속서 I에 게재되어 있다], 이 협약의 어떤 규정도 해양법에 기초한 주장 및 법적 견해를 해하지 않는다(동조 제5항).

(5) 부속서 개정절차

체약국은 단독 또는 공동으로 당사국총회 회의의 150일 전까지 사무국에 통보하고, 부속서 I 또는 II의 개정(게재 또는 삭제)을 제안할 수 있다(제15조 1항(a)). 개정안은 출석해서 투표하는 체약국의 2/3 이상의 다수결로 결의되며(동조 동항(b)), 채택된 부속서의 개정은 회의 종료 90일 후에 모두 체약국에 대하여 효력이 생긴다(동조 동항(c)).

규칙적용제외(opt−out)는 인정되지 않지만, 효력발생 전에 보류를 붙이는 것은 인정되며(동조 제2항), 보류가 붙은 종의 거래에 대하여는 「이 협약의 체약국이 아닌 국가로서 취급된다」(동조 제3항). 단, 부속서 I 게재종에 유보를 붙인 경우에는 부속서 II 게재종과 관련된 거래의 규제, 모니터링 및 연차보고의 의무를 진다(Resolution Conf.4.25(Rev. CoP18)).

부속서 III의 게재는 체약국이 그 종을 게재한 표를 사무국에 제출하고, 사무국이 다른 체약국에게 표를 송부한 90일 후에 효력이 생기며(제16조 1항), 해당 종에 대하여는 언제까지나 보류를 붙일 수 있다(동조 제2항). 또한 부속서 게재의 제안국은 사무국에 통보함으로써 언제까지나 게재를 취소할 수 있고, 부속서에서 삭제하는 것은 사무국이 모든 체약국에게 통보한 날부터 30일 후에 효력이 생긴다(동조 제3항).

또한 규제 또는 할당대상이 되는 지역개체군 등에 대하여, 또는 개체의 부분이나 파생품의 범위 또는 수출할당에 대하여 부속서에 첨부된 주석(annotation)은 부속서와 불가분의 일체라고 간주되며, 그 개폐는 부속서 개정과 같은 절차에 따른다(Resolution Conf.11.21(Rev. CoP18)).

4. 협약 이행기관

(1) 당사국총회

당사국총회(COP)는 모든 체약국으로 구성된 협약의 최고 의사결정기구이고, 협약의 이행상황을 검토하기 위하여(제11조 3항) 3년에 한 번 개최된다(cf. 제11조 제2항). 부속서 개정제안의 심의는 매회 높은 관심이 집중되는데, 최근에는 전략비전의 검토를 포함한 횡단적 시책에 관한 의안, 특정종의 보전에 관한 의안, 그리고 준수·이행에 관한 의안이 증가하여 규제체제의 제도화·복잡화가 진전되고 있다.

규칙적용제외(opt－out)로서 참가가 인정된 단체(정부간기구나 비정부기관 또는 단체. 국내의 비정부기관 또는 단체에 대하여는 그 소재국에 따라 협약목적에 따른 것이라는 점이 인정된 것)는 회의에 출석할 권리를 가지지만 투표권은 없다(동조 제6항, 제7항(a)·(b)). 단, 의장은 NGO에도 발언기회를 확보하도록 유의해야 하며, NGO는 회의장에서의 발언에 덧붙여 작업반에의 참가, 조사보고와 제언문서의 배포, 사이드 이벤트의 개최 등, 다양한 경로를 통해 협상담당자와 의견교환을 꾀하고, 심의에 실질적인 영향을 미치는 것이 인정되어 있다.

(2) 사무국

사무국의 임무는 유엔환경계획(UNEP)이 제공하고, 사무국은 전문적 기능을 가진 정부간기구 및 비정부기관의 원조를 받을 수 있다(제12조 1항)[사무국은 IUCN, UNEP-WCMC 및 TRAFFIC과 밀접한 관계를 가지며, 거래 데이터베이스의 관리(UNEP-WCMC), 위법거래의 실태조사 및 ETIS의 적용(TRAFFIC), 조문해설의 작성(IFAW) 등 특정한 업무를 NGO에 위탁하는 경우도 있다].

사무국의 임무는 COP 또는 상설위원회의 지시 하에 기술적 지원적 임무를 제공할 수 있는데(동조 제2항, 제13조), 부속서 개정제안 및 기타 의안에 대하여는 채택의 가부에 기초한 코멘트를 붙여 준수절차 및 기타 이행절차에 대한 광범위한 재량에 기초하여 조사 및 조정을 행하는 등 이행절차의 진행관리에 있어서 주도적인 역할을 하고 있다.

(3) 상설위원회

상설위원회는 6개의 지역을 대표하는 체약국, 기탁국정부(스위스), 전 COP 개최국 및 차기 개최국으로 구성되며(Resolution Conf.18.2 Annex 1)[15개국마다 대표 1], 회기간의 이행을 감독하기 위하여 매년 1회 및 COP 전후에 개최된다. 상설위원회는 COP의 지시 하에 사무국에 대한 업무상·정책상의 지시, 예산의 감독, 의안의 검토, 위원회·작업반의 조정 등을 행함과 동시에, 준수절차 및 주요무역거래 검토(Review of Significant Trade: RST)에 대하여는 거래정지권고를 포함한 대응조치를 결정한다. 위원회의 회의에는 다른 체약국 및 NGO 등이 옵저버로서 다수 참가하기 때문에 최근 미니 COP라고도 칭하며, COP에서 논의가 이루어지지 않은 논점을 정리하고, 차기 COP에 대한 총의를 형성하므로 중요한 논의의 장이라고 간주된다.

(4) 동물·식물위원회

동물·식물위원회는 협약의 이행에 관한 과학적, 기술적 지원을 위해 설치되며, 6개의 지역에서 선출된 과학자(개인대표) 및 1명의 명명법(命名法) 전문가로 구성되어 있다(Resolution Conf.18.2 Annex 2). 양 위원회는 매년 1회 개최되는데,

부속서 게재종 및 그럴 가능성이 있는 종을 과학적으로 평가하고, 이행을 감독하는 데 기술적 조언을 준다[☞5. (3)②]. 단, 부속서 개정제안의 타당성에 대하여는 양 위원회의 평가에 기초한 사무국의 견해와, IUCN 또는 FAO 전문가패널 등의 평가가 일치하지 않는 경우가 있는데, 어떤 과학적 평가에 의거할 것인가는 COP의 재량에 맡겨져 있다.

5. 협약의 이행

(1) 보존주의에서 보전주의로

① 부속서 게재기준의 개정 1976년 COP1에서 베른(Bern) 기준이 채택되자 야생생물의 소비적 이용을 거부하는 보존주의의 영향 하에 카리스마종을 부속서 I에 게재할 것이 추진되었다. 그러나 1989년 아프리카 코끼리의 거래가 금지되자 남부 아프리카 국가들은 베른 기준은 과학적 근거가 결여되어 있고, 불합리한 게재도 시정하기 곤란하다는 비판을 전개하여 부속서 게재기준의 수정을 제안하였고 이에 찬동한 일본의 주도 하에 1994년 베른 기준을 대신하는 새로운 부속서 게재기준(Fort Lauderdale 기준)이 채택되었다(Resolution Conf.9.24 (Rev. CoP17)). 새로운 기준은 생물학적 기준 및 거래기준의 요건을 명확히 하고, 원산국과의 사전협의 및 분열리스트도 인정되었기 때문에 1997년 보츠와나, 나미비아, 짐바브웨는 자국 코끼리의 개체군에 대하여 부속서 II로 격하시키는 데 성공하여 1999년 일본을 발송지로 하는 상아의 1회 한정거래(one of sale)가 이행되었다(두 번째 한정거래는 2007년 남아프리카공화국을 포함하여 4개국에 대하여 인정되어 2008년 일본과 중국을 발송지로 하여 이행되었다).

② 지속가능한 이용 보전과 이용의 관계에 대하여 조문은 침묵하고 있지만, 1990년대 이후 COP의 결의에 따라 「지속가능한 이용」의 주류화가 추진되었다. 1992년 남부 아프리카 국가들의 제안에 따라 야생동식물의 국제거래는 생태계 보전 및 지역발전에 기여할 것을 인정하는 결의가 채택된 후(Resolution Conf.8.3 (Rev. CoP13)), 조약의 실효성 평가를 거쳐 2000년에 채택된 전략비전은 「지속가능한 이용」 원칙을 공인하고, 2004년에는 생물다양성협약의 「지속가능한 이용에 관한 아디스 아바바 원칙 · 지침」을 CITES에 적용하는 것이 승인되었다

(Resolution Conf.13.2 (Rev. CoP14)). 이에 따라 목재, 해양종 등 대량으로 거래되고 있던 종의 게재가 증가하고, 거래를 감시하기 위한 체제도 발전하였다[☞5. (3) ②]. 인공사육종, 인공번식종 등 비야생종에 대하여도 거래량의 증대에 따라 규제관리의 정밀화가 추진되고 있다[☞5. (1)④]. 한편, 지역사회의 생업(Resolution Conf.16.6 (Rev. CoP18))과 야생동물의 고기(Doc.11.44) 등, 남측의 관점이 중시된 한편, 지역사회의 참가방법에 대하여는 견해가 나뉘어져 있다.

③ **수출할당** 수출할당은 당초 치타, 아프리카 코끼리 등 엄격한 관리가 필요한 종에 대하여 적용되었는데, 거래의 지속가능성을 확보하기 위해 적하마다 NDF를 대신하는 유효한 수단으로 이용되면서 각국의 실행을 표준화하기 위한 공통지침이 2007년 채택되었다(Resolution Conf.14.7 (Rev. CoP15)). 체약국이 수출할당을 부과할 경우에는 계속적인 모니터링, 수출데이터의 보관, 데이터의 참조에 따라 연간 상한량을 넘지 않도록 수출승인을 하도록 하고, 사무국에 통보할 것을 요구하였다(Resolution Conf.12.3 (Rev. CoP18)). COP는 부속서의 주석으로서 [남부 아프리카 국가들의 아프리카 코끼리] 또는 COP가 결의한 수출할당을 결의하고, 후자에 대하여는 사냥획득물(hunting trophy)(표범(Resolution Conf.10.14 (Rev. CoP16)), 마코르(markhor)(Resolution Conf.10.15 (Rev. CoP14)), 검은코뿔소(Resolution Conf.13.5 (Rev. CoP18)), 캐비어(Resolution Conf.12.7 (Rev. CoP17)) 등에 대하여 국가마다 연간 수출할당이 공표되어 있다.

④ **비야생종의 취급** 부속서 I 게재종에서 상업적 목적을 위하여 사육으로 번식된 동물(CB종) 및 인공적으로 번식된 식물표본은 부속서 II 게재종으로 간주되며(제7조 4항), 수출국의 관리담당이 발급한 증명서를 제출함으로써 상업적 거래가 인정된다(동조 제5항). 비야생종의 거래는 「지속가능한 이용」으로서 증대하고 있는 한편, 야생종의 밀렵 및 위법거래를 유발한다는 비판이 있기 때문에 수출국과 사업자에게는 엄격한 관리가 요구되고 있다. 예를 들면, CB종의 거래는 야생종에 영향을 미치지 않도록 관리된 환경 하에서 사육된 2세대 이후로 한정되며(Resolution Conf.10.16 (Rev.)), 사육시설의 등록 및 살아남은 개체에 마이크로칩을 장착할 것이 요구된다(제6조 7호, Resolution Conf.7.12 (Rev. CoP15), Resolution Conf.8.13 (Rev. CoP17)). 야생상태에 있는 개체에서 새끼나 알을 채취하여 인공적으로 사육한 개체의 상업적 거래를 하는 사업에 대하여는 사육시설 및 사업자의

등록, 종의 존속에 중대한 악영향을 주지 않는 등의 요건 충족(Resolution Conf.11.16 (Rev. CoP15)), 그리고 통일 표시제도(marking system)를 적용할 것이 요구되어 살아남은 개체에 마이크로칩을 장착할 필요가 있다.

(2) 준수제도

① **정기보고** 체약국에 의한 정기보고서는 부속서 게재종의 거래에 관한 연차보고서(제8조 7항(a)), 2년마다의 이행보고서(동조 동항(b)), 위법거래 및 사업개시에 관하여 연차보고서의 제출이 요구되고(Resolution Conf.11.17 (Rev. CoP18), Resolution Conf.11.16 (Rev. CoP17)), 체약국의 거래자료는 CITES 거래 데이터베이스에 등록되며, 이행의 감시 등에 이용된다. 본래 제출을 연기하는 국가도 적지 않기 때문에, 연차보고서에 대하여는 연속해서 3회, 정당한 이유 없이 제출하지 않는 경우에는 준수절차에 따라 상설위원회가 거래정지를 권고한다(Resolution Conf.11.17 (Rev. CoP18), para.14.15)).

② **준수절차** CITES의 준수절차는 제13조 및 COP의 결의에 기초하여 체계화되며(Resolution Conf.11.3 (Rev. CoP18), Resolution Conf.14.3 (Rev. CoP18)), 장기적인 준수의 확보를 목적으로 최대한 지원하며 비대립적인 방법을 지향하고 있다. 사무국은 정기보고, 국내법령, 주요 무역거래 검토(RST) 또는 국내입법 프로젝트(NLP)에 대한 응답에 기초하여 잠재적인 비준수를 발견하여 해당국과 의사소통을 통해 자발적 개선을 촉진한다. 그러나 합리적 기간 내에 충분한 시정조치가 취해지지 않는 경우에는 상설위원회가 대응조치를 결정하고, 지속적인 비준수에 대하여는 최후수단으로서 모든 종 또는 대상종에 대하여 거래정지를 권고한다.

(3) 기타 이행감시 프로그램

① **국내입법 프로젝트**(National Legislation Project: NLP) 국내입법 프로젝트(NLP)는 체약국의 국내이행 입법을 촉진하기 위하여 1992년에 개시되었다. 사무국은 4개의 기본적인 이행의무의 이행에 대하여 각 국가마다 평가하고, 일부 또는 전부 불충분한 국가에 대하여는 조언과 지원으로 자발적인 개선을 촉진시킨다. 나아가 상설위원회는 사무국의 보고에 기초하여 요주의국을 결정하고, 일정

기간을 경과해도 개선되지 않는 경우에는 해당국에게 거래정지를 권고한다(Resolution Conf.8.4 (Rev. CoP15)).

② 주요 무역거래 검토(Review of Significant Trade: RST) 주요 무역거래 검토(RST)는 대응능력이 취약한 체약국의 NDF 평가 및 모니터링이 불충분하다는 우려에 기초해서 부속서 II 게재종에게 중요하고도 잠재적인 악영향을 초래할 우려가 있는 거래를 발견하고, 그것을 시정하기 위한 기술적 모니터링절차로서 도입되었다. 사무국은 거래 데이터베이스에 기초하여 대상이 되는 종 또는 체약국의 원안을 작성하여 동물·식물위원회에 평가대상의 선정을 위탁하고, 필요한 경우에는 수출국에 NDF 및 거래규제에 관한 시정조치를 권고한다. 나아가 사무국은 시정조치의 이행상황에 대하여 상설위원회에 보고하고, 상설위원회는 보고가 이행되고 있지 않다고 인정되는 경우에 해당국 또는 대상종에 대하여 거래정지를 권고한다(Resolution Conf.12.8 (Rev. CoP18)).

③ 아프리카 코끼리의 감시 아프리카 코끼리에 대하여는, 남부 아프리카 국가들이 개체군의 격하 및 1회 한정거래의 결정으로 밀렵과 위법한 거래를 감시하고, 관련국들의 이행조치를 개선하기 위한 체제가 도입되었다(Resolution Conf. 10.10 (Rev. CoP18)). MIKE(Monitoring the Illegal Killing of Elephants)는 일정한 사이트에서 코끼리의 치사율을 감시하고, 밀렵의 포획압력을 평가하여 준거지 및 국가전역에서의 위법살해의 수준과 동향을 명확히 하여 개체수 관리를 지원하기 위한 감시체계로서, 해당국의 능력구축의 거점으로도 활용되고 있다. ETIS(Elephant Trade Information System)는 상아를 포함한 코끼리의 몰수데이터, 법집행 및 그 효과분석을 포함한 데이터베이스인데, ETIS의 분석에 기초하여 선정된 요감시국에게는 밀렵, 위법거래에 대처하기 위한 국가상아행동계획(National Ivory Action Plans: NIAPS)의 책정이 요구되며, 상설위원회의 계속적인 평가검토 하에 자발적인 시정을 꾀하고 있다.

(4) 밀렵·위법거래에 대한 대응

제8조는 위반에 대한 벌칙(penalize)을 규정하고 있는데, 범죄로서 처벌하도록 요구하는 것은 아니다. 그러나 유엔에서는 2000년 이후 야생동식물의 밀렵, 위법거래가 국경을 초월한 조직범죄 집단의 자금원이 되어 지역의 안전을 위협

한다고 하는 인식이 공유되어 법집행의 강화 및 중대한 범죄로서 처벌이 요구되었다. 2010년 CITES 사무국은 국제형사경찰기구(Interpol), 유엔 마약범죄예방기구(UNODC), 세계은행, 세계관세기구(WCO)와 함께 「야생동물범죄 퇴치에 관한 국제 컨소시엄」(ICCWC)을 설립하고, 체약국의 법집행을 지원하고 능력을 구축하고 있다. 또한 지역적으로 정부들이 주도하여 발족한 야생생물법집행 네트워크(WEM)와의 연계도 추진되고 있으며, 정보공유와 형사사법정책과의 융합에 의한 CITES 이행 프로그램을 개선하도록 꾀하고 있다.

6. 결론 - 평가와 과제

인간활동의 급속한 확대에 수반한 과제는 식민지시대의 수렵관리 규제에 기원을 둔다. CITES는 1970년대 국제환경법의 여명기에 자연보호협약으로서 성립하였고 지구화시대에서 야생생물의 「지속가능한 이용」으로 유엔의 지속가능한 개발목표에 공헌한다는 새로운 비전을 제시하였고, 이는 「오래된 가죽부대에 새로운 술을 넣는」 것의 성공한 좋은 예라고 할 수 있다.

CITES의 실효성은 높이 평가되는데, 그 이유로서는 첫째, 준수 및 이행의 문제를 안고 있는 체약국에 대하여 지원적인 방법을 중시하면서 최후수단으로서 거래정지를 권고하고, 「당근과 채찍」을 효과적으로 사용하여 신속하게 시정된다는 점을 들 수 있다. 둘째, 회의의 의사결정은 컨센서스를 기조로 하면서 의견이 나뉠 경우에는 직접 투표를 하여 규칙에 기초한, 민주적인 의사결정이 확보되어 있는 점이다. 나아가 심의의 공개성, 투명성이 확보되며, 협약 목적에 찬동하고 보존활동에 관여하는 NGO의 참가가 널리 인정되고 있는 점은 제도의 정당성 및 실효성의 원천이라고 간주되고 있다. 셋째, 사무국은 다수의 의안을 기동성 있게 처리하고, 다채로운 이행 프로그램을 운용하면서 대립되는 의견의 조정도 배려하여 이행의 개선에 기여하고 있다. 더구나 최근 협약의 규율대상이 확대되고 기능이 변화하는 것에 대하여는 NGO의 관여, 다른 환경조약과의 연계, 그리고 전문기관과의 협력에 의해 재원확보를 포함하여 효과적인 대응을 꾀하고 있다.

한편, 「지속가능한 이용」의 주류화는 보전의 담당자에게 초점을 맞춘다고 하는 패러다임의 전환에 따라 원산국의 입장을 강화하고, 보전비용의 조달과 공급사슬의 그린화에 따라 사업의 관여를 높이는 점에서도 기대를 모으고 있는데, 지역사회로 이익을 환원하는 타당성, 실현가능성 및 포획물(trophy)을 둘러싼 윤리적 과제에 대하여는 다툼이 있어 더욱 더 검토가 필요하다. 또한 열대목재에 대하여는 부속서 II 게재에 따른 「지속가능한 관리」를 받아들여 ITTO의 협력도 진전되었는데, 해양종의 부속서 게재에는 뿌리 깊은 저항을 보이는 국가가 있어 RFMO와의 관계 및 보전의 필요성에 대한 논의가 교착상태에 있다. 나아가 야생생물범죄에 대한 대책으로서 상아, 코뿔소 뿔 등에 대하여는 수요삭감을 위해 국내시장 폐쇄를 추진하는 여러 국가와 지속가능한 이용을 주창하는 여러 국가들과의 단절을 깊게 하여 지역사회의 욕구를 어떻게 고려해야 하는가 하는 점에 대하여도 견해가 나뉘어 있다. 대량멸종의 위기가 진행되고 있는 가운데, CITES 임무의 재정의가 성과 없는 대립을 극복하는 고차원적인 규범으로서 효과적으로 작동하는지는 아직 불투명하지만, 모든 논점에서 깊이 관여하고 있는 일본의 입장에서는 재고를 시도할 필요가 있을 것이다.

참고문헌

1. 金子与止男, 「ワシントン条約」, 西井正弘編, 『地球環境条約』 (有斐閣, 2005), 97–113면.

   오랫동안 일본정부의 과학 어드바이저를 담당한 필자가 조약 및 국내이행 조치에 대해 간명하고 신뢰성 높은 해설을 제공하였다.

2. 菊池英弘, 「ワシントン条約の締結及び国内実施の政策形成過程に関する考察」, 『長崎大学総合環境研究』 14巻 1号 (2011年), 1–16면.

   조약체결 시의 법적담보 및 1980년대 국내이행 조치의 재조정에 대해 치밀한 검증분석이 이루어져 있다.

3. Rosalind Reeve, *Policing International Trade in Endangered Species–The CITES Treaty and Compliance*, Earthscan, 2002.

   CITES의 준수관리 메커니즘의 발전을 구체적 사안에 비추어 해설한 양서이다.

Q. 물음

1. CITES의 거래규제의 실효성은 체약국의 허가서 발급시스템에 의존하지만 각국의 관리능력에는 격차가 있다. 이 점에 대해 어떠한 제도적 개선이 도모되어 왔는가?

2. 트로피 사냥의 현상과 과제, 목재, 해양종의 부속서 게재와 CITES의 실효성 등 야생동식물종의 「지속가능한 이용」의 의의와 문제에 대해 구체적 사례에 비추어 검토하시오.

3. 일본의 국내이행의 특색과 과제를 검토하고, 입법사실을 검토할 때, 법익으로서의 지구환경보호는 어떤 정도로 고찰되는지, 적절하게 업데이트되고 있는지 평가하시오.

칼럼 ⑨ 일본의 ICRW 탈퇴와 상업포경의 재개

1. 일본의 탈퇴

2018년 12월 26일, 일본 정부는 국제포경규제협약(ICRW) 제11조에 근거하여 이 협약 및 그 의정서 탈퇴를 통보하였다. 신문 등에서는 국제포경위원회(IWC) 탈퇴로도 표현되고 있는데, IWC가 ICRW에 근거하여 설립된 것을 감안하면 이런 표현은 틀린 것은 아니다. 그러나 국제법의 관점에서는 ICRW라는 조약에서의 탈퇴로 이해하는 것이 보다 정확하다고 할 수 있다. 이 통고에 따라 2019년 6월 30일이면 탈퇴 효력이 발생하며, 일본은 비체약국으로서 이 협약 등에 구속되지 않는다. 따라서 일본 정부는 2018년 12월 26일 회견에서 탈퇴를 통보함과 동시에 이듬해 7월부터의 상업포경 재개를 선언하였다.

이 협약 탈퇴와 상업포경 재개에 대해서는 국제연맹 탈퇴와 겹쳐지면서 심한 비판의 목소리가 있다. 한편, 2019년 4월 여론조사에 따르면 긍정적 평가가 70%에 이른다. 비판적인 목소리는 협약으로부터의 탈퇴라고 하는 부정적인 이미지가 향후의 일본 외교에 미치는 영향이나 상업포경을 함으로써 얻을 수 있는 이익이 크지 않은 점, IWC 내에서 논의를 계속할 여지가 있었던 점 등을 이유로 하고 있다. 반면 지지하는 목소리는 탈퇴가 환경제국주의에 대한 저항이라거나 일본의 전통문화 보호로 이어진다는 점, 그리고 변질된 ICRW에 대한 올바른 대응이라는 평가를 이유로 하고 있다.

2. 탈퇴의 배경

(1) ICRW와 포경논쟁

이 탈퇴에 대해 정확하게 이해하기 위해서는 우선 ICRW에 관한 이해가 필수불가결하다. 1946년 체결된 이 협약은 그 전문에서 ① 고래보호, ② 포경산업의 지속적 발전이라는 두 가지를 목적으로 규정하고 있다. 그리고 이러한 목적을 달성하기 위해, IWC를 설치함과 동시에 고래에 대한 체약국의 권리·의무에 대해 규정하고 있다. 분명히 협약상 ①과 ②의 두 가지가 같은 지위의 목적이라고 명시되어 있는 것은 아니다. 그렇다고 해도 원래 협약의 명칭이 포경금지협약이 아니라 규제(Regulation)협약에 지나지 않는다는 점(화학무기나 고문 등은 금지협약), 또한 상반된 목적을 규정하는 것은 생각하기 어렵다는 점을 감안하면 두 가지 목적을 양립시키기 위한 협약으로 해석하는 것이 솔직한 해석일 것이다.

그러나 시간이 경과함에 따라 두 가지 목적 중 ①만이 강조되어 간다. 그 단초가 되었던 것이 1972년의 유엔인간환경회의이다. 이 회의에서 미국은 상업포경의 모라토리엄(Moratorium, 일시정지)을 제안하였다. 이는 베트남전쟁에서의 환경파괴로부터 주목을 딴 데로 돌리기 위해서였다고 한다. 그리고 이 상업포경 모라토리엄은 1982년에 IWC에서 채택되었고, 1986/87년 어기(漁期)부터 실시되었다. 이러한 모라토리엄이 지속되는 가운데 상업포경의 재개를 목표로 하는 일본을 비롯한 포경국과 모라토리엄을 유지하는 반포경국의 대립구조가 형성되어 현재에 이르고 있다.

다만 여기에서 주목해야 할 것은 원래 모라토리엄이 도입된 것은 고래 자원의 관리방식에 대한 과학적 의문이 제기되었기 때문이라는 사실이다. 사실 이 관리방식이나 고래 자원량에 대해서는 당시부터 국가 간에 견해가 일치하지 않았다. 그렇다고 하더라도 고래 자원의 관리방식에 대한 과학적 식견을 축적하기 위해서라는 모라토리엄 도입 이유는 ICRW의 두 가지 목적에 합치한 것이었다. 이는 포경국에게는 보다 과학적인 관리방법과 자원량이 충분하다는 것을 보여준다면 상업포경의 재개가 허용된다는 것을 의미하였다. 사실 모라토리엄은 1990년까지 재고될 예정이었다.

그러나 그 후, 재고되는 일 없이 모라토리엄이 장기화되면서 상업포경을 금지하는 이유 또한 점차 변해 간다. ICRW의 보호대상이 되고 있는 13종의 대형고래 전부가 멸종위기에 처하였다는 오해에서 상업포경 재개에 반대하는 자도 있다. 한편, 고래를 특별시한다고 해서 상업포경의 금지를 주장하는 목소리가 높아지면, 어느새 포경 자체가 금지되어야 할 행위로 간주되어, 목적 ②에 대한 건설적인 논의는 곤란하게 된다.

(2) 탈퇴에 이르기까지의 경위

2018년의 제67차 IWC 총회 의장도 맡은 모리시타 조지(森下丈二)에 의하면, 일본이 탈퇴에 이르기까지, 포경국과 반포경국 간에 네 차례의 평화협상이 이루어졌다. 1997년 아일랜드 제안, 2004년 개정관리제도 패키지제안, 2007년부터 구상된 IWC의 미래 프로젝트, 2010년의 의장부의장 제안이다. 참고로 「남극해 포경」 사건(**기본판례·사건 ⑥**)은 이 의장부의장 제안 후에 개시되었다. 그리고 2018년 9월 개최된 IWC 총회에서 일본 제안이 부결되고 또한 부에노스아이레스 그룹이 지지하는 플로리아노폴리스 선언이 채택되었다.

이 총회에서의 일본 제안은 포경국과 반포경국 간에 상호이해를 상당 정도 포기하고, 각각 다른 틀에서 활동하는 것을 규정한다. 기존 보호위원회에 대해서는 반포경국에 의한 운영을 허용하는 대신, 새롭게 지속적 포경위원회를 설립하고 포경국의 활동은 이쪽에서 하려는 것이다. 한편, 플로리아노폴리스 선언에서는 상업포경 모라토리엄의 계속과 보호위원회에 예산을 중점적으로 배분할 것을 요구하고 있다.

일본으로서는 제67차 총회에 임함에 있어서 일본 제안이 부결되었을 경우에 탈퇴를 상정하였을 것으로 생각된다. 그러한 가운데 플로리아노폴리스 선언이 채택된 것에 대하여, IWC는 ①만을 목적으로 하고 있고, 이 조직 내에서 ①에 관한 논의를 더 이상 기대할 수 없게 되었음을 분명히 하였다는 점에서 탈퇴를 보다 정당화하기 쉽게 하는 것이라고 말할 수 있을 것이다.

3. 일본의 상업포경 재개

일본이 ICRW를 탈퇴한 결과 상업포경 모라토리엄을 포함한 ICRW상의 의무에 일본은 구속되지 않게 된다. 그렇다고 일본이 완전히 자유롭게 포경을 할 수 있는 것은 아니다. 확실히 유엔해양법협약에 근거하면 연안국은 자국의 영해나 배타적 경제수역의 생물자원을 관리할 권한을 가진다. 또한 공해자유의 원칙하에서 공해상에서도 원칙적으로 어업은 자유롭게 할 수 있다. 그러나 유엔해양법협약은 그 제65조에서 「각국은 해양포유동물의 보존을 위하여 노력하며, 특히 고래류의 경우 그 보존·관리 및 연구를 위하여 적절한 국제기구를 통하여 노력한다(밑줄 필자)」고 규정하고 있다.

따라서 자국의 배타적 경제수역 내에서도 일본은 「적절한 국제기구」를 통한 활동을 하지 않으면 안 된다. 이 조건을 만족시키기 위해서는 두 가지 방법이 있다고 한다. 첫째, IWC의 정식회원은 아니게 되지만, 계속해서 옵저버로서 참가하여 IWC의 관리방식·제도를 이용하여 IWC를 통한 활동을 하는 방법이다. 둘째, IWC를 대체하는 새로운 기구를 설립하고 그 기구를 통해 활동하는 방법이다. 후자에 관해서는 아이슬란드가 ICRW로부터 일시적으로 탈퇴하였을 때 북서대서양해양포유류위원회(NAMMCO)를 설립해 조약상의 의무를 준수하려 한 것도 참고할 만하다.

또한 일본이 오랫동안 조사포경을 해 온 남극해에 대해서는, 남극 해양생물자원 보존협약 제6조에서 ICRW상의 권리·의무에 영향을 주지 않을 것, 즉 ICRW 적용을 전제로 하는 것이 규정되어 있다. 따라서 ICRW를 탈퇴한 일본으로서는 이 협약에서 허용한 조사포경을 계속하기가 어려워진다.

포경문제는 어업문제로 다루느냐, 환경문제로 다루느냐에 따라 보는 관점이 크게 달라진다. 지구환경이 중요하다는 것은 말할 필요도 없지만 어떤 문제를 환경문제로 다루는 것이 적절한지, 포경문제는 이를 생각하는 데도 좋은 교재라고 할 수 있다. 단, 그 전제로서 혹은 그 귀결로서의 법적인 문제를 정확히 이해하는 것 또한 중요하다.

〈마코토 세타 (瀨田 真)〉

칼럼 ⑩ 장어의 국제거래규제

1. IUCN 적색목록과 장어

2014년 6월 IUCN(세계자연보전연맹)은 일본장어를 멸종위기종 IB류(Endangered)에 게재하는 것을 발표하였으며, 이 사실은 일본 국내에서도 널리 보도되었다. IUCN은 같은 해 11월에도 미국장어를 멸종위기종 IB류로 지정하였으며, 유럽장어는 2008년에 자연에 서식하는 최상위 범주인 멸종위기종 IA류(Critically Endangered)에 게재되어 있다. 일본장어와 같은 IB류에는 대왕고래, 따오기 등이 게재되어 있으며, 다른 종의 멸종 리스크를 단순 비교할 수는 없지만, 이들 종과 범주상은 동등하거나 또는 그보다 위에 지정될 정도로 장어의 현상태는 심각하다고 할 수 있다.

2. 유엔해양법협약과 관련국의 대응

장어는 바다에서 산란하여, 바다로 회유한 후 하천을 거슬러 올라서, 성장 후 산란을 위해서 다시 바다로 돌아간다. 유엔해양법협약에서는 이와 같이 바다에서 태어나 하천으로 거슬러 올라가서 다시 바다로 내려오는 것을 「강하성 어종」이라 하며, 그 생존기간의 대부분을 보내는 수역의 연안국은 그 어종의 관리에 대한 책임을 지며(제67조 1항), 강하성 어종의 어획은 배타적 경제수역 내에서 하여야 한다고 정하고 있다(제67조 2항). 따라서 유엔해양법협약상 공해에서 장어의 「바다낚시(沖捕り)」는 할 수 없다. 이와 함께 강하성 어종이 치어로서 또는 성어로서 다른 국가의 배타적 경제수역을 회유하는 경우, 어획을 포함한 그 어종에 대한 관리는 해당 어종이 그 생존기간의 대부분을 보내는 수역의 연안국과 그 밖의 관련국 간의 합의에 따라 규제된다고 규정하고 있다(제67조 3항). 해양법협약은 연안국에 대하여, 자국이 이용가능한 최선의 과학적 증거를 고려하여 남획으로 인하여 배타적 경제수역에서 생물자원의 유지가 위태롭게 되지 아니하도록 적절한 보존·관리조치를 통하여 보장될 것을 요구하고 있다(제61조 2항).

일본장어의 연안국·지역인 일본, 중국, 대만은 2012년에 「일본장어의 국제적 자원 보호·관리와 관련한 비공식 협의」를 개최하였고, 다음해 2013년에는 한국 등도 참가하여, 2015년 어기(漁期) 이후 양식장에 넣는 치어의 양을 최근 수량에서 20% 감축함과 동시에, 법적 구속력이 있는 체계의 설립 가능성에 대해 검토한다는 공동성명을 2014년 9월에 발표한 바 있다. 그러나 가장 최근인 2014년 어기의 치어장 수용량은 과거 몇 년에 비해 두드러지게 많으며, 효과적인 규제가 이루어지고 있다고 말하기 어렵다. 법적 구속력 있는 체계에 대해서도 현재까지 아무런 진전도 보이지 않으며, 중국은 2015년 이후 비공식협의에 참석하고 있지 않다. 대만에서는 현재 일본장어가 멸종위기종 IA류로 지정되어 있으며(Gollock et al., 2018, p.27), 치어 수출은 원칙적으로 금지되어 있지만 홍콩에 밀수된 후 일본 등으로 수출되고 있다는 것은 관계자라면 누구나 알 수 있는 사실이다. 2014/2015년 어기부터 2016/2017년 어기에 일본의 양식장에 수용된 치어 중 57.1~85.5%는 불법·미보고어획 또는 불법수입된 것으로 추정된다. 일본장어의 연안국은 유엔해양법협약에서의 관리에 대한 책임을 충분히 다하고 있다고는 말하기 어렵다.

그림 ‖ 일본의 양식장 수용된 장어 치어의 비율 (%)

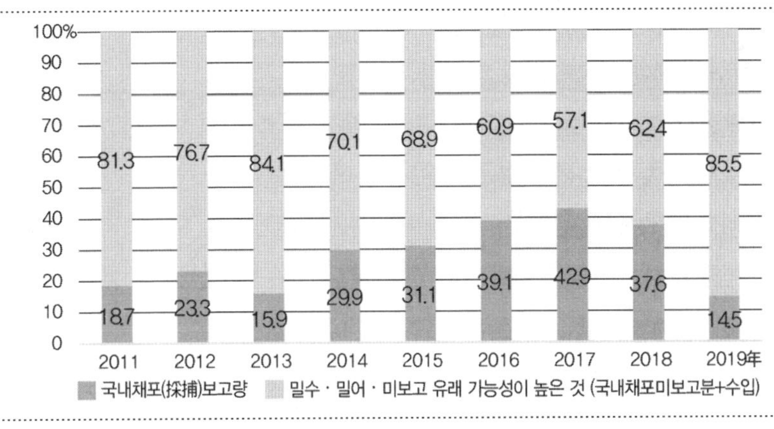

(데이터 출처: 水産庁「ウナギをめぐる状況と対策について」(2019年11月) 4, 15면)

3. 장어와 워싱턴협약

유럽장어에 대해서는 2007년 워싱턴협약 당사국총회에서 부속서 II 게재가 결정되어, 2009년 3월부터 규제를 받고 있다. 협약 부속서 I에는 거래로 영향을 받거나 받을 수 있는 멸종위기에 처한 모든 종이 게재되며(제2조 1항), 게재될 경우 상업적인 국제거래는 할 수 없게 된다. 부속서 II에는 현재 반드시 멸종위기에 처해 있지는 아니하나 생존을 위협하는 이용을 회피할 목적으로 표본의 거래를 엄격하게 규제하지 아니하면 멸종위기에 처할 수 있는 종 등이 게재되며(제2조 2항), 게재된 경우 수출입 시에 수출국의 허가서 발급이 필요하다(제4조 2항).

유럽장어는 부속서 II에 게재되기 때문에 수출국이 발급한 허가서가 있으면 수출입이 가능하지만 협약에서는 수출국이 허가서를 남발하지 않도록 제약을 가하고 있다. 즉 체약국은 「과학당국」(Scientific Authority)의 지정이 의무화 되어 있으며(제9조 1항), 수출허가시 수출국의 「과학당국」이 수출이 해당 종의 생존을 위협하지(detrimental to the survival of that species) 않도록 조언을 할 필요가 있다(제4조 2항(a)). 이 조언은 「무해증명」(non-detriment finding: NDF)이라 불린다. EU 각국은 현재 자원량으로는 NDF를 할 수 없다며 2010년 12월 이후 수출허가서를 발급하지 않고 있다. 따라서 현재 NDF를 붙인 후 수출되고 있는 유럽장어는 북아프리카산 등으로 한정되어 있다.

4. 워싱턴협약에서의 이행확보 메커니즘

워싱턴협약에서는 당사국총회에서 채택된 결의 등에 근거하여, 이행확보를 위한 메커니즘을 발전시키고 있으며, 가장 엄격한 조치로 부속서에 게재된 특정 종 또는 모든 종에 대한 거래정지 권고가 이루어진다. NDF에 대해서는 2002년 제12회 당사국총회에서 채택된 결의 Conf.12.8에 따라 「주요 무역거래 검토」(Review of Significant Trade: RST)라 호칭되는 시정 메커니즘이 규정되어 있다. RST에서는 우선, 협약 사무국이 워싱턴협약의 무역 데이터베이스 분석을 기초로 NDF가 적정하게 행해지고 있는지 검토해야 할 국가·종의 검토안을 선정하고, 이를 기초로 동물·식물위원회가 검토대상국·종을 결정한다. 다음으로 사무국은 검토대상국·종의 거래상황이나 NDF를 조사하고 시정조치 권고가 필요한지 여부에 대한 검토안을 정한다. 이를 바탕으로 동물·식물위원회가 적절하게 검토대상국에 시정조치 권고를 한다. 사무국은 시정조치 권고의 이행상황을 조사해 상설위원회에 보고하고, 상설위원회는 필요하다면 거래정지 등의 조치를 체약국에 권고한다. 유럽장어에 대해서도 RST가 실시되고 있으며, 2018년 제30회 동물위원회가 알제리, 모로코, 튀니지에 대해 NDF가 적절하지 않다고 시정조치 권고를 내렸다.

5. 부속서 게재기준과 일본장어의 미래

부속서 I 및 II의 게재기준은 협약상의 규정 외에 결의 Conf.9.24(Rev. CoP17)에 의해 상세히 정해져 있다. 상업적으로 이용되는 해양종에 대해서는 FAO가 전문가 자문 패널을 구성하여, 게재제안별로 Conf.9.24에 정해진 생물학적 기준을 충족시키는지 검토하고, 당사국총회 심의시 그 결과가 보고된다. 부속서는 체약국 3분의 2의 다수결로 개정된다.

일본장어에 관해 IUCN은 해당 종의 3세대 기간(30년) 동안 50% 이상 감소할 것으로 추정된다는 이유로 멸종위기종 IB류에 게재되었으며, 최상위 1A류로 해야 하는 것이 아니냐는 논의도 있었다(海部, 2016년, 39쪽). 현재의 자원상황을 감안할 경우, 회원국으로부터 향후 일본장어의 부속서 게재제안이 이루어질 경우, 채택될 가능성은 충분히 있다고 할 수 있다.

참고문헌

Matthew Gollock, Hiromi Shiraishi, Savrina Carrizo, Vicki Crook and Emma Levy, “Status of non－CITES listed anguillid eels”, AC30 Doc. 18.1., Annex 2, 2018.

海部健三『ウナギの保全生態学』(共立出版, 2016年).

〈사나다 야스히로 (真田 康弘)〉

제13장 유해폐기물의 국경간 이동

쯔루타 준(鶴田 順)

1. 유해폐기물의 국경간 이동을 둘러싼 문제상황

유해폐기물의 국경을 넘는 이동은 1970년대부터 유럽과 미국을 중심으로 종종 행해져 왔는데, 1980년대에 들어 유럽과 미국으로부터 환경규제가 완화되거나 규제가 없는 개발도상국에 유해폐기물을 수출하여 현지에서 주민들에게 피해를 미칠 우려가 있는 오염(수질오염과 토양오염)을 일으키는 사건이 많이 발생하게 되었다. 예를 들면, 1988년에 이탈리아에서 PCB와 다이옥신 등을 포함한 유해폐기물이 건축자재라는 명목으로 수출되어, 나이지리아의 코코(Koko)항에 투기된 사건이 발생하였다(이른바 「코코사건」). 선진국에서 개발도상국으로 폐기물이 수출되는 이유는 선진국에서의 물리적인 처분능력의 한계(최종처분장의 희소성), 법규제의 엄격화, 처분비용의 급등, 개발도상국 측의 폐기물수입에 따른 외화획득 등이다.

유해폐기물의 국경간 이동을 둘러싼 문제상황의 개선에 보다 일찍 관여한 것은 경제협력개발기구(OECD)였다. OECD는 1984년에 「유해폐기물의 국경간 이동에 관한 이사회 결정 및 권고」를 채택하고, 후술하는 바젤협약에서도 채택된 「사전통고와 동의」라고 하는 절차를 유해폐기물의 국경간 이동의 조건으로 하는 권고를 행하여, 1986년에는 「OECD 지역으로부터의 유해폐기물의 수출에 관한 이사회 결정 및 권고」를 채택하고, OECD 회원국으로부터 비회원국으로 유해폐기물의 국경간 이동의 규제를 결정하였다. 일본은 1964년에 OECD에 가입하였고, OECD 회원국과의 유해폐기물의 국경간 이동에 관하여는 OECD 이사회 결정에 따르고 있다. OECD 이사회 결정과 바젤협약을 비교하면, OECD 이사회 결정 쪽이 규제대상이 한정적이다. 예컨대, 전자기판은 OECD 이사회 결정에 따라

「그린 리스트」에 들어있기 때문에 자유롭게 국제거래를 할 수 있게 되어 있다.

OECD와 유엔환경계획(UNEP)을 중심으로 널리 국제적으로 유해폐기물의 국경간 이동을 규제하는 협약의 검토가 추진되어 1989년 3월에 「유해폐기물의 국가 간 이동 및 그 처리의 통제에 관한 바젤협약」이 채택되었다. 바젤협약은 1992년 5월에 발효되었다. 2019년 12월말 현재, 체약국 수는 186개국, EU 및 팔레스타인이다. 일본은 1992년 2월에 바젤협약의 체결이 국회에서 승인되어 1993년 12월에 발효되었다(참고로 우리나라는 1994년 2월에 가입하였고, 1994년 5월부터 「폐기물의 국가 간 이동 및 그 처리에 관한 법률」이 시행되고 있다 – 역자주).

지역적 협약으로서 1991년 1월에 아프리카 외에서 아프리카로 유해폐기물이 국경간 이동되는 것을 금지하고, 아프리카 지역 내에서의 유해폐기물의 국경간 이동도 금지하는 「국경을 넘어 아프리카에 가지고 들어오는 위험폐기물에 관한 바마코(Bamako: 아프리카 말리의 수도 – 역자수)협정」이 채택되었나.

또한 유해폐기물의 국경간 이동을 규제하는 양자조약으로서는 미국이 캐나다, 멕시코, 코스타리카, 말레이시아, 필리핀과 체결한 양자간 협정이 있다. 또 일본과 대만 사이의 유해폐기물 거래에 대하여는 2005년에 민간 차원에서의 협정(재단법인 교류협회(일본측)와 아동(亞東)관계협회(대만측)의 협정)으로서 바젤협약에 준하는 「일본대만간 유해폐기물 등의 이동, 처분의 규제에 관한 민간약정」이 체결되어 있다.

2. 바젤협약에 의한 유해폐기물의 국경간 이동 규제

바젤협약은 「유해폐기물」과 「기타 폐기물」 등 국경을 넘는 이동을 규제하고 있다(협약 제1조). 바젤협약에서 말하는 「유해폐기물」이라 함은 협약부속서 IV에 게재된 「처리」(이에 대하여는 후술한다)를 하기 위하여 수출되거나 수입된 것이고, 협약부속서 I에 게재된 것(① 「폐기의 경로」에 의해 규정된 18종의 폐기물(의료폐기물, 유기용제의 제조 등에서 생긴 폐기물, PCB 등을 포함하는 폐기물 등)과 ② 육가(六價) 크롬(합금·도금·촉매 등에 쓰이는 크롬의 하나로 제조과정에서 폐암이나 코뼈에 구멍이 날 위험이 있는 유해물질 – 역자주), 비소, 셀렌, 텔루르, 카드뮴, 수은, 납과 석면 등의 성분을 포함하는 27종류의 폐기물)이며, 협약부속서 III에 게재된 「유해특성」(폭발성,

산화성, 독성, 부식성과 생태독성 등)을 가진 것이다(그림 13-1 참조). 협약부속서 IV에 게재된 「처리」는 「땅속 및 지상의 투기」와 「육상에서의 소각」 등의 최종처리만이 아니라, 자원회수와 재생이용 등을 포함한 작업이다. 따라서 예컨대, 사용이 끝난 전지·전자기기에서 납을 함유하는 것에 대하여는 중고품으로 그대로 이용(reuse)하는 경우는 바젤협약의 규제대상이 되지 않지만, 사용이 끝난 전지·전자기기에서 납 등 자원을 회수하는 경우는 그 규제대상이 된다.

그림 13-1 ‖ 바젤협약의 규제대상인 「유해폐기물」과 동등하게 취급하는 방식

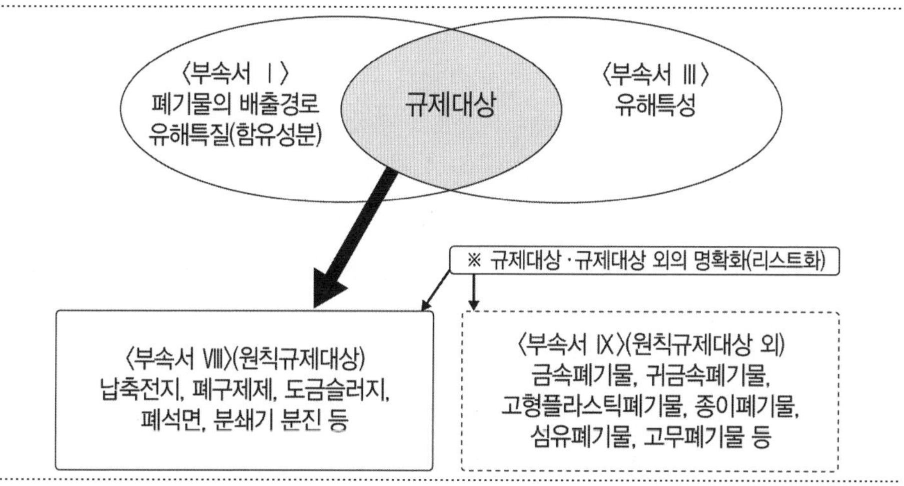

(출처: 環境省環境再生 · 資源循環局廃棄物規制課 · 経済産業省産業技術環境局 資源循環経済課『廃棄物等の輸出入管理の概要』(2018年8月) 2면)

1995년에 개최된 바젤협약 제3회 당사국총회(COP3)에서 이른바 「BAN개정」(이 장 제3절 참조)이 채택된 것을 받아들여, 당사국총회 하에 설치된 기술작업반이 정한 「유해폐기물」의 해당 여부를 구체적으로 나타내는 목록작성 작업이 가속화되었다. 1998년에 개최된 COP4에서 부속서 VIII(원칙적으로 규제대상이 되는 물질을 게재한 목록)과 부속서 IX(원칙적으로 규제대상이 되지 않는 물질을 게재한 목록)가 채택되었다.[1)]

또한 바젤협약에서 말하는 「기타 폐기물」은 지금까지는 협약부속서 II에 게

1) 바젤협약부속서 VIII과 부속서 IX의 채택에 대해서는 上河原献二, 「有害廃棄物の越境移動に関するバーゼル条約」, 西井正弘編, 『地球環境条約』(有斐閣, 2005年), 232－233면.

재되어 있던 「가정에서 수집된 폐기물」(Y46)과 「가정 폐기물의 소각에서 생긴 잔해」(Y47)의 두 종류뿐이었다.

2019년 5월에 개최된 COP14에서는 플라스틱 쓰레기를 둘러싼 문제상황을 받아들여 부속서 II에 「플라스틱 쓰레기」(Y48)를 추가하는 개정안이 채택되었다(BC-14/12, 개정부속서는 2021년 1월 1일 발효예정). 이 개정에서는 협약의 규제대상인 「유해폐기물」의 목록인 부속서 VIII에 폐기의 경로와 성분 등에서부터 유해성분을 나타내는 플라스틱 쓰레기가 추가되었으며, 또한 협약의 비규제대상 목록인 부속서 IX에 「환경에 적절한 방법으로 리사이클할 것을 목적으로 한 오염물과 기타 종류의 쓰레기가 거의 혼입되지 않은 플라스틱 쓰레기」(부속서 IX B-3011)가 추가되었으며, 이것들에 근거하여 부속서 II에 부속서 VIII과 IX 이외의 플라스틱 쓰레기를 추가하였다. 부속서 II 개정에서 추가된 「플라스틱 쓰레기」는 폐기의 경로와 성분 능에서 유해특성이 나타나지 않지만, 오염되었거나 다른 종류의 쓰레기가 혼입되어 있기 때문에 리사이클에 적합하지 않은 플라스틱 쓰레기가 해당된다. 따라서 2019년 부속서 개정은 새로운 규제대상을 두지 않고 「가정에서 수집된 폐기물」에서 플라스틱 쓰레기를 빼고 기존의 규제대상으로 명확히 하였으며, 이로 인해 검사에서의 규제집행의 확보·향상을 꾀한 것이라고 말할 수 있다(플라스틱 쓰레기 문제에 대하여는 칼럼 ⑥참조).

또한 방사능을 가지는 폐기물(방사성폐기물)은 바젤협약의 규제대상 밖에 있다(협약 제1조 3항). 방사성폐기물의 국경간 이동에 대하여는 1997년에 채택된 「방사성폐기물 및 사용후 핵연료 관리의 안전에 관한 공동협약」 등에 의해 규제되고 있다.

바젤협약은 그 규제대상인 「유해폐기물」과 「기타 폐기물」(이하 양자를 포함하여 「유해폐기물 등」)의 국경간 이동을 금지하는 것이 아니라, 인간의 건강과 환경을 해치지 않는 형태로 국경간 이동하는 것을 확보할 것을 목적으로 하고 있다. 그러한 국경간 이동을 확보하는 방책으로서 바젤협약은 「사전통지와 동의」라고 하는 절차를 채택하였다(동 제4조 1항(c), 제6조 1항과 2항). 즉, 수출(예정)국으로부터 수입(예정)국에 대하여 유해폐기물 등의 수출계획에 대한 통지가 사전에 서면으로 작성되어, 수입(예정)국으로부터 서면에 의한 동의를 얻은 후에 수출(예정)국에서 수출허가가 이루어져 수출이 개시된다고 하는 절차이다. 수출(예정)국은 수입(예정)국으로부터 서면에 의한 동의를 얻지 않은 경우에는 수출을 허가하지 않거나 수출을 금지하는 의무를 진다(동 제4조 1항(c))(그림 13-2 참조).

그림 13-2 ‖ 바젤협약의 「사전통지와 동의」 절차

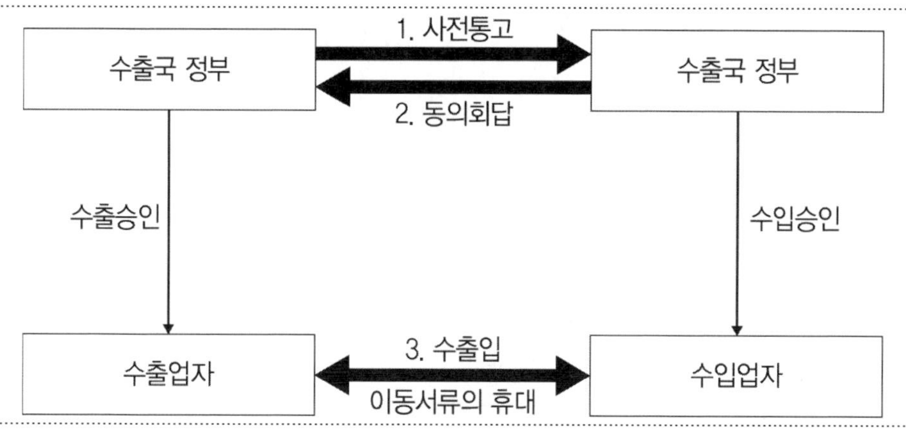

(출처: 環境省環境再生・資源循環局廃棄物規制課・経済産業省産業技術環境局資源循環経済課『廃棄物等の輸出入管理の概要』(2018年 8月) 3면)

바젤협약의 협상과정에서 선진국과 개발도상국 사이에 논의의 다툼이 있었던 것 중 하나는 바젤협약 제6조 2항에서 「사선통지와 동의」의 절차에 근거한 대상이 되는 「통과국」에 유해폐기물 등을 적재한 외국선박이 자국의 항구에 입항하지 않고 자국의 영해를 통과할 뿐인 국가를 포함할 것인가 아닌가 하는 것이었다. 이것을 「포함」한다고 하면, 해당 외국선박이 국제법상 (국제관습법 및 유엔해양법협약 제17조에서) 가지고 있는 영해의 무해통항권이 제한되어 버릴 가능성이 있기 때문에 쟁점이 되었다. 협상 결과, 바젤협약 제4조 12항에 선진국이 주장하는 「항행의 권리와 자유」와 개발도상국이 주장하는 「영해에 대한 국가의 주권」 쌍방을 배려한 규정을 두는 것으로 양자가 타협을 보았다.

「사전통지와 동의」와 같은 절차에 근거하지 않고 행해진 유해폐기물 등의 국경간 이동은 「불법거래」(illegal traffic)로 정의되며(동 제9조 1항), 체약국은 이러한 불법거래를 방지하고 처벌하기 위하여 적정한 국내법령을 제정할 의무를 진다(동 제9조 5항). 또한 보다 일반적으로 바젤협약은 「각 당사자는 협약의 위반행위를 방지하고 처벌하는 조치를 포함하여 이 협약의 규정을 이행하고 집행할 적절한 법적·행정적 및 그 밖의 조치를 취한다」(동 제4조 4항)고 규정하고, 체약국에 대하여 국내법 정비 등의 조치를 강구할 의무를 부과하고 있다. 이러한 의무는 각국의 국내법과 그 집행의 상태가 유해폐기물 등의 국경간 이동에 관한 문제상황의 원인이 되고 있는 측면과, 다른 한편으로 그러한 문제상황을 극복하기 위해서는 각국의 국내법의 상태를 조정할 필요가 있기 때문에 협약에 의해 설정하고 있다고 말할 수 있다.

이와 같이 바젤협약은 유해폐기물 등의 국경간 이동을 금지하는 것이 아니라 어디까지나 그 적정한 이동을 확보할 것을 목적으로 하는 협약이지만, 협약의 발효 후에도 유해폐기물 등이 「사전통지와 동의」 절차에 근거하지 않고 수출되어버리는 사안과, 「재생가능자원」과 「중고품」이라는 명목으로 수출된 화물이 수출된 국가의 세관에서 통과되지 않고 반송(ship－back)되는 사안 등, 유해폐기물 등의 부적절한 국경간 이동이 발생하고 있다.

또한 바젤협약 제12조는 체약국이 유해폐기물의 국경이동 및 처분에서 생긴 손해에 대한 책임과 보상에 관한 규칙과 절차를 정하는 의정서 채택을 위하여 협력한다고 규정하고 있고, 이것을 받아들여 1999년에 개최된 COP5에서 「유해폐기물의 국가 간 이동 및 그 처리로 발생하는 피해에 대한 책임 및 보상에 관한 바젤 의정서」가 채택되었다. 의정서는 20번째 비준서 등을 기탁자가 수령한 후 90일째에 발효하도록 되어 있다. 2019년 12월말 현재, 체약국 수는 11개국(보츠와나, 콜롬비아, 콩고민주공화국, 콩고공화국, 에티오피아, 가나, 라이베리아, 사우디 아리비아, 시리아, 토고, 예멘)과 팔레스타인이고, 일본은 체결하지 않고 있다.

3. 1995년 BAN 개정의 채택

1995년 9월에 개최된 COP3에서는 유해폐기물 등의 국경간 이동을 둘러싼 문제상황의 극복 등을 목적으로 하여 바젤협약의 체약국에서 부속서 VII에 게재된 국가(OECD 회원국, EC의 구성국 및 리히텐슈타인)(이하 「부속서 VII국」이라 한다)로부터 그 이외의 국가(이하 「비부속서 VII국」이라 한다)로의 모든 유해폐기물의 수출을 일반적이고도 전면적으로 금지하는 규정을 추가하는 협약개정 결의(BAN 개정)가 채택되어 2019년 12월에 발효하였다.

BAN개정의 발효요건은 바젤협약 제17조 5항에 「개정을 받아들인 체약국 중 적어도 3/4」의 국가의 비준 등 서류가 바젤협약의 기탁자인 유엔사무총장에 의해 수령된 것으로 발효한다고 규정되어 있는데, 이 3/4을 헤아리는 방법에 대하여 체약국 간에 견해의 대립이 생겼다. BAN 개정의 발효요건의 해석문제에 대하여는 2011년 10월에 개최된 COP10에서 동 조항의 문언은 「개정이 채택된 시점에서 체약국이었던 체약국의 3/4」을 의미한다고 해석해야 한다는 결의가 채택되어 해결을 보았다.[2)]

BAN 개정에 대하여는 그것을 채택하는 과정에서 바젤협약과 BAN 개정의 규제대상물인 유해폐기물의 범위에 대하여 다양한 논점에서 논의가 이루어졌는데, 특히 ① 부속서 VII국과 비부속서 VII국 사이에 「양자간, 다자간 및 지역적인 협정 또는 약정」(바젤협약 제11조 1항)(양자협정 등)을 체결할 경우에 있어서 바젤협약, BAN 개정과 양자협정들 3자의 적용관계, ② 부속서 VII에 국명을 추가할 때의 기준에 대하여 BAN 개정이 발표하기까지 논의를 행해지 않는 것으로 하여 문제를 뒤로 미루었다.

일본은 BAN 개정을 체결하지 않았다. 일본정부는 바젤협약의 체약국을 부속서 VII국과 비부속서 VII국으로 분류하고, 적절한 처리능력을 가지는 비부속서 VII국에 수출하는 것을 전면적으로 금지하는 것은 재생가능자원의 유효한 이용을 저지할 가능성이 있다고 하여 BAN 개정의 채택시부터 BAN 개정의 비준에 신중한 입장을 취해 왔다.[3)]

4. 유해폐기물의 국경간 이동을 둘러싼 국제법의 전망

1990년대에 바젤협약과 BAN 개정처럼 유해폐기물의 「오염성」에 주목하여 그 국경간 이동을 억제하는 데에 국제적인 논의의 중점을 두어 왔다. 그러나 2000년대에 들어온 후부터 폐기물과 재생가능자원의 「자원성」이 주목을 받으며 무역장벽이 낮아질 것이라는 등이 논의되게 되었다.

---

2) BAN 개정의 발효요건의 해석문제에 대해서는 鶴田順, 「バーゼル条約の95年改正をめぐる法的課題」, 小島道一編, 『国際リサイクルをめぐる制度変容』(アジア経済研究所, 2010年), 213－236면.

3) 2006년 12월 5일 제165회 국회참의원 외교방위위원회에서 요시다 히데토(由田秀人) 환경성 대신관방 게재물·리사이클대책부장 (당시)의 답변 (『第165回国会参議院外交防衛委員会議事録7号』, 6면) 참조.

바젤협약에서는 2008년 6월에 개최된 COP9에서 인도네시아와 캐나다가 호소하여 Country-Led Initiative(CLI)라고 하는 대처가 시작되었다. CLI에서는 BAN 개정의 발효요건의 해석문제에 대한 견해의 대립과 관련하여 BAN 개정의 본래의 목적인 유해폐기물 처리능력이 없는 개발도상국을 어떻게 지킬 것인가가 논의되었다. CLI에서 검토된 것을 통하여 2006년의 「사전통지와 동의」 절차에 근거한 수출입에 관한 통계에 의하면, 선진국으로부터 개발도상국으로 유해폐기물의 국경간 이동량은 전세계 국경간 이동량의 0.3% 정도라는 점, 개발도상국으로부터 개발도상국으로 이동량은 선진국으로부터 개발도상국으로의 이동량의 약 26배라는 것이 밝혀졌다. 또한 「사전통지와 동의」 절차에 근거한 이동은 적절하게 재활용하는 시설에 받아들여진다고 생각하는 한편, 「사전통지와 동의」 절차에 근거하지 않고 중고품으로서 그대로 사용(reuse)한다는 명목 등으로 수출되는 유해폐기물에 문제가 있는 것이 지적되었다. 게다가 재활용 목적에서 유해폐기물의 원활한 국경간 이동을 가능케 하기 위하여 적절하게 재활용할 수 있는 시설에 관한 인증제도를 도입하는 것 등이 논의되었다.

국경간 이동이 수질오염과 토양오염 등의 환경문제와 건강문제를 일으키는 사용이 끝난 전자·전기기기(컴퓨터와 모니터 등)에 대하여는 2013년 5월에 개최된 COP11에서 사용이 끝난 전지·전자기기를 협약의 규제대상 외로 판단하기 위한 기준인 「E-Waste 및 사용완료된 전지·전자기기의 국경을 넘는 이동, 특히 바젤협약에서 폐기물과 비폐기물의 구별에 관한 기술 가이드라인안」이 검토되었다. 사용이 끝난 전지·전자기기의 수출에 대하여 아프리카와 중남미 국가들은 수출전의 시점에서 통전(通電)검사 등이 정상적으로 작동하는 것을 확인하기 위한 검사(기능성검사)가 행해지지 않는 경우에는 유해폐기물로서 취급되어야 한다고 주장한다. 이에 반해 일본은 중고품으로서 재사용하는 것을 목적으로 한 수출에 대하여는 수출된 국가에서 중고품으로서 이용될 수 있는가 없는가를 추적·검증할 수 있도록 기능성검사를 인정해야 한다고 주장하지만, 광범위한 지지를 얻고 있지는 못하다. 결국, COP11에서는 기준의 나아갈 방향에 대하여 결론을 보지 못하고, 2015년 5월에 개최된 COP12에서 기술가이드라인이 잠정적으로 채택되어, 2017년 4월에 개최된 COP13에서는 기술가이드라인 검토를 위한 전문가작업반의 설치가 결정되었다.

이와 같이 바젤협약에 대하여 최근 COP에서 논의된 것은 유해폐기물을 처리·처분의 대상으로 간주하고 국경간 이동이 가지는 마이너스의 측면을 강조해 온 1990년대의 논의로부터 부적절한 국경간 이동의 방지를 꾀하면서 유해폐기물을 재생가능자원으로서 유효하게 이용할 수 있다고 하는 본래의 협약목적에 따른 논의가 계속 진행되고 있다. 이 배경에는 자원수요의 증대와 자원가격의 상승으로부터 자원을 유효하게 이용해야 한다고 하는 사정과 개발도상국에서의 폐기물·재활용 관련 법제와 그 집행체제의 정비가 추진되며, 폐기물·재활용산업이 발전하는 등 적정한 국제자원순환을 실현하는 환경이 계속 정비되어 가는 것을 들 수 있다.

참고문헌

1. ビル・モイヤーズ編, 粥川準二・山口剛 共訳, 『有毒ゴミの国際ビジネス』(技術と人間, 1995年).

1989년의 바젤협약에서 채택된 유해폐기물의 국경간 이동을 둘러싼 1980년대의 문제상황이 구체적으로 묘사되고 있다. 원서는 1990년 간행되었지만 마지막장에서 최근 사회문제화되고 있는 플라스틱 쓰레기 문제를 다루고 있으며 재활용보다 사용을 줄이는 것(reduce)이 중요하다는 것을 지적하고 있다.

2. 小島道一, 『リサイクルと世界経済』 (中央公論新社, 2018年).

폐기물, 재생가능자원과 중고품 각각의 국제거래의 상황과 과제를 구체적으로 명확히 하여, 국제적인 Reuse·Recycle의 전망을 그리고 있다.

3. 鶴田順, 「有害廃棄物の越境移動に関する国際条約の国内実施」, 『論究ジュリスト』 7号 (2013年秋号), 39-45면.

국가 간에 발생한 유해폐기물 등의 부적절한 국경간 이동 사안을 통해 표면화된 일본에서의 바젤협약 이행의 과제를 지적하고 그 극복에 대해서 서술하고 있다.

4. 島村健, 「バーゼル法改正,」『環境と公害』(2018年1月号), 52-58면.

일본에서의 바젤협약 이행을 위한 법률인 「특정유해폐기물 등의 수출입 등의 규제에 관한 법률」(平成4(1992)년 법률108호)의 平成29(2017)년 6월16일 공포의 일부개정내용, 의의와 남겨진 과제에 대해서 서술하고 있다.

Q. 물음

1. 1989년 바젤협약의 채택에 이르게 한 유해폐기물의 국경간 이동을 둘러싼 문제상황은 어떠한 것이었는가?
2. 바젤협약은 유해폐기물 등의 부절적한 국경간 이동을 어떠한 방법으로 방지하려고 하는가?
3. 사용이 끝난 전자 · 전기제품이 국제적으로 수입되고 있는 것의 의의와 과제는 무엇인가?

칼럼 ⑪ 선박해체의 규제

1. 선박해체를 둘러싼 문제상황

선박해체업은 1990년대 전반에 일본, 대만, 한국 등 동아시아 국가들에서 인도, 방글라데시, 파키스탄 등 남아시아 국가들로 그 세계적인 중심지가 이동하였다. 2014년 이들 남아시아 국가들의 해체실적(해체된 선박의 톤수 합계치) 세계 점유율은 인도 29.8%, 방글라데시 24.2%, 파키스탄 18.0%였다. 이들 국가에서는 조수간만의 차를 이용해 선박을 자력으로 좌초시켜 조간대(潮間帯)에 선박을 해체하는 「피칭(pitching)」이라는 방법으로 선박해체가 이뤄지고 있다.

방글라데시의 남동부와 미얀마 국경 근처에 위치하는 방글라데시 제2의 도시이며 최대 항구도시인 치타공의 선박해체 현장을 취재한 야마다 마코토(山田真)에 의하면, 피칭에 의한 선박해체란 다음과 같다.

「만조를 맞이하였을 때, 앞바다에 정선해 있던 배는 기적을 울리며 단숨에 해체장을 향해 달리기 시작한다. 해체장에 내걸린 빨강과 노랑의 2개의 유도기 사이를 목표로 금새 육지로 근접하여, 짐을 싣지 않은 선체에서 전속력으로 얕은 여울에 얹혀 배로서의 마지막 일을 끝낸다. 바닷물이 빠지고 난 뒤 갯벌에는 조용히 커다란 몸체를 옆으로 누인 배만 남는다. 조그만 사람들이 낡은 배에서 사냥감 쪽으로 몰려가는 개미처럼 달라붙는다. 낡은 배는 선수에서 가스버너로 대충 잘려나간다. 선체는 육지에 설치된 직경 2.5미터 정도의 거대한 윈치에서 끌어낸 2인치 직경의 케이블을 걸어, 육지의 작업장으로 옮겨져 본격적인 해체가 시작된다. 작업장은 형체를 잃은 배의 거대한 잔해들이 주변에 어지럽게 흩어져 있고, 선체를 절단하는 가스버너에서 올라오는 백연과 강철 타는 냄새에 휩싸여 있다. 근로자들은 절단된 강판 주위에 모여들어 무게가 1톤이 넘는 강판을 단숨에 메고, 강재압연공장으로 향하는 트럭을 향해 차곡차곡 싣고 간다.」(山田真「チッタゴン船舶解撤場の現状」『Ocean Newsletter』 110号 (2005年 3月)).

이러한 피칭에 의한 선박해체에서는 연료유·가스 등의 휘발성가스에 의한 폭발·화재사고나 해체작업자가 높은 곳에서 떨어지는 등 해체작업자의 대부분이 위험하고 비위생적인 환경에서 작업에 종사하고 있다는 노동안전의 문제, 또한 선박에 탑재된 석면의 비산, 폴리염화비페닐(PCB) 등의 환경에 잔류하기 쉬운 유기오염물질, 선박의 스크류 부식을 방지하기 위해서 사용된 아연이나 선박 밑바닥에 따개비 등의 조개류나 해조류 등의 부착을 방지하기 위해서 선박 밑바닥 도료에 사용되던 유기주석화합물인 트리브틸 주석(TBT) 등의 중금속류, 폐유 등에 의한 해양환경오염 문제가 발생하였다.

2. 선박해체를 둘러싼 문제상황에 대한 대응

선박해체가 가지는 이러한 문제상황에 대처하기 위해서 「유해폐기물의 국가 간 이동 및 그 처리의 통제에 관한 바젤협약」(바젤협약) 사무국이 설치되어 있는 유엔환경계획(UNEP), 선박해체의 노동안전 문제에 관심을 가지는 국제노동기구(ILO), 그리고 대표적인 해사 관련 국제기구인 국제해사기구(IMO) 등의 국제기구가 검토를 하고, 각각의 기구에서 법적 구속력이 없는 가이드라인이 채택되었다(UNEP의 「선박해체기술 가이드라인」, ILO의 「선박해체업 노동안전 가이드라인」, IMO의 「선박재활용 가이드라인」 등의 채택).

3. 선박재활용협약의 채택

바젤협약은 재활용 목적으로 이루어지는 선박의 수출도 규제하고 있는데, 일반적인 유해폐기물과는 달리 선박은 해체가 이루어지는 장소까지 스스로의 기능으로 이동할 수 있다는 특징이 있다. 애초에 바젤협약의 성립과정에서 재활용 목적으로 선박의 국경간 이동에 대한 적용은 예상되지 않았기 때문에, 바젤협약에 따라 재활용 목적으로 선박의 국경간 이동을 규제하기는 실제로는 곤란한 점이 있었다(바젤협약에 대해서는 제13장 참조).

예를 들어, 한국에서 건조되어 파나마를 기국으로 하지만, 실질적인 선주는 일본의 해운회사로 30년간 국제적으로 널리 항해해 온 선박이 해체되어, 현재는 중국의 항구에 정박되어 있으나, 향후 인도에 있는 선박해체 시설로 향할 경우, 바젤협약에 근거한 「사전통지와 동의」 절차를 어느 국가가 하여야 할 것인가는 명확하지 않다.

이에 2005년 2월에 IMO 본부에서 ILO와 IMO의 선박해체에 관한 공동작업반이 개최되어, 선박해체가 가지는 노동안전 문제와 환경문제를 개선·극복하기 위한 새로운 협약을 만들기로 결정되었고, 2009년 5월에 「안전하고 친환경적인 선박재활용을 위한 홍콩 국제협약」(선박재활용협약)이 채택되었다.

4. 선박재활용협약이란

선박재활용협약은 선박해체가 가지는 노동안전 문제와 환경문제를 개선·극복하기 위해 체약국에 대해 협약에 적합한 선박을 협약에 적합한 재활용시설에서만 재활용하도록 법적으로 의무화한 협약이다. 선박재활용협약의 규제대상은 배타적 경제수역을 넘어 항행하는 협약의 체약국을 기국으로 하는 국제총톤수 500톤 이상의 선박과 협약의 체약국 권내에 있는 「선박재활용시설」이다.

5. 유해물질 목록

협약의 규제대상 선박은 「유해물질 목록」의 작성과 유지관리가 요구된다. 목록은 선박에 사용되고 있는 유해물질의 소재위치, 종별 및 개산량(概算量) 등을 기재한 일람표이며, 해체 시에 재활용시설에 제시된다.

협약 발효 후에 건조계약이 체결되는 새로운 선박(신조선)에 대해서는 조선소가 선박용 기기 제조업체, 부품 제조업체나 재료 제조업체 등으로부터 사용한 유해물질 정보(「물질선언서」 및 「제조자적합선언서」)를 제공받아 선박에 탑재된 유해물질(협약 부속서 2에서 지정된 석면, 오존층 파괴물질, PCB, TBT류, 카드뮴, 6가크롬, 납, 수은 등 13종의 물질)에 대하여 목록 제1부(Part I)를 작성하고, 기국정부의 주관청 또는 대행기관(주로 선급협회(classification society))으로부터 신조선의 취항 전에 첫 번째 검사를 받고 「목록 국제증서」를 취득하여야 한다.

선급협회란 국제조약이나 선급협회의 국제적 단체(국제선급연합회)가 정한 규칙에 따라 선박과 그 설비의 안전성 및 환경배려 등을 건조부터 취항과정에서 검사하고, 취항 후에도 정기적으로 검사하여 기준에 부합함을 보증하는 민간기관이다.

이미 취항한 선박(협약에서는 「현존선(現存船)」)에 대해서는, 협약 발효 후 5년 이내에(혹은 그 이전에 재활용되는 경우에는 그때까지) 목록을 작성하여, 신조선과 마찬가지로 기국정부의 주관청 혹은 대행기관(주로 선급협회)으로부터 첫 번째 검사를 받고, 「목록 국제증서」를 취득해야 한다. 다만, 현존선의 경우는 건조 후 시간

이 경과하여 선박 내에 존재하는 유해물질 전부를 정확하게 조사하기 곤란하기 때문에, 협약에서 선박 탑재가 금지된 협약 부속서 1에 지정된 4종의 유해물질(석면, 오존층 파괴물질, PCB, TBT류)에 대해서만 샘플링 및 육안 확인으로 조사하게 되었다.

6. 선박재활용시설

선박재활용협약은 선박뿐 아니라 체약국 국내에 있는 선박재활용시설도 규제 대상으로 하고 있다. 선박재활용시설은 협약의 규제대상 선박을 해체·재활용하기 위한 시설로서 지리적으로 그어진 구역이며, 선박재활용시설에서 떨어진 곳에서 실시되는 폐기물 처리장이나 매립장 등은 포함되지 않는다. 선박재활용시설은 시설·설비의 개요와 해체·재활용 절차 등을 상세히 기록한 「선박재활용시설계획」을 작성하여 소재국의 주관청 혹은 대행기관(주로 선급 협회)의 승인을 받아야 한다. 승인을 받은 선박재활용시설이 협약의 규제대상 선박을 해체·재활용하는 경우에는 협약에 적합한 선박으로서, 해체·재활용하도록 승인된 선박 이외에는 수용되어서는 아니 된다. 또한 승인을 받은 선박재활용시설은 해체작업자나 시설 주변의 주민에게 건강상 위험을 미치지 않도록 선박해체·재활용에 의한 인체 및 환경에 대한 악영향을 방지·감소·최소화하고, 그리고 실행가능한 범위에서 없애도록 관리시스템 등을 확립해야 한다.

7. 선박재활용 절차

선박을 재활용할 때는 협약에 따른 절차를 밟아야 한다. 우선, ① 선주는 재활용에 앞서 기국정부 주관청에 재활용하겠다는 취지를 통보한다. ② 선주는 목록 제1부를 갱신하고, 또한 목록 제2부에 「운항 중에 발생한 폐기물」에 대해서, 목록 제3부에 「저장품」에 대해서 기재하고, 목록을 완성시킨다. ③ 선주는 완성된 목록을 재활용할 예정인 선박재활용시설에 송부한다. ④ 선박재활용시설은 송부된 목록의 정보를 토대로 선주와 협의하면서 「선박재활용계획」(계획)을 작성한다. 계획은 목록에 기재된 유해물질을 어떻게 취급할 것인지 등 선박재활용 방법을 상세하게 기록한 문서이다. ⑤ 선박재활용시설은 소재국 정부의 주관청으로부터 계획의 승인을 받은 후 선주에게 송부한다. ⑥ 선주는 목록과 계획을 기국의 주관청 또는 대행기관(주로 선급협회)에 제출하고, 최종검사를 받고 「재활용 준비 국제증서」를 취득한다. ⑦ 선박재활용시설은 이 증서의 사본과 함께 재활용 개시예정일을 선박재활용시설 소재국 주관청에 통지한다. ⑧ 선주는 증서의 유효기간 내에 선박재활용시설에 선박을 보낸다. ⑨ 선박재활용시설은 재활용 완료 후 14일 이내에 「재활용 완료통지서」를 발행하여, 재활용 국가의 주관청에 보고함과 동시에 재활용한 선박의 기국 주관청에도 사본을 송부한다.

8. EPR의 채택

이처럼 선박재활용협약은 조선업계에 선박해체를 시야에 넣는 설계·자재선정·제조·포장을 요구하는 협약이라 할 수 있다. 선박재활용협약에서 보여지는 제품의 제조과정에 대한 착안점은 「확대생산자책임」(EPR)이라는 사고에 기초하고 있다. EPR은 2001년 OECD 가이던스 매뉴얼에 따르면 「제품에 대한 생산자의 책임을 물리적 및/또는 금전적으로 제품의 라이프사이클에 있어서 소비 후 단계까지 확대시키는 환경정책접근법」이다. EPR은 제품에 대한 생산자의 물리적 책임(사용 후 제품의 회수·처리·재활용 등의 실시 책임)과 금전적 책임(사용 후 제품의 회수·처리·재활용 등의 비용 지불 책임)을 제품 사용 후 단계까지 확대함으로써 천연자원의 채취, 제조, 제품의 사용, 제품의 사용 후 각 단계에서 발생하는 환경부하를 가능한 한 적게 하도록 배려한 「환경배려설계」(DfE)의 채택을 촉진하고, 이를 통해 폐기물의 발생·배출의 억제, 적정처리 및 재활용을 효율적으로 실현하기 위한 이념이다. 생산자에게 책임을 부과하는 것은 생산자가 제품의 재료선택과 DfE의 채택을 비롯해 제품의 환경부하 감소에 기여하는 능력·정보를 가장 많이 보유하고 있다는, 즉 제품의 나아갈 방향에 대해 가장 제어능력을 보유한 주체인 경우가 많기 때문이다.

9. 협약채택 후의 선박해체 동향

선박재활용협약은 2020년 1월 말 현재 미발효이다. 그러나 2012년 10월에 IMO에서 각 체약국에서의 협약 이행에 필요한 「유해물질 목록 작성 가이드라인」 등의 각종 가이드라인의 정비가 완료되어, 협약의 발효를 기다리지 않고 선주, 선급협회, 재활용시설, 조선소, 선박용 기기 제조업체 등의 많은 관련 행위자가 협약이 설정한 의무나 기준을 자주적으로 이행·실시하기 시작하면서, 협약이 지향하는 선박해체의 나아갈 방향이 서서히 실현되고 있다.

〈쯔루타 준 (鶴田 順)〉

제14장 무역과 환경

고바야시 토모히코(小林 友彦)

1. 서론

경제의 글로벌화가 지구환경에 미치는 영향에 대하여 이 장에서는 특히 무역과의 관련성에 초점을 맞추었다. 구체적으로는 무역을 촉진하는 것이 환경보호를 위하여 어떻게 도움이 되는가, 반대로 무역이 어떠한 형태로 환경손해의 위협이 되는가에 대하여 다방면의 평가가 필요하다는 것을 나타내려고 한다.

「무역」이라 함은 국경을 넘어 이루어지는 거래를 가리킨다. 그리고 「거래」라 함은 영리목적으로 물품 또는 서비스(용역)를 제공하여 그 대가의 지불이 이루어지는 쌍방향적 행위이다. 국내에서의 거래와 마찬가지로 무역도 합의에 기초하여 이루어진다. 따라서 외국에 대한 식량원조와 오염물질의 해양투기 등은 물품의 국경간 이동이기는 하지만 무역은 아니다. 다른 한편, 무역의 대상은 물품에 한하지 않는다. 형태가 있는 물품(상아와 유해폐기물을 포함한다)뿐만 아니라, 수질정화 서비스와 열차운행 시스템과 같은 서비스, 전통적인 지식처럼 형태가 없는 자원도 무역이 될 수 있다.

무역과 환경과의 관계를 생각할 때에는 양자택일의 문제가 아니라 각각 중요한 가치가 있음을 인정하며 어떻게 균형을 취할 것인가를 생각할 필요가 있다.[1] 이하에서는 환경보호와 관련된 무역의 몇 가지 측면을 통해 그 상호관계의 특징을 떠올리면서 현대적인 의의와 과제를 살펴볼 것이다.

---

1) トマス·J·ショーエンバウム, 「国際貿易と環境保護」, パトリシア· バーニー / アラン·ボイル, 『国際環境法』(慶應義塾大学出版会, 2007年), 789－854면 참조.

2. 환경보호를 위한 무역규제

(1) 개설

이 장에서는 사적 행위로서 행해지는 무역에 초점을 맞춘다. 안전보장 등의 정책목적으로서 국가 자체가 무역주체가 되는 무역(국가무역)도 있지만, 세계무역의 대부분은 영리목적의 사적행위로서 행해지기 때문이다. 이 경우, 국내에서의 거래와 마찬가지로, 사는 쪽은 가능한 한 품질이 높은 물품과 서비스를 가능한 한 싼 가격으로 손에 넣으려고 한다는 것을 상정한다. 반대로 파는 쪽은 가능한 한 낮은 비용으로 생산하고 가능한 한 비싸게 팔고 싶다고 생각할 것이다. 당사자 간 거리가 멀고 국가에 의한 통화·규격의 차이가 있다는 장벽을 넘어 무역이 행해지는 것은 그러한 당사자 쌍방이 만족할 수 있는 내용으로 합의에 이른 경우이기 때문이다. 설령 세계무역기구(WTO) 협정과 자유무역협정(FTA: 경제협력협정(EPA: Economic Partnership Agreement)을 포함한다)에 따라 무역자유화가 진전되어도 사는 쪽이 원치 않는 것을 파는 쪽이 일방적으로 밀어붙일 수는 없다.

다만, 매매의 당사자 사이에서는 만족하더라도 그 외의 인간·국가·환경에 악영향(이른바 「마이너스의 외부성」)을 생기게 할 수는 있다. 예컨대, 병원균에 오염된 식품을 저가로 수입하고 그 정보를 감추고 국내에서 판매하면, 소비자의 건강을 해칠 것이다. 또한 엄격한 폐기물 처리규제를 피하기 위해 규제가 느슨한 국가에 폐기물을 수출하면, 그 국가의 환경을 악화시킬 수 있다. 그 어떤 사례들 모두 파는 쪽과 사는 쪽은 무역내용에 만족하고 있지만 그 이외의 인간들과 환경에는 악영향을 미칠 수 있다.

그렇다고 해서 무역활동이 항상 환경보호에 악영향을 미친다고 생각하는 것은 경솔한 생각이다. 우선 국내에서 자급자족할 수 있다고 하면 오히려 환경파괴가 생길 수도 있을 것이다. 예컨대, 일본에서 천연가스를 수입하는 대신 국내산 자원만을 사용하려고 한다면 대기오염, 수질기능의 저하, 이산화탄소 흡수원의 감소라고 하는 악영향이 생길 수 있다는 것을 예상할 수 있다. 반대로 물품과 서비스를 국경을 넘어 이동시키는 것이 보다 효과적으로 환경보호에 이바지한다고 하는 구조의 확립에 도움이 될 수 있을 것이다. 예를 들면, 생태계에 악영향을 줄 우려가 적고 고부가가치인 야채의 수출입이 쉽다고 한다면, 이것을 생산하고 소비하는 것이 확대되는 것도 기대할 수 있다. 또한 뛰어난 재생가능에너지 발전기술을 개발한 경쟁력 있는 기업이 무역장벽 없이 다른 국가에 진출하기 쉽다면, 보다 환경 친화적인 기술의 발전을 촉진하는 것도 기대할 수 있을 것이다.

(2) 규제의 태양

① 무역하는 것 자체의 규제 무역에서 생기는 악영향을 방지하기 위하여 생각할 수 있는 가장 직접적인 선택지로서 무역제한을 부과하는 방법이 있다.

물론 무역규제가 항상 최선의 방법이라고는 할 수 없다. 예컨대, 남획과 밀렵에 의해 멸종위기에 처한 야생동식물종을 보호하기 위해서는 우선 각국의 국내법으로 남획과 밀렵행위 그 자체를 금지하도록 의무지우는 협약을 작성하는 방법을 생각할 수 있다. 그렇지만 아무리 강력한 국제적 의무를 부과하더라도 국내에서의 이행확보가 어려워지는 일도 종종 있다. 예를 들면, 어떤 상품의 수출을 금지해도 그 상품이 외국시장에서 높은 가치를 갖는다고 하는 상황이 발생한다면, 형벌에 의한 억제가 잘 작동하지 않는 경우도 있다. 가령 법령의 적용을 자국민에 대하여 철저하게 한다고 하여도 인접국가와 육지를 맞대고 있으면 국내로부터 밀렵자의 유입이나 금제품의 밀수출의 우려가 늘어날 경우가 있어 이 모두를 포착하는 것은 용이하지 않다. 개발도상국에 한하지 않고 선진국이라도 법령준수에 대한 우려가 있기 때문에 발전단계에 상관없이 공통의 과제라고 할 수 있다(일본에서의 환경조약의 이행에 대하여는 제6장 참조).

그래서 회원국에게 비교적 포착하기 쉬운 수출입단계에서 단속할 수 있도록 의무를 규정하여 간접적으로 남획과 밀렵의 유인을 감소시킬 수 있도록 한다. 예를 들면, 소정의 조건을 충족하였는지가 증명되지 않는 한, 특정상품에 대하여 수출이나 수입도 금지하는 규제를 할 수 있을 것이다. 법령을 위반하여 포획한 것을 외국에 수출할 수 없다고 한다면, 일부러 처벌의 위험을 무릅쓸 유인요소는 감소할 것이다. 설령 밀수출을 할 수 있다고 하여도 수입국의 수입통관 단계에서 포착되면 그때까지의 노력은 무효가 되기 때문에 밀렵이나 위법한 제조를 하려고 하는 유인은 감소할 것이다. 이것이 환경보호를 위하여 무역규제를 이용하는 주된 이유이다. 또한 조약 가입 그 자체를 촉진할 목적으로 체약국이 대상상품을 비체약국과의 사이에 무역하는 것을 금지하는 규정을 두는 것도 있다.[2)]

2) 山下一仁, 『環境と貿易』 (日本評論社, 2011年) 123면 이하 및 306면 이하 참조; 磯崎博司, 『国際環境法』 (信山社, 2000年), 192면.

구체적인 예로서 워싱턴협약(1975년 발효)(제12장 참조)이 있다. 멸종의 우려가 특히 높은 동식물을 특정하여 그것을 포획하는 것을 제한하고, 이들 생물에서 유래하는 것(모피나 상아 등)에 대하여 국내거래와 무역을 규제하도록 의무지우고 있다(단, 영역외(공해 등)에서 포획하여 어떤 국가의 항구에서 뭍에 올린 고래고기를 같은 국가의 시장에서 판매해도 무역이라고 간주하는 등 특정한 규칙이 있는 것에 유의할 필요가 있다). 무역 그 자체의 규제를 이용하는 것은 잔류성 유기오염물질에 관한 스톡홀름협약(2004년 발효) 등도 마찬가지이다. 비체약국과의 무역을 금지하는 협약으로서는 오존층을 보호하는 비엔나협약의 몬트리올의정서(1989년 발효)(⇒제8장)와 바젤협약(1991년 발효)(⇒제13장) 등이 있다.

② 무역의 절차 · 투명성의 규제 이에 대하여 무역하는 것 자체는 제한하지 않고 무역을 할 때 영역국에 대한 사전통지와 동의의 취득을 의무적으로 하게 함으로써 물품의 국경간 이동이 환경에 예기치 않는 악영향을 초래하는 것을 예방할 수 있는 방법도 있다.

예를 들면, 유해폐기물을 적절하게 처리하기 위하여 국가가 정한 규제를 피하려고 환경기준이 느슨한 국가에 유해폐기물을 수출하는 데에는 경제적인 유인이 있고 위험한 물품이라도 이익을 얻을 수 있다면 수입하는 유인도 있다. 또한 어떤 물품의 수출입을 인정할지 아닐지는 국가에 따라 판단이 다를 수 있다. 이와 같은 경우에, 조약으로 무역 그 자체를 금지하는 것이 아니라, 그 적정성을 확보하기 위한 절차적 의무를 회원국에게 부과하는 것이 선택되는 것이다. 구체적인 예로 바젤협약(⇒제13장), 로테르담협약(PIC협약)(2004년 발효), 생물다양성협약 하에서의 카르타헤나의정서(2003년 발효)(⇒제11장) 등이 있다.[3]

③ 무역촉진을 위한 규제 무역을 촉진하여 환경보호를 추구하는 방법도 있다. 예컨대, WTO에서는 환경 친화적인 상품(「환경상품」)에 대하여는 관세를 감축하도록 하는 협정을 체결하기 위한 협상이 2001년에 시작되었다. 각국이 환경규제를 강화하는 것과는 별도로 환경상품 목록을 작성하고 거기에 기재된 상품에 대하여 관세를 감축하거나 철폐하는 것을 회원국에게 의무지우는 것으로 환경에 대한 부담이 적은 상품의 생산을 자극하여 환경산업의 발전을 촉진한다는 취지이다. 실제로는 목록작성에 대하여 합의에 이르지는 못하였지만, 2011년 이

3) 松下満雄 · 米谷三以, 『国際経済法』(東京文学出版会, 2015年), 298면.

후에는 APEC과 관심 있는 국가의 회의에서 계속해서 논의가 이어지고 있다.

3. 환경보호와 무역촉진 사이의 긴장관계

(1) 개설

앞 절에서 살펴본 봐와 같이 환경조약상의 권리의무는 어떻게 통상법 분야의 조약에서 어떠한 위치에 있는 것일까? 우선은 무역에 관한 전 세계적인 규율인 WTO협정(1995년 발효)상 권리의무와의 조정이 문제가 된다. WTO협정의 전문(前文)에 의하면, 발전단계가 다른 회원국 각각의 필요에 따른 것과 환경을 보호·보전하는 것을 양립시키면서 지속적인 발전이라고 하는 목적에 적합하도록 자원을 가장 적합하게 이용할 수 있게 하여, 회원국 국민의 생활수준을 향상시키고, 완전고용 등을 실현하여 상품 및 서비스의 생산과 무역의 확대를 촉진시키는 것이 WTO의 장기적인 목적이다. 그리고 이 목적을 실현하기 위한 수단으로서 무역장벽을 낮추고(「자유화」), 차별대우를 폐지(「비차별」)하는 것을 원칙으로 할 것을 정하였다.

WTO는 관세 및 무역에 관한 일반협정(GATT)(1948년 발효)의 목적을 이어받아 기본원칙에 대하여도 GATT의 조문을 그대로 집어넣었다. 이에 따라 「동종상품」 생산국이 어딘가에 따라 차별하는 것은 금지되었다(비차별원칙). 또한 각 회원국이 관세양허를 할 것을 요구하는 데 덧붙여 관세 기타 과징금 이외의 형태로 수출입의 수량을 제한하는 것도 금지되었다(자유화원칙).

특히 환경보호와 관련해서는 GATT 제20조 「일반적 예외」의 적용이 문제가 된다. 왜냐하면 이 조문은 「공중의 보호를 위한 필요」, 「인간, 동물 또는 식물의 생명이나 건강의 보호를 위한 필요」, 「유한천연자원의 보존에 관한」 등의 한정적으로 열거된 10가지 종류의 조치에 해당한다면 이것이 부당한 차별과 위장된 무역제한으로서 운용되지 않는 한, 위에서 언급한 GATT 규정에 위반해도 허용된다고 규정하고 있기 때문이다. 정당한 이유가 있는 경우라고 하는 조건을 붙여 통상법과 환경법의 조화를 꾀하는 방법은 1992년 리우선언 원칙 12에도 도입되었다. 단, GATT에 기초된 것이 1940년대였던 것이었기 때문이라고 한다면 어쩔 수 없지만, GATT 전문이나 제20조에도 「환경보호」 그 자체는 명시되어 있지 않다. 따라서 환경보호를 목적으로 하는 무역규제가 GATT의 원칙들을 일탈해도 정당화되는지 여부가 문헌상 불명확하였다.

이 문제에 대하여 선례적인 판단이 될 수 있는 *US-Shrimp* 사건(1998년 확정)에서는,[4] 바다거북 보호를 위하여 수입제한을 부과하는 것이 WTO협정상 인정되는지가 문제되었다. 특히 새우를 저인망으로 잡을 때 새우를 먹으려 가까이 있던 바다거북도 같이 잡혀서 익사하는 경우가 있어 문제시되었다. 본래 미국에서는 바다거북을 국내법으로 보호하고 있었는데, 이러한 법령은 미국 영역 외에 있는 바다거북에는 적용되지 않았다. 그래서 미국정부는 바다거북의 혼획을 금지하는 조치(바다거북 혼획방지 장치)를 새우어망에 붙이는 것을 추천하고, 카리브해 국가들과 협의하여 지원방법을 모색하였다. 그리고 1995년부터는 바다거북 혼획방지 장치를 붙여 어획하는 것을 증명하지 않는 한, 모든 외국산 새우의 미국 수입을 금지하는 운용방식을 채택하였다.

일부 새우수출국은 이 조치가 GATT 위반이라고 하여 WTO 분쟁해결절차에 따라 소를 제기하였다. 미국은 원칙적으로 금지된 수량제한에 해당하는 것은 다투지 않았으나 GATT 제20조에서 말하는 「유한천연자원의 보전에 관한」 조치로서 정당화될 수 있다고 주장하였다. 이 *US-Shrimp* 사건에 대하여 WTO 상소기구는 동조에서 말하는 「천연자원」이라는 것이 기초시에는 광물자원을 상정한 것이긴 하지만, 오늘날에는 생물자원도 포함되는 것이라고 해석하였다. 이러한 이유로서 WTO협정의 전문에서는 「환경보호」가 중요한 가치로서 추가되었고, 여기에 들어간 GATT 조문의 해석도 「진화」한 것이기 때문이라고 판시하였다. 이를 계기로 하여 환경보호 목적의 무역제한 조치에 대하여도 위장된 환경규제 등이 아니면 정당화될 수 있다고 하는 해석이 확립되었다. 그리하여 1990년대 전반까지 행해졌던 통상법이 환경규정의 중요성을 무시하고 있다는 비판은 과거의 일이 되었다.

(2) 구체적인 사례

① WTO에서의 위치 물론 「환경보호」 목적이라고 하면 모두 허락되는 것은 아니다. 위에서 언급한 *US-Shrimp* 사건에서도 문제가 된 미국의 조치는

4) 川島富士雄, 『米国のエビ・エビ製品の輸入禁止』, 松下・清水・中川編, 『ケースブックWTO法』(有斐閣, 2009年), 134-136면.

GATT 第20조에 열거된 조치라고 인정되긴 하지만, 그 운용방식이 자의적이고 부당하다고 하여 결론적으로는 협정위반이 된다고 인정되었다. 즉, 특정한 범주에 해당하는가 아닌가가 아니라 어떻게 운용되는가도 포함되어 종합적으로 판단되는 것이다. 예를 들면, 해양생물자원의 보전에 관한 조약들(제10장) 가운데 수입시에 어획증명의 확인을 의무지우는 것에 대하여도 마찬가지로 WTO협정과의 합치성이 문제될 수 있다.

아래에서는 관련 사례를 몇 개 소개해 본다. *EC－Hormones* 사건(1998년 확정)에서는[5], 성장호르몬이 투여된 쇠고기가 인체에 악영향을 미칠 우려가 있다고 하여 수입제한을 부과한 것이 정당화될 수 있는지가 다투어졌다. 상소기구는 WTO협정의 위생식물검역에 관한 협정(SPS협정)의 제5.7조에서 과학적 불확실성이 있는 경우에는 잠정적인 무역제한 조치를 취할 수 있는 규정의 형태로 WTO협정 속에도 사전주의 원칙이 도입되어 있는 것으로 보았다. 게다가 문제가 된 조치는 동조에서 정당화된 범위를 일탈하는 것으로 위반을 인정하였다. 또한 *US－COOL* 사건(2012년 확정)에서는[6], 소비자에게 정보를 제공한다는 목적으로 의무적으로 고기의 원산지를 상세하게 알려주는 상표를 붙이게 한 미국에 대해, WTO협정의 무역기술장벽에 대한 협정(TBT협정)이 금지하는 부당한 차별에 해당하는지가 다투어졌다. 이 사안에서는 일견 객관적·기계적으로 적절한 기준처럼 보여도 실질적으로 국내산 고기에 대하여 표시의 선택지가 늘어난다(반대로 외국산 고기에 포함된다고 하는 표시의 부담이 증가한다)는 것으로서 위반이 인정되었다. 나아가 *Canada—Feed－In Tariff Program* 사건(2013년 확정)에서는[7], 재생가능에너지 산업의 진흥을 위하여 고정가격매수(FIT: Feed－in－Tariff) 제도를 도입할 때, 이 제도를 이용하는 데에는 일정 비율 이상의 국내부품의 사용을 조건으로 하는 것이 문제가 되었다. 이것도 국내 산업진흥을 위해 정당한 동기를 부여하는 것처럼 보이지만, 외국산 부품을 많이 이용하는 기업을 부당하게 차별한다고 하여 위반으로 인정되었다.

---

5) 川合弘造, 「ECの牛肉及び牛肉製品に関する措置(ホルモン)」, 松下·清水·中川編, 『ケースブックWTO法』(有斐閣, 2009年), 204－205면.

6) 小寺智史, 「米国—輸入畜産物に係るラベリング措置」, 『WTOパネル·上級委員会報告書に関する調査研究報告書』(2012年度版) (経産省HP).

7) 阿部克則, 「カナダ—再生可能可能エネルギー発電分野に関する措置事件」, 『WTOパネル·上級委員会報告書に関する調査研究報告書』(2013年度版) (経産省HP).

② 환경조약에서의 위치 환경조약에서도 최근에는 통상법과의 조화를 꾀하려고 하는 움직임이 보인다. 1990년대 초반까지의 환경조약에서는 통상조약과의 긴장관계에 대한 배려가 적었다. 예컨대, 생물다양성협약(1993년 발효)(제11장 참조)에서는 다른 조약의 권리의무에 영향을 미치지 않는다고 하면서, 「다만 해당 체약국의 권리행사 및 권리이행이 생물의 다양성에 중대한 손해나 위협을 주는 경우에는 그렇지 아니하다」고 하여 중요한 조약목적을 위하여 스스로를 우선시킨다는 입장을 취한다(제22조 1항).

한편으로 1992년 유엔환경개발회의에서 채택된 아젠다 21에서는 경제발전과 환경보호가 「상호보완적」(mutually supportive)이도록 권장되었다(제2.9절). 이 문언을 사용하는 환경조약에는 로테르담협약 전문, 카르타헤나의정서 전문, 최근에는 「관련된 다른 국제문서와 상호 보완적인 방법으로 이행」하는 것이라고 규정한 유전자원의 이익분배에 관한 나고야의정서(2014년 발효) 제4조 3항 등이 있다. 이러한 규정이 있다고 해서 바로 양자의 조화가 달성되는 것은 아니지만 조화의 중요성 자체는 인식되고 있다고 할 수 있다.

4. 결론

이 장 모두에서 제시한 바와 같이, 무역과 환경은 다양한 장면에서 밀접하게 연결되어 있다. 따라서 그러한 관계를 국제적으로 규율하는 데에도 조화적일 것이 바람직하다. 다만, 실제로는 환경조약과 통상조약이 서로 독립하여 존재하고 있고, 조화가 완전하게 이루어진다고는 말하기 어렵다. WTO 분쟁해결절차에서 환경조약상의 권리의무와의 관계가 문제되어도 적용할 법이 없으므로 충분한 법적 검토가 이루어지기 어렵다. 그러나 그렇다고 해도 모두 조정이 이루어지지 않는 것은 아니며, 상호 조정의 중요성에 대하여는 의식하고 있다. 극단적인 이분법과 양자택일이라고 하는 사고에 빠지지 않고 어떠한 조정이 가능한가에 대한 분석을 다방면으로 하는 것이 요구되고 있다.

참고문헌

1. トマス・J・ショーエンバウム,「国際貿易と環境保護」, バーニー/ボイル,『国際環境法』(慶應義塾大学出版会, 2007年), 789–854면(第14章).

환경보호와 무역규칙 사이에서의 균형의 중요성을 명쾌히 정리한 것이다.

2. 山下一仁,『環境と貿易』(日本評論社, 2011年).

경제학, 국제법학, 공공정책학을 연결하여 이론적인 과제를 현실의 문제로 응용하여 정책상의 해결책을 탐구하기 위한 단서를 제시한다.

Q. 물음

1. 만약 「환경과 무역 중 어느 쪽이 중요한가」라고 묻는다면, 어떻게 답할 것인가?

2. 구체적인 환경문제를 거론하여, 무역을 「촉진」하거나 「제한」하는 것이 문제해결에 도움이 될지 고민해 보자.

그림 14-1 ▌바다거북 배제장치가 붙은 저인망

(출처: 伊半島ウミガメ情報交換会・日本ウミガメ協議会共編『ウミガメは減っているか』(第二版) 2003年)

제15장 국제하천

토리야베 죠(鳥谷部 壤)

1. 국제하천의 비항행적 이용에 관한 국제법의 발전

(1) 국제하천을 둘러싼 국가 간 긴장의 고조

유엔 등의 통계에 의하면, 지구상 담수의 6할이 국제하천 유역(流域)에서 생겨나고 있고, 세계인구의 약 4할이 국제하천 유역의 담수에 의존하고 있다.[1] 지구의 기후체계상 담수의 자원량은 일정하다. 따라서 세계 각지의 국제하천 유역에서 볼 수 있는 유역인구의 증가와 유역국의 경제발전에 수반된 물 수요의 증가는 유역국가들 간에 담수자원을 서로 빼앗아 가게 만든다. 특히 제2차 대전 종결 이후 많은 국제하천이 물의 과잉이용, 오염의 악화 및 대규모의 전류(轉流)의 위협에 노출되어 있다. 이러한 사태는 1960년대 후반 이후 유엔을 무대로 환경보호에 우선순위를 두어[2] 국제하천에 관한 협약도 비항행적 이용(수력발전, 관개, 공업 등)과 그 대상범위를 확대하고 있다는 것으로 나타났다.[3] 오늘날 지구상에는 145개국에 263개의 국제하천이 존재하고[4], 비항행적 이용에 관한 조약은 약 400개에 이른다.[5] 국제하천의 물을 둘러싼 국가들의 경쟁은 최근의 기후변화의 영향과 더불어 한층 격해지고 있다.

---

1) UNEP, Oregon State University & FAO, *Atlas of International Freshwater* Agreements (UNEP, 2002), p.2

2) *See*, UNGA Res.2581 (XXIV), 15 December 1969; UNGA Res.2657 (XXV), 7 December 1970; UNGA Res.2850 (XXVI), 20 December 1971; UNGA Res.2994 (XXVII), 15 December 1972; UNGA Res.37/7, 28 October 1982.

3) 児矢野マリ, 『国際環境法における事前協議制度』 (有信堂高文社, 2006年), 43－44면.

4) UNEP et al., *supra* note 1, p.1.

5) *Ibid*., pp.25－173.

(2) 국제하천의 비항행적 이용에 관한 이론들

국제하천의 비항행적 이용에 관해 현대 국제법은 절대적 영토주권론 및 절대적 영토보전론의 정당성을 부정하고, 제한주권론과 이익공동론이라고 하는 두 개의 이론을 기반으로 하고 있다.6) 제한주권론이라 함은 국가가 자국 영토 내의 국제하천을 이용하거나 이용을 허락함에 있어서 다른 연하국(沿河國)에 중대한 피해를 미쳐서는 안 된다고 하는 이론이다. 이 이론은 중대한 피해의 금지라고 하는 형태로 모든 연하국의 주권을 제약한다.

이익공동론은 국제하천의 선박항행의 자유화에 관하여 1929년 PCIJ가 오데르 강(River Oder) 국제위원회 사건에서 판시한 「이익공동」의 개념7)의 적용을 비항행적 이용에 확대한다는 사고이다. 이러한 방향성은 1997년 *Gabcikovo-Nagymaros* 사건 ICJ 판결에서 지지를 받았다.8) 그러나 이익공동론에서 발전한 이론으로는 공동관리론이 있다. 이것은 연하국이 개별적으로 중대한 피해를 방지하려고 노력하는 제한주권론과는 달리, 연하국들이 공동으로 협력하여 하천의 이용을 관리한다고 하는 이론이다. 국가들 간의 협력은 구체적으로 지역적인 조건에 따라 설립된 공동기구를 통하여 실현된다는 것을 예정하고 있다.9)

(3) 국제수로의 비항행적 이용이라는 개념

① 국제수로의 정의 유엔 국제법위원회(ILC)가 26년에 걸친 작업을 거쳐 1997년에 유엔총회에서 채택한 「국제수로의 비항행적 사용에 관한 협약」10)(이하 「유엔수로협약」)은 2014년 8월 17일에 발효되었다. 이 협약은 전 세계에 대하여

---

6) 상세는 S. C. McCaffrey, *The Law of International Watercourses*, 2nd ed. (Oxford University Press, 2007), pp.135-167; 山本良, 「国際水路の非航行的利用における『衡平原則』の現代的発展」, 村瀬信也·鶴岡公二編, 『変革期の国際法委員会 (山田中正大使傘寿記念)』 (信山社, 2011年), 303-306면 참조.

7) *Territorial Jurisdiction of the International Commission of the River Oder*, Judgment of 10 September 1929, *PCIJ* Series A. No.23, pp.26-27.

8) *Case Concerning the Gabčíkovo-Nagymaros Project (Hungary/Slovakia)*, Judgment of 25 September 1997, *ICJ Reports* 1997, p.56, para.85.

9) *E.g.*, *Case Concerning Pub Mills on the River Uruguay (Argentina v. Uruguay)*, Judgment of 20 April 2010, *ICJ Reports 2010*, pp.105-106, para.281.

10) Convention on the Law of the Non-Navigational Uses of International Watercourses, adopted by the General Assembly of the United Nations, 21 May 1997, *Official Records of the General Assembly, Fifty-First Session, Supplement* No.49 (A/51/49).

서명을 개방하고 있는 보편적 협약으로서 이 분야의 국제법 발전에 큰 영향력을 가진다. 이 협약은 국제수로를 「지표수 및 지하수로 그 물리적 관련성에 의해 단일체를 이루며, 통상은 공통의 발원지에 도달하는 수계」로, 「그 일부가 복수의 국가에 소재하는 것」이라고 정의하고 있다(제2조(a), (b)). 국제수로에는 하천뿐만 아니라 호수와 늪도 포함된다. 또한 하천, 호수와 늪과 같은 표류수(表流水)와 물리적 상관성을 가진 지하수, 운하, 저수지, 빙하도 포함된다.[11] 이러한 정의에서 시사되는 바와 같이, 오늘날 논의의 대상을 국제하천에 한정하는 것은 현대 국제법의 발전을 정확하게 반영하는 것이라고 말할 수 없다. 이하에서는 국제하천보다도 넓은 의미를 가진 「국제수로」라는 용어를 사용한다.

② 비항행적 이용 및 공통의 발원지의 의미 유엔수로협약에 따르면, 비항행적 이용이라 함은 「국제수로와 그 물의 운행 이외의 목적을 위한 이용 및 이와 관련된 보호, 보존 및 관리조치」라고 정의된다(제1.1조). 다만, 비항행적 이용이 항행에 영향을 주는 경우와, 반대로 항행이 비항행적 이용에 영향을 미치는 경우에는 항행도 비항행적 이용에 포함된다(제1.1조). 또한 이 협약이 「국제수로」와 「그 물」이라고 하는 유사한 의미를 가진 용어를 중복하여 사용하고 있는 것은 한쪽 기슭에서 반대쪽 기슭까지 사이에 있는 수로에서 행해지는 활동, 또는 언덕 바로 옆에서 행해지는 활동에만 적용된다고 해석될 여지를 배제하기 위한 것이다.[12] 그렇지 않으면 다수의 발전시설이 협약의 그물망 밖에 놓이기 때문이다.[13] 또한 이 협약의 기초과정에서 수로보다도 지리적으로 넓은 개념인 「유역」을 사용하는 안도 검토되었지만, 적용범위가 수로와 관련성이 희박한 토지이용에까지 확대되는 것을 우려한 상류국의 반대에 부딪혀 채택되지 않았는데, 지역적인 차원에서는 유역개념을 채택한 협약이 많다.[14]

「공통의 발원지」에 대하여 유엔수로협약에서는 정의를 하고 있지 않은데, 이 협약과 나란히 존재하는 또 하나의 협약으로 UNECE가 1992년 채택한 헬싱

11) ILC, Report of the International Law Commission on the work of its forty-sixth session, *YbILC*, Vol.II, Part Two (1994), p.90, para.4 of the commentary to Draft Art.2.

12) ILC, Second report on the law of the non-navigational uses of international watercourses, by Stephen Schwebel, Special Rapporteur, *YbILC*, Vol.II, Part One (1980), p.165, para.41.

13) *Ibid.*

14) *See*, ILC, Report of the International Law Commission on the work of its twenty-sixth session, *YbILC*, Vol.II, Part One (1974), pp.301-302, paras.7-17.

키협약[15]의 다음과 같은 규정을 참고로 한다. 「국경을 넘은 물이 직접 해양으로 유입하고 있는 경우에는 그 국경을 넘은 물은 각각의 하구를 가로질러 그 양쪽 기슭의 저조선상(低潮線上)의 점에 직선으로 다다른 곳에서 종료한다」(제1.1조).

2. 실체적 의무

(1) 형평이용 규칙

① **개요** 형평이용 규칙이라 함은 국제수로를 이용할 때 모든 관련된 요소와 자료를 참고에 넣어 형평하고 합리적인 방법으로 국제수로를 이용할 것을 그 수로를 이용하는 국가에 요구하는 규칙이다. 이 규칙은 전술한 제한주권론 및 이익공동론에 법적 기반을 두고 있다. 오늘날 형평이용 규칙은 국제관습법의 지위를 획득하고 있다.

「형평」이라 함은 양적으로 균등한 것이 아니라 각국의 경제적·사회적인 필요에 따른 질적 평등을 의미한다.[16] 어떠한 이용이 형평을 이룰 것인가는 개별상황에 따라 관련된 요소들을 종합적으로 고려하여 결정된다. 그런 의미에서 형평의 실질은 이익형량론이다. 「합리적」이라 함은 유엔수로협약 제5.1조에 규정되어 있는 것처럼, 가장 적합하고 지속가능한 이용을 실현하는 것을 목적으로 하여 관련되는 수로국의 이익을 고려하면서 수로의 적절한 보호와 양립하는 이용 및 개발을 말한다. 또한 「가장 적합하고도 지속가능한 이용」이라 함은 「최대」이용과 「가장 기술적으로 효율적인 이용」 「가장 금전적으로 가치 있는 이용」의 실현을 의미하는 것이 아니라, 모든 수로국에 대하여 가능한 한 최대의 편익을 가져다주는 것이고, 이들 국가들의 모든 필요를 최대한 만족시키는 것을 의미한다.[17] 보다 넓은 관점에서 「지속가능한 이용」을 파악한다면, 이용을 원리적으로 부정하는 환경보호의 이념과는 대립적인 개념이고, 수자원이용에 있어서 시간적 차원·장기적 관점을 요청하는 것이어서 세대간 형평의 이념에 입각한 것이다.[18]

15) Convention on the Protection and Use of Transboundary Watercourses and International Lakes, signed at Helsinki, 17 March 1992, *ILM*, Vol.31 (1992), p.1312.

16) 1994 Draft Articles, *supra* note 11, p.98, para.8 of the commentary to Draft Art.5.

17) *Ibid*, p.97, para.3 of the commentary to Draft Art.5.

18) 堀口健夫, 「「持続可能な発展」の概念の法的意義」, 新美育文·松村弓彦·大塚直編, 『環境法大系』(商事法務, 2012年), 169면.

② 형평성 있고 합리적인 이용을 결정하기 위한 관련 요소 국제수로 이용의 형평성과 합리성을 결정할 때 고려해야 할 요소로서 유엔수로협약은 (a) 지리적·수리적(水利的)·수문적(水文的)·생태적 기타 자연적 성질, (b) 수로국의 사회적·경제적 필요성, (c) 각 수로국이 해당 수로에 의존하고 있는 인구, (d) 기타 수로국에 미치는 영향, (e) 수로의 현재이용 및 계획 중인 이용, (f) 수로의 수자원의 보존·보호·개발·효율적 이용과 이를 위해 취할 조치, (g) 대체적 이용가능성이라고 하는 7가지 요소를 열거하고 있다(제6.1조). 다만 이것들은 형평성 있고 합리적인 이용을 결정하기 위한 망라적인 요소는 아니다. 상황에 따라 다른 요소도 고려된다. 또한 형평성 있고 합리적인 이용을 결정할 때, 항상 이들 모든 요소가 동등하게 고려될 필요는 없고, 개별상황에 따라 다르다.

여기에서 중요한 것은 수로국은 이용의 형평성·합리성을 결정할 때, 「인간의 사활이 걸린 필요」(vital human needs)를 특별히 고려해야 한다는 것이다. 인간의 사활이 걸린 필요라 함은 기아를 방지하기 위한 음료수나 식량생산을 위해 필요한 물 등, 생명을 유지하기 위하여 충분한 물을 제공하는 것에 특별한 주의를 기울어야 한다는 것을 가리킨다. 인간의 사활이 걸린 필요는 국제인권법 분야에서 생성되어 발전을 거듭하고 있는 「물에 대한 인권」(human right to water)에 뒷받침을 받아 가까운 장래에 형평이용 규칙의 틀 내에서 우선적으로 고려될 가능성이 있다.[19]

③ 기타 의무들과의 관계 형평이용 규칙은 국제수로의 비항행적 이용에 관한 기타 의무와 어떤 관계에 있는가? 이하에서는 협력의무, 정기적 정보교환의무, 생태계보호의무와의 관계를 언급할 것이다. 국제수로 분야의 일반적 원칙인 협력의무에 대하여 유엔수로협약은 형평이용 규칙을 적용할 때, 필요한 경우에는 협력의 정신 하에 협의에 들어갈 것을 규정하고 있다(제6.2조). 이것은 국제수로의 형평성 있고 합리적인 이용을 달성할 때 관련국에 의한 협력의무의 이행을 중시한다는 것을 시사하는 것이다.

물론 형평성 있고 합리적인 이용을 실현하는 데에는 관련국 사이에서 데이터와 정보를 정기적으로 교환하는 것이 중요하다(유엔수로협약 제9조 참조). 나아가

19) *See, e.g.*, McCaffrey, *supra note* 6, pp.369, 371; I. T. Winkler, "The Human Right to Water," in S. C. McCaffrey, C. Leb & R. T. Denoon (eds.), *Research Handbook on International Water Law* (Edward Elgar, 2019), p.252.

유엔수로협약 ILC 기초작업(起草作業)(1994년 제2독(讀) 조문초안 주석)에 따르면, 국제수로의 생태계를 보호할 의무는 형평이용 규칙에 그 법적 기초를 둔다.[20] 1997년 *Gabcikovo-Nagymaros* 사건 판결도 생태계의 보호를 독점한 의무로서가 아니라 형평이용 규칙의 개념의 틀에서 파악하고 있다.[21]

(2) 중대한 피해를 방지할 의무

① 개요 형평이용 규칙과 함께 국제수로 분야의 중심을 이루는 실체적 의무로서 「중대한 피해를 방지할 의무」(no-harm rule)가 있다(이하 「방지의무」). 이 의무는 「누구라도 이웃사람을 해치는 방법으로 자기의 재산을 이용해서는 아니 된다」라고 하는 로마법의 상린관계(相隣關係) 법리에 기원을 가진다.[22] 이 법리는 1941년 *Trail Smelter* 사건 중재판결 및 1949년 *Corfu Channel* 사건 ICJ 판결을 거쳐 국제환경법에서 국제관습법으로서의 지위를 획득하였나.[23] 그러나 방지의무는 1966년 ILA 헬싱키규칙[24]에서는 형평이용 원칙 하에서의 하나의 고려요소에 불과하였지만(제5조2(k)), 유엔수로협약의 기초작업에서 특별보고자인 슈베벨(Stephen M. Schwebel)에 의해 형평이용 규칙에서 명확하게 분리되어 정식으로 자율적인 규범이 되었다.[25]

방지의무는 국제수로를 이용할 때 타국에 중대한 「피해」(harm)가 생기지 않도록 모든 적당한 조치를 취할 것을 이용국에게 요구한다. 「피해」라 함은 사실상의 피해를 가리키는 것이고, 법률상의 손해를 의미하지는 않는다.[26] 방지의무는 「중대한」(significant) 차원 이상의 피해만을 규제한다. 「중대한」 미만의 피해에

---

20) 1994 Draft Articles, *supra* note 11, p.119, para.3 of the commentary to Draft Art.20.

21) Gabčíkovo-Nagymaros Project Case, *supra* note 8, p.56, para.85.

22) See, e.g., McCaffrey, *supra* note 6, p.406.

23) *E.g.*, O. McIntyre, "Responsibility and Liability in International Law for Damage to Transboundary Freshwater Resources," in in M. Tignino, C. Bréthaut & L. Turley (eds.), *Research Handbook on Freshwater Law and International Relations* (Edward Elgar, 2018), p.340.

24) The Helsinki Rules on the Uses of the Waters of International Rivers, *ILA, Report of the Fifty-Second Conference*, held in Helsinki, August 11th to August 20th, 1966, p.477.

25) ILC, Third report on the law of the non-navigational uses of international watercourses, by Stephen M. Schwebel, Special Rapporteur, *YbILC*, Vol.II, Part One (1982), p.103, para.156.

26) ILC, Report of the International Law Commission on the work of its fortieth session, *YbILC*, Vol.II, Part Two (1988), p.27, para.138.

대하여는 협약 등에서 특별히 규정하는 경우를 제외하고, 영향을 받는 국가에 수인의무가 있다. 「중대한」 기준은 개별적 · 구체적인 상황에 따라 다르지만, 일반적으로 「근소한 것」(trivial)과 「하찮은」(inconsequential) 것보다는 높고, 상당한 규모와 양을 의미하는 「심각한」(serious)과 「실질적인」(substantial) 것보다는 낮은 것이라고 한다.[27] 방지의무에 대하여는 오늘날 국제관습법으로서의 성격을 인정하는 견해가 지배적이다.[28]

방지의무를 규정한 협약조문의 대표적인 예는 유엔수로협약 제7조이다. 제7.1조는 수로국이 중대한 피해를 입히고 또한 「모든 적절한 조치」를 취하지 않은 경우에 방지의무 위반이 발생한다고 규정하고 있다. 한편, 제7.2조는 수로국이 중대한 피해를 생기게 하였지만 「모든 적절한 조치」를 취한 경우에는 형평이용 규칙을 적절히 존중하면서 영향을 받은 국가와 협의하여 그 피해를 제거하거나 경감시키기 위하여, 그리고 적절한 경우에는 보상문제를 검토하기 위하여 모든 적절한 조치를 취할 것을 규정하고 있다. 「모든 적절한 조치를 취한다」는 것은 「상당한 주의」의무를 의미한다.[29] 상당한 주의의무는 중대한 피해를 생기지 않게 할 것을 보증하는 의무(결과의무)가 아니라 그 발생을 최소화하기 위하여 가능한 한 최선의 노력을 다할 의무(행위의무)이다. 상당한 주의의 기준은 미리 정해진 것은 아니고 지리적 특징과 과학기술의 진보, 나아가 개발도상국과 선진국 각국의 경제적 · 기술적 · 재정적 능력 등에 따라 다르다.[30]

② 형평이용 규칙과의 관계 방지의무와 형평이용 규칙의 관계를 어떻게 파악해야 하는가라는 문제는 유엔수로협약의 기초과정을 중심으로 오랜 기간 격렬한 논의를 수반한 난제이다. 양자의 관계는 방지의무를 적용할 때, 형평이용 규칙을 고려해야 한다는 견해와, 이를 고려해서는 안 된다고 하는 견해의 대립으로 파악할 수 있다. 「피해」는 「오염」에 관한 피해와 전류(轉流)나 물의 보막이라고 하는 수량의 저하를 일으키는 「취수(取水)」에 관한 피해로 구별해 왔다.[31] 오늘

27) 1994 Draft Articles, *supra* note 11, p.94, para.15 of the commentary to Draft Art.3.

28) *E.g.*, McCaffrey, *supra* note 6, p.416; O. McIntyre, *Environmental Protection of International Watercourses under International Law* (Ashgate, 2007), pp.85－86.

29) *E.g.*, Tanzi & Arcari, *The United Nations Convention on the Law of International Watercourses: A Framework for Sharing* (Kluwer Law International, 2001), p.153; McCaffrey, *supra* note 6, pp.437－438; McIntyre, *supra* note 6, pp.439－440.

30) Tanzi & Arcari, *supra* note 29, pp.154－155; McCaffrey, *supra* note 6, pp.439－440.

31) 月川倉夫, 「国際河川の水利用をめぐる問題」, 太寿堂鼎編, 『変動期の国際法 (田畑茂二郎先生還

날 오염에 대하여는 환경보호가 높아짐과 아울러 형평이용 규칙을 고려해서는 안 된다고 하는 견해가 타당하다는 데 거의 일치를 보고 있다.[32] 이에 반해 취수에 대하여는 형평이용 규칙을 고려해야 할지에 대한 논의가 있다.[33]

③ 기타 의무들·원칙과의 관계 방지의무는 국제수로의 비항행적 이용에 관한 다른 의무들·원칙과 어떤 관계가 있는가? 환경영향평가 이행의무, 최저수량 확보의무, 비차별원칙의 순으로 살펴보도록 하자. 환경영향평가라 함은 계획 중인 활동이 환경에 「중대한 악영향을 초래할 우려」가 있다고 생각되는 합리적인 이유가 있는 경우에 해당 활동이 환경에 미치는 잠재적인 영향을 계획실시 전에 평가하는 절차를 말한다. 환경영향평가의 실시는 방지의무로서의 「상당한 주의」의무를 이행하는 것의 유력한 증거가 된다.[34]

방지의무는 「최저한의 수량을 확보할 의무」(duty to ensure a minimum flow) (이하 「최저수량 확보의무」)와도 밀접하게 관련되어 있다. 최저수량 확보의무는 국제수로를 이용할 때, 무제한의 물이용을 금지하고, 다른 수로국에게 최저한도의 수량을 확보해야 한다고 하는 의무이다. 이 의무는 2013년 *Indus Waters Kishenganga* 사건 PCA 중간판결에서 명확하게 그 존재가 인정되었다.[35] 최저수량 확보의무의 불이행은 중대한 피해의 발생과 「상당한 주의」의무를 불이행하는 것을 인정할 가능성이 있다.[36]

방지의무가 규제하는 「중대한 피해」를 수로국이 다른 국가에 발생시킨 경우에는 그 피해의 구제방법이 문제된다. 이러한 때의 기본원칙으로서 유엔수로협약은 비차별원칙을 두고 있다. 이는 원인국이 중대한 피해에 대한 구제조치를 검

曆記念)』(有信堂高文社, 1973年), 105면; J. G. Lammers, *Pollution of International Watercourse* (Martunus Nijhoff, 1984), p.360.

32) Lammers, *supra* note 31, pp.346, 367－368, 371; 繁田泰宏, 「「国際水路の衡平利用の原則と環境汚染損害防止義務との関係に関する一考察」(一) (二, 元)」, 『法学論叢』135巻6号(1994年), 20－21면, 137巻3号(1995年), 54－55면; P. Birnie, A. Boyle & C. Redgwell, *International Law and the Environment*, 3rd ed. (Oxford University Press, 2009), p.552; 堀口·前揭注 (18) 173면.

33) 鳥谷部壌, 『国際水路の非航行的利用に関する基本原則』(大阪大学出版会, 2019年), 37－38면; S. C. McCaffrey, "The Customary Law of International Watercourses," *supra* note 23, p.163.

34) *E.g.*, Pulp Mills Case, *supra* note 9, p.83, para.204.

35) *In the Matter of the Indus Waters Kishenganga Arbitration* (Parkistan v. Indis), PCA, Partial Award of 18 February 2013, paras.445, 447, at http://www.worldcourts.com/pca/eng/decisions/2013.02.18._Parkistan_v_India.pdf (Last access 24 February 2019).

36) 鳥谷部·前揭注 (33) 187－209면.

토할 때, 사법기관과 행정기관에 대한 접근권과 보상청구권 등의 행사에 대하여 자국민과 외국인 또는 영역외의 피해자를 절차면(예컨대, 원고적격)에서 동등하게 취급해야 할 것을 요구하는 원칙이다(제32조). 비차별원칙은 오염방지를 위하여 필요한 조치를 취하거나 오염된 환경을 본래의 상태로 복원시키기 위한 비용은 오염물질을 배출하고 있는 자가 부담해야 하는 「오염자부담원칙」(polluter pays principle)의 이론과 부합한다.[37] 그러나 비차별원칙은 자국에 거소를 가지지 않는 사람들과 자국민이 아닌 사람에 대하여 사법접근권 등의 행사를 무제한으로 인정하는 것은 아니다. 예를 들면, 소송개시의 요건으로서 소송에 관련된 비용의 담보제공을 그 사람에게 요구하는 것은 비차별원칙에 반하는 것은 아니다.[38] 또한 이 원칙은 그 사람을 대신하여 NGO에게 원고적격을 인정하는 취지도 아니다.[39]

3. 절차적 의무

(1) 사전통보 의무와 그에 부수하는 환경영향평가 이행의무

국제수로에 관련된 계획활동이 다른 연하국에게 악영향을 미칠 우려가 있는 경우에 사전에 통보하고 협의하는 것을 이행할 의무는 많은 조약·판례·실행에서 뒷받침되고 있다. 오늘날 적어도 사전통보 의무에 대하여는 국제관습법으로서의 성격을 부정하는 국가는 거의 없다.[40] 그럼 통보의무는 어떠한 기준을 넘었을 때 생기는가? 통보의무는 다른 국가에 「중대한 악영향을 미칠 가능성이 있는」(may have a significant adverse effect) 경우에 발생한다(유엔수로협약 제12조). 여기에서 말하는 「중대한 악영향」의 기준은 전술한 방지의무가 규제하는 「중대한 피해」보다도 낮다. 즉, 통보의무는 「중대한 피해」가 발생하지 않아도 생긴다. 그

---

37) McIntyre, *supra* note 23, p.361.

38) 1994 Draft Articles, *supra* note 11, p.132, para.2 of the commentary to Draft Art.32.

39) R. Greco, "Access to Procedures and the Principle of Non-Discrimination (Article 32)," in L. B. de Chazournes, M. M. Mbengue, M. Tignino & K. Sangbana (eds.), *The UN Convention on the law of the Non-Navigational Uses of International Watercourses*: A Commentary (Oxford University Press, 2018), p.338.

40) K. Sangbana, "Notification and Consultation Concerning Planned Measures (Articles 11-19)," *supra* note 39, p.188.

러나 「중대한 악영향」의 유무는 협약 등에 의해 규정된 경우를 제외하고 계획국의 재량에 따라야 하므로 자의적인 판단의 가능성이 우려된다.

또한 이러한 우려를 제거해야 할 (a) 통보의무 발생의 기준을 「중대한 악영향」 보다도 낮추는 문서(세계은행 업무정책 7.50 등), (b) 계획조치를 이행하기 위한 조약으로서 전 체약국의 동의를 얻을 것을 요구하는 조약(2002년 세네갈강 물헌장 제24조 등), 나아가 (c) 통보국에 대하여 국제유역위원회를 통해서 피통보국에게 통보하는 제도를 도입하는 조약(1975년 우루과이강 규정 제7조, 2003년 탕가니카호 지속적 관리협약 제14조 등)이 있다.

통보의 내용에 관하여 유엔수로협약은 통보에 「환경영향평가의 결과를 포함하는 이용가능한 기술상의 데이터 및 정보」를 첨부할 것을 요구하고 있다(제12조). 주목해야 할 점은 환경영향평가가 포함되어 있는 것을 명기하는 것이다. 그러나 유엔수로협약은 환경영향평가서의 첨부를 의무로 하고 있지는 않다. 이는 유엔수로협약의 프랑스어 정본에서는 「환경영향평가의 결과를 포함한다」 앞에 「적절한 경우에는」(le cas échéant)이라는 말이 들어가 있는 것에도 드러난다. 그러나 지역적 협약 차원에서는 통보시에 환경영향평가서의 첨부를 의무지우는 협약을 볼 수 있다(2002년 세네갈 강 헌장 제24조, 2008년 니젤강 유역의 물헌장 제20조(1), 2012년 차드호 유역의 물헌장 제54조 등).

최근의 판례는 환경영향평가 이행의무를 통보의무와는 별개로 독립된 국제관습법상의 의무로 하는 경향이 있다. 환경영향평가의 이행의무는 2015년 *Construction of a Road in Costa Rica along the San Juan River* 사건 및 *Certain Activities carried out by Nicaragua in the Border Area* 사건 ICJ 판결에 따라 아래의 (i)부터 (iii)으로 시간적 흐름을 가지는 의무로서 파악된다.[41] 즉, (i) 환경영향평가를 하는 것이 필요한가 아닌가를 판단하는 위험확정 의무(스크리닝), (ii) 환경영향평가의 이행이 필요한 것이라고 계획국이 판단하는 경우에 실제로 환경영향평가서를 준비하고 완성시킬 위험평가 의무(스코핑), (iii) 위험평가의

41) *Certain Activities Carried Out By Nicaragua in the Border Area (Costa Rica v. Nicaragua) and Construction of a Road along the San Juan River (Nicaragua v. Costa Rica)*, Judgment of 16 December 2015, *ICJ Reports* 2015, pp.706－707, para.104, p.710, para.112, p.723, para.162, 아래도 아울러 참조. 石橋可奈美, 「国際環境法における手続的義務の発展とそのインプリケーション」, 柳原正治編, 『変転する国際社会と国際法の機能 (内田久司先生追悼)』(信山社, 2018年), 232면; 鳥谷部, 前掲注(33), 209－236면.

결과, 국경을 넘는 중대한 피해의 위험이 생기게 할 경우에 환경영향평가의 결과를 통보하고 필요에 따라 협의할 의무이다.42)

(2) 사전협의의무 및 협상의무

사전협의의무 및 협상의무는 피통보국이 통보내용에 이의를 제기하는 경우에 발생한다. 유엔수로협약은 「협의」(consultation)와 「협상」(negotiation)을 명확히 구분하여 협의의무를 국가 간의 견해의 차이를 확인하기 위한 장으로서, 또한 협상의무를 사태의 형평성 있는 해결의 장으로서 각각 인식하고 있다(유엔수로협약 제17.1조). 이러한 인식의 차이는 협상보다도 협의 쪽이 시간적으로 빠른 단계에서 발생한다는 것을 나타낸다. 협의와 협상은 「각국이 다른 국가의 권리와 정당한 이익에 합리적인 고려를 성실하게 해야 한다는 원칙」, 즉 신의성실의 원칙에 기초하여 해야 한다(유엔수로협약 제17.2조).

협의 및 협상기간 중, 통보국은 특단의 합의가 없는 한, 합리적인 기간이 경과할 때까지 계획조치의 이행 또는 이행의 허가를 보류해야 한다(유엔수로협약 제17.3조). 단, 계획조치의 이행이 공중위생, 공중의 안전 또는 기타 동등한 중요한 이익을 보호하기 위하여 긴급하게 필요한 경우에는 그러하지 아니하다(유엔수로협약 제19.1조). 협의 및 협상기간 종료 후는 논의가 있지만 기본적으로는 계획국이 스스로의 책임으로 계획활동을 재개할 수 있다고 해석한다.43)

Q. 물음

1. A국 안에는 C호수가 있고, C호수에서는 A국을 통과하여 B국으로 흐르는 D강이 있다. A국은 자국을 흐르는 D강의 물을 국내하천인 E강에 전류하여 수력발전한 후, 그 강의 물을 모두 A국 안에서 D강으로 되돌릴 계획을 세웠다. B국 안에서는 D강의 물 다량이 관개용수로서 농업에 이용되고 있다. A국은 이 계획의 진행에 있어서 B국에 대해 어떤 조건 하에 어떤 의무를 지는가? 양국

42) Certain Activities and San Juan River Case, *supra* note 41, pp.706－707, para.104.

43) Pulp Mills Case, 2010, *supra* note 9, p.69, para.154; *In the Matter of the Indus Waters Kishanganga Arbitration* (Pakistan v. India), PCA, Order of 23 September 2011, para.143, at http://pcacases.com/web/sendAttach/1682 (Last access 23 February 2019).

사이에는 C호수 및 D강의 이용에 관한 조약은 존재하지 않다.

2. C강은 A국에서 B국으로 흐르는 국제하천이다. A국은 자국 내의 심각한 전력 부족을 해소하기 위해서, A국 안의 C지점에 수력발전용으로 X댐을 건설하고 완공하였다. 그런데, B국은 마침 X댐 건설과 같은 시기에 B국 안의 Y지점에 수력발전용 Y댐의 건설을 계획하고 있었다. 그래서 B국은 A국이 X를 가동시키면 C강의 수량이 저하되어 Y댐의 발전량이 격감한다는 이유로 A국의 X댐 가동에 강력히 반대하였다. A국은 국제법상 X댐을 가동시키는 것이 가능한가?

칼럼 ⑫ 극지방의 환경보호

1. 극지방의 자연환경적 특징

국제법의 관점에서 양 극지방의 자연환경적 특징을 들자면 첫째, 기후가 매섭고 일반적으로 기온이 낮다는 점, 둘째, 양 극지방의 대부분이 얼음으로 덮여 있다는 점, 셋째, 그 생태계가 복잡하고 취약하면서도 사실상 다양성이 풍부하다는 점이다. 양 극지방은 또한 전 지구 기후시스템의 냉열원이자 전 지구적 해양 순환의 기점이라 할 수 있다. 오존홀이 남극에서 최초로 발견되고 지구온난화의 영향으로 해양산성화와 영구동토의 융해, 잔류성오염물질(POPs)과 단수명 오염물질인 블랙카본의 피해가 북극권에서 특히 현저하게 나타나는 등 양 극지방은 지구환경 문제의 척도라고도 불린다.

이와 같은 공통의 자연환경적 특징으로 인해 양 극지방에 적용되는 국제환경법은 첫째, 과학조사의 장과 그 대상인 환경의 보전, 둘째, 생물자원의 보전과 지속가능한 이용, 셋째, 환경피해에 대한 대응이 그 자연환경적 특징에 따라 특히 곤란하며, 방지 나아가서 예방에 주력해야 한다는 관점에서 발전해 왔다고 할 수 있다. 또한 원주민을 포함한 약 400만 명의 생활을 받쳐주는 북극에서는 그들의 권리보호와 전통적 내지 문화적 생활 보전이 국제환경법 형성·적용의 중요한 요소가 된다.

2. 극지방의 국제법상 위치

남극과 북극의 국제법상 위상은 결정적으로 다르다. 국제법상 남극은 남위 60도 이남 지역을 말하며, 이를 남극조약 지역이라고 한다. 남극대륙에 대해서는 7개의 국가(영국, 뉴질랜드, 호주, 프랑스, 노르웨이, 칠레, 아르헨티나)가 영토주권을 주장하고 있으나, 남극조약 제4조에 따라 이를 인정하지 않는 국가(일본, 미국, 러시아 등)에는 대항할 수 없다. 따라서 남극은 남극조약을 중심으로 한 남극조약 체제에 의해 규율되며, 널리 국제사회를 위해서 그 이용과 접속이 인정된 국제화 지역으로서의 성격을 가진다.

이에 반해 북극은 주로 대륙으로 둘러싸인 다년성 해빙에 덮인 해양으로 구성된다. 북위 66도 33분 이북 북극권에 영토를 가진 8개 국가를 북극권 국가(캐나다, 덴마크(그린란드), 핀란드, 아이슬란드, 노르웨이, 러시아, 스웨덴, 미국)라고 한다. 북극권의 육지에 대한 영토주권은 거의 확정되어 있다. 북극해에 대해서는, 어느 북극연안국도 유엔해양법협약이 적용되는 것을 인정하고 있으며, 이 협약에 근거하여 대륙붕 연장신청을 하고 있다. 「얼음으로 덮인 수역」에 관한 이 협약 제234조의 해석적용에 대해서는, 관련국 간에 견해의 차이가 있다. 극지방 바다의 선박항행 안전과 해양환경보호를 목적으로 한 폴라코드(Polar Code)가 2017년에 발효되어 있다.

3. 극지방과 국제환경법

(1) 남극환경의 보호

1959년에 성립된 남극조약에는 남극환경 그 자체를 보호하겠다는 발상은 없다. 1964년 남극조약협의당사국회의(ATCM)가 채택한 「남극동식물상보전합의조치」는 남극동식물상의 귀중함과 취약성을 다루고 자연 생태계를 보호하기 위한 특별보호지구 제도를 도입하였다. 1970년대부터 1980년대에는 바다표범 사냥과 크릴을 중심으로 한 생물자원 개발, 남극대륙 및 연안부에서의 광물자원 개발 가능성과 타당성이 논의되었다. 그 결과 1972년 바다표범보존협약, 1980년 남극해양생물자원보존협약이 성립되었다. 1988년에 채택된 남극광물자원활동규제협약은 엄격한 환경규제 하에서 한정적으로 광물자원 개발을 허용하는 것이었으나, 필요한 비준을 얻지 못해 발효될 전망은 없다. 대신에 1991년에 채택된 남극환경보호의정서는 남극환경 및 그 생태계 자체의 가치를 인정하고 보호대상으로 삼고 있다.

의정서는 남극을 「평화와 과학을 위한 자연보존구역」으로 지정하고(제2조), 남극환경 및 이에 종속되고 연관된 생태계의 보호, 그리고 남극의 원생지역으로서의 가치를 포함한 고유한 가치를 보호대상으로 하는 등(제3조), 국제환경조약 중에서도 야심차다고 할 수 있다. 과학적 연구를 제외하고는 광물자원과 관련된 어떠한 활동도 금지되며(제7조), 남극에서의 모든 활동은 사전 환경영향평가의 대상이 되며(제8조), 특히 보호가 필요한 구역을 특별보호지구로서 지정하여 출입을 사전허가에 따르게 할 수도 있다(부속서 V). 또한 광물자원 활동의 금지는

2048년 이후 재검토의 여지가 남아 있다. 영토귀속이 확정되지 않은 남극에서의 환경보호는 주로 속인주의를 근거로 의정서의 국내이행법으로 실현되고 있다. 일본에서는 「남극지역의 환경보호에 관한 법률」이 1997년 성립하였다. 또한 남극해양생물자원보존협약에서도 해양보호구역을 설정할 수 있어 2016년에 광대한 로스해(Ross Sea) 보호구역이 설치되었다.

앞으로의 과제로는 다양화되는 남극 관광활동의 환경영향과 이에 대한 대응, 남극 미생물 등의 유전자원을 상업적으로 이용하려는 바이오프로스펙팅(Bioprospecting) 활동과 이에 대한 규제 문제, 기지 증설이나 항공 접속망의 정비 등 대형 상설시설의 정비 및 이용형태와 환경영향, 남극 광물자원 활동의 금지를 2048년 이후에도 계속할 것인가의 문제 등이 있을 것이다.

(2) 북극환경의 보호

영토귀속이 거의 확정된 북극권에서의 환경보호·자원관리는 기본적으로는 각국 국내법과 파리협정이나 생물다양성협약, 유엔해양법협약 등의 일반조약, 그리고 1973년의 북극곰 보존협정이나 2013년의 북극해 석유 오염 예방 및 대응 협력 협정, 그리고 2018년에 일본과 중국, EU 등도 참가하여 채택된 중앙북극해 비규제어업방지 협정 등의 지역조약에 의한다. 북극권의 최대 환경적 도전은 지구온난화라고 할 수 있는데 북극에서는 적응조치가 중심이 된다. 동시에 북극권 국가는 엄격하고 취약하며 아직까지 식견이 불충분한 자연환경, 인프라의 미정비, 원주민의 생활과 불가분의 환경자원이라는 공동의 과제를 안고 있으며, 냉전 후인 1991년에 채택된 북극환경보호전략, 그리고 1996년에 설립된 북극이사회가 중심이 되어 환경보호와 지속가능한 발전을 위한 지역협력이 진행되고 있다.

북극이사회는 북극권 8개국의 비구속적인 선언으로 설립된 「고위급 포럼」으로 북극원주민단체에 상시참가자 지위를 부여하고, 일본 등 비북극국가와 관련 국제단체에 옵저버 자격을 부여해 협의를 진행한다. 북극이사회는 해양환경보호와 동식물상 보존을 전문으로 다루는 실무그룹을 항시 배치하고 있으며, 여기서 축적된 과학적 식견을 바탕으로 비구속적 지침을 채택하며, 참가국의 국내법 정책을 유도한다. 예를 들어, 환경영향평가 분야에서는 1997년 북극 환경영향평가 지침이 있다. 또한 해빙을 앞당기는 블랙카본이나 이산화탄소의 25배의 온난화 효과가 있다고 여겨지는 메탄에 대해, 이들의 배출과 이동을 감시하고 감축을 위한 계기를 만들어 내는 북극이사회 프레임워크 문서가 2015년에 채택되었다. 이 프레임워크의 이행을 담당하는 전문가회의에는 일본이나 중국도 참가하고 있다.

잔류성유기오염물질(POPs)은 북극권 원주민 및 지역주민에게 심대한 영향을 미치기 때문에, 북극이사회는 과학적 정보를 수집하여 2000년 POPs 규제에 관한 스톡홀름협약 채택에 지대한 공헌을 하였다. 이와 같이 지구온난화 문제를 포함해 북극에서의 현대적 환경과제는 더욱 글로벌한 대응이 필요해지고 있다. 그러한 가운데 지역적인 환경보호 포럼인 북극이사회의 기능강화와 여기에서 일본을 포함한 비북극국, 즉 옵서버 국가의 참가와 공헌 정도의 향상이 향후 과제가 될 것이다.

보다 일반적으로는 중국 등 신흥세력의 대두로 인한 국제정치 상황의 변화, 경제적·기술적 발전을 받쳐주는 천연자원 개발에 대한 욕구 증대, 지구온난화로 인한 극지방 환경의 변화와 그것이 가져오는 인간 활동에 대한 영향 등이 양 극지방에서의 국제환경법 역할에 새로운 도전을 던지고 있다고 할 수 있다.

참고문헌

柴田明穂「南極条約体制の基盤と展開」『ジュリスト』 1409号 (2010年) 86－94면.

稲垣治·柴田明穂『北極国際法秩序の展望: 科学·環境·海洋』(東信堂, 2018年).

〈시바타 아키호 (柴田 明穂)〉

제16장 우주 환경의 보호

아오키 세츠코(青木 節子)

1. 서론

우주공간의 환경문제는 현재 크게 두 가지가 있다. 첫째, 위성을 중심으로 한 우주선을 지구주위궤도에 운반·배치하는 과정에서 분리되어 궤도 위를 떠도는 로켓의 궤도투입단(orbital stages), 사용이 끝난 우주선 자체, 우주선의 파쇄에 따라 생긴 파편, 나아가 반복적인 충돌로 증가하는 작고 무수히 많은 파편 등 우주잔류물(space debris)의 문제이다. 둘째, 「달 기타 천체를 포함한 우주공간의 탐사 및 이용」(우주조약(후술함)의 용어, 이하 주로 「우주활동」이라고 칭함)의 과정에서 지구에서 우주공간으로 유입된 미생물이 유발하는 우주공간의 오염, 그리고 지구 밖 물질로 인해 생긴 지구의 오염문제이다. 1960년대 전후반에 설쳐 유엔에서 우주활동의 기본원칙 책정과정에서 문제시된 것은 후자뿐이었다. 당시에도 미국은 우주잔류물 문제를 파악하였지만, 이것이 각국의 우주기관에 공유된 것은 1980년대 후반이고, 국제사회 전반에서 문제시되기 시작한 것은 20세기말 이후의 일이다. 그러나 두 문제 가운데 심각성과 긴급성이라는 점에서 현재 압도적으로 잔류물 문제가 중요하다.

이 장에서는 우선 우주질서의 근간이 되는 우주조약(1967년 발효)의 환경보호규정을 개관해 본다. 이어서 현재 중요한 과제가 된 우주잔류물 문제를 다루고, 탐사에 수반되어 발생된 지구에서 유래한 우주공간의 오염문제에 대하여 기술해 보도록 한다.

2. 우주조약의 환경보호 규정

유엔총회의 보조기구인 유엔우주공간 평화이용위원회(COPUOS)에서 작성된 우주조약은 우주환경 보호규칙을 생각할 때 토대가 된다. 우주조약에서는 이하의 원칙과 규칙을 알 수 있다. 우주조약의 당사국은 2019년 4월 현재 109개국인데,[1] 예컨대 기후변화기본협약(197개국(EU 포함)) 등과 비교하면 당사국 수는 상당히 적다. 그러나 위성을 소유하고 운용하는 국가의 거의 대부분이 우주조약의 당사자라는 것, 또한 비당사국도 우주조약에 따라 우주활동을 하고 있으나 위반사례는 보고되지 않는다는 것으로부터 우주조약의 상당 부분은 관습법화되었다고 생각한다. 이하, 우주조약에 규정된 환경보호규정을 개관해 본다. ①부터 ④까지는 관습법화되었다고 평가되는 것이 많고, ⑤부터 ⑦까지에 대하여는 논의가 나뉘어져 있다.

① 국가는 모든 국가의 이익을 위하여 우주활동을 해야 한다(제1조 1항).

② 우주활동은 모든 국가가 자유롭게 행할 수 있고, 전 인류의 활동분야라고 할 수 있다(제1조 2항). ①의 공동이익원칙과 ②의 활동의 자유를 조정하는 원리는 국가가 선택하는 각종 형태의 국제협력이고, 구체적인 조정방법은 1960년에 채택된 유엔총회결의에 기술되어 있다.[2]

③ 우주활동은 국제법에 따라 행해져야 한다(제3조). 따라서 현행 국제환경법은 우주공간에 적용가능한 한, 우주활동을 규율한다.

④ 우주조약의 당사국은 다른 국가가 대응하는 이익에 타당한 고려를 하여 우주활동을 행해야 한다(제9조 1문). 공해의 이용에 대하여도 유사한 규정을 두고 있는데(유엔해양법협약 제87조 2항), 공해의 경우는 구체적인 이용항목이 열거되어 있어(동조 제1항) 구체적인 활동형태를 언급할 때 「달 기타 천체를 포함하는 우주공간의 탐사 및 이용」의 원칙을 규정한 우주조약과는 다르다. 우주조약은 개개의 활동과 이에 대응하는 환경보호규칙을 도출하는 힘이 결여되어 있다.

⑤ 우주조약의 당사국은 우주공간의 유해한 오염(harmful contamination)을

1) UN Doc. A/AC.105/C.2/2019/CRP.3, 2019.

2) UN Doc. A/RES/51/122, 1996.

회피하도록 우주활동을 해야 하고, 필요한 경우에는 적당한 조치를 취해야 한다(제9조 2문). 「유해한 오염」에 대하여 지구생명체가 우주공간에 유입되어 발생시킨 생물적, 화학적 오염만을 일컫는 것인지 우주잔류물에 의한 것까지 포함하는 것인지에 대한 논의가 행해지고 있는데, 1990년대에는 잔류물을 포함하지 않는다고 하는 설이 유력하였다. 그러나 오늘날에는 포함한다고 보는 설이 유력하다. 우주의 원시상태를 손상시켜 우주의 기원 등의 과학적 연구가 불가능하게 된다는 의미에서는 고체로켓에서 나오는 매연, 떨어져 나와 떠도는 우주선의 도료 등의 잔류물을 지구의 생명체와 구별할 이익이 없긴 하지만, 잔류물의 방출도 「유해한 오염」을 구성한다고 생각하는 편이 합리적일 것이다.

⑥ 우주조약의 당사국은 자국과 자국민이 계획하는 실험 등 우주활동이 다른 조약당사국의 활동에 잠재적으로 유해한 간섭(harmful interference)을 미칠 우려가 있다고 믿을 이유가 있을 때에는 해당 활동 개시 이전에 적당한 국제적 협의를 행할 의무를 가진다(제9조 3문).

⑦ 우주조약의 당사국은 다른 국가가 계획하는 실험 등 우주활동이 자국의 우주활동에 잠재적으로 유해한 간섭을 미칠 우려가 있다고 믿을 이유가 있을 때에는 해당 활동에 관한 협의를 요청할 권리를 가진다(제9조 4문).

「유해한 간섭」이라 함은 조약체결시에는 주로 고의의 전파방해(jamming)와 핵실험에 의한 방사능장애, 기타 타국의 활동에 방해가 되는 군사시설을 의도하고 있는데, 오늘날에는 잔류물의 방출도 포함되며 또한 협의요청의 권리·의무는 문제가 되는 우주활동의 계획시에 그치지 않고, 실행개시 이후도 계속한다고 해석하는 것이 많았다. 우주조약 제9조부터 종합적으로 자국의 우주활동이 그 내용, 실시궤도, 실시방법 등 그 어느 것에 의해 자국의 우주활동에 있어서 유해한 간섭이 되지 않도록 타당한 고려를 할 의무가 존재한다고 해석하는 것이 통설이 되고 있다. 본래 협의의무를 준수하지 않는 경우의 분쟁해결수단을 우주조약에 규정하고 있지 않고, 또한 ⑥과 ⑦은 유해한 간섭을 회피할 의무를 활동국 또는 그 국민에게 부과하는 것은 아니다.

COPUOS에서는 우주환경보호를 규정하는 조약으로서 그 외 달조약(1984년 발효)을 채택하였는데, 2019년 4월 현재 당사국은 18개국에 불과하고,[3] 그 가운데 주요한 우주활동국은 한 국가도 포함되어 있지 않다. 이 점에서 중요성을 결하고 있기 때문에 환경보호에 관한 주목해야 하는 규정이긴 하지만, 이 장에서는 다루지 않는다.

COPUOS에서 작성한 유엔총회결의 가운데에는 조문이 거의 그대로 우주조약에 들어온 우주탐사이용에 관한 법원칙선언(1963년)[4] 이외에는 우주공간에서의 원자력전원(NPS) 사용원칙(1992년)[5]이 NPS에서의 방사성물질에 의한 우주공간의 현저한 오염방지를 확보하는 것을 요청하고(제3원칙), 우주환경보호와 관련되어 있다. COPUOS의 과학기술소위원회(과기소위) 및 법률소위원회(법소위)와 함께 현재에 이르기까지 오랫동안 NPS를 의제로 하면서 혹성탐사 미션에 유용한 NPS의 안전한 이용확보를 통한 우주환경의 보호를 꾀하고 있다.

3. 우주잔류물을 규제하는 국제우주법

(1) 우주잔류물의 실태

미공군에 의한 우주정찰 네트워크의 관측에 의하면, 2018년 10월 4일 현재, 저궤도(LEO)로 된 고도 2,000km 이하에서는 그 궤도가 확인되어 있는 물체 –「목록화」된 물체 – 는 19,173개이다. 그 가운데 14,357개는 위성의 파편이나 로켓이 궤도투입단 등 명백히 잔류물이며, 4,816개는 외견으로는 완전한 위성으로 기능하고 있는 것도 있고, 이미 기능이 불가역적으로 정지되어 잔류물이 된 것도 있다.[6] 현재 지상에서 망원경으로 정밀하게 볼 수 있는 수준은 직경 10cm보다 작은 물체는 관측하기 어렵다고 하는데, 관측 불가능한 미세한 파편을 포함하면 LEO에 존재하는 인공물체 가운데 93% 정도가 잔류물일 것으로 추정되고 있다. 관측 가능한 LEO의 우주물체수는 2005년의 9,233개, 2010년의 15,090개, 2015년의 17,063개로 분명히 증가하고 있다. 특히 2007년부터 2008년에는 3,508개의 물체가 증가하였는데, 이는 중국의 위성파괴 실험이 그 원인이다. 또한 2009년부

3) *Supra* note 1, p.10.
4) UN Doc. A/RES/1962 (XVIII), 1963.
5) UN Doc. A/RES/47/68, 1992.
6) NASA, *NASA Orbital Debris Quarterly News*, Vol.22, No.4, 2018, p.10.

터 2010년에 걸쳐 미국과 러시아의 위성충돌 – 러시아의 군사위성은 이미 잔류물화 되었다 – 로 많은 잔류물이 방출되어 목록화된 물체가 2,347개 증가하였다.[7] 광대한 우주공간이라고 하더라도 지구관측, 기상, 이동체통신 등에 많이 사용되는 600km에서 900km의 태양동기궤도는 서로 혼합되어 있어 현재의 속도로 잔류물이 증가하면 머지않아 장래의 어떤 시점 이후 지수함수적으로 잔류물끼리 충돌할 가능성이 높아져 해당 궤도의 이용은 거의 불가능하게 되어 버릴 것이라고 평가된다.[8] 이 문제에 박차를 가하는 것이 수백기에서 수천기의 소형위성을 LEO에 쏘아 올려 전 세계에 대응하는 고속인터넷과 원격탐사(remote sensing)망 구축을 시도하는「메가 컨스텔레이션(Mega Constellation)」계획이다. 이미 몇 개의 계획은 미국법 등의 허가를 얻었고, 쏘아올린 것도 있다. 1957년에 최초로 위성을 쏘아올린 이후 지금까지 60년에 걸쳐 우주공간에 도입된 위성수와 같은 수의 위성이 향후 2~3년내에 발사될 가능성도 있어, 이것이 실현되면 잔류물 문제의 심각성은 현재와는 비교할 바가 아닐 것이다.

또한 지구의 자전주기와 같은 고도 약 35,800km의 정지궤도(GEO)를 도는 위성은 지상으로부터 항상 한 점에 그치는 것으로 보이기 때문에 통신과 송신이 편리하고, 국제전기통신연합(ITU)에서 그 궤도위치와 주파수를 획득하는 경쟁이 치열하다. 주요 통신기업과 전문가에 따르면, 1984년에는 약 140기, 2006년에는 약 250기, 2012년에는 약 300기, 2018년에는 약 450기의 위성이 운용될 것이라고 한다.[9] 전파방해를 고려하면 기술개발이 진전되어도 GEO에 배치할 수 있는 위성의 수는 한정되어 있어, GEO는 LEO에 비하여 더욱 직접적인 궤도의 혼잡문제에 직면한다고 말할 수 있을 것이다.

(2) 기술적 가이드라인과 그 국내이행

개관한 바와 같이, 우주조약의 환경보호 규정에서는 잔류물 줄이기의 구체

7) NASA의 Orbital Debris Quarterly, COPUOS 과학기술소위원회의 기술프레젠테이션 등의 공개자료에 기초한 수치이다.

8) See e.g., Donal J. Kessler, et al, “The Kessler Syndrome: implications to future space operations”, *American Astronautical Society*, 2016, at http://citeseerx.ist.psu.edu/viewdoc/download?doi=10.1.1.394.6767&rep=rep1&type=pdf.

9) 小塚荘一郎·佐藤雅彦編著,『宇宙ビジネスのための宇宙法入門 (第2版)』(有斐閣, 2018年), 84면. 또한 Satellite Signals, List of satellites in Geostationary Orbit, at http://www.satsig.net/sslist_htm (as of February 2019) 참조.

적 규칙을 이끌어낼 수 없다. 이를 보완하는 것은 국제우주잔해물조정위원회(IADC)(1993년 설치)에서 채택된 「IADC 우주잔류물 줄이기 가이드라인」(2002년 채택, 2007년 개정)(이하 「IADC 가이드라인」)[10]과 IADC에 초안작성을 의뢰하고, 같은 가이드라인에 유사한 것으로서 작성된 「유엔 COPUOS 우주잔류물 저감 가이드라인」(2007년 채택)(이하 「 COPUOS 가이드라인」)의 행동기준이다.[11] IADC는 12개국의 우주기관과 유럽우주기관(ESA)(유럽 22개국이 정식회원)으로 구성되어 있다. COPUOS 가이드라인은 독립된 유엔총회결의는 아니지만, 유엔총회에 의해 승인된 것이고 유엔회원국 전체에 대한 기술기준이라는 의미를 가진다.

COPUOS 가이드라인은 7개의 가이드라인으로 구성되어 있다.

가이드라인 1　통상의 운용 중에 방출된 잔류물의 제한

가이드라인 2　운용단계에서의 파쇄가능성 최소화

가이드라인 3　궤도상에서의 우발적 충돌확률의 제한

가이드라인 4　의도적인 파괴 및 기타 유해한 활동의 회피

가이드라인 5　잔류에너지에서 기인하는 미션종료 후의 파쇄가능성 최소화

가이드라인 6　우주선 및 로켓 궤도투입단이 미션종료 후에 LEO에 장기간 체류하는 것의 제한(대기권 내에 재투입되는 방식을 추천한다. IADC 가이드라인에서는 기간제한을 명기하고 있지 않다)

가이드라인 7　우주선 및 로켓 궤도투입단이 미션종료 후에 GEO에 장기간 체류하는 것의 제한(미션종료 후, 나아가 지구에서 일정 거리 이상 떨어진 궤도에 우주선을 재배치함으로써 GEO의 혼잡을 방지하는 방식을 추천한다)

COPUOS 가이드라인은 간결하게 행동기준을 기재하고 있을 뿐이므로, 실제 운용할 때에는 IADC 가이드라인 등에 따라 상세한 행동기준을 참조하는 것이 필요하다. 사실 COPUOS 가이드라인의 말미에는 동 가이드라인의 운용을 위하여 IADC 가이드라인과 그 보조문서를 참조하도록 명기되어 있다.

ITU는 1986년에 GEO의 환경보호 연구를 개시하고, 1993년에 무선통신부문(IYU-R)에서 GEO에서의 위성운용 종료 후 잔류물화 된 위성의 재배치 기준이

---

10) IADC-02-01, 2002; IADC-02-01, Rev.1, 2007.

11) UN Doc. A/62/20, 2007, Annex (pp.47-50).

채택되었다.[12] 그 후 기술혁신에 수반하여 IADC와의 조정도 행해져 2004년, 2010년에 그 기준을 개정하였다.[13] 지역기관으로서 ESA도 독자적인 잔류물 줄이기 정책을 2012년에 채택하였다.[14] 주요한 우주활동국의 우주기관은 IADC 가이드라인 이전부터 우주기관으로서의 잔류물 저감규칙을 채택하고 있는 것도 있고, 일본의 특수법인 우주개발사업단(NASDA)(현 국립연구개발법인 우주항공연구개발기구(JAXA))도 미국의 국가항공우주국(NASA)에 이어 세계에서 두 번째로 잔류물 발생방지 표준을 채택하였다.[15]

또한 비정부간 국제조직인 국제표준화기구(ISO)의 기술위원회(TC) 20의 분과위원회(SC) 14(TC 20/ SC 14)는 우주시스템 · 운용에 관한 규격을 작성하는 분과위원회인데, 그 위원회의 작업그룹(WG) 3에서는 충돌회피 기준과 LEO에 있는 잔류물이 된 위성 및 궤도투입단의 처리방식을[16], WG에서는 잔류물 저감에 도움이 되는 우주선의 설계기준을 결정하고 있다.[17] 이들 정부기관, 비정부기관의 잔류물 저감 가이드라인 · 기준은 IADC 가이드라인을 전제로 하여 각각의 기관의 목적에 따라 상호조정 하에 작성되어 있다.

이들 기준은 법적 구속력을 가진 것은 아니지만, 일본법을 포함하여 각국의 우주활동법과 이를 바탕으로 한 규칙 속에서 로켓발사와 위성운용허가 부여조건이 되는 것이 적지 않다.[18] 잔류물 저감 가이드라인 · 기준은 국내법을 통해 법적 구속력을 가지는 것이라고 말할 수 있다. 발사장을 가지는 국가의 국내법이 모든 로켓 및 탑재우주기기에 IADC 가이드라인과 같은 잔류물 저감 기준을 부과하면 실질적으로 잔류물 저감 조약의 대체물이 될 것이다. 그러나 상업용발사의 경우, 외국의 위성구조와 운용방법에 엄격한 잔류물 저감 기준을 부과하여 사업기회를 피할 위험을 침해하는 것을 회피할 경향도 있고, 또한 자국기업, 외국기업을 불문하고, 메가 컨스텔레이션 계획 등도 새로운 우주산업으로서 허가를 받을 움직임을 보여 엄격한 국내이행은 용이하지 않다는 것이 현실이다. 최근에는 잔류물

12) ITU－R S.1003.0, 1993.
13) ITU－R S.1003.1, 2004; IRU－R S.1003.2, 2010.
14) ESA.ECSS－U－AS－10C, 2012.
15) NASA, NSS1740.14, 1995; NASDA－STD－18, 1996. 현재 JAXA 표준은 JMR－003C, 2014.
16) ISO16158, 16164, 16699, 23339, 26872, 27852, & 27875.
17) ISO 24113을 중심으로, 11277, 16126, 16127, 18146, 20590, 20893, 21095, 23312등.
18) 51 USC §60122(b) (4) (USA); Outer Space Act, Sec. 5 2(e) (i) (UK); 인공위성 등의 발사 및 인공위성 관리에 관한 법률(우주활동법) 22조 1－4호, 平成28(2016)년 법률 76호.

이 나오기 어려운 우주선을 설계, 운용하고 미션 종료 후에 궤도로부터 이탈을 촉진시키는 것만으로는 불충분하다고 하여 로켓 궤도투입단과 기능을 종료한 위성을 궤도에서 제거한다고 하는 선택지도 검토하고 있으며, 이미 적극적으로 잔류물제거(ADR) 실증실험의 성공도 보도되고 있다.[19)] 장래에는 ADR을 포함하여 잔류물 저감이 필요할 것인데, 다양한 기술적, 법적, 제도적 과제가 있다.

4. 잔류물 이외의 우주오염 방지·저감조치

지구 기원의 미생물에서 유래하는 우주공간의 유해한 오염, 그리고 지구 밖 물질에서 생긴 지구의 환경악화를 회피하기 위한 적당한 조치(우주조약 제9조 2문)를 「행성검역방침」이라고 하고, 국제과학회의(ICSU)에서 1958년에 창설된 우주공간연구위원회(COSPAR)에서 1964년 이후 정기적으로 정하고 있다. 1998년에는 COSPAR 내에 행성검역패널(PPP)이 창설되었고, 2002년 이후에는 COPUOS를 포함하여 우주활동을 담당하는 국제기구에 주지되어 각국 우주기관이 이를 기준으로 한 검역방칙을 책정하여 국내에서 실시하는 것이 기대되고 있다.[20)]

COSPAR 행성검역방침은 ① 유인탐사인가 무인탐사인가, ② 탐사에는 행성 주위만이 해당되는지 착륙·현지탐사를 포함하는가, ③ 탐사기가 지구에 귀환하는지 여부, ④ 달, 화성, 목성, 소혹성 등 조사대상의 환경취약성 등에 따라 검역기준의 엄격함과 방법은 5가지로 분류되어 있다. 우주기관만이 행성과 소혹성을 탐사하는 경우에는 우주기관이 책정한 검역방침으로 충분할 것이지만, 우주자원 채취사업의 전제로서의 소혹성 자원탐사·개발 등 사기업이 참여할 가능성이 있어, 국내 우주법의 허가조건을 정해두는 것이 중요하게 된다.

5. 결론

이상 우주잔류물 줄이기나 행성검역에 대해, 우주활동의 원칙을 정하는 우

---

19) See e.g., University of Surrey, First Space Debris Removal Demonstration: A Success, at http://spaceq.ca/first-space-debris-removal-demonstration-a-success/ (as of February 28, 2019).

20) COSPAR/PPP, *Planetary Protection Policy*, at http://cosparhq.cnes.fr/sites/default/files/pppolicydecember_2017.pdf.

주조약에서는 구체적이고도 명확한 행동기준을 찾아볼 수는 없지만, 기술적 기준을 규정한 비구속적 문서에 의해 실시되고 있다는 것을 알 수 있다. 새로운 조약작성이 아니고, 또한 정치적 규범으로서의 의의를 가진 유엔총회결의도 아니며, 기술적인 상세한 행동기준을 작성한 가이드라인 등에 따라 우주환경보호를 꾀하고 있다는 점에 우려가 표명되기도 한다. 그러나 조약 채택, 나아가 발효에 이르기까지에는 오랜 기간이 필요하고, 또 주요 활동국의 비준확보가 그다지 용이하지는 않다는 점을 고려하면, 과학기술의 진전에 따라 개정이 용이한 기술 가이드라인이 주요 활동국에 공유되어 활동국이 가능한 한 국제기준을 국내법상 의무로 함으로써 환경보호 조치의 실효성을 담보하는 것이 최선은 아니지만 현실적으로 바람직하다고 생각한다.

참고문헌

1. 小塚荘一郎・佐藤雅彦編著, 『宇宙ビジネスのための宇宙法入門 (第2版)』 (有斐閣, 2018年).

   우주환경보호의 국제규칙까지 포함하여 국제·국내우주법 전반을 이해하는 데 도움이 된다.

2. Office for Outer Space Affairs, International Space Law: United Nations Instruments, 2017, http://www.unoosa.org/res/oosadoc/data/documents/2017/stspace/stspace61rev_2_0_html/V1605998-ENGLISH.pdf

   유엔에서 채택한 우주 조약들, 총회결의, 기타 가이드라인이 게재되어 있다.

3. 加藤明, 『スペースデブリ—宇宙活動の持続的発展をめざして』 (地人書館, 2015年).

   우주쓰레기의 실태, 저감조치의 방식, 국제적 틀 등을 망라한 해설서이다.

Q. 물음

우주활동에 참가하는 국가 수의 증가나 민간기업의 참가는 우주의 환경보전에 있어서의 룰(규칙) 형성에 어떠한 영향을 끼친다고 생각하는가?

칼럼 ⑬ 무력분쟁에서의 환경보호 의무

무력분쟁이 발생하면 자연 내지 문화 환경에 대규모 손해가 발생할 수 있음은 말할 필요도 없다. 이 칼럼에서는 국제법상 무력분쟁 시 국가에 어떤 환경보호 의무가 부과되는지를 설명한다.

무력분쟁은 (1) 둘 이상의 국가 사이에서 발생하는 「국제적 무력분쟁」과, (2) 한 국가 영역 내에 발생하는 국제적 성질을 갖지 않는 「비국제적 무력분쟁」으로 양분되며, 각각 다른 조약상의 규율이 부과되고 있다.

또한 무력분쟁 시 평시조약의 적용이 어디까지 인정될 것인가에는 다툼이 있지만, 무력분쟁법과 환경법을 포함한 평시법이 충돌될 경우에는 원칙적으로 특별법인 전자가 우선한다.

1. 역사적 경위

제1차 세계대전 당시 영국이 루마니아에 대규모 유전 공격을 한 것이나 1945년 히로시마와 나가사키에서의 원폭투하 등, 무력분쟁 시 환경파괴는 실제로 발생하였지만, 이로 인해 발생한 해악은 오랫동안 전투행위의 부수적 손해로 인식되었고, 무력분쟁 시 특별한 환경보호 의무는 부과되지 않았다.

이러한 상황이 변화된 계기가 베트남전쟁(1955–75년)이다. 이 전쟁에서 미국과 남베트남은 밀림의 게릴라 집단을 공격하기 위해, 나무와 식물을 중장비로 벌채하거나 고엽제를 대규모 범위에서 살포하여 환경 자체를 파괴하는 전략을 취하였다. 이에 1972년 유엔 인간환경회의에서 채택된 인간환경선언에서는 대량파괴를 수단으로 하는 무기의 제거와 파기를 추진하도록 권고되었다(원칙 26). 그리고 (1) 1976년에 환경변경기술사용금지협약(ENMOD)이 채택되었고, (2) 1977년의 제네바협약 제1추가의정서(API)에서도 관련 조항이 채택되었다.

2. 필요성 · 비례성 원칙

무력분쟁 시에는 적에 대한 공격을 하지만, 이는 군사적으로 필요한 범위 내에서만 허용된다(군사목표주의: 1907년의 제V헤이그협약 · 육전규칙 제23조g 외 1949

년의 전시에 있어서의 민간인의 보호에 관한 제네바 제4협약(GCVI) 제53조, 제147조). 군사목표는 그 성질·위치·목적·용도상 군사적 행동에 유효한 기여를 하고, 당시의 지배적 상황에 있어 그것들의 전부 또는 일부의 파괴, 포획 또는 무용화가 명백한 군사적 이익을 제공하는 물건에 한한다(API 제52조).

그리고 국제사법재판소(ICJ)는 핵무기 사용에 관한 권고적 의견에서 무력분쟁 시라도 어떤 조치의 필요성 원칙 및 비례성 원칙의 적합성을 평가하는 데 있어 환경에 관한 영향력이 고려되지 않으면 안 된다고 밝히고 있다([1996] ICJ Rep 242). 그러나 이 규칙은 적용대상이 적의 재산 등으로 한정되어 있어, 환경 그 자체를 보호하는 것은 아니라는 한계를 가지고 있다.

3. 직접적인 환경보호 의무

이에 반해 전술한 바와 같이 베트남전쟁 이후에 환경파괴나 주변에 영향을 미치는 대규모 시설물을 파괴하는 것을 직접적으로 금지하는 규칙이 조약에 정해지게 되었다.

첫째, 국제적 무력분쟁에서 자연환경에 광범위하고 장기간의 중대한 손해를 야기할 의도를 가지거나 또는 그러한 것으로 예상되는 전투수단이나 방법을 사용하는 것은 금지된다(API 제35조 3항). 그리고 체약국은 그러한 손해가 발생하지 않도록 주의를 기울이며, 이러한 손해를 발생시킴으로써 주민의 건강 또는 생존을 해치는 것을 목적으로 하는 전투방법 및 수단을 금지해야 한다(API 제55조 2항).

또한 예상되는 구체적이고 직접적인 제반 군사적 이익과의 관계에 있어서 자연환경에 대하여 광범위하고 장기간의 중대한 피해를 야기한다는 것을 인식하고서도 의도적인 공격의 개시는 국제형사재판소(ICC)가 관할하는 전쟁범죄이다(ICC 규정 제8조 2항(b)(iv)).

둘째, 위험한 물리력을 포함하고 있는 시설물(댐·제방·원자력발전소)은 비록 군사목표물인 경우라도 그러한 공격이 위험한 물리력을 방출하고 그것으로 인하여 민간주민에 대해 극심한 손상을 야기하게 되는 경우에는 공격의 대상이 되지 아니한다(API 제56조 1항). 단, 이와 같은 특별한 보호는 (1) (a) 댐 또는 제방에 관하여는, 그것이 통상적인 기능 이외의 다른 목적으로 사용되고 군사작전에 대한 정규적이고 중요한 직접적인 지원으로 사용되며, (b) 원자력발전소에 관하여는, 그것이 군사작전에 대한 정규적이고 중요한 직접적인 지원으로 전력을 제공하며, (2) 그러한 공격이 지원을 종결시키기 위하여 실행 가능한 유일의 방법일 경우에는 소멸한다(API 제56조 2항).

셋째, ENMOD상에서 자연의 작용을 의도적으로 조작함으로써 지구(생물상, 암석권, 물권, 대기권을 포함한다) 또는 우주공간의 구조, 조성, 운동에 변경을 가하는 기술(환경변경기술. 지진이나 해일을 인공적으로 일으키거나 태풍의 진로를 변경하는 기술이 포함된다)의 군사적 또는 적대적 사용은 금지된다. 또한 이 협약의 적용은 국제적 무력분쟁에 한정되지 않으며, 비국제적 무력분쟁에도 평시에 적용된다.

이 절에서 언급한 이상의 의무가 관습법상 확립되어 있는지에 대해서는 다툼이 있지만, 그것이 불분명한 경우에도 「주민 및 교전자가 문명국간에 수립된 관례, 인도의 법칙 및 공공양심의 요구로부터 유래하는 국제법원칙의 보호 및 지배하에 있다」(헤이그 육전규칙 전문).

이 밖에 화학무기나 핵무기 등 환경에 영향을 미치는 대량살상무기 사용의 규제도 간접적으로 환경보호에 이바지한다.

4. 무력분쟁에서의 문화재 보호

무력분쟁에서의 문화재 보호는 분쟁이 끝난 후 문화환경을 보전하고 문화유산을 다음 세대에 물려주기 위해 필요하다. 한편으로 분쟁 시에는 문화재는 그 재산적 가치 때문에, 혹은 그것이 가진 국가나 민족의 상징적 의미 때문에 약탈이나 파괴의 대상이 되기 쉽다. 여기서 무력분쟁 시 문화재 보호에 관한 협약(1954년), 제1추가의정서(1956년), 제2추가의정서(1999년; 비국제적 무력분쟁에 대해서도 적용)가 체결되었다. 이러한 조약은 군사목표주의에 따르는 범위에서 문화재 소재국에 문화재를 군사적 목적을 위해 사용하지 않는 등의 보호의무를 부과하고 있으며, 공격국에는 문화재를 존중할 의무를 부과하고 있다. 특히 제2추가의정서에서는 군사적 필요성을 이유로 하는 조약 적용 제외에 대한 실체적 요건과 사전경고 등의 절차적 요건(제6조), 공격 전에 해야 할 예방조치(제7조)에 대한 지침을 규정하고 있다.

5. 실정법의 한계와 그 극복의 시험

상기 조약의 규율은 환경을 보호한다는 관점에서는 다음의 한계를 가지고 있다.

첫째, 제2, 3절에서 서술한 GCVI와 API의 규율은 비국제적 무력분쟁에는 적용되지 않는다.

둘째, 평시의 환경법상 의무가 무력분쟁 시 어디까지 타당한지에 대해서는 다툼이 있다. ICJ의 핵무기 사용에 대한 권고적 의견은 이 문제에 대해 직접적인 견해를 제시하지 않았다.

국제법위원회(ILC)의 「무력분쟁 시 조약 적용」(2011년)에서는 국가관할 외 영역(공해, 심해저, 우주, 남극)과 국제공공재(기후, 오존층, 생물다양성)를 보호하는 환경조약은 무력분쟁 시에도 적용된다고 되어 있다. 또한 이로부터 공유 천연자원(국제 수로, 하천, 호수)을 보호하는 조약의 적용도 인정받을 수 있다.

또한 ILC 「무력분쟁 관련 환경보호」(2016년)에서는 환경보호조치 강화, 환경과 문화적 중요성이 인정되는 보호지구 지정, 원주민의 환경보호, 군대 주둔 및 평화활동 시 환경보호 이행의무 등을 담고 있다.

그러나 실천에 있어 무력분쟁 시의 환경보호는 기본적으로 교전국의 군사적 필요성을 해치지 않는 범위에서 인정되고 있는 것에 불과하며, 향후 그 발전을 주시할 필요가 있다.

〈이시이 유리카 (石井 由梨佳)〉

칼럼 ⑭ 외국군대 기지와 환경문제

1. 외국군대의 지위

외국군대의 활동에 따른 각종 실험과 훈련 등은 환경에 중대한 영향을 미친다. 그러나 다른 국가의 영역 내에 군사기지를 두는 외국군대는 파견국과 주둔국의 관할권이 경합하는 복잡한 법적 상황에서 활동하기 때문에 기지를 둘러싼 환경문제 처리가 쉽지 않다.

외국군대의 지위는 관련국의 관할권을 어떻게 조정할지가 쟁점이며, 지위협정의 체결로 정해지는 것이 일반적이다. 정치·군사상황에 크게 좌우되기 때문에 카테고리의 설정부터 내용까지 다양한 수준의 지위협정이 맺어져 있다. 주일미군은 「미일안전보장조약」(1960년) 제6조에 의해, 일본 국내의 시설·구역 사용을 인정받고 있다. 이에 수반되어 체결된 「미일지위협정」은 시설·구역 사용의 나아갈 방향과 주일미군의 지위를 정하고 있다. 최근 군사분야에서의 환경보호의 중요성에 대한 인식이 높아짐에 따라, 지위협정의 법적 구조에도 변화가 요구되며, 정보공유나 출입조사의 원활화를 도모하는 「미일환경보충협정」(2015년)이 체결되었다.

2. 재일미군기지와 관련된 환경문제의 현재상황

현재 일본의 미군전용시설 70% 가량이 오키나와에 존재하고 있으며, 미군재편에 따른 시설 반환이 종료된 후에도 기지의 오키나와 집중이라는 상황은 여전하다. 주일미군의 활동과 관련된 환경문제는 토양오염, 수질오염, 소음, 원자력잠수함의 기항에 의한 문제, 적토유출, 유해물질의 유출 등을 들 수 있다. 기지 내 매장문화재 보호도 위험하다. 1996년 기지 「화이트 비치 지구」 내의 레이더 건설공사 중 헤시키야바루(平敷屋原) 유적의 죠몬(縄文)시대 매장물이 파손되는 사고가 발생하면서 기지 내 유적문제에 관심이 높아졌다. 또한 폴리염화비페닐(PCB)이나 수은 등의 유해물질에 의한 유적지 오염, 후텐마(普天間) 비행장의 헤노코(辺野古) 이전에 따른 자연환경에 대한 영향 등, 기지 이전이나 반환에 수반하는 환경문제는 매우 중요한 과제이다.

주일미군 시설·구역에서 환경문제가 발생한 경우, 미일합동위원회 또는 그 하부기관인 환경분과위원회의 협의에 의해 대처가 이루어진다. 그러나 주일미군의 활동에 따른 기지 내외의 환경오염에 대해서는 다음과 같은 지위협정상의 한계에서 오염실태 파악이나 규제 이행이 극히 곤란한 상황이 계속되고 있다.

3. 재일미군 기지의 환경관리와 미일지위협정

첫째, 사전에 특단의 합의가 있는 경우를 제외하고, 미국 측의 개별 동의 없이는 일본 측이 시설구역에 대한 출입조사를 실시할 수 없다. 미일지위협정은 시설·구역에 대한 배타적 사용권을 미군 측에 부여하고 있기 때문이다(제3조 1항). 둘째, 시설·구역을 반환할 때 미국 측은 원상회복 의무나 회복을 대신하는 보상의무를 지지 않는다(제4조 11항). 따라서 오염 제거에 관한 막대한 비용은 일본측이 부담하게 된다. 셋째, 주일미군 시설·구역에 대한 국내 환경법의 적용이 문제가 된다. 일본정부는 외국군대 및 그 구성원 등의 공무집행중 행위에는 파견국과 주둔국 간에 개별적인 약정이 없는 한, 주둔국 법령은 적용되지 않지만 주둔국 법령의 존중의무는 진다(제16조)라는 기본적인 견해를 제시하고 있다. 그러나 일반적으로 지위협정은 영역주권의 원칙에 근거하여 시설·구역 및 군대에 원칙적으로 주둔국의 국내법이 적용되는 것을 전제로 한다. 지위협정이나 개별 법령의 명문 또는 해석에 따라 그 일부의 적용이 제외되는 것이다(1960년 3월 25일 중의원 미일안전보장조약 등 특별위원회).

NATO군지위보충협정에서는 협정 전체에 걸친 기본적 원칙으로 주둔국 법령의 「준수」(제2조), 독일환경법의 적용과 준수(제54B조)가 구체화 되어 있다. 한편, 미일지위협정에는 국내법령의 적용에 관한 직접적인 규정은 존재하지 않는다. 주일미군 시설·구역에는 원칙적으로 일본의 국내환경법이 적용된다고 해석해야 하지만, 그 집행은 제한되어 있는 것이 현실이다. 이러한 한계를 극복하기 위해 양국 정부는 미일합동위원회의 합의나 「환경보충협정」 등의 대처를 통해 환경문제에 대한 대응을 강화하고 있다.

또한 미국에서는 1970년대 후반까지 군사활동은 국내환경법의 적용대상에서 제외되어 있었으나, 1978년 대통령 명령 12088호에 근거하여, 국내 군사시설에 미국 국내환경법을 의무적으로 적용하도록 하였다. 한편 역외 군사시설에 적용되는 것은 국가환경정책법(NEPA) 등의 주요 환경법이 아니라, 역외환경기준 지침서, 주둔국의 환경기준 및 지위협정 등을 고려하여 각국별로 작성되는 최종 관리기준이다. NEPA에 비해 내용과 절차가 완화되기 때문에 미국의 환경단체는 역외 군사활동에 대한 관리기준 수준을 문제 삼고 있다. 주일미군 시설·구역에서는 「일본환경관리기준」(JEGS: Japan Environmental Governing Standards)이 적용되며, 미일의 관련 법령 중에서 보다 환경보호를 배려한 기준을 선택하기로 합의되어 있다.

4. 「환경보충협정」의 성립과 과제

1990년대 들어 기지 오염의 심각성이 표면화되고, 지위협정의 규정이나 구조가 불충분하다는 문제의식에 근거하여, 환경관리의 나아갈 방향을 근본적으로 재검토해야 한다고 주장되었다.

미일합동위원회는 주일미군이 원인을 제공하는 환경오염이 발생한 경우의 일본 측 조사, 시찰 및 샘플입수 요청(1973년), 출입허가 절차(1996년), 환경피해 사안을 포함한 주일미군과 관련된 사건·사고 발생 시의 통보 절차(1997년)에 대하여 몇 가지 합의를 내놓았다. 미일안전보장협의위원회에 의한 「환경원칙에 관한 공동발표」(2000년)에서는 지역주민 및 주일미군 관련자의 건강 및 안전을 확보하는 것을 목적으로, ① 관리기준, ② 정보교환 및 출입, ③ 환경오염에 대한 대응, ④ 협의가 정해졌다.

2013년 후텐마 비행장의 이전을 둘러싸고 오키나와현은 주일미군 시설·구역 내로의 출입조사를 가능하게 하기 위해 지위협정의 개정을 포함한 기지 부담 경감을 실시해 줄 것을 정부에 요청하였다. 이를 받아들여 체결된 「미일환경보충협정」은 시설·구역의 환경관리 분야에서의 미일 양국 간의 협력촉진을 제시하고 있다. 첫째, 정보공유에 대해서, 양국은 입수가능하고 적당한 정보를 서로 제공한다(제2조). 둘째, 환경기준에 대하여, 미국 측은 JEGS를 발표·유지할 것, JEGS는 누출에 대한 대응·예방에 관한 규정을 포함해 양국 또는 국제약속의 기준 중에서 가장 보호적인 것을 일반적으로 채택한다(제3조). 셋째, 일본 당국은 환경에 영향을 미치는 사고의 발생, 시설·구역 반환에 수반되는 현지조사를 하는 경우, 미군 시설·구역에 적절한 출입을 할 수 있는 절차를 작성·유지한다(제

4조). 넷째, 환경보충협정의 이행에 관한 어떠한 사항에 대해서도 일방의 요청에 의해 미일합동위원회에서의 협의를 개시한다(제5조).

「미일환경보충협정」은 미일지위협정을 보충하는 첫 번째 협정으로서, 환경관리의 법적 틀을 마련하였다는 점에 의의가 있지만, 실효성 확보는 여전히 과제로 남아있다. 환경사고가 발생하였을 때, 일본 측의 출입신청을 받아들일지 여부는 미국 측의 재량이고, 어떻게 미군 측의 협력을 이끌어낼지의 문제는 남게 된다. 또한 기지 반환 시 미국 측은 원상회복 의무나 회복을 대신할 보상의무를 지지 않는 등 미일지위협정의 틀과 연동되는 구조적 문제는 유지되고 있다. 2000년대에 많은 미군기지가 반환된 한국에서는 반환기지의 오염제거 비용을 둘러싸고 오염자부담 원칙을 주장하는 한국 측과 원상회복 의무를 부정하는 미국 측의 대립이 계속되고 있다. 미일지위협정에 있어서도 NATO군지위보충협정과 같이 예방의무, 원상회복 의무 조항을 마련하는 등, 한층 더 강화된 대처가 필요하다. 또한 주민이나 지자체의 의향을 충분히 존중하면서, 동등한 주권 간의 협력관계를 전제로, 환경보충협정의 실효성을 담보하고, 그 운용에 대해 적절한 재검토를 하는 것이 요구된다.

참고문헌

本間浩『各国間地位協定の適用に関する比較論的考察』(内外出版, 2003年).

横山絢子「日米地位協定の環境補足協定」『立法と調査』376号 (2016年).

〈권남희 (權南希)〉

3부 기본판례 · 사건

제1장 *Lake Lanoux* 사건

프랑스 v. 스페인
중재판정(1957년 11월 16일)
Reports of International Arbitral Awards, Vol.12, pp.281-317
http://legal.un.org/riaa/

1. 사실

라누호는 그 수원도 포함하여 프랑스 영역 내에 있다. 피레네 산맥의 남측에 위치하는 이 호수에서 흘러나오는 물은 캐롤강이 되고, 25킬로미터 정도 흘러 스페인 영역에 들어가며, 마지막으로 지중해로 흘러들어 간다. 캐롤강의 물은 스페인 역내에서 관개용수로서 약 1.8만 명이 이용하고 있다.

프랑스정부는 라누호의 물을 아리에주(Ariège)강에 전류시켜 수력발전에 이용하는 계획을 세우고 있었는데, 스페인정부가 우려를 표명하여(아리에주강은 피레네 산맥의 북사면을 흘러 대서양에 이르기 때문에 스페인 영역을 통과하지 않음), 양국간에 외교협의가 1917년부터 계속되어 왔다. 제2차 세계대전으로 인해 중단된 후, 1949년에 혼합기술자위원회가 설치되고, 라누호의 이용에 관한 조사가 이루어지게 되었지만 양국이 합의하기까지 현상을 유지할 것이 확인되었다.

이와 같은 상황에서, 1950년 프랑스 전력회사는 32.6만 명의 인구를 가진 마을에 전력을 안정적으로 공급할 능력을 가진 수력발전소를 건설할 목적으로 다음과 같은 사업계획을 세워, 프랑스정부에 허가를 신청하였다. 라누호의 출구에 높이 45미터의 댐을 건설하고 호수의 총저수량을 약 1,700만 입방미터에서 7,000만 입방미터로 올린 다음, 호수의 일부(약 25%)를 아리에주강에 전류시켜, 780미터 정도의 낙차를 이용하여 수력발전을 하려고 하였다. 그러나 스페인을 배려하여 아리에주강 상류의 물을 캐롤강에 환류하는 것도 계획에 포함되어 있었다.

프랑스정부는 스페인정부에 이 사업계획을 통보하고, 상기 혼합기술자위원회와 이후에 설치된 특별혼합위원회에서 협의되었지만 결국 스페인정부로부터 동의를 얻을 수 없었다. 따라서 프랑스정부는 1929년 양국 간에 체결된 중재조약에 근거하여 중재재판소에 분쟁을 부탁하였다. 부탁합의서(compromis)에서 중재재판소는 1866년 Bayonne 조약과 같은 해 추가의정서(Additional Act)에 비추어 이 사업계획이 합법인지 여부에 관하여 판단하도록 요구되었다. Bayonne 조약은 프랑스와 스페인의 국경획정을 위해서 조인된 일련의 조약의 하나이며 그 추가의정서는 「양국 간의 공동이용을 위한 물의 관리규칙 및 사용권」에 관한 규정(제8조~제19조)이 있다.

그림 Ⅰ

2. 중재판정

본건 분쟁은 두 가지 문제로 환원할 수 있다(이하 I과 II).

I. 프랑스의 사업계획에 있는 라누호의 이용은 Bayonne 조약과 추가의정서 상의 스페인의 권리를 침해하는 것인가?

추가의정서 제9조와 제10조는 양 체약국이 영역 내에서 공익목적의 물 관련

사업을 할 권리를 인정하고 있으며, 상류국이 하류국의 물 이용을 빼앗은 것이 명백한 경우에는 보상할 것을 구하고 있다. 그러나 프랑스의 사업에서 강구된 환류 덕분에, 스페인 영역 내에서 물 이용자는 누구도 손해를 보지 않는다. 왜냐하면 갈수기에 캐롤강에서 이용할 수 있는 수량은 국경을 통과하는 지점에서 항상 줄어들지 않기 때문이다. 오히려 프랑스가 최소수량을 보증하며 아리에주강에서 물을 확보하면 캐롤강의 수량이 늘어날 수도 있다. 이에 대해 스페인은 이 사업으로 인해 캐롤강의 수질이 오염되거나 환류되는 물의 화학성분, 온도, 기타 특성에 의해 자국의 이익이 훼손될 수 있다고 반론을 제기할 수 있었으나 이와 같은 주장은 이루어지지 않았다. 또한 수량 측정이나 설비 등의 미비에 의해 적절히 환류되지 않거나 과다한 리스크가 있다는 점에 대해, 프랑스의 기술적인 보증은 만족할 만한 것이었다. 만약 사전주의 조치가 강구되었음에도 불구하고 환류로 인해 우발적 사고를 당하였다고 하더라도 추가의정서 위반이 되지는 않는다.

스페인은 두 가지 다른 논거를 제시하였다. 첫째, 타방 체약국의 동의 없이, 다른 유역 사이에서 물을 반환하는 것은 비록 전류(転流)와 환류(還流)의 수량이 같다 하더라도 인정할 수 없다고 주장한다. 중재재판소는 유역이 물리·지리학적으로 하나의 단위라는 현실을 인식하고 있다. 그러나 법적 평면에서 유역의 일체성은 인간적 현실(réalités humaines: 사람의 다양한 활동 실태 – 역자주)에 따라 인정될 뿐이다. 물은 본래 대체가능한 동산이기 때문에 인간의 요구 관점에서는 질을 바꾸지 않는 한 반환할 수 있는 대상이다. 실제, 프랑스의 사업계획에서 예정되어 있는 환류를 수반하는 전류에 의해, 사회생활상의 필요에 따라 정비되어 있는 일에 변경을 초래하지 않는다. 게다가 현대의 기술수준에서는, 발전 목적으로 이용되는 물이 본래의 하천으로 되돌리지 않는 것도 인정되게 되어 있다. 따라서 스페인의 주장은 인정할 수 없다.

둘째, 스페인에 따르면 국가 간의 평등원칙에 따라 프랑스는 라누호에서 흘러나오는 물과 아리에주강에서 환류하는 물을 스페인에서 가져오는 것을 물리적으로 가능하게 하는 입장에 스스로를 둘 권리가 없다. 중재재판소는 스페인이 불안을 표명하게 된 동기나 경험칙에 관하여 견해를 표명하지는 아니한다. 프랑스 정부는 스페인정부에 대해 어떤 경우에도 합의된 하상(河状)을 해치지 않는다는 보증을 하고 있다. 악의는 추정되지 않는다는 법의 일반원칙이 확립된 이상 스페인이 충분한 보증을 얻지 못하였다는 주장은 성립될 수 없다. 국가가 스스로의 정당한 이익을 확보하기 위해 행동하는 경우에, 국제약속을 위반함으로써 이웃 국가에 중대한 손해를 끼칠 수 있는 상태에 스스로를 두는 사실행위 자체를 금지하는 규칙은 Bayonne 조약이나 추가의정서상이나 국제관습법상 존재하지 않는다.

따라서 중재재판소는 I의 질문에 대하여 부정적으로 답한다.

II. (I이 부정된 경우) 프랑스에 의한 이 사업의 실시는 Bayonne 조약 및 추가의정서 위반을 구성하는가?

중재재판소는 스페인의 주장을 검토하기 전에 프랑스정부에 대해 원용된 의무의 성질에 대하여, 일반적인 견해를 제시하는 것이 의미 있을 것이다. 어떤 사항에 대한 관할권 행사가 2개국 사이에서 합의한 조건 또는 수단에 의하지 않으면 인정되지 않는다고 하면, 한 국가의 주권에 대해 본질적인 제약을 부과하게 되므로, 그러한 제약은 명확하고 설득력 있는 증거가 없는 한 인정되지 않는다. 그렇기 때문에 국제적 관행에서는 더욱 자국의 권한행사를 협정의 체결에 종속시키지 않고, 어디까지나 선결적으로 협상에 의해 그러한 합의의 범위를 모색하는 것을 국가들에 의무화하는 보다 극단적이지 않는 해결책에 의존하는 것이 선호되고 있다. 이러한 의무(때때로, 정확한 표현은 아니지만, 「합의협상의무」라고 불린다)의 존재에 대해 이의가 제기되고 있다고는 생각되지 않으며, 예를 들면, 정당화되지 않는 대화의 중단, 비정상적인 지연, 기정절차의 무시, 상대방의 제안이나 이익에 대한 배려의 완강한 거부, 보다 일반적으로는 신의칙에 반하는 경우에 위반이 인정될 수 있을 것이다.

A) 사전합의의 필요성

스페인에 따르면 실정국제법상 프랑스의 사업실시는 스페인정부의 사전합의에 근거해야 한다. 가령 상류국이 자연 상태에서 하류국에 중대한 손해를 주는 하천의 물을 변화시키는 것을 금지하는 규칙의 존재를 인정한다고 해도, 이미 확인한 바와 같이 프랑스의 사업은 캐롤강의 수량을 변경하지 않기 때문에 본건에서는 적용되지 않는다. 실제로 국가들은 오늘날 국제하천을 스스로의 이익을 위해 공업용수로 이용할 때, 대립할 수 있는 이익의 중요성에 비추어 상호 양보함으로써 제반 이익을 조정할 필요성을 숙지하고 있다. 이러한 타협에 도달하는 유일한 길은 서서히 포괄적인 내용의 합의를 얻어 가는 것 뿐이다. 국제적 관행은 이런 합의들의 체결을 위해 노력해야 한다는 확신을 반영한다. 그러므로 광범위한 이익의 비교 및 상호 선량한 의사에 의해 각국에 합의 체결을 위해 최선의 조건을 갖출 수 있는 모든 대화와 연락을 신의칙에 따라 수용할 의무가 존재한다. 그러나 이해관계국 간의 사전합의를 전제로 하지 않으면 국가가 국제하천의 수력을 이용할 수 없다는 규칙은 관습법이라도 법의 일반원칙으로는 더욱 확립되어 있지 않다.

추가의정서 제11조는 사전통보에 대해 규정하고 있으나 스페인이 주장하는 것처럼 사전합의의 필요성을 이끌어 낼 수 없다. 통보의무의 목적은 피통보국이 거부권을 행사하는 것을 인정하기 위해서가 아니라 피통보국 측에서 우선 적시에 연안주민이 보상받을 권리를, 그리고 가능한 범위에서 일반적인 이익을 지키는 데 있다. 만약 체약국이 사전합의의 필요성을 정하고 싶었다면 제11조에 통보만을 규정하지는 않았을 것이다. 또한, Bayonne 조약이나 추가의정서의 다른 규정, 1949년의 확인합의에 사전합의를 요구할 근거는 찾기 어렵다.

B) 추가의정서 제11조에서 나오는 기타 의무

첫째, 사전통보 의무이다. 이웃국가가 하는 활동의 영향을 받을 우려가 있는 국가는 자국 이익의 유일한 판정자이며, 그 이웃국가가 자발적으로 통보하지 않는다면 사업의 대상인 활동이나 허가에 대해 통보를 구할 권리를 부정당하지 않는다. 어쨌든, 프랑스가 통보를 한 것은 다투지 않았다.

둘째, 보상제도의 설립 및 관련된 모든 이익을 보호할 의무이다. 중재재판소는 제11조를 넓게 해석하면서 모든 이익을 그 성질에 관계없이 사업의 실시에 의해 영향을 받을 우려가 있고, 이 이익이 비록 권리에 상당하지 않는다고 해도 고려되지 않으면 안 된다고 생각한다. 이러한 해결만이 추가의정서 제16조의 문언과 Bayonne 조약을 포함한 피레네 조약들의 정신, 그리고 수력전원개발 분야의 국제적 관행에 나타나는 경향에 적합하다. 다음으로 이러한 이익을 보호하는 방법에 대해서, 중재재판소의 판단은 상류국은 신의칙에 의해 존재하는 다양한 이익을 고려할 의무를 지고, 그것에 의해 스스로의 이익을 추구하는 것과 다른 연안국의 이익들을 양립하여 충족하도록 모색하고, 타국의 이익을 양립시키도록 실제로 배려하였음을 제시하지 않으면 안 된다. 본건에서 프랑스가 스페인의 이익을 고려하였는지 검토함에 있어서, 협상에서 상대국의 이익을 고려할 의무와 해결책으로 상대국의 이익에 합리적인 지위를 부여할 의무 간의 밀접한 관계에 대해 강조해야 한다. 관련 이익의 고려가 어떻게 사업계획 결정에 도입되었는지를 판단하는 데에는 협상이 전개된 양태, 제시된 이익들의 일람, 이익들을 보호하기 위해 각 체약국이 지불할 용의가 있는 비용, 이들 모두가 본 사업을 추가의정서 제11조에 비추어 평가하기 위해 필수적인 요소이다. 이상으로, 프랑스는 위반이 없다.

3. 해설

(1) 재판절차는 국제하천을 둘러싼 분쟁의 해결에 이바지하는가?

국제하천을 둘러싼 분쟁은 일반적으로 상류국이 하류국에 대해 수자원을 먼저 이용할 수 있는 만큼 우위에 서게 되기 때문에 생긴다(한편, 하류국도 선박의 항행이나 산란을 위해 강을 오르는 소하성 어족의 어업 등에서 우위에 설 수 있다). 또한 물은 산업의 근간으로 이용되며 대용물이 없다. 하류국이 음용수나 관계용수를 일정량 확보하고 싶은데도 불구하고, 상류국이 물을 막거나 오염시킨 경우, 설령 손해의 일부를 금전보상한다고 하더라도 하류국은 만족하지 않을 것이다.

일단 분쟁이 생겼을 경우, 그 해결방법으로서 우선 먼저 협상이 이루어져야 하며, 그 중요성은 판단 중에서도 기술되어져 있다. 협상으로 해결되지 않는 경우, 독립적인 제3자로서 국제법에 근거해 판단하는 사법기관이나 중재에 부탁하는 것을 생각할 수 있다. 본건은 이러한 재판절차가 기능한 사례이다. 구체적으로 보면, 프랑스는 지방에서의 전력수요 증가를 충족시킬 목적으로 수력발전을 실시하고 싶기 때문에, 여러 차례 양보해 왔다. 당초 계획으로는 환류 조치를 강구해 스페인의 관개에 필요한 수량을 확보하자는 제안도 나왔다. 그런데도 납득하지 않는 스페인에 대해서, 환류량을 전류량에 맞추겠다고 확약하고, 마지막에는 연간 일정한 최저수량을 제시하기에 이르렀다(갈수기에는 캐롤강의 수량을 늘렸다). 거듭 프랑스는 환류하는 수량을 스페인 주재 프랑스 영사가 확인하는 것을 인정하고 객관성을 확보하려 하였다. 그럼에도 동의하지 않는 스페인을 기다리다 중재에 호소한 결과, 중재판단으로 사업을 실시할 권리의 존재를 확인할 수 있었다. 한편 스페인도 중재에 이르기 전의 협상에서 프랑스로부터 많은 양보를 받아냈으며 만약 프랑스가 환류하는 물의 양을 줄이는 등의 행동을 할 경우 국제법 위반이 된다는 것도 확인할 수 있었다. 또한, 중재판단이 나와서 스페인정부가 국내에서 이해관계를 가지는 농업용수 이용자에 대해, 프랑스의 사업을 인정하지 않을 수 없었던 것에 대한 설명을 하기가 쉬워졌다고도 생각할 수 있다.

단, 재판절차가 효과적으로 기능하는지 여부는 사례별로 다르며(case by case), 국제하천에 대해서만 해도 *Gabcikovo-Nagymaros* 사건이나 *Indus Waters Kishenganga* 사건처럼 재판절차 이후에도 분쟁 당사국 간에 외교협상이 계속되기도 한다. 이 분쟁은 프랑스와 스페인 간에 중재조약이 존재하였으나, 실제로는 재판절차에 회부할 관할권의 근거가 존재하지 않아 분쟁해결절차에 이르지 못하는 경우도 적지 않다.

(2) 본 중재판단의 선도적 의의

중재재판소는 어디까지나 Bayonne 조약과 그 추가의정서의 해석과 적용을 행하는 관할권 밖에 가지고 있지 않다. 그렇다고 하더라도 중재재판소는 해석에 있어 일반국제법의 규칙을 고려하는 유연한 자세를 취하였으며, 손해방지 원칙 및 형평이용 원칙이라고 불리게 되는 실체적 규칙과 절차적 규칙인 통보 및 협의 의무가 검토되고 있다. 당시 유사한 국제재판소 판례가 없었기 때문에, 이 판단에서 언급된 법의 일반적 내용은 조약의 기초(起草)나 판례, 그리고 학설에서 자주 인용되었으며, 1990년대 이후의 국제수로법이나 국제환경법의 비약적 발전에 공헌하였다. 지금도 프랑스가 스페인의 이익을 배려하는 가운데 강구한 방안은 적법하고 바람직한 국가 간 협력의 구체적인 예로서 참조되는 의의가 있다.

(3) *Lake Lanoux* 사건에서의 환경에 대한 배려

60년 이전의 본건에서 환경에 대한 고려는 한정적이다. 원래 본건은 상류에서의 전력이용과 하류에서의 관개이용을 위한 물의 배분에 관한 분쟁이었다. 그

럼에도 불구하고 판단 중 (I)에서 수질에 관한 문제가 발생할 수 있음을 중재재판소가 언급한 것은 주목할 만한 가치가 있다. 중재재판소는 물의 성격을 어디까지나 인간이 이용하는 대상물로 인식하고 있다. 그에 비해 현재는 「지리적, 수로적, 수문적, 기후적, 생태적, 그 밖의 자연적 성질을 가지는 요소」도 형평이용을 판단할 때 고려하도록 되어 있으며(국제수로의 비항행적 이용에 관한 협약 제6조(a)), 자연환경 보호, 보전 및 관리에 관한 의식이 높아지고 있다(동 제IV부). 만약 지금 *Lake Lanoux* 사건 판단이 내려진다면, 물환경에 대한 악영향에 대해서도 논점이 될 수 있을 것이다. 그러나 환경 그 자체의 법익을 분쟁당사국은 필요충분한 형태로 주장할 수 있는 것인가. 실천적으로는 환경영향평가의 적절한 실시가 문제될 것이다. 중재절차에서는 NGO 등이 제3자(amicus curiae)로서 참가를 요청할 가능성도 있으며, 그 경우 당사국의 의향을 토대로 중재재판소가 용인할지 여부를 판단하게 된다.

참고문헌

一之瀬高博『国際環境法における通報協議義務』(国際書院, 2008年) 1章, 4章.
松井芳郎『国際環境法の基本原則』(東信堂, 2010年) 81－101면.

〈히라노 미하루 (平野実晴)〉

제2장 *Pulp Mill* 사건

아르헨티나 v. 우루과이
국제사법재판소 판결(2010년 4월 20일)
I.C.S. Reports 2010, p.14
https://www.icj-cij.org/files/case-related/135/135-20100420-JUD-01-00-EN.pdf

1. 사실

아르헨티나와 우루과이는 1961년에 체결한 양자조약에서, 우루과이강을 양국의 경계로 획정하였다. 이 1961년 조약 제7조에 근거하여 1975년 우루과이강의 최적의 합리적 이용을 목적으로 하는 우루과이강 규정(이하 「75년 규정」)이 체결되었다. 이를 위해 공동기구로서 우루과이강 관리위원회(이하 「CARU」)를 설립하였다.

아르헨티나는 우루과이가 우루과이강 연안에 CMB 공장 및 오리온 공장이라는 2개의 펄프공장의 건설에 관한 인허가를 부여하고, 그중에서 오리온 공장에 대하여 조업을 개시하였다. 2006년 5월 아르헨티나는 75년 규정이 정하는 CARU 및 아르헨티나에 대한 사전통보 의무와 환경영향평가 이행의무 및 물환경을 보전하고 오염을 방지하기 위해 모든 필요한 조치를 취할 의무 등을 우루과이가 위반하였다고 하여, 75년 규정 제60조 1항의 재판조항에 근거하여 국제사법재판소(ICJ)에 분쟁을 부탁하였다. 2개의 공장 중에서 CMB 공장은 2006년 9월에 건설이 중지되었지만, 오리온 공장은 2007년 11월에 조업을 개시하였다.

또한 아르헨티나는 부탁한 같은 날 가보존조치 명령을 ICJ에 요청하였으나 ICJ는 어느 것도 가보존조치를 지시할 권한의 행사를 필요로 하는 상황은 아니라고 판단하였다.

그림 ‖

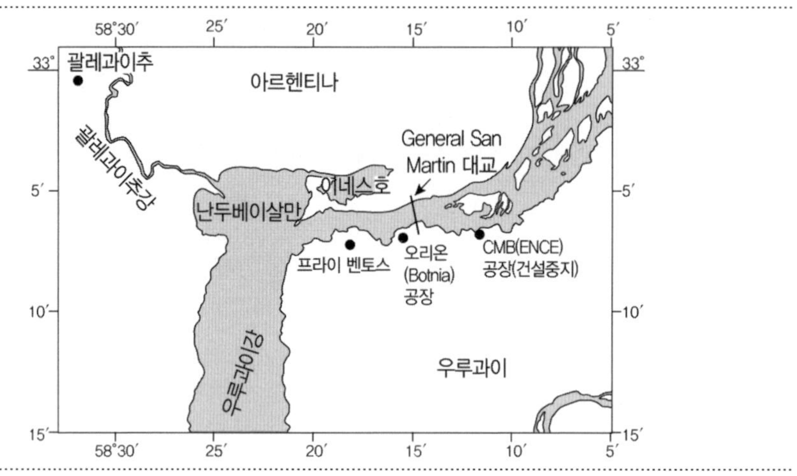

(출처: ICJ Reports 2010, p.35 Sketch-map No.2)

2. 판시

75년 규정에는 절차적 의무와 실체적 의무의 관계에 대하여, 절차적 의무의 이행에 의해서만 실체적 의무가 달성되거나 혹은 절차적 의무의 위반이 자동적으로 실체적 의무의 위반을 야기한다는 것을 시사하는 규정은 아니다(para.78).

우선, 재판소는 절차적 의무에 대하여 다음과 같이 판시하였다. 체약국이 75년 규정 제7조 1문에 근거한 CARU에 대한 통보는 계획이 다른 당사국에 「중대한 손해」(significant damage)를 야기할 우려가 있는지 여부를 신속하고 예비적인 기초에서 서서 결정할 수 있는 것이어야 한다(para.104). 제7조 1문 하에서 활동을 계획하는 당사국은 사업계획이 다른 당사국에 「중대한 손해」(significant damage)를 야기할 우려가 있는지 여부에 대하여, CARU가 예비적인 평가를 할 수 있을 정도로 충분하게 진전된 계획을 보유한 경우에는 즉시 CARU에 통보할 것이 요구된다(para.105). 이 단계에서 이루어지는 통보는 종종 한층 더 시간과 자원을 필요로 하는 사업의 완전한 환경영향평가를 달성할 필요는 없다(para.105). CARU에 통보할 의무는 관련당국이 선행적 환경허가를 얻기 위하여 해당사업을 CARU에 조회한 단계에서 그리고 그 허가의 부여 전에 생긴다(para.105).

75년 규정 제7조의 통보의무의 목적은 당사국이 최선의 정보를 기초로 계획하는 하천에 대한 영향을 평가하고, 필요한 경우에는 생길 우려가 있는 잠재적인 손해를 회피하기 위해 필요한 조정을 위한 협상을 가능하게 하는 당사국 간의 협력 조건을 만들어 내는 것에 있다(para.113).

또한 다른 국가에 중대한 국경을 넘는 피해를 일으킬 우려가 있는 모든 계획에 대해 결정을 할 때 필요한 환경영향평가가 75년 규정 제7조 2문 및 3문에 따라, 관련 당사국에서 CARU를 통해 다른 당사국에 대하여 통보되어야 한다(para.119). 이 통보는 평가가 완전하다는 것을 확보하는 과정에, 통보를 받는 국가가 참여할 수 있도록 하려는 것을 의도하고 있다(para.119). 그러므로 통보는 제출된 환경영향평가를 적절히 고려하기 위하여 관련국이 계획의 환경상 실행가능성에 대하여 결정을 내리기 전에 이루어져야 한다(para.120). 본건에서 두 공장에 관한 환경영향평가의 아르헨티나에 대한 통보는 CARU를 통하여 이루어지지 않았고, 또한 두 공장에 대해 선행적 환경허가를 부여한 후에 영향평가를 아르헨티나에 송부한 것에 지나지 않는다(para.121).

이상과 같이, 우루과이는 75년 규정 제7조 2문 및 3문에 근거한 CARU를 통해 아르헨티나에 계획을 통보할 의무를 이행하지 않았다(para.122). 이 위반에 대해서는 재판소에 의한 해당 위반의 선언이 적절한 정신적 만족을 구성한다(13 대 1)(para.282 (1)).

다음으로 재판소는 실체적 의무에 대하여 다음과 같이 판시하였다. 75년 규정 제41조의 「물환경을 보전하고 특히 적절한 규칙 및 조치를 정함으로써 오염을 방지하는」 의무는 각 당사국의 관할 하 및 관리 하에서 이루어지는 모든 활동에 대해 상당한 주의를 기울여 행동할 의무이다(para.197). 당사국은 국경을 넘는 피해를 일으킬 우려가 있는 활동에 관하여 물환경을 보호하고 보전한다는 목적에서 환경영향평가를 실시하여야 한다(para. 204). 75년 규정 제41조에 근거하여 보호하고 보전할 의무는 계획된 산업활동이 특히 공유천연자원에 대하여 국경을 넘어 중대한 악영향을 미치는 위험(risk)이 존재하는 경우에는 환경영향평가를 실시하는 것이 일반국제법의 요청이라는 최근 여러 국가들에서 널리 받아들여지고 있는 실행에 따라 해석되어야 한다(para. 204). 사업계획국이 사업의 잠재적인 영향에 대하여 환경영향평가를 실시하지 않으면 상당한 주의 및 그것이 함의하는 경계와 방지의 의무를 다하였다고 간주할 수 없다(para.204). 그러나 환경영향평가의 범위 및 내용에 관해서는 75년 규정도 일반국제법도 특정하고 있지 않다(para.205). 또한 양 당사국은 국경을 넘는 환경영향평가에 관한 에스포협약의 체약국도 아니다. 따라서 각국은 개별 사안에서 요구되는 환경영향평가의 구체적인 내용을 각국의 국내법 또는 해당사업의 인허가 절차에 의해 결정해야 한다(para.205). 또한 환경영향평가는 사업실시 전에 실시되어야 하며, 일단 조업이 개시되면 필요한 경우에는 그 사업 전체를 통하여 환경에 대한 영향의 계속적인 감시가 실시되어야 한다(para.205).

우루과이의 환경영향평가 실시방법에 대하여, 공장입지에 관해 최종용지가 결정되기 전에 가능성이 있는 복수의 용지 평가가 실시되지 않았다는 아르헨티나의 주장에는 납득할 수 없다(para.210). 또한 우루과이는 영향을 받는 주민과의 협의를 실제로 하였다(para.219).

오리온 공장으로부터의 배수와 관련하여, 양 당사국 간에 다툼이 된 요인 및 물질은 용존산소, 총인(및 인산염을 원인으로 하는 관련 부영양화 문제), 페놀성 물질, 노닐페놀 및 노닐페놀 에톡시레이트 그리고 다이옥신 및 프랑으로, 이러한 요인 및 물질의 검출과 오리온 공장과의 명확한 인과관계는 입증되지 않았다(paras.238－259). 생물다양성 및 대기오염에 대해서도 마찬가지이다(paras.260－264).

이러한 이유로 우루과이는 75년 규정 제41조의 실체적 의무를 위반하지 않았다(11 대 3)(para.282(2).

3. 해설

(1) 실체적 의무와 절차적 의무의 기능적 연관의 의미－촉매로서의 협력의무

이 판결은 손해방지에 관하여, 실체적 의무와 절차적 의무의 「기능적 연관」(a functional link)을 언급하였다. 여기서 말하는 실체적 의무란 75년 규정 제36조의 「생태학적 균형의 변화를 회피하기 위한 조치를 조정하는 의무」(이하 「생태계 보전의무」) 및 제41조의 「오염을 방지하고 물환경을 보전하는 의무」(이하 「오염방지 의무」)를, 또한 절차적 의무란 이 판결에 따르면, 75년 규정 제7조에서 제12조의 「사전통보 의무」를 가리킨다(para.75).

그렇다면 기능적 연관이란 구체적으로 무엇을 의미하는가. 이에 관하여 이 판결의 다음과 같은 판시가 주목할 만하다. 「관련국은 바야흐로 협력함으로써 손해를 방지하기 위해 일방 당사국이 개시한 계획에서 초래되는 환경에 대한 손해위험(risks)을 공동으로 관리할 수 있다」(para.77). 또한 협력을 통한 공동관리를 실현하기 위한 수단으로서 이 판결은 75년 규정이 창설한 포괄적인 제도인 CARU라는 「공동기구」(joint machinery)의 역할을 높게 평가하였다(para.75.78. 84-93. 281).

이상에서 기능적 연관이란 다음의 2가지를 의미한다고 생각할 수 있다. 첫째, 절차적 의무인 사전통보 의무의 이행은 생태계 보전의무·오염방지 의무의 불이행 가능성을 감소시킬 것이 명확하듯이 실체적 의무와 절차적 의무는 상호 보완관계에 있다는 점, 둘째, 실체적 의무와 절차적 의무의 이행을 촉진하기 위해서는 지역적 조약에 의해서 창설되는 국제유역위원회를 통한 협력이 열쇠가 될 것이다. 이 중에서 이 판결은 특히 상기 두 번째에서 지적한 바와 같이, 실체적 의무와 절차적 의무의 이행을 효과적으로 확보하기 위해 관련국이 협력의무에 기초하여 행동하는 것의 중요성을 인식하였다는 데에 의의가 있다. 요컨대, 이 판결에 따르면, 기능적 연관이란 (국제유역위원회를 중심적인 구성요소로 하는) 유역국 간의 협력의무를 촉매로 한 실체적 의무 및 절차적 의무의 이행촉진을 말하는 것으로 이해하였다. 이러한 이해는, 국제수로 분야의 보편적 조약인 1997년 채택된 「국제수로의 비항행적 이용법에 관한 협약」과 (제8조 2항을 참조), 같은 해 *Gabcikovo-Nagymaros* 사건 ICJ 판결(para.147 및 150 참조)에서도 지지를 받는다.

(2) 환경영향평가 실시의무의 일반국제법화

이 판결의 가장 큰 특징은 환경영향평가의 실시를 일반국제법상의 의무로 인정한 점이다. 환경영향평가는 계획 중의 활동이 환경에 중대한 악영향을 미칠 우려가 있는 경우에 해당 활동이 환경에 미치는 잠재적인 영향을 평가하는 절차를 말한다. 이 판결은 일반국제법화의 범위를 「산업활동」이 「공유천연자원」에 대해 국경을 초월하여 중대한 악영향을 미칠 위험이 있는 경우로 한정하고 있다는 점에 주의가 필요하다(para.204). 이에 관해, 2015년의 *Construction of a*

Road in Costa Rica along the San Juan River 사건 및 *Certain Activities carried out by Nicaragua in the Border Area* 사건 ICJ 판결은 산업활동의 한정을 없앴다(para.104를 참조).

그러나 이 판결은 환경영향평가의 실시 그 자체를 일반국제법상의 의무라고 인정하였으나, 그 실시의 구체적 내용에 관하여는 각국의 국내법 또는 해당 사업의 인허가 절차에 의한 결정에 맡겼다(para.205). 이는 각국의 법제도를 따르고 있는 한, 일반국제법으로서의 환경영향평가 실시의무 위반이 문제되지는 않는다는 것을 의미한다.

단, 환경영향평가의 범위 및 내용에 대해서, 계획국은 각국의 법제도에 따른다 하더라도 국제법이 요구하는 다음 3가지 요청을 무시하는 것은 허용되지 않는다. ① 계획하고 있는 개발의 성질과 규모 및 환경에 대한 악영향 가능성 그리고 이러한 평가를 실시할 때 상당한 주의를 기울여야 할 필요성을 고려할 것, ② 환경영향평가를 사업 실시 전에 할 것, ③ 일단 조업이 개시되면 필요에 따라 사업 존속기간 전체에 걸쳐 환경에 대한 지속적인 모니터링을 실시할 것(para.205).

환경영향평가에 관한 *Pulp Mill* 사건 판결의 또 다른 특징은 환경영향평가의 실시를 실체적 의무로 파악한 점이다(paras. 203－219). 환경영향평가는 환경에 악영향을 미칠 우려가 있는 사업활동에 대한 의사결정 과정에서 일정 절차의 실시를 요구하는 의무라는 점에서 절차적 의무로 분류되어 왔다. 그러나 본건에서는 환경영향평가의 실시 주체가 정부당국이 아니라 비정부기구인 국제금융공사(IFC)나 IFC의 위탁을 받은 NPO였다. 이와 같은 경우에는 정부당국은 환경영향평가의 적절한 실시를 확보하기 위하여 모든 필요하고 적당한 조치를 취할 의무, 즉 상당한 주의의무를 이행하여야 한다. 이러한 상당한 주의의무는 실체적 의무이다. 그렇게 생각하면 이 판결이 환경영향평가의 실시를 실체적 의무로 취급하는 것은 이상한 일은 아니다.

(3) 방지의무의 법적 성질

방지의무란 타국에 중대한 피해(harm)를 발생시키지 않도록 모든 적당한 조치를 취하는(=「상당의 주의」) 것을 활동(을 계획하는)국가에 요구하는 성질의 의무이다. 그렇다면 이 판결은 방지의무를 어떤 성질의 의무로 인식하였는가. 이는 이 판결의 다음과 같은 문장에 나타나 있다. 「관습법 규칙으로서의 손해방지 원칙은 국가가 자국 영역 내에서 요구되는 상당한 주의에 그 기원을 가진다. ... 따라서 국가는 자국 영역 내 또는 자국의 관할 지역에서 이루어지는 활동이 타국의 환경에 중대한 손해(significant damage)를 일으키는 것을 피하기 위하여, 그 이용에 제공하는 모든 수단을 취하도록 의무화된다」(para.101).

이상의 판시에서 방지의무의 3가지 성질이 도출된다. 즉, ① 국제관습상의 규칙일 것, ② 중대한 손해의 절대적인 금지를 의미하는 것이 아니라, 자국 영역 내에서 요구되는 「상당한 주의」(due diligence) 의무일 것, ③ 규제대상을 재산이나 신체에서(*Trail Smelter* 사건 참조), 타국에 대한 「환경」 손해로 확대한 것이다.

또한 이 판결은 환경영향평가 실시의무와의 관계에 대해서도 언급한 점도 주목된다. 즉 환경영향평가의 미실시가 「상당한 주의」의무 불이행을 발생시킬 가능성을 시사하였다(para.204). 환경영향평가의 실시 또는 미실시는 방지의무인 「상당한 주의」의무의 위반을 인정하기 위한 중요한 요소가 된다. 단, 주의를 요하는 것은 환경영향평가의 미실시로 인해 「상당한 주의」의무 불이행이 인정되었다고 하더라도 그것이 자동적으로 방지의무의 위반을 일으키는 것은 아니라는 점이다. 왜냐하면 이 판결이 시사하는 바와 같이, 환경영향평가가 요구되는 「중대한 악영향을 초래할 우려」의 기준과 방지의무의 「중대한 손해」 기준을 비교하면 후자보다 전자가 손해의 등급이 낮은 단계에서 발생하는 것이기 때문이다(para.119. 205 참조).

(4) 사전통보·협의기간 중 계획활동의 일시정지 의무

이 판결이 제기한 절차적 의무에 관한 중요한 논점은 사전통보·협의가 요구하는 합리적인 기간 중, 해당 계획국이 계획활동의 진행을 일시적으로 정지할 의무가 국제관습법상 존재하는지 여부이다. 이 점에 대해, 이 판결은 사전통보 및 협의를 정하는 75년 규정 제7조 내지 제12조 규정의 해석·적용에 집중하였고 국제관습법의 생성 여부에 대해서는 판단하지 않았다. 따라서 현 단계에서는 통보·협의기간 중 계획활동을 일시적으로 정지할 의무는 국제관습법화하기에 이르지 않았으며, 조약 등에서 당사국을 구속할 경우에만 이행이 요구되는 것으로 해석된다.

참고문헌

岡松暁子 「79環境影響評価－パルプミル事件」『判例百選(第2版)』(有斐閣, 2011年) 162－163면.

鳥谷部壌 「国際司法裁判所ウルグアイ河パルプ工場事件(判決 2010年 4月20日)『阪大法学』61巻 2号 (2011年) 297－325真.

高村ゆかり 「37パルプ工場事件」 杉原高嶺 · 酒井啓亘編 『国際法基本判例50(第2版)』(三省堂, 2014年) 146－149면.

一之瀬高博 「第6節 ウルグアイ川パルプ工場事件」 横田洋三 · 廣部和也 · 山村恒雄編『国際司法裁判所判決と意見 (第4巻)』(国際書院, 2016年) 98－172면.

〈도리야베 죠 (鳥谷部 壌)〉

제3장 *Iron Rhine Railway* 사건

벨기에 v. 네덜란드
상설중재재판소 판정(2005년 5월 24일)
Reports of International Arbitral Awards, Vol.27. pp.35-125
http://legal.un.org/docs/?path=../riaa/cases/vol XXVII/35-125.pdf&lang%3D0

1. 사실

본건은 벨기에와 네덜란드 간에 네덜란드 영역에 있는 Iron Rhine 철도의 재가동에 관한 양국의 권한, 비용부담이 다투어진 사건이다. 이 철도가 1839년의 조약에서 규정된 벨기에의 통행권(교통망 건설의 자유)에 관한 것이고 재가동에 수반되는 네덜란드의 환경보호 규칙이 문제가 된 점 등, 본건은 체결에서 장기간이 지난 조약에 대하여 그 후의 사실적·법적 발전(철도기술의 발전과 환경법을 포함한 국제법체계의 발전)에 비추어 어떻게 해석할 것인가라는 문제와 관련된다.

벨기에가 네덜란드에서 독립하는 것을 인정한 1839년의 분리조약은 제12조에서 벨기에에 의한 네덜란드 영역 내를 통과하는 (독일을 통행하기 위한) 도로 또는 운하 건설의 자유를 인정하고 있으며, 1873년 Iron Rhine 조약에 근거하여 철도부설이 개시되었고 1879년에 완료되었다. 네덜란드를 경유하여 벨기에·독일을 연결하는 당초의 형태에서 운영된 것은 제1차 세계대전까지이며, 그 후는 부분적으로 운용되는데 그쳤기 때문에 1987년 이후 벨기에와 네덜란드는 철도의 재가동(운용, 수리, 개조, 최신화)에 대하여 검토해 왔다. 양국은 재가동에 의한 환경에 대한 영향조사와 새로운 운용계획을 내용으로 하는 각서를 2000년에 체결하고, 2001년에 환경에 대한 영향조사를 마쳤다. 그러나 잠정적인 운용에 수반되는 조건과 장기운영에 견딜 수 있는 철도부설에 필요한 비용할당에 관한 양국간 불일치가 발생하였고, 2003년에 본건을 중재부탁하는데 합의하였다. 단, 잠정적인 운용은 청구항목에 없기 때문에, 재판소는 판단하고 있지 않다.

부탁합의에서의 청구항목은 대략 재가동에 수반되는 양국의 권한과 비용부담에 관한 것이었다. 양국 모두 두 번의 서면제출 후, 재판소는 구두절차를 거치지 않고 2005년에 판결을 내렸다. 그중에서 재판소는 네덜란드의 권한에 대하여, 본건 재가동에 네덜란드 국내법이 적용가능하다고 하면서도 벨기에의 통행권 실현을 방해해서는 안 된다고 하였다. 또한 재판소는 벨기에의 권한에 대하여, 재가동에 관한 계획입안의 권리를 인정하면서도 네덜란드 영역 내에서의 작업에 있어서 네덜란드의 동의를 구하도록 하였다. 마지막으로 비용부담에 대하여, 벨기에의 출자의무는 기존노선이 기능하는데 필요한 범위에 한정하지 않고, 또한 기본적으로 기존노선의 전 구간 재가동에 미치도록 하면서, 네덜란드에 대해서도 복수의 사항(재가동에 의해 얻는 이익의 정도, 우회로 부설, 특정지구의 터널 건설)에 비추어 일정 비용부담을 명하였다.

2. 판시

양국은 다음의 3가지 점에 대하여 재판소에 판단을 구하였다.

(1) 네덜란드의 권한

철도의 재가동에 관한 네덜란드 국내법(및 그에 근거한 결정권한)은 네덜란드 영역내의 Rhine 철도의 기존노선 재가동에 대하여 어느 정도 동일하게 적용가능한가?

(2) 벨기에의 권한 · 재가동 작업의 구별 · 부수적 공사에 관한 네덜란드의 권한

벨기에는 네덜란드 영역내의 Rhine 철도의 기존노선 재가동에 관하여 작업을 하거나 또는 의뢰할 권리를 어느 정도 가지는가? 또한 벨기에 국내법(및 그에 근거한 결정권한)에 따라 이 작업에 관한 계획 · 사양서 · 절차를 입안할 권리를 어느 정도 가지는가? 철도설비 자체의 기능성에 관한 절차(요건 · 기준 · 계획 · 사양서)와 토지이용계획이나 철도설비의 통일에 관한 절차는 구별되어야 하는가? 또한 그러한 경우 구별은 무엇을 의미하는가? 네덜란드는 건축 및 안전기준에 더하여 터널이나 우회도로의 건설을 일방적으로 부과하는 것이 가능한가?

(3) 비용 부담 – 벨기에의 출자의무 범위

(1) 및 (2)의 회답에 비추어 네덜란드 영역 내 Rhine 철도의 기존노선 재가동에 수반되는 비용 및 자금 리스크를 벨기에 또는 네덜란드가 어느 정도 부담해야 하는가? 벨기에는 기존노선을 기능시키는데 필요한 정도 이상으로 출자할 의무가 있는가?

이상 3가지 점에 관한 재판소의 판단은 다음과 같다.

(1) 네덜란드 국내법은 다른 철도의 재가동에 대하여와 마찬가지로 본건 재가동에 적용가능하지만, 벨기에의 조약상 권리, 양국의 일반국제법상 권리의무, EU법상의 제한에 저촉되어서는 아니 된다. 따라서 네덜란드 국내법 적용의 결과로서 벨기에의 통행권을 부정해서는 안 되며, 기존노선의 변경·차별적인 법적용·과대한 통행료 설정 등을 해서는 안 된다.

(2) 벨기에는 네덜란드 영역 내의 노선과 관련되는 계획입안의 권리를 갖지만 네덜란드 영역 내에서의 작업은 네덜란드의 동의를 필요로 한다. 네덜란드는 벨기에의 모든 제안에 대해서도 동의를 보류함으로써 벨기에의 통행권을 부정해서는 안 된다. 또한 네덜란드는 기존노선의 우회를 일방적으로 부과할 수 없다. 한편, 네덜란드는 기존노선을 보호구역으로 설정하는 것이 가능하며, 벨기에와의 사전협의의 법적 의무는 없다. 마지막으로 네덜란드는 원칙적으로 터널 건설을 일방적으로 부과할 수 있지만 이러한 조치를 통해 벨기에의 통행권을 부정해서는 안 된다.

(3) 재판소는 청구문 후반부의 벨기에의 출자의무를 먼저 취급한다. (i) 벨기에의 의무는 철도의 기능 이외에 환경손해의 방지 및 경감 필요성에서도 발생한다. 따라서 벨기에의 출자의무는 기존노선이 기능하는데 필요한 범위에 한정되지 않는다. (ii) 재판소는 기존노선의 재가동에 수반되는 비용 및 자금 리스크에 대해서 구간별로 다음과 같이 제시하였다. A1구간은 벨기에가 부담해야 한다. A2구간 및 B구간은 벨기에가 부담의무가 있지만 재가동이 되지 않더라도 필요한 철도의 유지비용, 그리고 재가동에 의해 네덜란드가 얻는 일정 이익, 각각에 의해 해당의무는

경감된다. C구간도 벨기에가 부담 의무를 갖지만, 우회로에 대해 네덜란드가 부담 의무를 갖는다. D구간은 벨기에·독일 간의 접속을 위해서만 이용되는 노선에 대해 주택 부근에 건설하는 차음벽이나 보상적 보전조치를 포함해 벨기에가 부담의무를 갖지만 국립공원 또는 소음금지지구에 건설되는 터널 비용은 양국이 동일하게 부담한다.

이상의 판단을 제시하는 데 있어서 재판소는 (i) 적용법규, (ii) 해석원칙, (iii) 분리조약 제12조의 해석, (iv) EC법의 역할, (v) 네덜란드가 요청하는 조치, (vi) 비용할당에 대해 검토한다.

(i) 적용법규

중재부탁 합의는 재판소에 대하여「EC조약 제292조(현: EU운영조약 제344조)의 의무를 고려하여 필요한 경우 EC법(European Law)을 포함하여 국제법에 따라」 판단할 것을 구하고 있다. 본건에서 중요한 것은 1839년 분리조약(동조약과 관련하여 1842년 국경조약과 1873년 Iron Rhine 조약도 든다)이다. 분리조약은 벨기에 및 네덜란드의 영역, 중립, 채무를 취급한 것 외에 벨기에의 통행권을 복수의 조항으로 규정하였는데, 본건 당사국이 서면절차에서 가장 문제 삼은 것이 제12조이다. 동조는 벨기에가 네덜란드를 통과해 독일에 이르는 새로운 도로 또는 운하를 건설할 경우, (a) 네덜란드가 벨기에의 계획에 따라 네덜란드 영역 내로 연장을 인정할 것, (b) 벨기에가 그 비용의 전부를 부담할 것, (c) 상업교통(commercial communication)에만 운용가능할 것, (d) 네덜란드가 선택하는 기술자 및 작업원에 의해 건설할 것, (e) 도로 또는 운하가 통과하는 영역에 대한 배타적인 주권을 침해하지 않을 것, (f) 도로 또는 운하에 부과하는 세금 및 통행료의 금액 및 징수방법을 양국의 합의에 의해 정할 것을 규정한다.

(ii) 해석원칙

1969년 조약법협약 제31조 및 제32조는 동 협약 성립 이전부터 존재하는 국제관습법을 반영하기 때문에 그 발효 전의 조약에도 적용 가능하다. 벨기에 및 네덜란드는 분리조약 체결 이전의 외교협상을 거론하였으나, 이들은 조약법협약 제32조에 규정된「준비작업」으로서의 성질을 갖지 못하며, 또한 분리조약 제12

조의 의미에 관한 공통의 이해를 나타내는 것도 아니다. 분리조약 제12조의 문언에 내재하는 균형에는 많은 요소가 기여한다. 재판소는 조약법협약 제32조가 요구하는 「체결시의 사정」이나 제31조 1항의 요소이자 국제법의 일반원칙인 신의성실(good faith)을 고려한다. 또한 해석과정과 관련된 다른 확립된 원칙, 특히 조약의 「대상과 목적」에 관련된 실효성 원칙에 따른다. 다만 동 원칙은 조약의 개정(revise)을 가능하게 하는 것은 아니다. 제한적 해석에 대해서는 조약법협약에서 언급이 없으며, 당사국의 의사를 고려한 조약의 대상 및 목적이 해석의 우월적 요소이다. *Lake Lanoux* 사건과 마찬가지로 본건에서도 영역주권과 조약상의 권리의 대립이라는 구도가 있지만, 어느 권리도 절대적인 것은 아니다.

마지막으로 본건에서 특히 중요한 조약 해석에 있어서 시제성(時際性)의 문제가 있다. 조약법협약 제31조 3항(c)는 「당사국 간의 관계에 적용될 수 있는 국제법의 관련규칙」을 규정하고 있으며, 재판소는 EC법, 일반국제법, 국제환경법을 검토한다. 리우선언 원칙 4에서 볼 수 있듯이, 현대의 국제법 및 EC법은 모두 적절한 환경조치를 경제개발 활동의 계획 및 실시에 있어서 통합하도록 요청하고 있다. 경제개발이 환경에 중대한 손해를 미칠 수 있는 경우, 그 손해를 방지 또는 경감할 의무가 있으며 해당 의무는 오늘날 일반국제법의 원칙이다. *Gabcikovo−Nagymaros* 사건은 「경제개발과 환경보호의 조화 요청은 지속가능한 개발 개념에 적절하게 나타나 있다」고 지적하고 있으며, 또한 「국가가 새로운 활동을 계획하는 경우뿐만 아니라 과거에 개시한 활동이 계속되고 있는 경우에도 새로운 규범이 고려되어야 하며, 또한 새로운 기준이 적절히 중시되어야」 함이 명백해지고 있으며, 본건에서도 이 지적은 마찬가지로 해당된다.

(iii) 분리조약 제12조의 해석

본건 분쟁의 초점은 노선을 그 이전의 능력을 넘어 개수 및 수리복구하는 벨기에의 요청이 분리조약 제12조의 의미에서의 「연장」에 해당하는가이며, 구체적으로는 네덜란드 국내법이 요청하는 환경보호 조치를 포함한 최종적으로 합의한 계획에 필요한 범위까지 벨기에가 부담하는 비용이 되는 것인가이다. 네덜란드는 본건 재가동이 제12조의 「벨기에가 그 비용의 전부를 부담하는」 것에 해당한다고 주장하며, 벨기에는 재가동이 「연장」이 아니기 때문에 제12조에 해당하지 않는다고 주장한다. 재판소의 견해에서는 제12조는 유지관리나 개조·최신화의 문제를 언급하지 않고 있다. 네덜란드는 Rhine 철도에 대해서 그것이 계속적으로 운용되고 있던 1991년의 설비 상태까지 유지관리할 의무를 지고 있다. 다만 이 같은 의무는 벨기에가 요청하는 재가동의 막대한 비용까지 포함하는 것은 아니다. 그리고 본건 재가동에 제12조를 적용할 수 있는지에 대해서는 문언의 명백한 의미에 더해 다른 해석원칙이 고려되어야 한다.

시제법은 조약법협약 제31조 3항 C의 「관련규칙」 중 하나이다. 이에 따르면 분리조약이 체결된 1839년 당시의 법적 사실을 고려하되, 동시에 조약의 실효적 적용을 확보하기 위한 이후의 사실이나 법적 발전의 고려도 방해하지 않는다. 조약의 개념적 또는 일반적 용어(conceptual or generic terms)의 이해는 「본질적으로 상대적인 문제이며, 국제관계의 발전에 의존하는」(1923년 튀니지 모로코 국적법 사건) 것이 확립되어 있다. 본건에서 문제가 되고 있는 것은 개념적 또는 일반적 용어가 아니라, 철도의 운용 및 능력의 새로운 기술적 발전이다. 본건에서는 대상 및 목적에 비추어 실효적인 조약의 적용을 확보할 수 있는 발전적 해석이 바람직하다. *Gabcikovo-Nagymaros* 사건에서 재판소는 최근 환경법 규범에 비추어 과거 조약의 해석에 대하여 「조약은 정태적이지 않고, 확립되고 있는 국제법 규범에 대해 적합하게 열려 있다」는 점에 긍정적이었다. 분리조약 제12조의 대상 및 목적은 벨기에에서 독일로의 수송로를 제공하는 데 있으며, 이 대상은 일정 기간에 한정되지 않고 목적은 「상업교통」에 있었다. 따라서 특정적인 문언이 없어도 동조의 작업은 노선이 기능하기 위한 수리복구에 그치지 않는다. 제12조 전체는 당사국 간 권리의무의 신중한 균형을 유지하면서 벨기에가 요청하는 개조나 최신화에 원칙적으로 적용가능하다.

분리조약 제12조의 「(네덜란드의) 영역에 대한 배타적인 주권」을 조약법협약 제31조 1항에 따라 「문맥에」 비추어 해석하면, 네덜란드는 노선부설과 상업교통의 운용을 위해 필요한 한에서만 주권이 제한될 수 있으며, 노선이 있는 영역에서의 경찰권, 공중위생과 안전 확보권한, 환경기준의 설정권한은 잃지 않는다. 따라서 네덜란드는 벨기에의 권리 또는 다른 국제의무와 합치되지 않는 방법으로 주권을 행사하였을 경우에만 제12조를 위반한다. 그러면 네덜란드의 주권 행사의 양태로서 기정노선이 깔려 있는 영역을 자연보호구역으로서 지정하기 전에, 벨기에와 협의할 필요가 있었는가? 이 점에 대해, 지정전의 협의가 바람직하였다고는 할 수 있지만, 벨기에에 의한 이 지역의 노선운용이 빈번하지는 않았기 때문에, 네덜란드가 벨기에와 협의할 법적 의무까지는 없었다.

(iv) EC법의 역할

EC조약 제292조는 회원국이 동 조약의 해석 또는 적용에 관한 분쟁을 동 조약 외의 해결절차에 구해서는 안 된다는 취지를 규정한다. 동 조를 동 조약 제227조나 제239조와 함께 읽는데 있어, 유럽사법재판소에의 부탁의무에 저촉하는가 하는 문제가 있다. 그러나 유럽횡단 네트워크나 EC 환경입법을 검토한 결과, 본건에서 EC법을 해석할 필요성을 인정하지 않기 때문에 제292조의 문제되지 않는다.

(v) 네덜란드가 요청하는 조치

분리조약 제12조 및 일반적으로 확립되어 있는 신의성실원칙, 합리성원칙에서 네덜란드에 의한 Rhine 철도 재가동에 관한 모든 조치는 벨기에의 통행권을 부정하거나 그 행사를 불합리하게 곤란하게 하는 것이어서는 안 된다. 본건에 관련될 수 있는 입법 등으로 철도, 소음경감, 동식물보호, 환경관리, EIA(환경영향평가), 공원설치 등의 관련법, 행정법의 일반규칙을 들 수 있다. 여기서 벨기에가 요청하는 노선규모에 근거해 네덜란드가 작성한 계획절차명령의 잠정안을 검토한다. 이 명령안에서는 Rhine 철도 노선이 있는 영역을 4개 구간으로 나눠, 각 구간에 대한 소음경감 및 자연보호를 위한 다양한 조치(일부노선의 지하화, 차음벽·동물용 교량·우회로 설치, 보상조치)를 정하였는데, 이 같은 조치에 대해 양국 간 견해가 엇갈리고 있다. 제12조는 Rhine 철도에 대한 네덜란드 국내법 적용에 대해, 다른 철도보다 유리한 형태를 구하는 것은 아니다. 게다가 그러한 조치가 벨기에의 통행권을 부정하거나 그 행사를 불합리하게 곤란하게 하는 것이라고는 할 수 없다.

(vi) 비용할당

재판소는 지금까지의 검토에 근거해, (a) 네덜란드의 주권, (b) 재가동에 있어서 환경보호 조치의 필요성, (c) 벨기에의 통행권을 고려하는데 있어, 본건의 비용(자금 리스크를 포함한다)은 어느 한쪽 국가에만 부담시켜서는 안 된다. 본건에서 벨기에가 요청하는 재가동이 분리조약 제12조의 적용을 받는 것은 그것이 「연장」에 상당하기 때문이 아니라, 동조약의 대상 및 목적이 노선운용에 관련된 새로운 요청과 발전도 조약에 내재된 균형에 포함한다는 해석을 보여주기 때문이다. 따라서 과거에 개시한 활동을 현재 확대 또는 개수(改修)할 때에도 새로운 규범을 고려하여 경제개발과 환경보호의 조화를 도모해야 한다. 오늘날의 국제환경법은 환경손해 방지의무를 강조하고, 한 국가의 영역 내 활동이 다른 국가의 영역에 미치는 영향에 언급하는 형태로 그 대부분을 형성해 왔다. 본건은 한 국가의 타국 영역에서의 조약상 권리행사가 해당 영역국에 영향을 미치는 경우인데, 유추에 의하여 환경손해방지의무가 적용된다.

Rhine 철도를 1991년 상태까지 되돌리는 비용은 네덜란드가 부담해야 한다. 벨기에의 통행권 행사와 일체가 되어 있기 때문에 재가동에 있어서의 환경적 요소의 비용은 벨기에가 부담해야 하지만, 그 일부는 해당 조치에 의한 일정 이익에 따라 네덜란드도 부담해야 한다.

참고문헌

岩石順子 「判例研究『鉄のライン川』鉄道事件(ベルギー/オランダ)」『上智法学論集』57巻 4号 (2014年) 379－394면.

〈오카다 쥰(岡田 淳)〉

제4장 남방참다랑어 사건

호주 v. 일본, 뉴질랜드 v. 일본
국제해양법재판소 잠정명령(1999년 8월 27일)
ITLOS Reports 1999, pp.280-301
https://www.itlos.org/fileadmin/itlos/documents/cases/case_no_3_4/published/C34-O-27_aug_99.pdf
중재재판소 관할권 및 수리가능성 판결(2000년 8월 4일)
Reports of International Arbitral Awards, Vol.23, pp.1-57
http://legal.un.org/docs/?path=../riaa/cases/vol XXIII/1 -57.pdf&lang=O

1. 배경 · 사실

남방참다랑어는 주로 남반구 중위도 해역을 광범위하게 회유하는 고도회유성의종이다. 1970년대에는 일본, 호주에 의한 어획고가 급증하였기 때문에, 남방참다랑어의 어획량 제한이 필요하였다. 따라서 일본, 호주, 뉴질랜드 간에는 자원보존을 위한 협의가 개시되어, 1993년 5월 10일에 3개국 간에 남방참다랑어보존협약(이하 CCSBT)을 체결하기에 이르렀다. CCSBT는 유엔해양법협약 제118조를 받아들여, 남방참다랑어 보전과 최적이용의 확보를 목적으로, 각국의 어업활당량 등의 관리조치를 결정하는 남방참다랑어 보존위원회를 설치하였다. 또한 CCSBT 제16조는 동조약의 해석이나 이행에 관한 분쟁이 발생한 경우, 평화적수단에 의한 해결을 위해 협의하고, 해결되지 않는 경우 분쟁당사국 간의 합의에 의해 ICJ 또는 중재에 부탁하는 취지를 정하였다.

1998년 7월 일본은 호주, 뉴질랜드의 동의 없이 약 1,400톤의 조사어획(이하 EFP)의 실시를 결정하였다. 일본은 이 EFP가 상기 3개국의 총어획가능량(이하 TAC)과 국별 할당을 결정하기 위해 필요하다고 주장하였다. 이러한 일방적인 EFP 실시의 배경에는 자원량은 회복경향에 있어 TAC의 증대 및 자원상황을 확인하기 위한 조사가 필요하다는 일본과 이를 반대하는 호주 및 뉴질랜드가 대립하였기 때문에, 남방참다랑어 보존위원회가 기능하지 않았다는 등의 이유가 있다. 호주와 뉴질랜드는 CCSBT 제16조에 근거한 협의를 요청함과 함께, 일본의 일방적인 EFP 실시가 CCSBT, 유엔해양법협약, 사전주의 원칙을 포함한 국제관습법 등에 위반된다고 주장하였다. 1999년 5월, 일본은 1998년에 이어 EFP의 실시를 결정하였다. 호주, 뉴질랜드는 1999년 7월 16일, 일본에 의한 EFP 실시와 관련된 분쟁의 해결을 유엔해양법협약 부속서 VII 하의 중재에 부탁하였다. 계속해서 7월 30일, 동협약 제290조 5항에 근거하여 국제해양법재판소(이하 ITLOS)에 일본에 의한 EFP의 즉시 중지를 구하는 잠정조치를 요청하였다. ITLOS는 중재재판에 의한 종국적인 판결이 나오기까지의 기간에 각국의 권리를 침해할 수 있는 행동을 분쟁당사국이 취하지 않을 것, 조사어획량이 연간 국가할당량에 계산되지 않는 한 EFP를 삼갈 것 등의 잠정조치를 결정하였다. 그 후의 중재재판에서 재판소는 본안을 심리할 관할권을 결하였다고 판단하고, 이러한 잠정조치 명령을 취소하였다.

당사국은 소송과 병립하여, 남방참다랑어 보존위원회가 제대로 기능하지 않는 것을 개선하기 위한 협의를 진행하고 있었다. 중재재판소가 관할권이 없다고 판단한 후, 관련국은 외부의 독립적인 과학자로 구성된 「자문위원회」 설치 등의 제도개혁을 진행하여, 남방참다랑어 보존위원회는 남방참다랑어 자원의 보존관리 조치를 결정할 수 있게 되었다.

2. 명령 · 판결의 개요

(1) 잠정조치 명령(ITLOS)

본건 분쟁은 소멸되어 있지 않다. EFP의 내용 및 과거 TAC를 넘는 어획에 대하여 당사국 간 견해의 차이가 존재한다. 재판소의 견해에 따르면 이러한 차이는 법적 문제에 관한 것이다. 호주 및 뉴질랜드는 일본이 단독으로 EFP를 계획하고, 실시한 것이 유엔해양법협약, CCSBT 및 관련 국제관습법의 규칙들에 위반된다고 주장하고 있다. 한편 일본은 본건 분쟁이 CCSBT의 해석적용에만 관련되고, 유엔해양법협약에 관한 것이 아니며, 또한 호주 및 뉴질랜드가 주장하는 것과 같은 일본에 의한 유엔해양법협약의 의무위반은 없다는 것을 주장한다. 이 점에서 유엔해양법협약 제64조 및 제116조 내지 제119조를 함께 읽으면, 당사국은 직접 또는 적절한 국제기구를 통해 협력할 의무를 진다. CCSBT에 의해 설립된 남방참다랑어 보존위원회 회원국의 행동 등은 당사국의 행동이 유엔해양법협약상의 의무를 준수하고 있는지 여부를 평가할 때 중요하다(relevant).

본건 분쟁이 오로지 CCSBT의 해석적용에만 관련된 것이라는 일본의 주장에 대하여, 당사국 간에 CCSBT가 적용된다는 사실은 남방참다랑어의 보전 및 관리에 관한 유엔해양법협약의 규정을 원용하는 당사국 간의 권리를 배제하지 않는다. 호주 및 뉴질랜드가 원용하는 유엔해양법협약의 규정은 중재재판소가 의거하는 관할권의 기초를 부여한다. 마찬가지로, CCSBT가 적용된다는 사실은 당사국이 유엔해양법협약 제15부 제2절의 절차에 호소하는 것을 배제하지 않는다. 나아가 본건에서는 유엔해양법협약 제15부 제2절 하에서의 절차에 필요한 조건이 충족되어 있다. 이를 통해 ITLOS는 본건에 대해 중재재판소가 일응의(*prima facie*) 관할권을 가지는 것이라고 판단한다.

「해양에서의 생물자원 보존은 해양환경 보호 및 보전의 한 요소(an element)이다」. 남방참다랑어 자원이 심각하게 고갈되어 역사상 최저 수준이라는 점, 그리고 그것이 심각한 생태학상의 우려가 되고 있다는 점에 당사국들의 의견 불일치는 없다. 남방참다랑어의 상업어업이 1999년 이후에도 계속되어 왔으며 1996년 이후에는 CCSBT 비체약국의 어획이 상당 정도 증가하고 있는 상황에서, 당사국은 남방참다랑어 자원에 심각한 손해를 발생시키는 것을 방지하기 위해 실효적 보전조치가 취해질 수 있도록 확보하기 위해 신중하게(with prudence and caution) 행동해야 한다.

남방참다랑어 자원의 보전을 위하여 취하여야 하는 조치에 관한 과학적 불확실성이 있으며, 또한 지금까지의 보전조치가 이 자원을 증가시키고 있는지에 관하여 당사국 간에 합의는 없다. 당사국이 제시하는 과학적 증거를 ITLOS는 확정적으로 평가할 수는 없지만 당사국의 권리 보전과 남방참다랑어 자원의 추가적인 악화를 방지하기 위해 긴급한 문제로 조치가 취해져야 한다고 생각한다.

(2) 중재재판(중재재판소)

본건에서 당사국 간의 분쟁의 핵심은 TAC의 수준 및 일본에 의한 일방적인

EFP의 작성 · 실시에 관한 것이다. 본건이 CCSBT의 해석적용에 관한 분쟁인 것에는 당사국 간에 이견이 없다. 본질적인 문제는 분쟁이 CCSBT에만 관련된 것인지, 아니면 유엔해양법협약에도 관련된 분쟁인가 하는 것이다. 국제법에서 특정 국가의 어떤 행동이 복수의 조약 의무위반을 발생시키는 경우는 종종 있다. 조약의 실체적 내용이나 조약에서 발생하는 분쟁해결 규정에 관하여 종종 복수의 조약이 병존하는 경우(parallelism of treaties)가 있다. 실시조약의 체결은 반드시 그 기본조약에 의해 체약국에 부과되는 의무를 면제하지 않는다. 몇 가지 점에서 유엔해양법협약은 CCSBT의 범위를 넘는 것으로 볼 수도 있다. 나아가 CCSBT가 유엔해양법협약이 정한 포괄적인 원칙을 실시하기 위해 만들어졌다는 이유만으로 CCSBT의 해석적용에 관한 분쟁이 유엔해양법협약의 분쟁과 완전히 분리되는 것도 아니다. 이러한 이유에서 분쟁은 CCSBT를 중심으로 하면서도, 동시에 유엔해양법협약 하에서도 발생한다. 이 결론은 유엔해양법협약 제311조 2항 및 5항, 조약법협약 제30조 3항에 합치한다.

유엔해양법협약 제281조 1항에 따르면, 해당 체약국이 선택하는 평화적 수단에 의해 분쟁의 해결을 구하기로 합의한 경우, 제15부의 절차는 당사국이 선택하는 평화적 수단에 의해 해결되지 못하고, 당사국 간 해당 합의가 「다른 절차의 가능성을 배제」하지 않은 때에 한하여 적용된다. CCSBT 제16조는 분쟁당사국이 선택한 평화적 수단에 의한 분쟁의 해결을 구하는 당사국의 합의이다. CCSBT 제16조는 명시적으로는 유엔해양법협약 제15부 제2절의 절차를 포함한 어떠한 절차의 적용가능성도 배제하지 않고 있다. 그러나 CCSBT 제16조 1항, 2항의 조문 문언의 통상적 의미에서는 분쟁이 모든 분쟁당사국의 동의 없이는 ICJ(혹은 ITLOS) 또는 중재에 부탁될 수 없음은 분명하다. 또한, CCSBT 제16조 1항이 정하는 수단에 의한 분쟁해결을 위하여 계속하여 노력하는 취지를 정하는 제16조의2 2문의 명백한 의무도, 또한 제16조 3항도, 모든 당사국이 합의하지 않은 분쟁해결절차로의 부탁을 배제한다고 하는 의도를 한층 명확하게 하고 있다. 이러한 이유에서 재판소는 CCSBT 제16조는 유엔해양법협약 제281조 1항의 의도하는 의미에서, 「다른 절차의 가능성을 배제」하는 것이라고 판단한다.

이 결론은 또한 두 가지 고려에 근거하고 있다. 첫째, 유엔해양법협약 제15부에서 정하고 있는 구속력을 가진 의무적 절차의 범위와 관련된다. 유엔해양법협약은 구속력을 갖는 결정을 수반하는 의무적 관할권의 포괄적인 제도설치에는 이르지 못하고 있다. 제281조가 분쟁당사국이 제15부 제2절의 의무적 절차에 분쟁을 부탁하는 것에 동의한 사안에만 해당 절차의 적용가능성을 한정하는 것도 이러한 결론을 지지하고 있다. 둘째, 유엔해양법협약 채택 후 발효된 해양에 관한 상당수 국제조약이 의무적인 사법적 해결 또는 중재절차에 분쟁을 일방적으로 부탁하는 것을 배제하고 있다는 사실이다. 이러한 조약 실행의 존재는 유엔해양법협약 체약국이 합의에 의해 제281조 11항에 따라 제2절의 절차에 분쟁을 부탁하는 것을 배제할 수 있다는 결론을 확인하는 것이다.

CCSBT와 같은 이행협정과 그 기본조약인 유엔해양법협약 쌍방 하에서의 분쟁이기도 한 분쟁이 유엔해양법협약 제15부 제2절의 적용대상이 되어야 한다는 것은 체약국이 선택하는 수단에 의한 분쟁의 해결을 정하는 이행협정에서의 분쟁해결규정의 실질적인 효과를 사실상 빼앗은 것이 될 것이다. 재판소는 체약국의 행동이 극단적으로 악질적인 것으로 그처럼 중대한 결과를 알고 행할 경우, 유엔해양법협약 제300조를 특별히 고려하여 유엔해양법협약의 의무가 관할권의 기초가 된다고 재판소가 판단할 가능성을 배제하지 않는다. 그러나 본건에서는 호주, 뉴질랜드는 일본이 성실히 행동할 제300조의 의무를 개별적으로 위반한 것인지는 명확하게 하지 않고 있다.

이상에서 재판소는 본건의 본안을 검토할 관할권이 없다고 판단한다. 유엔해양법협약 제290조 5항에 비추어, 잠정조치 명령은 이 판결 서명일에 효력을 잃는다.

3. 해설 – 국제환경법에 관한 논점을 중심으로

(1) 해양법협약상의 보존조치 개념의 성질 – 환경문제로서의 어업

본건의 잠정조치 명령에서 ITLOS의 「해양에서의 생물자원 보존은 해양환경 보호 및 보전에 있어서 하나의 요소이다」라는 판시는 본건과 같은 어업자원을 둘러싼 분쟁을 ITLOS는 해양생물자원의 보존, 나아가서는 해양환경 보호 및 보전 문제로 본 점에서 주목된다.

유엔해양법협약 제118조는 「모든 국가는 공해수역에서 생물자연의 보존 및 관리를 위하여 서로 협력」하고 「적절한 경우에는 그 국가의 소지역 또는 지역어업기구를 설립하는데 협력할」 것을 규정하고 있다. 이 규정에 따라 설립된 남방참다랑어 보존협약을 비롯한 각종 지역어업기구는 공해에서의 생물자원의 보존 및 관리를 임무로 설립되었으며, 유엔해양법협약을 보완 · 발전시키는 역할을 담당한다. 회원국이 지역어업기구와 협력하여 해야 할 보존 및 관리조치의 내용에 대하여, 유엔해양법협약 제119조 1항은 최대지속 생산량(Maximum Sustainable Yield: MSY)이라는 개념을 채택하여 「관련국이 이용가능한 최선의 과학적 증거를 기초로 하여, 환경적 · 경제적 관련요소」를 고려하여 「최대지속 생산량을 실현시킬 수 있는 수준으로, 어획하는 어종의 자원량을 유지 · 회복하도록」(동항(a)), 또는 「어획하는 어종과 관련되거나 이에 부수되는 어종」에 미치는 영향(동항(b))도 고려하여 보존관리 조치를 취할 의무를 부과하고 있다.

유엔해양법협약이 「환경적 · 경제적 관련요소를 감안」하고 있다는 점, 또한 어획대상종뿐만 아니라 이에 「관련되거나 이에 부수되는 어종」 즉 자원 간 상호의존 관계를 명기한 것은 향후 해양 전체의 생태계에 충분한 배려를 요구하는 「생태계 접근법」이 해양법에서도 타당하다고 주장되는 요인이 되었다. 생태계 접근법은 생물의 상호의존 관계를 고려한 후 생태계 전체를 유지관리하는 것이다(생물다양성협약 제8조 등 참조). 유엔해양법협약이 이러한 접근법을 채택하고 있는지 여부에 관하여 논의가 있지만, 1995년 유엔공해어업협정은 제5조에서 사전주의 접근법(후술) 및 생태계 접근법을 명시적으로 채택하였다.

(2) 사전주의 원칙 · 사전주의 접근법

사전주의 원칙이란 환경에 대한 심각하고 불가역적인 손해가 발생할 우려가 있는 행동은 그 발생가능성 및 손해의 성질 등에 대해 과학적 불확실성이 있는 경우라 하더라도 피해야 한다는 사고방식이다(사전주의 접근법이라고도 불린다).

잠정조치의 필요 여부를 판단할 때에 국제재판소가 사전주의 접근법에 의거할 수 있는가 하는 문제는 오늘날까지도 논의가 있다. 본건에서 호주 및 뉴질랜드는 과학적인 불확실성 하에서 이루어진 일본에 의한 일방적인 EFP는 남방참다랑어 자원에 심각하고 불가역적인 손해를 줄 우려가 있기 때문에 잠정조치가 필요하다고 주장하였다. 한편, 일본은 ICJ 등의 선례에서 ITLOS가 잠정조치를 발표

할 수 있는 것은 「회복불가능성」이 입증될 때 한정되어야 하며, 본건에서는 회복불능성이 없으며, 또한 사전주의 원칙은 유엔해양법협약에 도입되어 있지 않으며, 해양생물자원보존의 문맥에서 관습법화되었다고는 할 수 없다는 입장을 취하였다. ITLOS는 사전주의 원칙 · 사전주의 접근법에 대한 명시적인 언급을 피하고는 있지만, 당사국 간에 과학적 증거의 평가에 대한 견해차가 있고, 그리고 ITLOS는 이 문제에 확정적인 판단을 내릴 수 없다고만 하면서 잠정조치의 필요성을 인정하였다. 개별의견이나 학설에는 이 판단이 사전주의 원칙을 근거로 이루어졌다는 이해도 있는 한편, 다른 한편에는 이 판단의 일반화 가능성에 의문을 제기하는 견해도 있다. ITLOS에서는 그 후에도 일방당사국이 사전주의 원칙을 근거로 하여 잠정조치를 요구하는 사례가 계속되고 있다. 이 중에는 사전주의라는 말은 피하면서도 과학적 불확실성이 있는 상황에서 잠정조치를 인정하는 사례가 곳곳에서 발견된다(*MOX Plant* 사건(2001년), *Strait of Johor* 사건(2003년).

해양생물자원 보존관리와의 관계에서, 사전주의 접근법은 1995년에 채택된 공해어업협정에서 채택되었다. 이 협정은 배타적 경제수역(이하 EEZ) 내외에 분포하는 어류자원(대구, 가자미 등) 및 고도회유성 어류자원(참치, 가다랑어 등)의 보존, 이용을 위한 보존관리조치에서 「사전주의대처」를 적용할 것을 요구한다(제6조, 제7조). 2015년 ITLOS 전원재판부의 권고적 의견에서는 서아프리카 국가들의 EEZ에서의 자원관리 조치에 관한 연안국의 권리의무가 문제되었다. ITLOS는 이른바 불법 · 비보고 · 비규제 어업(IUU 어업)의 방지와의 관계에서 연안국에 대해서 사전주의 접근법의 채택을 의무화하였다. 공해와 EEZ를 출입하는 어업자원의 보존관리를 위하여, 해역을 초월한 일관된 조치를 사전주의 접근법에 의거해 구하는 판단이어서 주목된다. 단, 이때 ITLOS는 사전주의 접근법을 명시하는 「MCA 협약(서아프리카권 국가들이 체결한 지역조약)에 따라(괄호 안은 필자)」라고 한정하고 있으며, 그 국제관습법상의 위치 등에 대해서는 평가를 피하였다.

또한 해양생물자원의 문맥과는 다르지만, ITLOS 해저재판부의 권고적 의견(2011년)에서는 「국제조약 및 기타 문서에서 사전주의 접근법이 채택되는 경우가 상당히 증가하고 있으며」, 「사전주의 접근법이 국제관습법의 일부가 되는 경향을 보이고 있다」고 깊이 있는 언급이 있었다.

〈사마타 노리히토 (佐俣 紀仁)〉

제5장 *MOX Plant* 사건

아일랜드 v. 영국
국제해양법재판소 잠정조치명령(2001년 12월 3일)
ITLOS Reports 2001, pp.95-112
https://www.itlos.org/fileadmin/itlos/documents/cases/case no 10/published/C10-O-3 dec 01.pdf

1. 중재절차에의 부탁

영국, 캄프리아주의 아일랜드해에 접하고 있는 서해안 셀라필드(Sellafield)에 있는 MOX 공장은 폐핵연료를 이산화플루토늄과 이산화우라늄의 혼합물로 이루어진 새로운 혼합산화물연료(mixed oxide fuel: MOX)로 재가공하기 위한 공장이다. 재가공된 폐핵연료은 마찬가지로 셀라필드에 있는 THORP(the Thermal Oxide Repressing Plant)에서 공급된다. MOX 공장과 THORP 시설은 영국정부의 허가 하에, 영국정부 소유의 법인인 영국핵연료공사(British Nuclear Fuels plc: BNFL)에 의해 운영되었다.

MOX 공장의 조업에 대하여 이의를 제기하고 있던 아일랜드는 2001년 6월 15일에 북동대서양의 해양환경 보호에 관한 협약(Convention for the Protection of the Marine Environment of the North-East Atlantic: OSPAR 협약) 제32조에 근거하여 중재재판소의 설치를 구하였다. 아일랜드가 주장한 것은 영국에 의한 OSPAR 협약 제9조의 정보제공 의무위반이다. 이에 대하여 2003년 7월 2일에 아일랜드가 주장하는 「정보」가 제9조에서 정하는 「정보」의 범위 밖에 있기 때문에, 그 정보개시 청구를 인정하지 않는다는 판결이 내려졌다.

또한 2001년 10월 3일에 조업이 허가된 후 같은 해 10월 25일, 아일랜드는 영국에 대하여, 유엔해양법협약에 근거하여 MOX 공장에 관한 분쟁을 중재절차에 붙이는 것은 것을 통고하였다. 아일랜드가 중재재판소에 구한 것은 영국이

MOX 공장의 조업허가에 관하여 동협약에 위반하였다는 것을 인정하고, 협약상의 의무가 이행될 때까지, 즉 해양환경에 대한 영향이 평가되고 방사성물질의 배출 방지가 확보될 때까지, MOX 공장의 조업과 조업에 관련된 방사성물질의 국제이동을 허가하지 않거나 혹은 그러한 활동을 실시하지 않을 것을 영국에 명하는 판결이다. 협약위반에 대해서는, ① MOX 공장 및 관련 국제수송에 의한 방사성물질의 배출로 생기는 해양환경 오염을 방지하기 위하여 필요한 조치를 취하지 않았다는 점 등에 의한 제192조, 제193조, 제194조, 제207조, 제211조, 제213조 위반, ② 정보공유의 거부 등에 의한 제123조, 제197조 위반, ③ MOX 공장과 방사성물질의 국제이동에 의한 해양환경에 대한 영향을 적절히 평가하지 못한 점에 의한 제206조 위반을 근거로 하였다.

또한 아일랜드는 영국에 대하여, 중재재판소가 구성되기까지의 잠정조치 요청도 통고하였다. 잠정조치의 요청이 이루어진 날로부터 2주 이내에 조치를 결정하는 재판소에 대하여 분쟁당사국이 합의하지 않는 경우에는 해양법재판소가 잠정조치를 정할 수 있다(해양법협약 제290조 5항). 동항에 따라 아일랜드는 영국에 대한 통고로부터 2주간의 기간이 만료된 후인 2001년 11월 9일, 해양법재판소에 잠정조치를 요청하였다.

아일랜드가 요청한 잠정조치는 영국이 ① 2001년 10월 3일의 조업허가를 정지할 것, 대체적으로 조업의 영향을 방지하기 위한 기타의 조치를 취할 것, ② 공장의 조업에 관련된 방사성물질을 그 영해 또는 주권적 권리를 행사하는 수역에 출입시키지 않을 것, ③ 분쟁의 해결을 곤란하게 하는 행동을 취하지 않을 것, ④ 중재재판소가 내릴 가능성이 있는 결정의 실시에 관한 아일랜드의 권리를 침해하는 행동을 취하지 않을 것 등이다.

2. 잠정조치 명령

아일랜드의 요청에 대하여 해양법재판소는 이하와 같은 검토에 근거하여 2001년 12월 3일에 잠정조치 명령을 내렸다. 잠정적용에 대하여 규정하는 제290조 5항은 「구성될 중재재판소가 일응 관할권을 가지고 있고 상황이 긴급하여 필요하다고 인정된 경우」에 점정조치를 정할 수 있다고 하고 있다. 이에 따라 재판소에 의한 검토는 첫째로 관할권에 대하여, 둘째로 사태의 긴급성에 대하여 이루어졌다.

첫 번째 요건에 대하여 영국은 이 분쟁의 주제에는 OSPAR 협약이나 EC 조약의 의무적인 분쟁해결 절차가 적용되며, 다른 조약에 근거한 의무절차가 있는 경우에는 해당 절차가 유엔해양법협약에 근거한 절차 대신에 적용된다고 한 동 협약 제282조를 근거로 하여 관할권을 부정하였다. 재판소는 이 주장을 다음과 같은 이유로 각하하였다.

이들 협약의 분쟁해결절차는 해당 협약의 해석적용에 관한 분쟁을 다루는 것이며 유엔해양법협약에 관한 분쟁을 다루지 아니한다. 만약 그러한 협약이 해양법협약과 유사 또는 동일한 권리의무를 정하고 있다고 하더라도, 이들은 해양법협약이 규정하는 권리의무와는 별개의 존재이다. 조약 해석에 관한 국제법의 규칙에 따르면, 다른 조약에 있어서 동일 또는 유사한 규정은 각각의 문맥이나 대상 및 목적 등이 다르기 때문에 동일한 해석이 이루어진다는 법은 없다. 그리고 본건은 해양법협약의 해석적용과 관련된 것이므로, 해양법협약의 분쟁해결절차만이 본건에 적절한 것이다. 따라서 제282조는 적용되지 않는다.

영국은 이에 더해 분쟁의 평화적 해결에 관한 의견교환 의무를 정한 제283조에 의거하였으나, 재판소는 일방의 체약국이 합의에 도달할 가능성이 없어졌다는 결론을 내리는 경우에는 해당 체약국은 의견교환을 계속할 의무를 지지 않는다고 하였다. 이상의 검토를 근거로 하여 재판소는 아일랜드가 원용하는 조약 규정이 중재재판소의 관할권의 기초를 제공한다고 생각하기 때문에, 중재재판소는 분쟁에 대한 관할권을 가진다고 추정한다고 하였다.

두 번째 요건에 관하여 재판소는 본안을 다루는 재판소가 잠정조치를 정하는 경우를 규정한 제290조 1항의 「각 분쟁당사자의 이익을 보전하기 위하여 또는 해양환경에 대한 중대한 손상을 방지하기 위하여」라는 요건을 언급한 후, 5항에서 말하는 「상황이 긴급하여 필요하다고 인정된 경우」란 어느 분쟁당사자의 이익을 해하거나 또는 해양환경에 대한 중대한 손상을 일으키는 행동이 중재재판소가 구성될 때까지 행해질 우려가 있다는 의미라고 하여, 이 점을 검토한다.

아일랜드는 영국이 유엔해양법협약에서의 의무를 이행하지 않은 채 공장의 조업이 개시된 경우에는 제123조, 제192조, 제193조, 제194조, 제197조, 제207

조, 제211조, 제213조에 기초한 권리가 회복하기 어려운 침해를 받아야 하며, 또한 조업이 개시된 경우 해양환경에 대한 배출이 회복하기 어려운 결과를 초래할 것을 주장하였다. 나아가 사전주의 원칙에 따라 영국은 조업으로 인해 어떠한 손해도 발생하지 않는다는 것을 증명할 책임을 지는 것으로 하고, 이 원칙은 긴급성 평가에서 고려될 수 있다고 하였다.

이에 대해 영국은 조업에 의한 오염의 리스크는 미미하다는 증거를 제시한 점, 아일랜드는 그 권리에 대한 회복불능의 손해나 해양환경에 대한 중대한 손해의 가능성을 입증하지 않은 점, 본건의 사실에 대하여 사전주의 원칙은 적용되지 않는다는 점을 주장하였다.

재판부는 영국의 주장, 즉「공장이 조업을 개시하더라도 추가적인 방사성물질의 해상수송은 없다」,「2002년 10월까지 공장에서 MOX 연료가 수출된 적은 없다」,「마찬가지로 폐핵연료의 THORP 공장으로의 수입도 없다」라는 주장에 따라 영국이 부여한 보증을 기록으로 남긴 후에, 중재재판소가 구성될 때까지의 단기간에 아일랜드가 요청한 잠정조치를 필요로 하는 상황의 긴급성은 존재하지 않는다고 하여 그 요청을 각하하였다. 한편으로 재판소는 다음과 같이, 아일랜드가 요청한 잠정조치와는 다른 잠정조치를 명하였다.

협력의무는 유엔해양법협약 제12부와 일반국제법에 근거한 해양환경 오염방지에서의 기본원칙이며, 제290조 하에서 보전하는 것이 적절하다고 생각할 수 있는 권리가 이로부터 발생한다. 재판소규칙 제89조 5항에 근거하여, 재판소는 요청된 조치와는 전체적으로 또는 부분적으로 다른 조치를 명할 수 있다. 신중(prudence and caution)의 요청에 따라 두 당사자는 공장의 조업에 의한 리스크 또는 영향에 관한 정보교환 및 적절한 경우에는 이에 대처하는 방법의 고안에 대하여 협력하여야 한다. 이상과 같이 중재재판소에 의한 결정까지의 기간에 아일랜드와 영국은 협력하고, 이하의 목적을 위한 협의를 즉시 개시해야 한다. 협의의 목적은 ① MOX 공장의 조업개시에서 발생할 수 있는 아일랜드해에 대한 영향에 관한 추가적인 정보의 교환, ② 아일랜드해에 대하여 MOX 공장의 조업이 초래할 리스크 또는 영향의 감시, ③ 적절한 경우에는 MOX 공장의 조업에서 발생할 수 있는 해양환경 오염을 방지하는 조치의 고안 등이다.

3. 중재절차의 종료

2002년 2월 중재재판소가 설치되고 심리가 개시되었는데, 2003년 6월 16일 아일랜드는 추가적인 잠정조치를 중재재판소에 요청하였다. 즉, ① 폐기물 배출 방지 ② 정보제공 등의 협력, ③ 제206조의 영향평가 효과를 배제하는 행동의 금지를 영국에 명하는 잠정조치이다. 중재재판소는 이 요청에 대해서, 2003년 6월 24일에 이하와 같은 명령을 내렸다.

우선 관할권의 존재를 추정한 후에 재판부는 「현재로서는 THORP에 있어서 재가공에 관한 새로운 계약 혹은 추가적으로 재가공하기 위한 기존 계약의 변경에 관한 제안은 없다」, 「현재상황 이상으로 재가공하는 것을 허가하는 결정은 아일랜드도 참가하는 협의를 하지 않고는 할 수 없다」라는 일련의 영국발언을 기록으로 남겼었다.

나아가 잠정조치의 목적이 되는 권리의 보전과 해양환경에 대한 손해의 방지에 대하여 후자부터 검토하고, 「해양환경에 대한 중대한 손상」에 관하여 아일랜드는 「중대성」이라는 기준을 충족하는 손해의 가능성을 입증할 수 없었다고 하여, 그 주장을 받아들이지 않았다. 다음으로 권리의 보전에 대해서는 긴급성과 회복불가능성이 필요하다고 하고, ① 배출에 대해서는 앞서 기록으로 남긴 영국의 주장에 의거하면 추가 배출이 발생한다고 볼 수 없으므로 긴급성과 회복불가능성이라는 기준이 충족되지 않는다, ② 협력에 대해서는 이미 해양법재판소에 의한 잠정조치 명령이 있다, ③ 제206조에 관한 요청은 최종적인 결정까지 영국에 어떤 행동을 요구하고 있는지 불분명하다고 하였다. 이상의 검토를 토대로 중재재판소는 해양법재판소가 정한 잠정조치를 유지한 후에 추가적인 잠정조치의 요청에 대해서는 각하하였다.

이상과 같이 아일랜드의 요청을 각하한 명령에서 재판소는 본건과 관련하여 유럽위원회가 유럽사법재판소에 소송을 제기하는 것을 검토하고 있음이 밝혀져, 사법기관 간에 존재해야 하는 상호 존중과 예양(respect and comity)을 고려하고, 또한 동일한 문제에 대한 두 가지 모순된 결정을 초래할 수 있는 절차는 분쟁의 해결에 공헌하지 않는다는 것도 감안하여, 2003년 12월 1일까지 절차를 연기하기로 결정하였다. 그 후 2003년 10월 15일 유럽위원회가 실제로 아일랜드를 유럽사법재판소에 제소하기로 결정함에 따라, 중재재판소는 2003년 11월 14일 유럽사법재판소의 판결이 나올 때까지 절차를 더 연기하기로 결정하였다.

유럽위원회가 아일랜드를 제소한 근거는 아일랜드가 MOX 공장에 관한 분쟁을 유엔해양법협약의 분쟁해결절차에 호소한 것이 EC조약 제292조 등의 위반에 해당한다는 것이다. 제292조는 EC조약의 해석적용에 관한 분쟁을 EC조약에서 규정하는 것 이외의 해결방법에 호소하지 않는 것을 의무화 하고 있다(현재의 EU 기능조약 제344조). 즉 MOX 공장에 관한 분쟁은 EC조약과 관련되어 있으며, EC조약에서 정하는 것 이외의 해결방법에 호소함으로써 아일랜드가 동조를 위반하였다는 주장이다. 유럽사법재판소는 2006년 5월 30일에 위원회의 주장을 인정해 아일랜드의 EC조약 위반을 인정하는 판결을 내렸다(Case C-459/03).

이 판결이 나온 후인 2007년 2월 15일에 아일랜드는 정식으로 중재절차에 대한 부탁을 취하하였고, 이에 따라 2008년 6월 6일에 중재재판소는 절차의 종료를 결정하였다.

4. 해설

(1) 절차적 의무

아일랜드는 유엔해양법협약의 의무위반을 세 가지로 분류하여 주장하고 있다. 첫째, 오염방지 의무에 대하여, 일반적인 해양환경 보호의무(제192조), 환경보호 의무에 따른 천연자원을 개발할 주권적 권리(제193조), 해양환경의 오염방지 의무(제194조), 육지에 있는 발생원으로부터의 오염방지 의무(제207조, 제213조), 선박으로부터의 오염방지 의무(제211조)를 원용하였다. 둘째, 협력의무에 대해서는, 폐쇄해 또는 반폐쇄해에 접한 국가의 협력의무(제123조), 해양환경 보호에 관한 협력의무(제197조)를, 셋째, 영향평가 의무에 대해서는 제206조를 원용하였다. 이러한 분류는 국제환경법상의 실체적 의무와 절차적 의무의 분류에 따른 것이다. 본건에서는 이러한 의무위반에 관한 실질적인 판단은 내려지지 않았지만, ICJ에서는 실체적 의무의 위반은 인정하지 않지만 절차적 의무의 위반은 인정한다는 판결이 나와 있다(예를 들어, *Pulp Mill* 사건). 단, 그 분류의 기준이나 양자의 관계는 반드시 명확하지는 않다. 또한 아일랜드의 청구는 일반적으로는 절차적 의무로 분류되는 영향평가 의무가 적절히 이행될 때까지 금지를 구하는 내용으로 되어있다. 각각의 의무가 가지는 소송상의 의의, 특히 해당 의무위반이 금지청구의 근거가 되는지 여부는 손해발생 후의 구제의 확보가 곤란한 환경분쟁에서는 중요한 논점이 된다.

(2) 협력의무

이 점에서 협력의무는 실체적 의무와 절차적 의무 중 어느 하나에 해당하는지 분명하지 않고, 그 구체적인 내용이나 성질(소송상의 의의)도 명확하지 않다. 또한 본건에서는 아일랜드가 유엔해양법협약의 구체적인 조문에 근거하여 협력의무를 주장한 것에 대하여, 재판소가 인정한 것은 「기본원칙」에 근거한 협력의무이다. 제12부는 「해양환경의 보호 및 보전」이라는 제목의 부이며, 아일랜드가 원용한 조문의 대부분은 이 부의 규정이다. 「기본원칙」이란 이들 조문이나 일반국제법에 공통되는 기본원칙을 의미하는가. 그렇다고 한다면 그 법원으로서의 성질, 또는 재판규범성의 근거가 문제가 된다.

(3) 사전주의 원칙

국제환경법에서는 「원칙」의 기능은 중요한데, 본건에서는 사전주의 원칙도 논점이 되었다. 아일랜드는 입증책임의 전환을 요청하는 것이라며 사전주의 원칙의 적용을 주장하였지만 그 내용에 대해서는 다툼이 있다. 영국은 본건에 관한 적용 자체를 부정하였기 때문에 그 입장이 반드시 명확하지는 않다. 이 점에서 재판소는 사전주의 원칙에 관한 주장을 검토하지 않았지만, 잠정조치를 명할 때에는 협력의무만이 아니고 「신중」의 요청을 근거로 하였다. 이 용어는 마찬가지로 사전주의 원칙이 논점이 된 남방참다랑어 사건의 잠정조치 명령에서도 사용되고 있으며, 재판소가 사전주의 원칙 혹은 사전주의 접근법을 고려하였을 가능성이 지적되고 있다.

(4) 잠정조치의 요건

이상의 논점은 잠정조치 요건의 해석에 영향을 미친다. 잠정조치는 권리보전을 위해 정해졌지만 아일랜드가 주장한 의무위반에 의해 어떠한 권리가 침해되는지, 특히 실체적 의무위반에 따른 권리침해와 절차적 의무위반에 따른 권리침해는 다른지, 나아가 재판소가 인정한 협력의무에서 발생하는 권리는 무엇인지 등이 문제가 된다. 또한 사전주의 원칙은 「상황의 긴급성」 요건에 영향을 미친다는 아일랜드의 주장을 재판소가 인정하였다고 할 수 있는가? 이와 관련하여 「권리보전」의 경우와 「해양환경보호」의 경우에는 긴급성 및 그 밖의 요건이 바뀔 수 있는가? 본안에 관한 논의를 감안하면서 잠정조치 요건의 정리가 필요하다.

(5) 환경분쟁에 관한 분쟁해결절차

잠정조치의 목적으로 권리보전에 더해 해양환경보호를 규정하고 있는 점은 유엔해양법협약 분쟁해결절차에서 특징적인 것이다. 본건에서는 복수의 절차 간의 관계도 문제되었다. OSPAR 협약 절차와의 관계는 해양법협약 절차의 배제로 이어지지 않았으나, 결국 유럽사법재판소와의 관계에서 절차가 종료되었다. 환경분쟁은 해양법협약의 분쟁해결절차와 ICJ뿐만 아니라, WTO 분쟁해결절차와 인권재판소 등에서도 다뤄지고 있다. 이른바 국제법의 파편화는 국제법 일반의 과제가 되고 있는데, 국제환경법의 관점에서도 검토가 이루어질 필요가 있다.

〈미나미 유코 (南諭子)〉

제6장 남극해 포경 사건

호주 v. 일본, 뉴질랜드 참가
국제사법재판소 판결(2014년 3월 31일)
Whaling in the Antarctic (Australia v. Japan: New Zealand Intervening), Judgment, 31 March 2014.
I.C.J. Reports 2014
https://www.icj-cij.org/en/case/148?judgments

1. 사건의 개요

국제포경규제협약(ICRW)(1946년 서명, 1948년 발효)은 고래자원의 보전 및 포경을 포함한 지속가능한 이용을 목적으로 하는 다자조약이다. 이 협약에 근거하여 국제포경위원회(IWC)가 설치되었고, 산하에 과학위원회(SC)를 두고 있다. 고래의 포획시기와 포획수의 제한 등 구체적인 규칙은 협약의 부표(Schedule)에 정해져 있으며, 부표는 IWC 총회에서 4분의 3 다수결로 수정되었다. 또한 IWC는 이 협약에 관한 권고를 채택할 수 있다. 회원국은 부표의 규칙과는 별도로 「과학적 연구를 위한」 포경을 허가할 수 있다(제8조 1항).

현재, 부표 제10항(e)(상업포경 모라토리움)에 근거하여 모든 체약국(이의를 신청한 노르웨이와 유보를 붙인 아이슬란드를 제외)은 상업포경을 할 수 없다. 그중에서 일본은 제8조 1항을 근거로 남극에서의 고래조사프로그램(JARPA)에 이어 제2단계 남극에서의 고래조사프로그램(JARPA II)에 특별허가를 제출하고, 이 프로그램은 2005년에 개시되었다. 그 연구목적은 4가지로, ① 고래를 중심으로 하는 남극해 생태계의 모니터링, ② 고래 간 경합 모델과 미래 관리목표의 설정, ③ 계군(subpopulation) 구조의 시공간적 변동의 해명, ④ 남극밍크고래 자원의 관리방식 개선을 들고 있다. 포획목표의 샘플수는 밍크고래 850마리±10%, 혹등고래 50마리, 참고래 50마리이다.

IWC에서는 JARPA II는 JARPA와 마찬가지로 논쟁의 대상이 되었다. SC에서는 그 연구목표에 비추어 수단의 합리성을 비판하는 목소리도 강하였고, IWC 총회에서는 정지를 구하는 권고결의가 빈번하게 채택되었다. 그 배경에는 ICRW 제8조 1항의 해석을 둘러싼 회원국 간의 대립이 있으며, 특히 일본과 호주는 격하게 다투고 있었다.

IWC에서는 특히 1990년대부터 ICRW의 대상 및 목적과 관할 고래의 범위라는 근본적인 사항에 대하여 체약국 간에 대립이 격해졌고, 원활한 합의형성이 어려웠다. SC는 예방적인 과학적 관리방법 – 개정관리방식(RMP) – 을 개발하였지만, IWC 총회는 그 실시를 위한 개정관리제도를 채택하지 않았고 상업포경 모라토리엄은 재검토되지 않고 있다. 과거의 포괄적인 정치적 타협의 시도도 모두 실패하였고, 대립하는 체약국 간에는 중요한 사항에 대한 건설적인 대화가 진전되지 않았다. 그 와중에 일본의 조사포경의 당부(当否)는 IWC에서 논쟁의 중심에 있었다.

ICRW 제8조 1항에 근거한 과학적 연구에 관해서는 SC는 컨센서스로 Review Guideline(현재는 부속서 P)을 채택하고 있었다. 여기에는 고래의 조사방법에 대하여, 비치사적 방법과 치사적 방법을 비교하여 연구목표의 달성을 위한 적절한 방법을 선택해야 한다고 되어 있다. 또한 IWC 총회도 컨센서스로 치사적 방법의 사용은 연구목표를 위한 최소한도에서 허용된다는 취지, 권고결의를 채택하고 있었다.

2010년 5월 31일, 호주는 ICJ 규정 제36조 2항에 근거하여, JARPA II에 대한 일본정부의 허가발급은 ICRW 위반이라고 하여 그 허가의 취소와 장래에도 JARPA II 불허가 등을 구하면서 ICJ에 제소하였다. 뉴질랜드는 ICJ 규정 제63조 2항에 근거하여 소송참가를 선언하고, ICJ는 이를 인정하였다(2013년 2월 6일 명령).

호주의 주장은 다음과 같이, ICRW의 대상 및 목적은 권고결의의 채택 등을 포함한 IWC 활동의 축적에 의해 고래의 보전을 중시하는 방식으로 전환하였다. 따라서「과학적 연구를 위한」포경에 대한 허가의 발급을 체약국에게 인정하는 제8조 1항은 제한적으로 해석되었다. 즉, 이 규정은「과학적 연구를 위한」포경을 예외적으로 인정하는 것으로, 어떤 포경이「과학적 연구를 위한」것인가는 엄격히 조사되었다. 이 점에서, JARPA II는「과학적 연구」로서의 객관적 기준을 충족시키지 못하였으며, 또한 JARPA II의 진정한 목적은 고래고기의 판매와 재고

조정이며 과학적 연구를 「위한」 포경이라고도 할 수 없으며, 「과학적 연구를 위한」 포경에 해당하지 않는다. 그러므로 JARPA II에 대한 일본정부의 허가는 부표 제10항(e), 10항(d)(모선식 조업의 부분적 정지) 및 제7항(b)(남대양보호구역)에 위반된다. 또한 일본은 JARPA II를 허가하였을 때에 협약이 요구하는 절차를 취하지 않았기 때문에, 부표 제30항(과학적 연구에 대한 허가계획의 제공)에도 위반된다.

이에 대해 일본은 선결적 항변을 하지 않고, 호주가 수락선언에 부친 유보(b)를 원용하여, 본안과 병합해 재판소의 관할권을 다투었다. 또한 본안에 관해서는 다음과 같이 반론하였다. ICRW의 대상 및 목적은 포경산업의 질서 있는 발전을 위하여 고래자원의 적절한 보존을 도모하는 것이며, 이는 IWC의 활동 축적에 의해서도 변화하지 않고 있다. 제8조 1항은 국가가 본래 가지는 권리를 확인하는 것으로, 「과학적 연구를 위한」 포경을 예외적으로 인정하고 있는 것은 아니다. 본 조항에 따르면 각 체약국은 「과학적 연구를 위한」 포경 허가를 할 때 그 실시 조건을 자유롭게 결정할 수 있고, ICJ가 이를 심사할 수 있는 범위는 제한된다. JARPA II는 그 내실에서 「과학적 연구를 위한」 프로그램이며, 고래고기의 판매도 제8조 2항에 따라 합법이다. IWC의 권고는 체약국을 법적으로 구속하지 않으며, 일본은 이를 지킬 의무를 지지 않지만, 일본은 JARPA II의 허가에 있어서 치사적 조사를 최소한으로 해야 한다는 IWC의 권고결의를 성실히 고려하여, 협약에 따라 필요한 절차도 취하였다. 따라서 일본은 ICRW를 위반하고 있지 않다.

2. 판결의 개요

(1) 관할권

재판소는 호주가 강제관할권 수락 시 유보를 붙인 의도를 중시하여, 유보(b)(「해역(영해, EEZ 및 대륙붕 포함)의 경계획정에 관한 분쟁 또는 경계획정이 미해결인 이들 해역에 있거나 그에 인접한 분쟁구역의 개발로 인한 분쟁 혹은 해당 개발과 관련된 분쟁」)의 전반과 후반은 일체로 읽혀져야 한 다음에, 전원일치로 재판소의 관할권을 인정하였다.

(2) 본안판결

재판소는 부표 제30항에 기초한 의무를 일본이 준수하였다는 인정(찬성 13, 반대 3)을 제외하고, 12대 4의 다수의견으로 호주의 청구를 전면적으로 인정하였다. 즉, JARPA II는 ICRW 제8조 1항 하에 인정되는 포경이 아니며, 이에 대한 허가발급은 부표 제10항(e), 제10항(d) 및 제7항(b) 하에서 체약국이 지는 의무에 적합하지 않다고 하여, 일본에 대하여 JARPA II의 허가를 취소하고, 앞으로도 이 활동을 허가하지 아니하도록 요구하였다. 나아가 제8조 1항 하에서 허가를 발급할 때에는 이 판결에 포함되는 추론과 결론을 고려하도록 기대한다고 하였다.

이상의 결론을 ICJ는 다음과 같이 이끌어 내었다. 즉, ICRW의 대상 및 목적은 전문에 나타난 바와 같이 고래자원의 보전과 포경을 포함한 지속가능한 이용이며, IWC의 활동이 축적됨에 따라 변화되지 않는다. 단, 이 협약은 IWC의 활동을 통해 「진화하는(evolving) 문서」이기 때문에, 협약과 일체인 제8조 1항은 이 협약의 대상 및 목적에 비추어, 또한 부표를 포함한 다른 규정을 고려하여 해석된다. 따라서 이 규정 하에서 체약국은 조사포경의 실시조건 등을 정할 수 있지만, 그 포경이 「과학적 연구를 위한」 포경에 해당하는지 여부는 허가국의 인식에 의하지 않고 객관적으로 판단된다. 이 판단은 그 포경이 첫째로 「과학적 연구」인지, 둘째로 과학적 연구를 「위한」 것, 즉 연구방법이 설정된 연구목표를 달성하기 위해 합리적인지에 달려 있다.

그리고 재판소는 JARPA II에 대하여 다음과 같이 말한다. 상기 첫 번째 점에 관하여, 사법기관인 재판소는 과학 문제에는 관여하지 않지만, JARPA II의 연구목표는 SC가 작성한 제8조 2항에 기초한 특별허가의 Review Guideline(부속서 P)에 포함되기 때문에, JARPA II는 넓은 의미에서 「과학적 연구」이다. 그러나 두 번째 점에 대해서는 충족해야 한다고 재판소가 생각한 7가지 요소로 이루어진 기준(합리성 심사기준)을 충족시키지 못하기 때문에, JARPA II에서의 치사적 방법의 이용은 그 연구목표를 달성하기 위해 합리적이라고 할 수 없다. 왜냐하면 우선 이 계획에서는 비치사적 방법으로 치사적 방법을 대체할 수 있는지 여부가 적절하게 평가되었다고 볼 수 없다. 이러한 평가의 실시의무는 IWC가 컨센서스로 채택한 권고결의 및 SC가 컨센서스로 채택한 조사포경의 Review Guideline

(부속서 P)이 비치사적 방법에 의한 연구목표의 달성가능성에 대한 검토를 요구하고 있다는 점, 국제법상 국가는 스스로 가입한 국제기구에 협력할 의무에 근거하여 컨센서스로 채택된 결정을 고려할 의무를 진다는 점, 일본은 과학정책으로서 스스로 필요 이상으로 치사적 방법을 이용하지 않았다고 밝히고 있다는 점, 또한 과거 20년간 비치사적인 연구기술의 진보는 두드러진다는 점에서 일본은 이러한 평가를 실시하였다는 것을 충분히 설명할 수 없었기 때문이다. 다음으로, JARPA II에서 예정된 포획 샘플수에 대하여, 일본은 과학적으로 합리적인 근거를 제시하지 못하였고, 그 산출 절차도 불투명하다. 그리고 JARPA II에서 실제로 포획된 샘플 수는 계획에서의 예정숫자보다 훨씬 적어, 이대로는 연구목표를 달성할 수 없을 텐데도 계획은 재검토되지 않았다. 또한 JARPA II에는 연구기간이 정해져 있지 않으며, JARPA II의 성과에 기초한 동료심사 논문도 미미하여 과학적 성과가 부족하며, JARPA II에는 다른 관련 연구와의 연계도 없다. 그러므로 JARPA II에서의 치사적 방법의 이용은「과학적 연구를 위한」것이라고 할 수 없으며, 일본에 의한 허가발급은 ICRW 제8조 1항 하에서 정당화되지 않는다.

3. 해설

(1) 본판결의 특징

본판결의 특징은 다음과 같다. 첫째, 재판소는 호주의 원고적격을 부정하지 않았고,「벨기에 세네갈 사건」ICJ 판결에 이어 조약 준수에 따른 체약국의 집단적 이익 실현을 목표로 하는 소송을 인정하였다. 둘째, 재판부는 ICRW의 대상 및 목적을 고래자원의 보전과 지속가능한 자원의 이용으로 명시함과 함께, ICRW를 IWC의 활동을 통해 진화하는 문서로 하여 ICRW의 유연한 해석을 이끌었다. 셋째, 재판소는 제8조 1항의 해석에 있어서 합리성 심사기준을 채택하였다. 이에 따라 제8조 해석의 논점들(ICRW에서 제8조는 예외인가, 제8조가 발급국이 인정하는 재량의 폭 등)을 회피하였다. 넷째, ICJ는 합리성 기준으로 컨센서스로 채택된 법적 구속력이 없는 IWC의 이차적 문서(치사적 방법의 사용은 연구목표 달성을 위해 필요한 최소한도로 허용된다는 IWC의 권고결의와 SC의 가이드라인(부속서 P))의 내용을 반영하여, 일반국제법상 국가가 지는 협력의무를 근거로 체약국은 이들 컨센서스로 채택된 문서를 고려해야 한다고 보았다. 이렇게 해서 제8조 1항의 해석에 조약 채택 후 IWC의 실행을 일정 정도 포함시켰다. 다섯째, 재판소는 사법기관으로서 과학 문제에는 관여하지 않는다고 하면서도 합리성 심사기준을 JARPA II에 적용할 때 실질적으로 과학 문제에 관여하였다. 연구목표의 내용평가를 수반하지 않는 절차적 단계에 한정하였지만 연구목표를 해석하고 그 수단·방법, 실시의 실태 및 연구성과와의 정합성·일관성을 판단하였다는 점에서 과학의 문제에 파고들고 있다.

마지막으로 JARPA II는 과학적 연구를「위한」것이 아니라는 결론에 이를 때, ICJ는 연구목표와의 관련에서 두 가지 국면－1) 비치사적 방법의 이용가능성 검토 유무, 2) 연구목표에 따른 설정 샘플수, 조사계획의 타임프레임이나 다른 조사기관과의 연계관계 등의 합리성－에서 일본의 설명 결여 또는 설명에서의 일관성 결여에 의거하였다. 이는 JARPA II의 합리성에 대해 일본에「설명책임」을 부과한 것처럼 보인다. 이 점에 대해서는 전통적인 입증책임 원칙에 반하여 입증책임을 전환시켰다는 비판이 있다. 단, 적어도 상기 2)에 대해서 호주는 재판 과정에서 재판소가 마련한 심사기준의 요소들에 관련된 합리성의 결여에 대해「일응의」추정을 확립하는 데 성공하였고, 일본은 이를 번복할 수 없었다는 이해도 가능하다. 한편, 상기 1)에 대해서 호주는 검토 결여의 추정근거를 제시하지 않았으며, ICJ의 법적 추론을 합리적으로 이해하기는 어렵다. 이 점에 대해 법원의 진의는 불분명하다.

판결의 법적 추론에 있어서 이상의 불명료함, 전통적인 법해석론으로부터의 일탈을 어떻게 파악할 것인가. 이에 대해서는 포경 사건을 둘러싼 특이한 사정(IWC의「기능부전」상황, ICRW 체결 이후의 과학을 둘러싼 커다란 변화(과학연구의 일반인식, 연구기술의 수준), JARPA에 이은 JARPA II의 특이성)을 고려한 후에 다수의견의 정책적 배려를 상정하면 다소 그「수수께끼」도 풀리지 않을까.

여기서 말하는 정책적 배려란, ① IWC의 기능부전의 중심에는 ICRW의 해석문제(ICRW의 대상 및 목적, 제8조 1항의 해석, IWC 2차적 문서의 법적 지위 등)가 있고, JARPA II의 논쟁은 이와 관련된 문제이므로, ICJ는 법의 지배를 지지하는 기관으로서 ICRW의 나아가야 할 법 해석의 기준을 제시해야 할 것, ② ICRW 하에서 고래의 치사적인 과학적 이용은 현대 과학의 일반인식과 기술수준에 따르며 투명성 높은(Accountability를 중시한) 형태로 실시되어야 할 것이다. 오늘날 동물의 과학연구에서는 일반적으로 비치사적인 연구기술의 비약적인 진보에 따라, 치사적 방법의 최소한의 사용과 이를 위한 비치사적 방법의 이용가능성에 관한 평가 실시는 윤리적 뿐만 아니라 과학적 견지에서도 요구되고 있으며, 샘플수가 많으면 보다 엄밀한 평가가 필요하다. 또한 부속서 P의 내용 중 상당수도 오늘날 과학적 연구의 일반적인 요소로 여겨진다. 그러므로 20세기 중반 당시의 과학을 전제로 한 제8조 1항의 문자 그대로의 문리해석은 현대 과학의 문맥에 적합하지 않는 결과를 초래할 수도 있다. 또한 혼돈된 IWC에서 조문 개정 규정이 없는 ICRW를 개정하기는 쉽지 않다. 본판결은 이와 같은 「낡은」 협약을 어떻게 21세기 과학의 문맥에 적합하게 해석·적용할 것인가라는 난제에 ICJ가 직면한 결과라고도 할 수 있다.

(2) 국제환경법 문맥에서의 본 판결의 의의

국제환경법의 문맥에서는 본 판결은 다자간 환경조약의 집행에 관하여 주로 다음과 같은 의의를 가진다. 첫째, 본 판결에 따르면 조약의 비준수 문제에 관하여, ICJ 규정의 선택조항에 기초하여 원고적격이 널리 인정되게 된다. 이는 조약 의무의 준수확보에 이바지하는 한편, 비준수 절차를 도입하고 있는 조약 하에서는 그것과 분쟁해결 절차의 구별은 전제로 하면서도, 사실상 복잡한 사태를 초래할 수 있다.

둘째, 본 판결은 컨센서스로 채택된 조약기관의 결정을 체약국이 적절히 고려해야 하는 요청과 고려의 유무에 대한 다툼이 발생한 경우에 고려하였다고 주장하는 측이 지는 설명 책임을 인정하였다. 이는 조약기관이 중요한 역할을 담당하는 환경조약 하에서 그 결정내용을 실질화하고 조약의 목적실현에 기여하는 한편, 결정의 채택에 대해 체약국을 신중하게 할 수 있을 것이다.

셋째, 본 판결은 조약 집행 과정에서 Accountability와 투명성을 중시하고 있다. 그 기본적 발상은 최근 환경조약의 일반적 경향에 적합하기 때문에 추상적으로는 이 방향성을 정당화하고 개별 문맥에서는 그 구체화를 위한 합의작성의 추진을 사실상 뒷받침할 것이다.

넷째, 본 판결은 조약의 「발전적」 해석에 의해 과학기술의 진보를 포함한 사회의 변화에 조약을 적응시킬 수 있는 방법을 시사한다. 조약기관의 활동에 의해 지탱된 환경조약은 본판결에서 말하는 진화하는 조약에 해당할 것이다. 따라서 일반국제법상의 국가의 협력의무에 근거한 조약기관의 2차적 문서 고려의무를 통한 유연한 조약 해석에 의해, 조약 체결 후의 과학기술을 포함한 관련 요인의 변화에 적응해 나갈 수 있다.

다섯째, 본 판결에서는 생물자원의 보전에 관한 협약 하에서 치사적 방법을 수반한 생물자원의 과학적 이용에 대하여, 조약규정이나 2차적 문서가 갖추어야 할 방식에 따라 다르지만, 일정한 방향성이 제시되었다. 오늘날 과학의 일반인식과 기술수준을 고려하여, 구체적으로는 연구목표에 따른 수단 · 방법 등의 합리성이나 최소한의 치사적 방법 사용과 이를 위한 비치사적 방법의 이용가능성 평가의 필요성이다.

마지막으로, 본 판결은 과학적 요인을 검토하는 데 「절차적」 접근법의 의의를 보여준다. 조약 규정에 따른 해당 행위의 당부에 관련된 판단에서, 합리성의 심사기준을 채택하여 목적에 비추어 수단 · 방법의 합리성, 실시 실태 및 연구성과의 정합성 · 일관성을 판단한다고 하는 과학 문제에 대한 접근법은 이미 WTO 분쟁해결의 선례에서 볼 수 있다. 과학의 내용평가에는 파고들지 않고 논리 일관성, 정합성의 관점에서 과학 문제를 다루는 방법은 과학기술의 요인이 중요한 환경 분야에서 의미를 가질 것이다.

〈고야노 마리 (児矢野 マリ)〉

제7장 지속가능한 어업과 기국 및 연안국의 의무 사건

국제해양법재판소 권고적 의견(2015년 4월 2일)
ITLOS Reports 2015. pp. 4-70
https://www.itlos.org/fileadmin/itlos/documents/cases/case_no.21/advisory_opinion_published/2015_21-advop-E.pdf

1. 배경 · 사실

본건은 소지역어업위원회(이하 SRFC)라는 국제기구가 그 회원국의 배타적 경제수역(이하 EEZ) 내에서 불법 · 비보고 · 비규제(Illegal, Unreported, and Unregulated) 어업(이하 IUU 어업)을 둘러싼 법적 문제에 대하여 국제해양법재판소(이하 ITLOS)의 권고적 의견을 구하는 사례이다. SRFC는 1985년 3월 29일에 설립된 지역어업기관으로, 7개의 서아프리카 국가들의 영해 및 EEZ에서의 모든 생물자원의 보존·관리를 임무로 하고 있다. 이들 국가들의 연안수역은 IUU 어업이 대규모, 조직화되어 횡행하고 있는 것으로 알려져 있다. 1993년 SRFC 회원국은 유엔해양법협약을 이행하기 위한 지역적 조약으로서 SRFC 회원국의 수역에 대한 제3국의 접근을 규제하는 「관할수역에서의 어업자원에 대한 최소한의 접근과 동자원의 개발의 정의에 관한 협약」(이하 MCA 협약)을 체결하였다. 2012년에는 IUU 어업 대책을 강화하기 위하여, SRFC는 MCA 협약을 개정하고 있다(이하 개정 MCA 협약).

SRFC는 개정 MCA 협약 제33조를 근거로 ITLOS에 4개의 질문을 자문하였다. 첫째, 「IUU 어업활동이 제3국의 EEZ에서 이루어지는 경우, 그 기국의 의무는 무엇인가?」, 둘째, 「자국을 기국으로 하는 선박이 행하는 IUU 어업활동에 대하여, 기국은 어느 정도 책임을 지게(liable) 되는 것인가?」, 셋째, 「기국 또는 국제기구 간에 체결된 국제협정의 틀 안에서 선박이 조업허가를 받은 경우, 그 기국 또는 국제기구는 해당 선박에 의한 연안국 어업법 위반에 대하여 책임을 지게(liable) 되는 것인가?」, 그리고 넷째, 「공유자원 및 공유이익을 가지는 자원(특히 작은 해양종과 참치)의 지속적 관리를 확보하는데 있어, 연안국의 권리와 의무는 무엇인가?」.

2. 권고적 의견의 개요

(1) 관할권－ITLOS 전원재판부의 권고적 의견 부여 권한

재판소의 관할권을 정하는 ITLOS 규정 제21조와 유엔해양법협약 제288조는 동일한 지위를 가진다. ITLOS 규정 제21조에 의하면, 재판소의 관할권은 「재판소에 관할권을 부여하는 다른 협정에 특별히 규정된 모든 사항」을 포함한다. 따라서 「다른 협정」이 재판소에 권고적 관할권을 부여할 때에는 재판소에는 그 협정이 특정하는 「모든 사항」에 대하여 관할권을 행사할 권한이 부여된다. 재판소가 권고적 관할권을 행사하는데 있어, 부탁된 질문은 법률문제일 필요가 있다. 이 점에서 이번에 자문을 구한 4개의 질문은 법적 관점에서 구성되며, 재판소에 조약의 해석 및 관련 규칙의 명확화를 구하고 있다는 의미에서 법적인 성질을 가진다. 또한 권고적 의견의 요청은 「결정적 이유」(compelling reasons)가 있는 경우의 예외를 제외하고 원칙적으로 거부해서는 아니 된다는 것이 충분히 확립되어 있다. 권고적 의견은 「추상적인지 여부와 상관없이 모든 법적 문제에 관하여」 부여할 수 있다. 본건 권고적 의견은 자국이 취해야 할 행동을 명확히 하기 위하여, 권고적 의견을 필요로 한 SRFC에 대하여 부여된 것이다. 재판소는 부탁된 질문에 대답함으로써, 재판소가 SRFC의 행동을 원조하고, 해양법협약의 이행에 공헌할 것에 유의한다. 여기서 언급한 것에서, 본건에서는 권고적 의견을 부여하지 않을 결정적 이유는 없다.

(2) 질문 1－어선의 기국이 자국선박에 의한 IUU어업에 대하여 지는 의무

유엔해양법협약 제56조 1항, 제61조 1항 및 2항, 제62조 2항 및 4항, 그리고 제73조 1항에서 정해진 바와 같이 「해양법협약에 근거하여 EEZ에서 연안국에 주어진 특별한 권리 및 책임을 고려하면, IUU 어업을 방지하고 억제하며 그리고 근절하기 위하여 필요한 조치를 취할 주요 책임은 연안국에 있다」. 그러나 동시에「기국 또한 자국을 기국으로 하는 선박이 SRFC 회원국의 EEZ에서 IUU 어업활동을 하지 않도록 확보할 책임을 진다」. 이와 같은 기국이 확보할 책임은 결과의무가 아니라 행동의무이다. 다시 말하면,「기국은 준수를 확보하기 위해 필요한 모든 조치를 취하고 자국을 기국으로 하는 어선에 의한 IUU 어업을 방지해야 하는「상당한 주의」의무 하에 놓여진다」. 본건에서는 이 의무의 준수를 확보하기 위해 기국이 취해야 할 조치의 내용에 대해서 유엔해양법협약이 지침을 제공한다. 기국은 1) SRFC 회원국의 EEZ 내의 해양생물자원 보존과 관리를 위하여 제정된 회원국의 법령을 자국 선박이 준수할 것을 확보하기 위하여 필요한 조치(집행조치를 포함한다)를 취할 의무(유엔해양법협약 제58조 3항, 제62조 4항), 2) SRFC 회원국의 EEZ 내에서 개정 MCA 협약이 정의하는 IUU 어업을 자국 선박이 행하지 않는 것을 확보하기 위하여 필요한 조치를 취할 의무(제58조 3항, 제62조 4항 및 제192조), 3) 해양환경의 보호와 보전 및 해양환경의 불가결한 요소인 해양생물자원의 보존을 위한 유엔해양법협약 제192조의 규정에 근거한 기국의 책임을 해치는 활동을 자국 선박이 SRFC 회원국의 EEZ 내에서 실시하지 않도록 확보하기 위해, 필요한 행정상의 조치를 취할 의무(제94조)를 진다. 또한 기국과 SRFC 회원국은 4) 해당 기국의 선박이 SRFC 회원국의 EEZ 내에서 IUU 어업을 하는 사안에서 협력할 의무를 진다. 게다가 기국은 자국을 기국으로 하는 선박이 그 SRFC 회원국의 EEZ내에서 IUU 어업을 실시하고 있는 취지의 통보를 SRFC 회원국으로부터 수령하였을 때에는 5) 그 문제를 조사하고, 적당한 경우에는, 사태를 시정하기 위해서 필요한 조치를 취할 의무, 또는 6) 그 조치에 대해 해당 SRFC 회원국에 통보할 의무를 가진다.

(3) 질문 2－어선의 기국이 자국 선박에 의한 IUU 어업에 대하여 지는 책임

자국을 기국으로 하는 선박이 행하는 IUU 어업에 대하여, 기국은「상당한 주의」의무 위반에 따라 책임을 진다. 기국에 의한 해당 의무위반이 발생하는 것은 질문 1에서 기술한 바와 같이, 자국 선박이 SRFC 회원국의 EEZ에서 IUU 어업활동을 하지 않도록 확보하여야 하는 기국의 의무를 이행하기 위한 모든 필요하고 적당한 조치를 취하지 아니한 경우이다.

(4) 질문 3－조업허가를 부여한 기국 및 국제기구가 지는 책임

본건 권고적 의견에 관한 관할권을 고려하면, 이 질문의 범위는 MCA 협약 당사국 간에 어업조약을 체결한 기국 또는 국제기구의 책임으로 한정된다. 이 점에서, 전자인 기국의 책임에 대해서는, 두 번째 질문에 대한 결론이 타당하다. 또한 후자인 국제기구의 책임에 대해서는, 국제기구 일반이 아니고, 유럽연합(EU)의 책임만을 취급한다. 그 이유는 이 질문에서 취급하는 국제기구가 유엔해양법협약 제305조 1항과 제306조 및 부속서 IX가 관련된, 구성국인 해양법협약 체약국이 해양법협약에 의해 규율되는 사항(본건에서는 어업자원의 보존 및 관리)에 관한 권한을 이양한 국제기구이며 이는 현시점에서는 EU에 한정되기 때문이다.

유엔해양법협약 부속서 IX 제6조 1항에 따라, 동부속서 제5조의 규정에 근거하여 권한을 가진 당사자는 해양법협약 의무의 불이행 기타 어떠한 위반에 대해서 책임을 진다.「이 규정에서 자기 권한에 관한 사항에서 의무를 지는 국제기구는 그 의무의 준수가 구성국의 행동에 의존하는 것일 경우, 구성국이 이 의무를 준수하지 않고 해당 국제기구가「상당한 주의」의무를 이행하지 않은 경우에는 책임을 지는 경우가 있다」. 그 국제기구는 SRFC 회원국과 어업협정을 체결한 유일한 당사자로서 그 국제기구의 구성국을 기고로 하는 선박이 SRFC 회원국의 어업법령을 준수할 것 그리고 배타적 경제수역 내에서 IUU 어업활동을 하지 않을 것을 확보해야 한다」.

(5) 질문 4－공유자원의 지속적 관리를 확보하기 위한 연안국의 권리와 의무

유엔해양법협약은 연안국 의무의 관점에서 생물자원의 보존과 관리 문제를 다룬다. 이러한 의무에는 대응할 권리가 수반된다. 우선 연안국의 권리란 유엔해양법협약 제63조 1항에서 정하는 자원에 대하여, 그 자원의 보존 및 개발을 조정하고 확보하기 위하여 필요한 조치에 대하여, 직접 또는 적당한 소지역적 또는 지역적 기구를 통하여, 자원이 EEZ 내에 존재하는 다른 SRFC 회원국 간에 합의하도록 노력할 수 있다는 권리이다.

한편, SRFC 회원국은 자국 EEZ 내에 존재하는 공유자원의 지속적 관리를 확보할 의무를 진다. 이러한 의무는 1) 권한 있는 지역적 기관과 협력할 의무(유엔해양법협약 제61조 2항), 2) 해당 자원의 보존 및 개발을 조정하고 확보하기 위해 필요한 조치에 대해 합의하도록 노력할 의무(제63조 1항), 3) 참치종에 대하여, 어종의 보존을 확보하고 최적이용 목적을 촉진하기 위해, 직접 또는 SRFC를 통해 협력할 의무(제64조 1항)를 포함한다.

이러한 의무를 준수하기 위해 SRFC 회원국은 유엔해양법협약, 특히 제61조와 제62조에 따라 다음 사항을 확보해야 한다. (i) 보존조치 및 관리조치를 통해서 공유자원의 유지가 과도한 개발에 의해 위협받지 않도록 할 것, (ii) 보존조치 및 관리조치는 SRFC 회원국이 이용가능한 최선의 과학적 증거에 근거하여 행해질 것, 또한 그 과학적 증거가 불충분할 경우에는 SRFC 회원국은 개정 MCA 협약 제2조 2항에 따라 사전주의 접근법을 적용해야 할 것, (iii) 보존조치 및 관리조치는 환경적 및 경제적 관련요인(연안어업 사회의 경제적 요구와 SRFC 회원국의 특별한 요구를 포함한다)을 감안하고, 어획 양태, 자원 간의 상호의존 관계 및 일반적으로 권고되는 국제적인 최저기준을 고려하여, 최대 지속생산량을 실현할 수 있는 수준으로 해당 자원을 유지하거나 또는 회복할 수 있어야 한다.

이러한 조치를 취함에 있어서 연안국은 다음 사항을 하여야 한다. (i) 해당 종의 자원량 수준을 유지, 회복하기 위해, 해당 종 및 의존하는 종에 미치는 영향을 고려할 것. (ii) 이용가능한 과학적 정보, 어획량 등 기타 어류의 보존에 관련된 데이터를 권한 있는 국제기구를 통해 정기적으로 교환할 것.

유엔해양법협약 제63조 1항의「합의하도록 노력하는」의무와 제64조 1항의 협력의무는 제300조에 따라 성실하게 협의해야 하는「상당한 주의」의무이다. SRFC 회원국은 EEZ에서 공유자원을 어획하는 경우, 그 자원의 보존과 개발을 조정하고 확보하기 위해 관리조치를 취함에 있어서 협의를 하여야 한다.

3. 해설

(1) ITLOS의 권고적 의견에 관한 관할권 및 본건의 범위

본건은 ITLOS가 전원재판부에서 권고적 의견 요청에 응한 첫 번째 사례이다. 유엔해양법해약 제159조 10항 및 제191조에는 ITLOS 해저분쟁재판부의 권고적 의견에 관하여 규정이 있다. 그러나 전원재판부의 권고적 의견에 대해서는 관련 협약에는 명시규정이 없다. 이 점에서 본건의 ITLOS 전원재판부는 ITLOS 규정 제21조를 근거로 하여 스스로의 관할권을 인정하였다. 나아가 국제사법재판소(이하 ICJ)의 「핵무기의 합법성 사건」에 따라 「결정적 이유」가 없는 한 권고적 의견 요청을 거부하지 않으며, 또한 마찬가지로 ICJ의 「유엔가입 승인 사건」에 따라, 자문사항은 추상적인 문제라도 그것이 법적 문제인 한 권고적 의견을 내릴 수 있다고도 하였다. 이 판시는 권고적 의견을 통해 ITLOS가 해양법에 관한 법률문제에 그 판단을 내놓을 가능성을 넓혀줄 것으로 주목된다.

또한 본건은 EEZ에서의 어업자원의 지속가능한 관리에 관한 연안국 및 기국의 권리의무에 대해 ITLOS가 포괄적인 분석을 한 사례라는 점에서 주목을 받았다. 단, 재판소는 검토의 범위를 「SRFC 회원국의 EEZ」에서의 「개정 MCA 협약에서 정의되는 IUU 어업」으로 주의 깊게 한정하고 있음에 유의할 필요가 있다(단, 후술한 것처럼 214쪽 이후에는 일반론으로서 해양 공유자원의 보존과 관리의 기본방향에 대해 심도 있게 부언하고 있다).

(2) EEZ에서의 기국의 의무와 그 귀결

재판소에 따르면 기국은 IUU 준수를 확보하기 위해 필요한 모든 조치를 취하고 자국을 기국으로 하는 어선에 의한 IUU 어업을 방지해야 하는 「상당한 주의」 의무를 진다」(권고적 의견 129쪽). 「상당한 주의」 의무는 최근에는 ICJ의 *Pulp Mill* 사건(2010년) 및 ITLOS의 「심해저 활동에 관한 보증국의 책임과 의무에 대한 권고적 의견」(2011년)에서 환경보호에 관한 문맥으로 이용되었다. 본건에서 「상당한 주의」 의무를 도출하는 기초가 된 것은 ① EEZ를 포함한 모든 해역에서 공통되는 일반적 의무에 관한 조문(유엔해양법협약 제91조, 제92조, 제94조, 제192조 및 제193조)과 ② EEZ에서만 적용되는 의무에 관한 조문(제58조 3항, 제62조 4항)이다(권고적 의견 111쪽). 이 의무를 다하기 위해서 취해야 할 조치로서 ITLOS는 구체적인 예를 행정적 규제나 집행조치를 포함하여 상세하게 보여주고 있다. 이러한 조치를 취하지 않는 경우에는 「상당한 주의」 의무 위반이 발생하며, 책임을 진다(Liable)고 ITLOS는 말한다. 다만 다수의견은 이 책임의 구체적인 내용이나 해제방법에 대하여 기술을 피하였다. 이 점에서 Wolfrum 재판관은 국가책임법에 의거하여 더욱 구체적으로 파고들어야 하였다는 취지의 선언을 붙이고 있다. 이러한 억제적인 다수의견 판단이 기국에 의한 IUU 어업 방지책에 어느 정도 효과를 가질지 앞으로의 전개가 주목된다.

(3) EEZ 연안국의 권리와 의무

유엔해양법협약에 의하면, 연안국은 EEZ에서 생물자원의 탐사개발 등을 위한 주권적 권리를 갖는 한편, 생물자원의 보존 및 최적이용에 관한 의무를 진다. 본건은 이러한 EEZ 제도의 본래 취지에 따라 자원이용 측면뿐만 아니라 보존 및 관리의 구체적인 내용을 연안국의 의무라는 관점에서 상세히 검토하였다. 특히 이하 2가지 점에서 주목할 만하다. 첫째, 보존조치 및 관리조치의 결정·실시를 SRFC 회원국이 이용가능한 최선의 과학적 증거에 근거하여 하도록 한 점 외에, 개정 MCA 협약에 따라 과학적 증거가 불충분한 경우에는 사전주의 접근법을 적용하도록 의무화한 점. 둘째, 최대지속생산량(MSY)의 설정에 있어서, 자원 간 상호의존 관계나 어획대상종에 관련 또는 의존하는 종에의 영향에 대한 고려를 구한 점이다.

둘째, 이른바 생태계 접근법에 대한 발상을 알 수 있다(권고적 의견 제208항 및 제209항). 생태계 접근법 하에서는 해양법에서 인위적으로 그어진 영해, 배타적 경제수역, 공해와 같은 구분을 넘어, 생태계를 중심으로 한 일관된 관점에서 자원의 보존관리 조치가 요구된다. ITLOS는 관할권 한정에 배려하면서도 SRFC 회원국은「해당 자원의 지리적 분포와 회유에 관한 모든 해역에서, 이 자원의 보존과 지속적 관리를 확보할 목적으로 동일한 자원을 공유하는 회유로(路) 상의 비회원국과의 협력에 노력할 수 있으며」, 또한 유엔해양법협약은 관련된 모든 체약국에 협력의무를 부과하고 있다고 밝혔다(권고적 의견 제215항, 밑줄은 필자). 이러한 언급의 배경에는 유엔공해어업협정(제5조(d)－(g))을 비롯한 생태계 접근법에 관한 해양법의 발전이 있다고 생각된다.

덧붙여 ITLOS는 권한 있는 국제기구을 통한 정보교환을 통해 보존·관리 조치를 책정할 것을 구하였다. 또한 생물자원의 보존·관리를 위하여 국제기구를 통해 협력하는 국가들의 일반적인 협력의무(유엔해양법협약 제63조 1항, 제64조 1항)가「상당한 주의」의무라고 판단하였다. 이에 ITLOS는 회원국들에게 실효적인 대응을 촉구하고 있는 것이라고 생각할 수 있다. 그러나 협력의무에 유래하는 「상당한 주의」 의무의 위반이 어떠한 법적 귀결을 가져오는가(연안국의 의무위반과 마찬가지로 책임을 발생시키는가, 그것은 누구에 대한 책임인가 등)라는 문제에는 ITLOS는 일절 언급하지 않고 있다.

〈사마타 노리히토 (佐俣 紀仁)〉

제8장 차고스 제도 해양보호구역 사건

모리셔스 v. 영국
중재판정(2015년 3월 18일)
Reports of International Arbitral Awards, Vol.31. pp.359-606
http://legal.un.org/riaa/cases/vol XXXI/359-606.pdf

1. 사건의 개요

모리셔스는 인도양 남서에 위치하는 도서국이며, 모리셔스 섬, 로드리게스 섬, 아갈레가 섬으로 구성된다. 차고스 제도는 인도양 중심 부근에 위치하고, 산호초로 이루어져 있다. 차고스 제도에서 가장 큰 섬은 디에고가르시아 섬이다. 차고스 제도 및 모리셔스는 영국의 식민지로 지배되었으나 제2차 세계대전 후, 모리셔스에서는 자치권 확대를 요구하는 움직임이 강해져서, 1968년에 독립을 이루었다.

이 독립을 향한 움직임과 병행하는 형태에서, 영국은 차고스 제도를 모리셔스에서 분리시키는 절차를 진행하였다. 모리셔스에 의하면, 차고스 제도가 미국의 방위상 이유에서 필요하다고 하여, 이러한 절차가 이루어진 것이다. 실제, 1964년에는 영국과 미국 간에 영국이 차고스 제도를 모리셔스에서 분리하여, 미국이 군사이용하기 위하여 차고스 제도를 제공하는 것에 대하여 합의가 체결되어, 그러한 이용은 현재까지도 계속되고 있다. 이러한 상태에서 모리셔스는 차고스 제도에서의 자국·자국민의 권익을 획득하기 위해 영국과 협상하여, 1965년 9월에 랭카스터 서약(Lancaster House Undertakings)(이하 서약)을 체결하였다. 이 서약에서 영국은 ① 모리셔스의 어업권이 가능한 한 유지되로록 주선할 것, ② 시설의 이용이 필요 없어진 경우에는 차고스 제도를 모리셔스에 반환할 것, ③ 차고스 제도 및 그 주변의 광물·석유자원에서 얻어지는 이익은 모리셔스의 것으로 할 것이라는 3가지를 포함시켰다.

그리고 서약 체결에서 2개월 후인 11월에는 차고스 제도는 모리셔스에서 분리되어, 영국령 인도양 지역에 편입되었다. 그 당시 차고스 제도 주민은 강제적으로 퇴거되었으며, 출입이 금지되었다. 그 퇴거에 관해서는 1972년에 총액 65만 파운드의 보상을 지급하는 것이 합의되었으나 이 후에도 영국 국내에서는 복수의 소송이 있어왔다. 특히 1998년에 개시된 소송에 의해, 디에고가르시아 섬을 제외한 구역에 대해서는 차고스인의 출입이 인정되게 되었다.

1968년부터 1980년 사이에 모리셔스는 차고스 제도의 문제를 외교의 장에서 제기하지는 않았다. 그러나 1982년 정권교체기에 모리셔스는 차고스 제도에 대한 주권을 계속적으로 주장하게 되었다. 그 결과 차고스 제도의 주변수역에 대해서는 모리셔스와 영국의 입법과 중복되게 되었다. 섬의 영역주권에 대한 분쟁이 있는 경우, 이러한 중복이 발생하는 것이 일반적이다. 한편으로 영국은 약속에 규정된 모리셔스의 어업권, 특히 전통적 어업에 대해서는 1984년 면허제를 도입한 후에도 일관되게 인정해 왔다.

그러나 이 전통적 어업도 2010년 4월 1일에 영국이 차고스 제도 주변의 영해 및 EEZ에 설치한 해양보호구역(MPA)에 의해 금지되게 되었다. 이 MPA 내에서는 모든 천연자원의 취득이 금지되었고, 그 설치 이후 일체의 어업허가가 갱신되지 않게 되었다. 이 MPA의 설치에 대해서는 2009년 2월에 인디펜던트지가 그 계획을 보도한 이후, 모리셔스는 강한 반발을 보여주고 있었다. 따라서 설치 전에는, 양국 간에 수차례의 협상이 이루어졌고, 모리셔스는 어업이 금지되는 것에 의해 원주민의 귀환이 곤란해진다는 우려 등을 표명하였다. 그러나 최종적으로는 모리셔스의 의향을 무시하는 형태로 영국에 의한 MPA 설치가 강행되었다. 실제로 모리셔스의 우려는 위키리크스에 의해 누출된 런던 주재 미국대사관에서의 외교전보에서, 영국의 담당관이 MPA 설치에 의해 원주민 귀환신청의 계속이 곤란하다는 것 등에도 뒷받침되어, 원래의 MPA 설치목적이 해양환경의 보호 · 보전이었는지에 대해서도 의문이 제기되게 되었다.

이러한 문맥에서 모리셔스는 유엔해양법협약 부속서 VII에 근거한 중재재판 절차를 개시하였다. 모리셔스는 그 최종신청에서 다음과 같은 4가지를 주장하였다. ① 영국은 유엔해양법협약에 규정되는 연안국으로서의 지위를 갖지 않으며, 그러므로 MPA 등을 설치할 권한을 가지지 않는 점, ② 모리셔스가 연안국이라는 점에서 영국은 MPA를 일방적으로 설치할 권한을 가지지 않는 점, ③ 영국은 대륙붕한계위원회가 모리셔스에 대해 행한 권고를 방해해서는 안 되는 점, ④ 영국이 설계한 MPA는 유엔해양법협약 및 공해어업협정에 근거해 영국이 지는 실체적 · 절차적 의무와 합치하지 않는 점이라는 4가지이다. 이에 대해 영국은 중재재판소가 관할권을 가지지 않으며, 또한 설사 가진다고 하더라도 모리셔스의 청구를 인정할 수 없다고 주장하였다.

그림 ‖ 차고스 제도

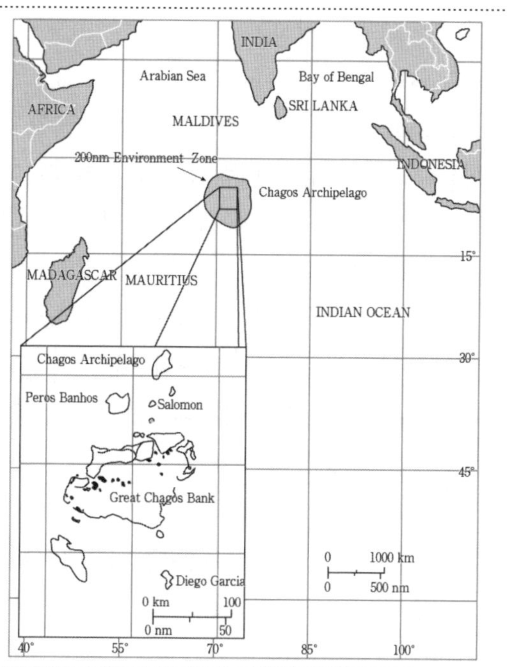

(출처: Dunne, R. P., and others (2014). The Creation of the Chagos Marine Protected Area. Marine Managed Areas and Fisheries, p.83.)

2. 관할권

위에서 설명한 바와 같이, 영국은 4가지 신청 모두에 대하여, 중재재판소의 관할권에 대해서도 항변을 하였기 때문에, 본건에서는 관할권에 대해서도 다수의 판단이 이루어졌다. 여기에서는 그중에서 분쟁의 주제와 밀접하게 관련된 분쟁의 성질과 환경규제와 관련된 유엔해양법협약 제297조의 판단에 초점을 맞춘다.

(1) 분쟁의 성질

유엔해양법협약 제15부의 강제분쟁해결절차를 적용할 수 있는 것은 유엔해양법협약의 해석 · 적용에 관한 분쟁뿐이다. 특히, 사법절차에 대해서는 제288조 1항에서 그러한 분쟁의 관할권을 규정하고 있다. 그래서 영국은 모리셔스의 신청 ① · ②에 대해서는 실질적으로는 영역주권의 분쟁인 것을 「연안국」이라는 문언에 붙임으로써 제15부 절차를 사용하고자 하는 것에 지나지 않으며, 중재재판소는 관할권을 행사할 수 없다고 하였다.

중재재판소는 이에 대해, 역사적으로 존재가 확인되는 영역 주권에 대한 분쟁과 MPA의 설치에 관한 분쟁은 별개의 분쟁으로서 존재할 수 있음을 확인하였다. 또한 연안국에 해당하는지 여부에 대해서는 유엔해양법협약의 해석 · 적용의 문제로도 볼 수 있기 때문에, 재판소가 관할권을 가지는지 여부는 분쟁의 비중이 어느 쪽에 있는지를 검토해야 한다고 하였다. 그리고 신청 ① · ②에 대해서는 영역주권으로서의 분쟁 쪽에 더 큰 비중이 있다고 하였다. 나아가 중재재판소는 영역주권에 관한 사소한 분쟁이 유엔해양법협약의 해석 · 적용에 부수될 가능성을 부정하지는 않지만, 본건에서는 그러한 경우에 해당되지 않는다고 하였다.

(2) 제297조

모리셔스는 네 번째 신청에 대해서는 제288조와는 별도로 제297조 1항(c)를 그 근거로 삼았다. 이 항은 해양환경의 보호 및 보전을 위한 국제표준에 대하여, 재판소가 관할권을 가진다고 규정한 것이다. 영국은 이 문맥의 국제표준이란 오염방지 규제를 의미하며, MPA에 관해 같은 표준은 존재하지 않는다고 주장하였다. 또한 제297조 3항(a)은 EEZ에 대한 연안국의 주권적 권리 문제에 대해서, 재판소의 강제관할권에서 제외할 수 있다고 하고 있다. 영국은 스스로 설치한 MPA가 어업조치로 성격지어지기 때문에, 이 항에 근거한 예외에 해당한다고 주장하였다.

이러한 점에 대해 중재재판소는 우선, 원칙적으로 제288조에 근거하여 재판소는 관할권을 가진다고 하였다. 동시에 영국이 설치하는 MPA는 해양환경의 보호 및 보전에 관한 것이며, 제297조 1항(c)도 재판소 관할권의 근거로 볼 수 있다고 하였다. 나아가 오염규제는 해양환경 보호의 문맥에서 중요하기는 하지만, 제297조 상의 국제표준이란 오염 이외의 규제를 포함한 광범위한 것이라고 하였다. 또한 3항(a)의 예외에 대해 중재재판소는 영국이 MPA를 단순한 어업조치로서만이 아니라 환경보전에 기여하는 것이라고 스스로 설명하고 있다고 영국의 주장을 받아들이지 않았다. 이러한 판단의 귀결로서, 모리셔스의 신청④에 대해서는 중재재판소는 관할권을 가지게 되었다. 신청③에 대해서는 모리셔스와 영국 간에 분쟁이 없다고 하여 관할권이 부정되었기 때문에, 4개의 신청 중 본안으로 진행된 것은 이 신청④뿐이다.

3. 본안

본안에서는 신청④에 대해 판단하는데 있어, 첫째, 영국의 MPA 설치에 의해 모리셔스가 침해받는 권리를 가지는지 여부를, 그리고 둘째, 영국은 그러한 권리를 실제로 침해하였는지 여부를 판단하였다.

(1) 모리셔스의 권리

모리셔스가 차고스 제도 및 그 주변에 대해 어떤 권리를 가지고 있는지를 판단할 때, 중재재판소는 우선 서약의 법적 성질에 대해 검토하였다. 모리셔스가 이 서약을 조약처럼 보고 국제법상 법적 구속력이 있다고 주장한 반면, 영국은 이를 영국 헌법상의 문제라고 주장하였다. 중재재판소는 이 서약은 ① 차고스 제도가 모리셔스로부터 분리될 때의 중요한 조건을 규정한 점 그리고 ② 영국 자신이 구속력을 갖는 형태로 표기하고 있는 점 등의 2가지 점에서 구속력을 가지는 것이라고 하였다. 또한 가령 모리셔스가 영국의 일부인 상태였다면 약속은 영국 헌법상의 문제이지만, 모리셔스가 독립함으로써 국제적인 합의가 되었다고 판단하였다.

이 서약에 더해 중재재판소는 금반언의 관점에서도 모리셔스의 권리를 인정하였다. 중재재판소는 금반언의 요건으로, (1) 국가가 명백하고 일관된 표명을 하고 있을 것, (2) 그 표명이 권한 있는 당국에 의해 행해질 것, (3) 금반언을 주장하는 국가가 그 표명에 의해 불이익을 받게 된 점, (4) 그러한 신뢰가 정통일 것이라는 4가지를 들고 있다. 그리고 영국이 일관되게 서약에 규정된 모리셔스의 권리를 보장해 온 점, 모리셔스도 차고스 제도의 주권을 주장하는 것이 아니라, 서약에 보장되는 권리를 행사해 온 점 등에서 이러한 요건을 충족한다고 판단하였다.

이처럼 서약과 금반언의 두 가지 관점에서 모리셔스의 권리를 확인한 것은 어느 한편에서는 국제법상 권리로 주장하는 근거로 충분하다고 보기 어렵다는 인식이 있기 때문일지도 모른다.

(2) 영국에 의한 의무위반

모리셔스는 영국의 MPA 설치가 영해에 대해 규정한 유엔해양법협약 제2조, EEZ에 대해 규정한 제56조, 해양환경 오염방지에 관한 제4조, 권리남용에 관한 제300조를 위반한 것이라고 주장하였다.

중재재판소는 우선 영해에서도 제2조 3항에 근거하면 연안국은 다른 국제법 규칙에 따라 주권을 행사해야 한다고 밝혔다. 따라서 영국은 (1)의 모리셔스의 권리를 보장할 의무를 지는 것이다. 또한 EEZ에 대해서는 제56조 2항에 명시된 것처럼, 타국에 대해 타당한 고려를 할 의무가 있다고 밝혔다. 따라서 연안국은 영해나 EEZ에 대한 조치 여하에 따라서는 국제법상 의무위반을 구성할 수 있다. 중재재판소에 의하면, 영국의 MPA 설치는 어업권을 중심으로 한 모리셔스의 이익에 영향을 미치는데도 불구하고, 그 점을 고려하지 않고 모리셔스와 충분한 협의도 없이 설치된 것이다. 그러므로 재판부는 그러한 형태의 MPA 설치는 유엔해양법협약 제2조 3항 및 제56조 2항을 위반한다고 보았다.

제194조는 제1항 및 제4항이 MPA의 설치와 관련된다. 중재재판소는 제1항에 대해서는 어디까지나 해양오염을 방지 · 경감하기 위한 노력의무를 규정한 것이며, 영국은 지금까지 이 의무를 위반하였다고는 할 수 없다고 하였다. 제4항은 해양오염을 방지 · 경감하기 위한 조치를 강구할 때에, 타국의 권리의무에 간섭하지 않는 것을 규정하고 있다. 중재재판소에 의하면, MPA와 같은 환경에 대한 배려가 어업권에의 간섭을 정당화하는 것은 있을 수 있다. 그러나 본건에서 영국의 MPA 설치는 그 필요성을 설명하거나 보다 제한적이지 않은 대체수단을 검토하

는 것을 결하고 있기 때문에 제4항을 위반한다고 판단하였다.

이러한 영국의 의무 위반을 이해하는 데 있어, 중재재판소는 영국의 MPA 설치 그 자체가 유엔해양법협약 위반이라고 판단한 것이 아니라는 점에 유의해야 한다. 모리셔스는 MPA에 대해서는 다음 두 가지를 주장하였다. 첫째, 어업을 전면적으로 금지하는 MPA의 설치 그 자체가 실체적 의무를 위반한다는 점과 둘째, 설치방법이 절차적 의무를 위반한다는 점이다. 즉, 실체와 절차 양쪽 모두의 의무위반을 주장하고 있었지만, 중재재판소는 후자의 의무위반만을 인정하였고, 전자에 대해서는 판단하는 것을 회피하였던 것이다.

그러므로 어업을 전면적으로 금지하는 MPA 설치 그 자체가 유엔해양법협약과 정합적인지 여부에 관한 현재, 국가관할권 이원지역의 해양생물다양성(BBNJ)에 관한 신이행협정의 문맥에서도 주목을 받는 논점에 관해, 본 판정이 갖는 의의는 제한적이라고 할 수 있다. 한편, 유엔해양법협약이라는 환경법 그 자체가 아니라 해양법으로 분류되는 조약 체계에서도 절차적 의무의 중요성이 나타났다는 점에 대하여, 본 재정은 일정 정도의 의의를 갖는다고 할 수 있다.

4. 그 후의 움직임

이와 같이, 중재재판소의 판단이 영국의 절차적 의무 위반을 인정한 것에 머물렀기 때문에, 이후 본 판정에 의해 양국의 분쟁이 해결되었다고 보기 어렵다. 판정이 나온 후 영국은 다시 모리셔스와 협의를 하였으나 설치 그 자체가 위반으로 인정된 것은 아니기 때문에, MPA 철회 등의 조치를 강구하지는 않았다. 따라서 모리셔스는 유엔총회와 아프리카연합 포럼에서 MPA의 위법성과 차고스 제도의 반환을 구하는 주장을 계속하였다.

그 결과 2017년 6월 22일 총회결의 71/292에서 찬성 94. 반대 15. 기권 65로, ① 차고스 제도의 분리를 포함한 모리셔스의 비식민지화 과정이 국제법상 합법인지 여부, 그리고 ② 차고스 제도의 주민이 귀환할 수 없는 영국의 통치가 계속되고 있다는 국제법상의 귀결에 대해 국제사법재판소(ICJ)에 권고적 의견을 요청하였다.

이러한 권고적 의견의 요청에 대해서, 일단 판정이 내려진 중재재판의 재개가 되는 점과 실질적으로는 쟁송사건에서 다루는 영역주권의 문제이기 때문에, ICJ는 권고적 의견을 내는 것을 삼가야 한다는 주장도 권고적 의견의 절차에서 이루어졌다. 그러나 ICJ는 권고적 의견은 국가에 요청된 것이 아니라 유엔총회라는 국제기구에 요청된 점과 중재재판과 권고적 의견은 다루는 문제가 다르다고 보았다. 또한 유엔총회는 탈식민지화를 추진하는 기관이며, 권고적 의견은 이에 도움이 되며, 권고적 의견에서 영역주권에 대해 묻고 있는 것은 아니라고 보고, 2019년 2월 25일에 권고적 의견에서 총회로부터의 자문에 회답하는 것으로 하였다.

총회로부터의 자문에 대해 ICJ는 탈식민지화의 과정은 국제법상 위법임을 인정하였다. 또한 영국은 가능한 한 빨리 차고스 제도의 통치를 종료시킬 의무를 지는 것으로 하고, 유엔의 모든 회원국이 모리셔스의 탈식민지화를 완료시키는 것에 협력할 의무를 지는 것으로 하였다.

〈마코토 세타 (瀬田 真)〉

제9장 남중국해 사건

필리핀 v. 중국
중재판정(2015년 10월 29일)
(관할권 · 수리가능성 단계)
The South China Sea Arbitration
(The Republic of Philippines v. The People's Republic of China),
Award on Jurisdiction and Admissibility (29 October 2015)
https://pcacases.com/web/sendAttach/2579
(본안단계)
The South China Sea Arbitration
(The Republic of Philippines v. The People's Republic of China),
Award (12 July 2016)
https://pcacases.com/web/sendAttach/2086

1. 신청사항

2013년 1월 22일에 필리핀은 유엔해양법협약(이하 해양법협약) 제15부에 근거하여 중국을 상대로 의무적 중재절차를 개시하였다. 본건의 주요쟁점은 다음의 3가지로 분류할 수 있다.

① 남중국해에서 중국이 구단선 내에서 주장하는 주권적 권리 · 관할권 · 역사적 권리는 해양법협약에 위반하여 무효인지 여부(신청 1~2)

② 남중국해에서의 해양지형은 섬, 암석, 간조노출지 어디에 해당하는지 또한 해당 해양지형이 배타적 경제수역이나 대륙붕에 대한 권원을 낳는지 여부(신청 3~7)

③ 남중국해에서의 중국의 건설활동과 법집행 등의 행위는 해양법협약 위반을 구성하는지 여부(신청 8~15)

이와 같이, 본건의 쟁점은 다양하지만 해양환경의 보호 · 보전에 관한 신청은 ③ 중에서 신청 11과 신청 12(b)이다. 밑줄은 본안에서 부가되어, 재판소에 의해 인정된 부분이다.

<신청 11> 중국은 스카버러 암초(Scarborough Reef), 세컨드 토마스 암초(Second Thomas Reef), 쿠아르테론 암초(Cuarteron Reef), 파이어리 크로스 암초(Fiery Cross Reef), 게븐 암초(Gaven Reef), 존슨 암초(Johnson Reef), 휴즈 암초(Hughes Reef) 및 수비 암초(Subi Reef)에서, 해양환경을 보호하고 보전할 협약상의 의무에 위반해 왔다.

<신청12> 중국에 의한 미스치프 암초(Mischief Reef)의 점거 및 건설활동은......(b)협약상의 해양환경을 보호하고 보전할 중국의 의무에 위반된다.

2. 관할권 단계

(1) 해양법협약상의 분쟁해결 절차

해양법협약의 당사국은 제287조 1항 하에서, 서면 선언에 의하여 이 협약의 해석이나 적용에 관한 분쟁의 해결을 위하여, 다음의 수단을 선택할 수 있다.

(a) 제6부속서에 따라 설립된 국제해양법재판소

(b) 국제사법재판소

(c) 제7부속서에 따라 구성된 중재재판

(d) 제8부속서에 규정된 하나 또는 그 이상의 종류의 분쟁해결을 위하여 그 부속서에 따라 구성된 특별중재재판

이러한 수단을 선택하는 선언을 하지 않은 경우, 제287조 3항에 따라, 상기 (c)의 제7부속서에서 정하는 중재를 수락한 것으로 본다. 본건의 양 분쟁당사국은 해당 선언을 하지 않았기 때문에, 제3항의 중재절차가 개시되게 되었다.

단, 중재재판소가 구성되더라도 분쟁당사국이 제298조의 선택적 예외를 선언하고 있었던 경우, 재판소의 사항관할은 미치지 않게 된다. 선택적 예외 사항은 (a) 해양경계획정과 역사적 만 및 권원에 관한 분쟁, (b) 군사활동 등에 관한 분쟁, (c) 유엔안보리의 임무수행 중의 분쟁이다. 중국은 2006년 8월 25일에 (a)~(c) 모두의 선택적 예외 선언을 하였기 때문에, 해당 사항에 대하여 중재재판소의 관할권은 배제되게 된다.

(2) 권할권 판단

필리핀에 의한 제소 후 중국은 2014년 12월 7일에 「입장성명」(Position Paper)을 웹사이트에 공표하고, 중재절차에 참가하지 않는 것을 명확히 하고 있다. 또한 2015년 2월 6일과 7월 1일에 네덜란드 주재 중국대사로부터 중국의 입장을 보여주는 서신이 송부되었다. 재판소는 이를 선결적 항변으로 취급하고, 관할권·수리가능성의 심리를 하였다.

신청 11에 대하여 선결적 문제가 된 것은 해양법협약과 생물다양성협약의 분쟁해결절차와의 관련성이다. 재판소는 양자가 「병행적 환경체제를 구성하고 생물다양성협약 제27조는 해양법협약 제15부의 의무적 절차를 명시적으로 배제하고 있는 것은 아니라며 관할권을 인정하였다(상세는 4. 해설(1) 참조).

신청 12(b)에 대해서는 남중국해에서의 건설활동이 군사적 성격을 가지며, 중국이 선언한 상기의 선택적 제외 사항(b)에 해당하는지 여부가 문제가 된다. 그러나 이 점은 선결적 성질을 가지지 않는 쟁점을 포함하고 있기 때문에, 본안에서 판단하여야 한다고 하였다.

3. 본안단계

(1) 유보된 관할권 문제

남중국해에서의 중국의 건설활동이 군사적 성격을 가지는지는 매립활동이 군사적 행동은 아니라고 중국이 일관되게 주장하고 있기 때문에 관할권은 인정된다고 판단되었다. 이로써 재판소는 필리핀의 신청 11과 12(b)의 해양환경의 보호·보전에 관한 중국의 의무위반 유무의 검토로 옮겨가게 되었다.

(2) 해양법협약의 관련규정

재판소는 본건의 관련규정으로서 아래의 규정을 들어 해석하고 있다.

전문
제9부 폐쇄해 또는 반폐쇄해

제123조 (폐쇄해 또는 반폐쇄해 연안국간 협력)

제12부 해양환경의 보호와 보전

제1절 총칙

제192조 (일반적 의무)

제194조 (해양환경 오염의 방지, 경감 및 통제를 위한 조치)

제2절 지구적 · 지역적 협력

제197조 (지구적 · 지역적 차원의 협력)

제4절 감시와 환경평가

제204조 (오염의 위험이나 영향의 감시)

제205조 (보고서 발간)

제206조 (활동의 잠재적 영향평가)

우선 재판부는 해양법협약은 전문에서 「이 협약을 통하여 모든 국가의 주권을 적절히 고려하면서, 국제교통의 촉진, 해양의 평화적 이용, 해양자원의 공평하고도 효율적인 활용, 해양생물자원의 보존, 그리고 해양환경의 연구, 보호 및 보전을 촉진하기 위하여 해양에 대한 법질서를 확립하는 것이 바람직함을 인식하고」 있다는 점을 확인하고, 해양환경과 관련된 실체규정을 제12부에서 정하고 있다고 한다.

다음으로 제192조에서 말하는 해양환경의 보호와 보전에 관한 일반적 의무란 미래의 손해로부터 해양환경의 「보호」와 현상을 유지하고 개선하는 의미에서의 「보전」 둘 다 포함된다. 따라서 제192조는 해양환경을 보호하고 보전하는 능동적인 조치를 취할 적극적 의무와 해양환경을 나쁘게 하지 않을 소극적 의무를 수반하게 된다. 제192조의 일반적 의무는 해양환경 오염에 관한 제194조를 포함한 제12부 규정 등에 따라 상세하게 되어 있다. 제192조와 제194조는 국가와 그 기관의 직접적인 활동뿐만 아니라 자국의 관할 · 관리 내 활동이 해양환경에 손해를 주지 않도록 확보해야 하는 의무도 포함한다. 후자의 의무는 기국이 적당한 규칙이나 조치를 채택함과 동시에 해당 규칙이나 조치를 집행하고, 행정상의 관리권을 실시함에 있어서 일정한 경계수준에서 행한다고 하는 의미에서의 「상당한 주의」를 요구하는 것이다. 그중에서도 제194조 5항은 희귀하거나 손상되기 쉬운 생태계와 멸종위기 종 등의 서식지를 보호하고 보전하기 위해 필요한 제12부 하에서의 모든 조치를 대상으로 하고 있다. 이는 차고스 제도 해양보호구역 사건에서도 확인되었듯이, 제12부가 협의의 해양오염 관리를 목적으로 하는 조치에 한정되지 않음을 보여주고 있다. 또한 해양법협약에는 생태계의 정의는 없지만 생물다양성협약 제2조에서 「식물·동물 및 미생물 군락과 기능적인 단위로 상호작용하는 비생물적인 환경의 역동적인 복합체」라는 정의가 국제적으로 받아들여지고 있다. 재판소는 본건의 유해한 활동의 대상이 되고 있는 해양환경에는 당연히 희귀하거나 손상되기 쉬운 생태계가 포함되며, 또한 멸종위기 종 등의 서식지도 이에 해당한다고 밝히고 있다.

나아가 제197조는 지구적·지역적 차원에서의 협력을 정한다. *MOX Plant* 사건에서 유엔해양법재판소는 협력의무가 해양법협약 제12부와 일반국제법상의 해양환경 오염방지에서의 기본원칙이라고 강조하고 있다. 지역적 협력에 관해서는 제123조가 남중국해와 같은 반폐쇄해와도 관계가 있다.

마지막으로 재판소는 감시와 환경평가에 관한 제204조에서 제206조를 다룬다. 제204조는 「해양환경 오염의 위험이나 영향을 인정된 과학적 방법에 의하여 관찰, 측정, 평가 및 분석하기 위하여」 실행가능한 한 노력하고, 해양환경을 오염시킬 우려가 있는지 여부를 결정하기 위하여 「자국이 허가하거나 참여하는」 활동의 영향을 감시하도록 국가에 요구하고 있다. 그리고 제205조는 제204조에 따라 획득한 결과에 대한 보고서를 발간하거나 또는 권한 있는 국제기구에 제공한다. 제206조는 자국의 관할권이나 통제 하에 계획된 활동이 해양환경에 실질적인 오염이나 중대하고 해로운 변화를 가져올 것이라고 믿을만한 합리적인 근거가 있는 경우에는 해당 활동이 해양환경에 미치는 잠재적 영향을 실행가능한 한 평가하도록 국가에 요구하고 있다. 또한 환경영향평가를 할 의무는 해양법협약상의 직접적인 의무이며 국제관습법상의 일반적 의무이기도 하다. 그리고 「합리적인」 이나 「실행가능한」이라는 문언에는 관련국의 재량 요소가 포함되어 있지만 평가의 결과를 보고할 의무는 절대적이라는 견해를 재판부는 밝히고 있다.

(3) 위반의 인정

본건에서 문제가 된 유해행위는 ① 스카버러 암초에서 중국어선의 산호, 바다거북, 상어, 대왕조개, 쌍각류 조개 등의 채취, ② 세컨드 토마스 암초에서 중국어선과 동행한 중국 해군·정부선박의 산호와 대왕조개 채취나 암초의 섬의 준설 등이다. 이러한 유해행위는 해양법협약 위반을 구성하는가?

재판소는 우선 제192조의 일반적 의무는 손상되기 쉬운 생태계의 문맥에서는 제194조 5항에 의해 특히 구체화되고 있는 점에 비추어, 제192조는 희귀하거나 손상되기 쉬운 생태계와 멸종위기 종 등의 서식지를 보호하고 보전하기 위해 필요한 상당한 주의 의무를 부과하는 것이라고 지적한다. 그러므로 국제적으로 멸종 위협에 노출되어 있다고 인식되는 종의 직접적인 채취에 더해, 제192조는 생식지의 파괴를 통해 간접적으로 멸종위기 종 등에 영향이 예상되는 손해 방지에까지 미치고 있다고 판시하였다. 중국선박에 의한 산호와 대왕조개 채취는 그 규모만으로도 손상되기 쉬운 해양환경에 해로운 영향을 미친다고 할 수 있다. 또한 이 점에 관하여 필리핀으로부터 수차례에 걸친 우려의 표명 등이 있었던 점에서도 중국은 해당 채취를 인지하고 있었다고 할 수 있다. 중국이 제192조와 제194조 5항에서 요구되는 유해한 관행을 금지하는 규칙이나 조치를 집행하였다는 증거는 없으므로, 해당 채취를 허용하고 보호한 것에 대하여, 중국은 해양환경을 보호하고 보전할 의무를 위반하였다고 인정한다.

이에 반해 스카버러 암초나 세컨드 토마스 암초에서 중국어선에 의한 시안화물(cyanide)이나 다이너마이트 사용에 대해서는 중국이 인지하면서 방지를 태만히 하였다는 증거는 불명확하기 때문에, 제12부 위반 여부를 더 검토하지는 않는다. 단, 시안화물이나 다이너마이트의 사용은 해양환경 오염에 해당하므로, 일반적으로 말해 이러한 사용을 금지하는 조치를 강구하지 않는 것은 제192조, 제194조 2항 및 5항의 위반을 구성할 것이다.

중국의 건설활동에 대하여, 재판소는 주로 지역에서 전례가 없는 규모로 암초에 영향을 미쳐왔다는 전문가 보고서에 의거하면서, 중국의 인공섬 건설활동이 해양환경에 파괴적이고 장기간에 걸쳐 지속적으로 손해를 초래해 왔다는 점은 의심할 여지가 없다고 결론짓는다. 따라서 재판소는 중국이 해당 건설활동을 통해 제192조상의 해양환경을 보호하고 보전할 의무를 위반하였고, 토사에 의한 해양환경 오염으로 이어진 준설활동은 제194조 1항을 위반하였으며 또한 희귀하거나 손상되기 쉬운 생태계와 멸종위기 종 등의 서식지를 보호하고 보전하는데 필요한 조치를 취할 제194조 5항에도 위반된다고 밝혔다.

또한 중국의 건설활동에 관해서는 필리핀이나 그 밖의 인근 국가들로부터 항의를 받고 있었다. 그러나 중국이 이들 국가와의 협력이나 조정을 시도하였다는 설득력 있는 증거는 없으며, 제197조 및 제123조를 위반한 것으로 인정되었다. 또한 감시와 평가에 관해서는 특히 제206조를 들 수 있다. 재판소는 건설활동의 규모와 영향을 비추어, 해당 건설이 해양환경에 중대하고 해로운 변경을 가져올 수 있다는 이외의 신념을 중국이 가질 수 없었던 것은 합리적이지 아니하며, 중국은 실행가능한 한 환경영향평가를 준비하고 평가의 결과를 제공할 의무를 지고 있었다. 그리고 중국이 환경영향평가를 준비해 오지 않았다고 명확히 인정할 수 없으나, 제206조의 의무를 충족하기 위해서는 환경영향평가 준비뿐만 아니라 그 결과를 제공하는 것도 필요한데, 서면의 형식으로 평가를 송부한 것은 아니므로 중국이 해양법협약 제206조의 의무를 충족하지 않았다고 인정하였다.

4. 해설

(1) 병행적 환경체제

해양법협약은 제281조와 제282조에서 분쟁해결에 관한 다른 조약이나 합의와의 관계성을 규정하고 있다. 본건에서는 필리핀의 신청 11과 12(b)가 해양환경의 보호·보전과 관련된 것이었기 때문에, 재판소는 직권으로 생물다양성협약 제27조의 분쟁해결절차가 해양법협약 제15부의 분쟁해결절차에 우선되는지를 문제삼았다. 제282조는 다른 절차가 구속력 있는 결정을 수반하는 경우에 우선된다는 취지가 규정되어 있으나, 생물다양성협약은 구속력 있는 결정을 초래하지 않으므로, 본건에서는 적용되지 않는다.

한편, 제281조는 분쟁당사국이 선택한 평화적 수단에 의한 합의가 있는 경우, 이 부에 규정된 절차는 그 수단에 의하여 해결이 이루어지지 아니하고 당사자 간의 합의로 그 밖의 다른 절차를 배제하지 아니하는 한, 제15부의 분쟁해결절차가 적용된다고 규정한다. 남방참다랑어 사건에서 분쟁당사국은 남방참다랑어 보존협약의 분쟁이 존재함을 인정하면서도 동시에 해양법협약의 해석·적용을 둘러싼 분쟁도 구성하는지 여부를 다투었다. 중재재판소는 남방참다랑어 보존협약의 분쟁해결절차는 해양법협약 제15부를 포함한 다른 분쟁해결절차를 명문으로 배제하지 않고 있는데, 당사국의 의사로 제15부의 의무적 해결절차를 배제하고 있다고 판단하여, 관할권을 부정하였다. 이에 반해, 본건에서는 개별 환경조약이 해양법협약 제15부의 분쟁해결절차를 명시적으로 배제하고 있지 않는 한, 병행적 환경체제로서 재판소의 관할권이 인정된다고 하고 있으며, 남방참다랑어 사건과는 다른 판단이 이루어졌다고 평가할 수 있다.

(2) 해양환경의 보호·보전과 관련된 의무위반 인정

본건에서는 주로 사인(어선 등)을 통한 해양환경에 대한 유해행위가 문제되고 있다. 따라서 재판소는 제192조나 제194조 5항이 사인의 유해행위를 상당한 주의를 가지고 방지할 의무를 규정하고 있다는 점을 명확히 하고 있다. 그리고 상당한 주의 의무 위반의 존부에 대해서는 사인의 유해행위에 관한 「인지」(awareness)가 중국 측에 있었는지 여부가 결정적인 요소의 하나로 취급되고 있다. 재판소는 본건에서는 적절한 구제방법을 검토하고 있지 않지만, 중국이 자국의 활동과 관련하여 해양법협약의 위반에 관하여 책임을 질 수 있는 범위를 기술한다는 주장이 있듯이, 국가책임의 발생요건과의 관계에서 위반을 인정하고 있는 점은 주목할 만하다. 이와 같이 「인지」의 요소를 중시한 상당한 주의의무 위반 인정은 국제사법재판소의 *Corfu Channel* 사건, 테헤란 주재 미 대사관 사건, 제네바협약 적용 사건 등에서도 볼 수 있다. 그러므로 일반국제법과 마찬가지로 해양법협약에서 해양환경의 보호·보전과 관련된 상당한 주의 의무에서도 사인의 유해행위를 알면서도 규칙의 채택이나 집행 등 적당한 방지조치를 강구하지 않은 경우에 위법행위 책임이 발생한다고 본 점은 향후 해양법협약 당사국에 의한 조약 준수의 나아갈 방향에 일정 지침을 제시하는 판단이었다고 할 수 있을 것이다.

참고문헌

石橋可奈美 「海洋環境保護に関する紛争処理と予防—南シナ海に関する仲裁裁判判決の考察を通じて」『東京外語大学論集』93号(2016年) 21－14면.

坂元茂樹 「九段線の法的地位一歴史的水域と歴史的権利の観点から」 松井芳郎・富岡仁・坂元茂樹・薬師寺公夫・桐山孝信・西村智朗編 『21世紀の国際法と海洋法の課題』(東信堂, 2016年) 164－202면.
玉田大「フィリピン対中国事件 (国連海洋法条約附属書VII仲裁裁判所) 管轄権及び受理可能性判決 (2015年10月29日)」『神戸法学雑誌』66巻 2号 (2016年) 125－161면.
西本健太郎 「南シナ海仲裁判断の意義一国際法の観点から」『東北ローレビュー』4巻(2017年) 15－52真.

〈반자이 히로유키(萬歲 寬之)〉

제10장 나호토카호 중유 유출 사고

1. 사실

나오토카호는 러시아 해운회사 프리스코사가 소유하고 있던 러시아 선적의 석유수송 탱커이다. 총톤수는 약 1만 3,000총톤, 건조 후 28년이 지난 고령선박이었다. 나오토카호는 1997년 1월 2일, 중국 저우산(舟山)에서 러시아의 캄챠카까지 동해를 경유하여 C중유 약 1만 9,000킬로리터를 수송 중, 시마네현 오키섬(島根県隠岐島) 앞바다의 북방 약 100킬로미터 지점에서 큰 풍랑을 만나 선수(船首)부분이 파손되고, 본체는 이 지점의 해저 약 2,500미터에 침몰하였다. 같은 날 긴급통보를 받은 제8관구 해상보안부에 의해 선장 1명을 제외한 31명의 승무원이 구출되었다. 1월 4일 프리스코사가 수배한 해난구소선에 의한 선수부를 인양하는 작업이 시도되었으나 악천후로 무산되고, 선수부는 겨울의 황량한 동해의 강풍에 휩쓸려, 1월 7일, 후쿠이현 미쿠니쵸(福井県三国町) 앞바다에 좌초하였다. 이때 파손부분 등에서 적재되어 있던 중유 추정 6,240킬로리터가 9개 부현(시마네, 돗토리, 효고, 교토, 후쿠이, 이시카와, 니가타, 야마가타, 아키타) 연안 지역에 표류하면서 대규모 석유오염 피해를 초래하였다.

선수부 및 중유의 회수는 동해의 악천후도 겹쳐 매우 곤란하였다. 해상재해방지센터는 1월 5일 선박 소유자 대리인의 요청을 받고, 1월 7일부터 표류유 회수작업을 개시하였다. 선수부에서의 기름 제거작업에 대해서는 1월 14일 해상보안청 장관으로부터 해상재해방지센터에 대해 조치실시 지시가 내려져, 선수부가 후쿠이현 앞바다에 좌초한 후 1주일 이상 경과한 1월 16일부터 개시되었다. 해상표류유 회수는 특수선박, 기름회수선박, 러시아선박, 순시함, 자위대함, 소형어선 등 다수의 선박에 의해 실시되었으며, 또한 수개월에 걸쳐 지방자치단체, 다수의 지역주민, 자원봉사자 등이 표착유를 회수하고 청소하였다. 이 과정에서 가혹한 환경 때문에 적어도 5명이 사망한 것으로 알려졌다. 유출유는 물새와 해안 식생의 오염, 바위김 등 어업종사자에게 어업손해, 원자력발전소로의 기름 표류, 기름 회수에 쫓긴 어민이 출어하지 못하는 등 직접적 손실뿐 아니라 소문에 의한 피해로 수산물 매출감소, 관광업체 손해 등 간접적인 피해를 초래하였다. 일본 정부가 설치한 나호토카호 사고원인 조사위원회는 사고의 주요 원인으로 선체 부식에 의한 강도부족을 지적하였다. 한편 정부에 대해서는 예년에 없는 강풍의 영향으로 선수부와 중유가 동해 연안 지역에 도달하는 것을 상정하지 않은 정부가 선박소유자의 판단을 기다려서, 초동대응이 늦어졌고 피해 확대로 이어졌다는 지적이 나왔다.

본건 사고에서는 국제유류오염 손해배상제도의 틀에 근거해 손해배상 절차가 진행되었다. 국가, 지방자치단체, 자원봉사 등이 1999년에 후쿠이 지방재판소 및 도쿄지방재판소에서 프리스코사 및 프리스코사와 계약한 영국선주책임상호보험조합(이하, UK 클럽) 및 1971년 유류오염손해보장을 위한 국제기금의 설치에 관한 국제협약에 의해 설립된 국제유류오염보상기금(이하, 국제기금)을 상대로 합계 458건, 총액 약 358억엔의 손해배상을 구하는 소송을 제기하였고, 화해한 결과 총액 261억엔의 보상을 받았다.

2. 유류오염 사고에 관한 일본의 국내법제도 – 해양오염방지법

유류오염 사고에 대한 일본 국내법상의 공법적 규제로서, 「해양오염 및 해상재해방지에 관한 법률(이하 해양오염방지법)」이 존재한다. 이 법은 1967년 일본의 OILPOL 협약 가입과 동시에 제정된 「해수유류오염방지법」에 기원을 두고 있으며, 그 후 유류오염시 공해상 개입에 관한 협약, 런던협약, MARPOL 73/78 협약, OPRC 협약, 런던협약의정서, 선박평형수관리협약과 같은 해양오염대책에 관한 조약에 가입할 때, 이러한 내용을 반영하는 개정 등이 시행되어 왔다.

해양오염방지법은 선박으로부터의 기름배출 금지(제4조) 및 기름배출에 의한 해양오염 방지(제2조)를 일반적으로 의무화하고, 선박의 선장 또는 소유자에 대해서는 해상재해시 방제조치 실시를 의무화하고 있다(제2조, 제39조). 이와 같이 해상재해의 제1차적인 책임을 선박 측에 지우는 동시에, 1976년 개정에 의해, 해상재해방지센터에 관한 규정이 포함되었다(2012년 개정에 의해 현재는 「지정해상방재기관」이라고 기재). 이 규정에 따라 해상보안청 장관은 방제조치를 강구해야 할 자가 조치를 강구하지 아니하는 경우 또는 조치를 명할 겨를이 없는 경우에, 센터에 대하여 필요한 조치를 지시할 수 있다(제42조의 15). 이때 소요된 비용은 비정상적인 천재지변인 경우 등의 예외를 제외하고 선박의 소유자에게 부담하게 할 수 있다(제41조). 이 센터의 임무에는 해상재해시 해상보안청 장관의 지시 또는 선박소유자의 위탁을 받아 방제조치를 실시하는 것이 포함되어 있다(제42조의 14).

3. 민사손해 배상절차

(1) 국제적인 민사손해 배상제도

일본과 러시아에 적용되는 국제유류오염 손해배상제도에는 1969년 유류오염 민사책임협약(이하 1969 CLC), 1971년 유류오염손해보장을 위한 국제기금의 설치에 관한 국제협약(이하 1971 FC) 및 이들 의정서가 있다. 유류오염 사고의 경우, 1969 CLC에 따라 예외적인 면책시유를 제외하고 선박소유자에게 엄격책임이 부과되며, 일정 한도액까지는 선박소유자가 배상책임을 지는 제한책임이 적용된다. 유류오염 피해자에게는 원칙적으로 선박 측의 과실을 입증하지 않아도 청구가 인정된다. 1971 FC는 1969 CLC의 배상이 적절하지 않은 경우에 일정 한도액까지 피해자에게 보상하는 기금을 설립하는 것이다. CLC와 FC 모두는 1992년에 개정의정서가 작성되어, CLC의 배상한도액 및 FC의 보상한도액이 인상되었다(이하 각각 1992 CLC, 1992 FC). 1992 CLC · FC는 1996년에 발효되었으나 경과규정에 따라 FC 의정서 당사국의 거출유 수취량이 일정량에 달하는 날(1998년 5월 15일)까지는 원래 조약 폐기의 효력이 발생하지 않는다. 따라서 나호토카호 사고 발생시에는 1969 CLC, 1971 FC 모두 회원국에 대해 구속력을 가지고 있었다. 일본은 1975년에 「선박유류오염 손해배상보상법」의 제정과 함께 1969 CLC와 1971 FC에 가입하였고, 1994년의 동법 개정과 동시에 1992 CLC · FC에 가입하고 있다. 한편, 러시아는 본건 사고 발생시에는 1969 CLC와 1971 FC에만 가입하고

1992 CLC · FC에는 가입하지 않은 상황이었다. 또한 현재는 2003년에 채택된 추가기금 의정서에 의해 손해액이 FC에 근거한 국제기금의 보상액을 상회하는 경우에도 추가적으로 일정액의 보상이 이루어지지만, 본건 사고 발생시에는 이 추가기금 의정서는 존재하지 않는다.

일본은 1992 FC에 가입되어 있기 때문에 인상 후의 보상한도액 1.35억 SOR(=국제통화기금이 정하는 특별인출권. 약 225억엔)까지 보상받을 수 있는 것에는 다툼이 없었다. 문제가 된 것은 본건 사고에 1969 CLC와 1992 CLC 중 어느 쪽을 적용하는가, 선박소유자의 제한책임이 인정되는가 하는 점이다. 1992 CLC에 근거한 배상한도액은 나호토카호의 톤수 규모로는 640만 SOR(약 10억엔)이지만, 러시아가 1992 CLC에 가입되어 있지 않기 때문에 1969 CLC에 따르면, 프리스코사측이 배상의무를 지는 것은 낮은 상한액(158만 8,000 SDR, 약 2억 6,000만엔)까지로 한정된다. 단, 제한책임의 적용조건은 1969 CLC가 보다 엄격하다. 1992 CLC에 근거하면, 사고가 선박소유자가 의도한 것이거나 또는 손해발생의 위험을 인식한 무모한 행위에 의한 것이 아닌 한 제한책임이 가능하게 되는 데 반해(1992 CLC 제5조 2항), 1969 CLC에서는 사고가 선박소유자의 과실에 의하는 경우에는 책임제한이 인정되지 않으며, 모든 책임을 선박소유자가 지게 된다(1969 CLC 제5조 2항).

(2) 본건 사고에서의 배상 · 보상 절차

본건 사고의 배상 · 보상 청구 대부분은 다른 유류오염 손해배상 청구와 마찬가지로 3개의 단계, 즉 합의협상, 소송절차, 화해라는 수순을 밟고 있다. 첫 번째 합의협상은 UK 클럽과 국제기금이 공동으로 고베시에 사무소를 설치하고 피해자와의 사이에서 직접 실시되었다. 그 당시, 선박소유자의 책임범위, 배상액의 확정에는 시간을 요하기 때문에 선주책임제한 절차를 매듭짓는데 선행하여 청구용인액의 합계가 보상한도액을 초과하지 않는 범위에서의 합의금 잠정지불이 이루어졌다. 이는 실무상 관행이 되어 있으며, 국제기금은 잠정지급 범위에서 피해자의 청구권을 취득해 소송에 참여하고 있다.

두 번째 소송절차에 관하여, 1969 CLC 제8조 및 선박유류오염손해보상법 제10조의 규정상, 탱커유류오염손해 발생일부터 3년 이내에 재판상 청구가 이루어지지 않는 경우에는 손해배상 청구권이 소멸한다. 따라서 시효의 성립을 막기 위해 1999년 11월 후쿠이 지방재판소에 피해자인 지방공공단체, 어업종사자, 관광업자, 전력회사, 자원봉사자가, 그리고 1999년 12월에 도쿄 지방재판소에 국가와 해상재해방지센터가 프리스코사와 UI 클럽(이하, 선박측)에 대하여 소송을 제기하였다. 이와 함께 선박측도 부담한 기름 회수·청소비용 등의 보상을 구하며 국제기금을 상대로 소송을 제기하였다.

후쿠이 지방재판소에서는 선박 측에 대한 제한책임 적용의 가부가 다투어졌다. 국제 기금은 나호토카호의 노후화에 의해 안전성에 문제가 있었음에도 불구하고 항행시킨 점이 1969 CLC상의 제한책임의 적용제외 사유인 과실 내지 무모한 행위에 해당하기 때문에, 배상 책임이 제한되지 않는다는 취지의 주장을 하였다. 한편, 선박측은 나호토카호가 본국에서 정기검사를 마쳤다는 점, 본건 사고는「이상한 천재지변」이라는 무과실 책임의 예외사유에 해당하기 때문에 책임제한 내지 책임면제가 인정된다는 취지의 주장을 하였다. 그러나 이러한 주장의 법적 판단을 기다리지 않고, 본건 사고는 화해로 해결되었다. 선박의 유류오염손해배상청구는 합의에 의한 해결이 일반적이며, 일본에서는 유류오염손해배상법상의 다툼에서 판결이 나온 것은 한국국적 유조선 제3오성호 사건(長崎地裁平成12年12月6日判決, 平成12年（ワ）第164号損害賠償請求事件)뿐이다.

(3) 배상과 보상의 내용

합의 결과로서의 보상금 합계 약 261억엔은 UK 클럽이 약 109억 5,000만엔, 국제 기금이 약 151억 3,000만엔(그 중에서 1992 FC 국제기금이 약 74억엔, 1971 FC 국제기금이 약 77억엔)을 부담하였다. 프리스코사는 기름 회수경비로 7억 7,400만엔의 보상을 받았지만 이를 상쇄하더라도 선박 측의 지불은 1969 CLC 뿐만 아니라 1992 CLC의 배상한도액도 웃돌고 있어, 제한책임은 조약대로 적용되지 않고 있음을 알 수 있다. 각 청구주체가 받은 보상액은 다음과 같다.

표 ‖ 청구자별 청구액과 보상액(금액은 반올림)

청구내용	청구주체	청구액	지불액
기름 방제 · 회수 · 청소	해상재해방지 센터	약 154억엔	약 125억엔
	국가	약 15억엔	약 19억엔
	지자체	약 71억엔	약 56억엔
	선주	약 11억엔	약 8억엔
	기타	약 27억엔	약 21억엔
	소계	약 279억엔	약 229억엔
어업피해		약 50억엔	약 18억엔
관광피해		약 28억엔	약 13억엔
합계		약 358억엔	약 261억엔

1992 CLC에 따르면, 보상의 대상이 되는 손해는 환경악화에 따른 이익상실을 제외하고는 실제로 강구되는 합리적인(reasonable) 회복조치의 비용 및 합리적인 방지조치의 비용에 한정된다(제1조 6, 7항). 구체적인 보상의 내용과 범위의 확정에는, 국제기금이 작성한 「청구 안내서」가 기준으로 되어 있다. 이 안내서는 배상 · 보상의 대상이 되는 손해의 항목으로, ① 기름의 회수 · 청소비용, ② 재산손해, ③ 간접손해, ④ 순경제적 손해, ⑤ 환경손해를 든다.

1) 방지조치 비용(①)

안내서에 따르면 CLC 제1조의 합리성 요건은 조치에 요구되는 비용과 얻을 수 있거나 또는 얻을 수 있을 것으로 기대되는 이익 간에 밀접한 관련성을 필요로 한다. 따라서 청구액보다 실제 지불액은 적고, 국가에 대한 지불액이 청구액을 상회하는 것은 지연배상금이 가산되고 있기 때문이다.

2) 재산손해, 간접손해와 경제적 손해, 환경손해(②~⑤)

재산손해(②)란 기름에 의해 오염된 재산의 소유자가 입은 이익의 상실을 말하며, 본건 사고에서는 교토부에서의 정치망(定置網) 오염이 해당한다. 이에 반해 간접손해(③)란 오염된 재산을 사용할 수 없음으로 인해 본래 얻었을 금전적 수입이 손실된 경우를 말하며, 상기 정치망 오염의 결과로서 상실된 어획 금액 등이 해당된다. 순경제적 손해(④)는 자신의 소유물이 유류오염 피해를 당하지 않은 경우, 예를 들어 통상적으로 조업하고 있는 해역에서 수산자원이 오염되고, 대체할 어장도 없어서 발생하는 어업 손실이 이에 해당한다. 바다김이 제철일 때

어민들은 이시카와를 중심으로 큰 피해를 입었으며, 또한 소문으로 인한 피해로 매출이 감소한 수산업, 관광업, 도매업의 수입 감소도 여기에 포함된다. 단, 이러한 손해에 대한 보상의 기준으로 안내서가 제시하는 것은 정량화가 가능한 것일 것, 오염과 피해 간에 충분히 밀접한 인과관계의 존재, 손해의 증명 등이다. 청구자에게 이 기준을 충족시키기는 쉽지 않으며, 결과적으로 어업피해 및 관광피해는 청구액에 비해 보상액이 현저히 낮았으며, 또한 청구하지 않은 피해자도 많이 존재하였기 때문에, 실제 피해액과 보상액 사이에는 상당한 차이가 있을 것으로 추정된다. 게다가 환경손해(⑤)는 순경제적 손해(④)에 들어맞지 않는 문자 그대로 오염피해이며, 그 복구 및 회복에 드는 비용이 보상의 대상이 되지만, 방지조치 비용과 부분적으로 겹친다. 그 밖의 환경손해에 관하여, 이론모델에 의한 추상적 계산을 근거로 한 보상은 인정되지 않는 경우도 있으며, 본건의 보상대상으로 독립적으로 계상되지 않았다.

(4) 본건 사고에 따른 국내법·국제조약 개정

본건 사고로 몇 가지 법 및 조약이 개정되었으며, 그중에서 주요한 것은 다음과 같다. 우선 국내법에 관해서, 사고발생 직후의 정부의 늑장 대응이 문제가 되었기 때문에, 해양오염방지법이 다음과 같이 개정되었다. 즉, 유류오염에 대하여 방제조치를 강구해야 할 자가 조치를 강구하지 아니하는 경우 또는 강구해야 할 자의 조치만으로는 해양오염을 방지하는 것이 곤란하다고 인정되는 경우에, 해상보안청 장관은 필요한 조치를 강구하도록 해상재해방지센터에 지시하는 데 더해, 관련 행정기관 및 관련 지방공공단체의 장 등에 대해서도 조치를 요청할 수 있다는 취지가 명기되었다(제41조의 2). 나아가 영해 밖의 외국선박으로부터 대량의 기름이 배출된 경우에도 이와 같은 필요한 조치의 대상이 되었다(제41조의2의 2).

또한 MARPOL 협약이 개정되었다. 사고 당시 MARPOL 협약은 1993년 이후의 신조선의 중유 탱커(5,000톤 이상)에 대해 선저구조의 이중화(Double Hull)를 통한 선체강화를 의무화하였지만, 현존 선박 중 나호토카호 규모(3만톤 이하)는 규제 대상외였다. 이에 따라 1999년 협약 개정으로 나호토카호와 같은 규모로 이중 구조화되지 않은(Single Hull) 탱커에 대해서는 선박 연령 25년까지 실질적으로 폐선될 수 있게 되었다. 그 후에도 1999년 에리카호 사건, 2002년 프레스티지호 사건으로 싱글헐 중유 탱커의 규제가 강화되었다.

참고문헌

一之瀬高博「ナホトカ号重油流出事故」石野耕也ほか編『国際環境事件案内』(信山社, 2001年) 92－99면.

小林寛『船舶油濁損害賠償・補償責任の構造』(成文堂, 2017年) 7－20면.

高橋大祐「海洋汚染事故における損害賠償実務と企業の法的・社会的責任」49巻9号『環境管理』(2013年 9月) 57－71면.

谷川久「ナホトカ号流出油事故と法的問題点」『ジュリスト』1117巻(1997年8月) 185－191면.

除本理史『環境被害の責任と費用負担』(有斐閣, 2007年) 155－172면.

馬場崎靖「ナホトカ号事故後の流出油海難に対する世界とわが国の法整備」『海と安全』(2007年) 532巻.

藤田友敬「海洋環境汚染」落合誠一ほか編集代表『海法大系』(商事法務, 2003年) 79－88면.

吉田文和「油濁汚染による損害の賠償補償問題ーナホトカ号事故を事例として」村上陸編著『サハリン大陸棚石油・ガス開発と環境保全』(北海道大学出版会, 2003年) 129－137면.

〈가케에 토모코(掛江朋子)〉

후 기

본서『국제환경법강의』의 목적과 평가는「서문」에서 공편저자인 니시이 마사히로(西井正弘) 선생님이 말씀하신 그대로 입니다. 본서는 국제환경법 수업의 교과서로 활용되는 것을 주요 목적으로 하고 있습니다. 지구 규모 또는 국제적으로 확대되는 환경과 관련한 다양한 문제 상황의 방지·개선·극복에 국제환경법이 어떤 역할을 담당하고 있는가? 앞으로의 국제환경법이 완수해야 할 역할은 무엇인가? 수강생 여러분은 문제 해결에 관심을 두면서, 이를 위한 자원의 어디까지나 하나인(그러나 중요한 하나인) 국제환경법의 배움에 정진하고 깊이를 더 해주기를 바랍니다.

귀중한 시간을 할애해 본서에 기고한 선생님들, 기획 단계부터 간행까지 본서를 담당해 주신 유신당고문사의 다카하시 아키요시(高橋明義) 사장님, 본서의 조판·인쇄·제본을 담당해 주신 아세아인쇄의 여러분을 비롯하여, 본서의 간행에 관여하신 많은 분들에게 진심으로 감사의 말씀을 드립니다.

2020년 봄, 시로카네다이(白金台)에서

공편저자 쯔루타 준(鶴田 順)

편저자

니시이 마사히로 (교토대학)	서문, 제1장, 제8장
쯔루타 준 (메이지학원대학)	제6장, 제9장, 제13장, 칼럼②, 칼럼③, 칼럼⑥, 칼럼⑧, 칼럼⑪, 후기

집필자(집필순)

니시무라 토모아키 (리츠메이칸대학)	제2장, 제5장
다카무라 유카리 (도쿄대학)	제3장, 제7장
사마타 노리히토 (도호쿠약과대학)	칼럼①, 기본판례 · 사건④, 기본판례 · 사건⑦
고야노 마리 (홋카이도대학)	제4장, 기본판례 · 사건⑥
구보타 이즈미 (국립환경연구소)	칼럼④, 칼럼⑤
호리구치 다케오 (죠치대학)	제10장
혼다 유스케 (고베대학)	제11장, 칼럼⑦
도오이 아키코 (낙농학원대학)	제12장
마코토 세타 (요코하마시립대학)	칼럼⑨, 기본판례 · 사건⑧
사나다 야스히로 (와세다대학)	칼럼⑩
고바야시 토모히코 (오타루상과대학)	제14장
도리야베 죠 (세츠난대학)	제15장, 기본판례 · 사건②
시바타 아키호 (고베대학)	칼럼⑫
아오키 세츠코 (게이오대학)	제16장
이시이 유리카 (방위대학원)	칼럼⑬
권남희 (간사이대학)	칼럼⑭
히라노 미하루 (리츠메이칸 아시아태평양대학)	기본판례 · 사건①
오카다 쥰 (도쿄대학대학원)	기본판례 · 사건③
미나미 유코 (쓰다주쿠대학)	기본판례 · 사건⑤
반자이 히로유키 (와세다대학)	기본판례 · 사건⑨
가케에 토모코 (히로시마대학)	기본판례 · 사건⑩

역자 약력

박 덕영

연세대학교 법학사, 법학석사, 법학박사
영국 캠브리지 대학교 법학석사(LL.M)
영국 에든버러 대학교 박사과정 마침

(현) 연세대학교 법학전문대학원 교수
(현) 외교부 정책자문위원, 국회 입법자문위원
(전) 대한국제법학회 회장, 한국국제경제법학회 회장

[주요저서 및 논문]
국제환경법/ 국제기후변화법제/ 파리협정의 이해/ 기후변화와 국제법(이상 공동)
국제법 기본조약집/ 미국법과 법률영어(이상 박영사)
Legal Issues on Climate Change and International Trade Law (Springer) 등 저서 및 논문 다수

이 경재

연세대학교 법학과 학사·석사·박사 졸업
한국형사정책연구원 선임연구원 역임
(현) 충북대학교 법과대학, 법학전문대학원 교수(형법)

[역서]
범죄인의 탄생(체자레 롬브로조), 법문사, 2009.
여성범죄인(체자레 롬브로조), 한국형사정책연구원, 2014.
법학, 경제학 그리고 자연과학에서 바라보는 환경문제, 박영사, 2019.

[논문]
"기후변화와 친환경범죄학의 탄생", 과학기술과 법(제8권 제1호, 2017), 충북대학교 법학연구소 외 다수

김 경우

서울대학교 법과대학 졸업
연세대학교 대학원(법학석사)
요코하마국립대학 대학원(법학박사)
(현) 연세대학교 법무대학원 객원교수, 연세대학교 법학연구원 전문연구원
(전) 연세대학교 SSK 기후변화와 국제법연구센터 연구교수

[역서(공역)]
국제경제법의 쟁점－통상 투자 경쟁, 박영사, 2014.
에너지 투자중재 사례연구－ISDS의 실제, 박영사, 2016.
법학, 경제학 그리고 자연과학에서 바라보는 환경문제, 박영사, 2019.
기후변화와 국제법, 박영사, 2021.

〈논문〉
「タバコのプレーン・パッケージングとTRIPS協定第20条」『横浜法学』 第27巻第3号(2019年３月) 외 다수

국제환경법강의

초판발행 2021년 8월 30일

지은이 西井 正弘 · 鶴田 順 공편
옮긴이 박덕영 · 이경재 · 김경우
펴낸이 안종만 · 안상준

편 집 장유나
기획/마케팅 장규식
표지디자인 BEN STORY
제 작 고철민 · 조영환

펴낸곳 (주) 박영사
서울특별시 금천구 가산디지털2로 53, 210호(가산동, 한라시그마밸리)
등록 1959. 3. 11. 제300-1959-1호(倫)
전 화 02)733-6771
f a x 02)736-4818
e-mail pys@pybook.co.kr
homepage www.pybook.co.kr
ISBN 979-11-303-3937-5 93360

정 가 29,000원